当代中国游牧业
政策与实践

Pastoralism in Contemporary China
Policy and Practice

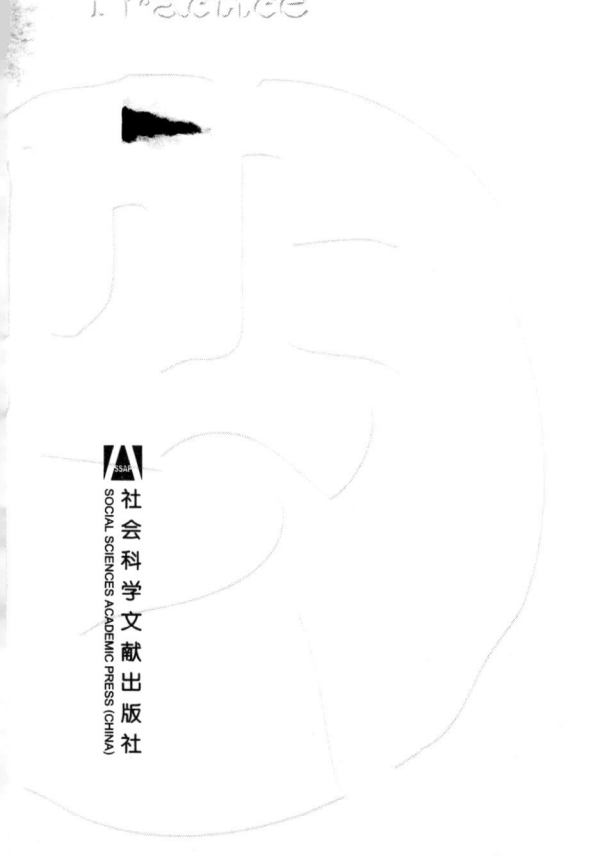

郝时远
奥塞·科拉斯
扎洛 ◎ 主编

社会科学文献出版社
SOCIAL SCIENCES ACADEMIC PRESS (CHINA)

序 言

郝时远

看完《当代中国游牧业》这部书稿，优先的感受是一种"释然"，中挪两国研究机构合作的"中国的游牧业：政策与实践"这一项目，终于形成了最终成果。

自20世纪90年代中期开始，我曾长期供职的中国社会科学院民族学与人类学研究所，就与挪威奥斯陆国际和平研究所（Peace Research Institute Oslo, PRIO）建立了交流合作关系。先后通过会议、项目、考察等方式进行过多次交流，其中与奥塞·科拉斯（Åshild Kolås）教授交往最多。她作为"中国的游牧业：政策与实践"这一项目的挪方主持人，不仅出色地履行了双方的协议，而且在中国的内蒙古地区进行了深入的田野工作。相比而言，我作为这次合作的中方负责人，由于工作调动而未能直接参与项目组织的牧区调查。不过，作为"坐享其成"的项目参与者，以序言的方式谈些感想，却是责无旁贷的。况且近些年来我一直关注中国的"三牧"（牧区、牧业、牧民）问题及其依托的草原生态环境，并进行了调查和研究。

当然，优先的"释然"背后，实际上是一份沉重。这部书稿揭示的中国草原游牧业现状，涉及了内蒙古自治区、青海省、西藏自治区、新疆维吾尔自治区这几个传统游牧业最发达的地区，或者说是中国草原资源最集中的地区，其研究者的田野依托虽然有区域性的局限，但是他们所关注的问题却具有普遍性。中国的草原、中国的游牧业、中国的牧民群体，在把生态文明建设置于"五位一体"发展的突出地位的全面建成小康社会指向中，其重要性较之森林更为显著。因为草原—人—牲畜三位一体的共生共荣关系，绝非历史上的"林木中百姓"可以比拟，也不是至今在大兴安岭林区追随近千只驯鹿迁徙的敖鲁古雅猎民群体所能相比的。

中国的草原地区占全国国土面积的40%以上，分布在13个省（区）的268个牧区和半牧区县（旗、市）。其中西部6个省区（西藏、青海、新疆、甘肃、宁夏和内蒙古）的草地面积占全国草地面积的70%，是中国天然草场的主体。草原是游牧业的摇篮，生活在中国草原地区从事游牧业的民众，绝大部分是少数民族，他们经年继世逐水草而居，牧放着牛马羊驼，他们与草原和牲畜共同经历着多种自然灾害的考验，他们使这一最古老的产业及其游牧文化传承至今，步入了市场化、工业化、城镇化的进程。

20世纪以来，人类社会的"传统与现代"议题充斥了各个领域，以经济社会现代化发展为核心的进步愿望席卷全球。正所谓"在整个20世纪里，经济、人口、发展、生态开始成为涉及所有国家和各种文明，即关系到整个地球的问题"①。在这方面，20世纪70年代初罗马俱乐部关于《增长的极限》等研究报告揭示的资源环境问题，使生态环境问题引起了全球的重视，温室效应、臭氧空洞、气候变暖、物种消失、生态失衡、环境恶化等一系列理论假设和实证研究，形成了建立在生物多样性基础上的生态保护观念和行动，可持续发展的理念在与技术-经济主义、自由-发展主义的争论中渐成共识。

中国改革开放以来持续快速的经济社会发展，同样面对着生态环境恶化的挑战，其中包括草原生态和游牧业发展的问题。"由于多方面原因，当前牧区发展问题较多，主要表现为生产方式比较落后、生产条件比较脆弱、生存环境比较恶劣，百分之九十的草原退化，百分之五十的草原沙化、盐碱化。牧区的建设和发展，关系到民族团结、社会和谐和边疆稳固。"② 因此，对中国来说，草原生态的恶化，不仅仅是生态环境问题，而且是关系民生特别是从事游牧业生产的广大牧民的切身利益问题，也就是相当一部

---

① 〔法〕埃德加·莫林、安娜·布里吉特·凯恩：《地球 祖国》，马胜利译，三联书店，1997，第61页。
② 回良玉：《努力把民族工作提高到一个新水平》，载国家民族事务委员会、中共中央文献研究室编《民族工作文献选编》（2003—2009），中央文献出版社，2010，第168页。

分少数民族人民共享改革开放发展成就的问题。

中国的游牧业经营体制是随着农村联产承包体制改革而转变的，以家庭为基础的牲畜自养、草场承包，随着游牧业产品的市场价格浮动引导着牲畜数量和品种的发展，一度也出现牧民收入高于农民的普遍现象。但是，游牧业粗放的经营方式在以追求牲畜规模为主导的发展推动下，对有限的家庭草场形成了不断增强的压力，草原载畜量问题成为游牧业发展中越来越多提及的话题。相应地，"草场超载""过度放牧"也成为一般意义上草原退化的人为动因。2011年的宏观统计数据表明："全国草原适宜载畜量已从上世纪80年代的4.3亿羊单位下降到目前的2.4亿羊单位"①。草原超载从理论上来说毫无异议，但是游牧业只是造成这种草原负荷的动因之一。

需要注意的是，人为活动加剧导致生态环境的恶化这一基本事实，包含了多种因素。"草原退化是指不合理的管理和超限度的利用在不利的生态地理条件下所造成的草原生产力衰退与环境恶化的过程"②。草原管理的制度性缺失，往往是导致"超限度利用"现象的原因。而"超限度利用"所导致的草原生态变化，不仅仅是牲畜"超载过牧"的问题，还包括了更广泛的"草原索取"方式，诸如民间行为的"搂发菜""挖虫草"，政府行为的农业开垦、矿业开发，等等。如果再考虑到气候变化等自然环境因素，草原生态发生的变化显然是多种因素造成的，而不能归结为畜牧业这一单一的因素。

事实上，即便是牲畜"超载过牧"的现象具有普遍性，但是在不同的草原地区仍存在着显著的差异。例如，相关研究表明：在内蒙古自治区的典型纯牧区（24个旗、市），即"占整个内蒙古草地面积71.55%、可利用草地面积89%的典型纯牧区并不过牧，而是缺载61.27%"，森林猎区亦然。而半农半牧区、农区、城镇工矿区则均属于超载过牧地区。③ 然而，笼而统

---

① 《农业部：我国牧区草原过载过牧严重生态环境恶化》，中央政府门户网站：http://www.gov.cn/jrzg/2011-07/11。
② 刘钟龄、恩和、达林太等：《内蒙古牧区草原退化与生态安全带的建设》，内蒙古大学出版社，2011，第63页。
③ 达林太、郑易生：《真过牧与假过牧——内蒙古草地过牧问题分析》，《中国农村经济》2012年第5期。

之地做出类似于"内蒙古草地整体过牧"的判断，也势必导致对草原管理、游牧业政策的影响，在"退牧还草"这一总方针指导下，"休牧"、"禁牧"、"草场围封"、"舍饲圈养"、"人口转移"、生态移民等草原治理政策和生态建设工程相继实施。牧民定居虽然与国家现代化发展的重要标志之一城镇化相适应，但是传统游牧方式的生态学意义也因此受到忽视。历史发展表明，"通过游牧方式不断调整放牧压力和牧草资源时空分配的做法，恰好适应了由气候因子控制的非平衡生态系统的内在波动性规律，使大范围的草地得到了合理利用，既保护了草原生态系统，又避免了自然灾害对畜牧业的毁灭性危害"。而定居化的牧民家庭在改善游动生活艰辛的同时，却相应地加剧了草原（自家草场）的畜牧压力。[①] 这的确是一个"两难"的抉择。

现代化建设需要科学发展，科学发展包括了人文精神的发展，人类学对"传统智慧""本土知识"的关注，本身就是科学发展不可忽视的精神财富。我们不能否认由于人为活动的加剧和气候变化造成的草原生态总体恶化的普遍事实，但是我们也不能因此采取"一刀切"的方式而脱离因地制宜的科学治理要求。对于地域广袤的草原地区来说，不同区域、不同民族的牧民面对的草场资源、牲畜类型和发展规模不尽相同，国家的统一政策需要因地制宜地实施，对畜产品收购价格的市场化调控也需要在"以草定畜"的基础上变化，以保障牧民的收入，避免追逐收益的"超载过牧"现象恶性循环，避免急功近利的无度开发现象继续扩散。"退牧还草"并不意味着游牧业的萎缩或停滞，而是要使传统的游牧业成为现代科学管理下的"环保型经济"。[②]

毫无疑问，传统游牧业必须走现代化的发展道路，也必须适应现代化建设的城镇化趋势，因为这涉及人本身的发展问题，牧民的居住条件、收入分配、教育培训、医疗卫生、文化生活和社会服务等一系列保障，需要共享经济社会发展的实现程度，这是"以人为本"发展的题中之意。在这

[①] 刘钟龄、恩和、达林太等：《内蒙古牧区草原退化与生态安全带的建设》，内蒙古大学出版社，2011，第107页。

[②] 额尔敦布和等：《内蒙古草原畜牧业的可持续发展》，内蒙古大学出版社，2011，第309页。

方面，定居化最有利于实现这些保障，但是这并不排斥一部分劳动力继续从事游动性的畜牧生产活动。北欧三国追随驯鹿的萨米人，就是基本实现游牧业现代转型的一个例证。当然，对从事驯鹿业的萨米人群体来说，他们只是萨米人中的一小部分，挪威、瑞典、芬兰的驯鹿总计也不过五六十万头（只），虽然这与中国几大牧区几百万、几千万，甚至上亿的牲畜规模和几千万从事游牧业的人口无法相比，但是这种发展模式值得重视。在这方面，2011年中国政府全面部署了牧区发展的基本战略，确立了"2015年基本完成草原承包和基本草原划定工作，初步实现草畜平衡，草原生态持续恶化势头得到遏制；2020年，全面实现草畜平衡，草原生态步入良性循环轨道"的发展目标①，制定了一系列扶持游牧业、保护草原环境、改善牧民生活的政策。这是目前中国解决"三牧"问题和草原保护正在实施的发展指南。

在实践中，中国牧区的现代化进程，不可能完全按照农业地区的社会变迁模式推进，尤其是在80%的牧区属于民族区域自治地方的条件下，牧区的生产生活方式变迁、公益事业的发展都需要从当地的实际出发，这种实际不仅是"地广人稀"，更重要的是涉及文化、语言、宗教信仰、生活习俗等诸多因素及其与生态环境密不可分的关系。而这一点正是中国调整经济结构、转变发展方式的重要内容。牧区不是不需要工业化，但是工业化应突出畜产品加工，风能、太阳能开发利用等方面，农业性开垦造成的后遗症、矿业性开发造成的生态问题、人为城镇化造成的转产就业困境，都需要在践行《国务院关于促进牧区又好又快发展的若干意见》中得到有效的改变。

中国的"三牧"问题，虽然涉及的人口规模不及"三农"范畴，但是解决"三牧"问题远比解决"三农"问题要复杂和困难，它是全面建成小康社会中难点中的难点。对此，不论从宏观数据和战略部署上去认识，还是从区域单元和个案实证中去理解，都不足以全面描述正在变迁的草原生态、游牧业和牧民，因为这不仅是一个广大区域内正在发生的包括自然环

---

① 《国务院关于促进牧区又好又快发展的若干意见》，中央政府门户网：http：//www.gov.cn/jrzg/2011-07/11。

境变化的过程，而且也是一个发展的良性与变化的恶性交替显现的过程。在内蒙古、新疆、青海和西藏等典型的牧区，游牧业仍旧是地区经济发展的重要产业并呈现增长的势头，而草原生态保护的投入和成效也显而易见，集约化的畜产品加工、新形式的牧民互助合作经营体制、家庭牧场及其旅游业、草原文化产业的开发，都在呈现新的生机。同时，牲畜品种改良及其防疫，畜牧产品加工和销售，草原自然灾害挑战（诸如鼠害、毒草问题），草原地带的矿产资源违规开发，生态移民村落的发展，偏远牧区的生活条件改善等问题，依然是需要迫切关注的事务，也是需要集多学科知识深入研究的重要课题。

从这个意义上说，这部中外学者合作完成的《当代中国游牧业》，从多学科提供的观察和分析，对深化这一主题的研究无疑具有重要的现实意义和学术启发。为此，在这部著作付梓之际，再次向奥塞·科拉斯（Åshild Kolås）教授几年来的辛勤工作致以深切的敬意！对参加这一项目研究的中外学者表示衷心的感谢！

2013 年 10 月 8 日于北京

CONTENTS 目录

前　言 ······································· 奥塞·科拉斯　扎　洛 / 1

第一部分　草原政策的发展

第一章　横向政策分析：提高生活方式可持续性发展的工具
　　　　——对青藏高原地区生态移民和其他开发方案的影响 ············· 3
第二章　雪灾与救助
　　　　——青海南部藏族牧区的案例分析 ····························· 31
第三章　新自由主义背景下的中国藏区畜牧业：沟里镇发展的
　　　　持续性与变迁 ··· 51
第四章　合作利用放牧场制度的理论思考与案例分析 ················· 66

第二部分　过渡中的游牧文化

第五章　北疆的游牧文化遗产、传统知识及其保护 ··················· 83
第六章　藏区传统游牧业：现状忧思与前景展望 ····················· 100
第七章　人类学视野下的西藏牧区亲系组织及互惠关系
　　　　——以西藏那曲为实例 ······································· 116
第八章　藏北高原妇女社会性别角色与健康意识的研究 ············· 147

第三部分　可持续性和草原退化

第九章　西藏牧区自20世纪80年代以来的发展及围栏运动…………… 165

第十章　内蒙古锡林郭勒草原退化的话语和绿色治理………………… 197

第十一章　中国北方的限制行动，圈栏和传统草原管理：关于
　　　　　新生态学的人类学观点…………………………………… 217

第十二章　内蒙古草原退化成因分析
　　　　　——以东乌珠穆沁旗蹄灾为例………………………… 246

第十三章　牧区环境：西藏中部牧民资源利用形式的地理信息系统
　　　　　个案分析…………………………………………………… 267

第十四章　藏北高原地区野生动物资源保护与利用的可持续发展
　　　　　战略………………………………………………………… 283

第四部分　"生态移民"政策

第十五章　后畜牧业：生态移民下的牧民……………………………… 299

第十六章　定居化进程中的中国牧区教育发展
　　　　　——基于青海省称多县的考察…………………………… 333

第十七章　青藏高原上的生态移民：牧民和草场的分离……………… 348

**附录　中国人类学者对藏族牧民的研究综述（20世纪初期
　　　至1949年）**………………………………………………… 377

前 言

奥塞·科拉斯[*] 扎 洛[**]

在世界各地，牧民的畜牧生活方式受到大范围定居项目、畜牧业市场化、草原土地私有化和环境压力的挑战。从非洲、中东和亚洲等世界最大的牧区来看，研究人员对牧民中日益上升的贫困问题和失去土地问题，深感焦虑。许多人会问我们是否正在看到"畜牧业的终结"（Humphrey and Sneath, 1999），尽管牧民对波动和过渡习以为常，但近几十年来出现了新的转型类别。由于国家和国际开发组织的介入，牧民的畜牧实践和社会组织发生巨大的变迁。定居、畜牧业更多地卷入市场经济、土地私有化，对传统牧区的公共土地使用方式构成了挑战（Ensminger and Rutten, 1991）。许多牧区还面临着日趋严重的沙化和环境退化问题，尽管学者和草原使用者仍然质疑"退化"的实际含义。而政府出台的牧场保护政策也备受争议，有些专家支持确定载畜量的均衡模式，有些专家则提出非均衡模式或者"新生态"视角。

牧场与水对牧民的生计、以畜牧业为生活方式的可行性至为关键。在当代中国，牧民继续与自然条件作斗争，例如，气象灾害、气候恶劣导致的高牲畜死亡率。与此同时，牧民也面临着新的问题，例如，前所未有的社会经济、人口和环境的变化，在过去的半个多世纪中这些问题日益突出。

---

[*] 奥塞·科拉斯（Åshild Kolås），挪威奥斯陆国际和平研究所（Peace Research Institute Oslo）研究员。

[**] 扎洛（bkra-lo/bkra-shes don-grub），中国社会科学院民族学与人类学研究所副研究员。

在中华人民共和国成立初期，为养活日益膨胀的人口，政府出台了大规模的土地复垦项目，以此来增加农业生产。这些项目将人们从东部人口稠密的地区转移至西部和北部的边疆地区，而这些地区蕴藏着可供开发的丰富的矿产和森林资源，例如，20世纪50年代的"下放"运动。这些项目也是为推进少数民族一体化而大加倡导的，帮助"建设社会主义"，加强中国边境的安全（Dreyer，1975）。尽管人口转移项目很快失去了势头，并随着"文化大革命"的退潮而终止，但国营农场、森林和矿产开发项目仍然在牧区运营。在最富饶的一些地区，部分出于优先种植油菜籽的需要，国营农场在进入20世纪90年代以后继续在扩大它们的版图（Clarke，1994）。国营农场的羊毛生产也在扩大，截至1991年，中国10%的羊毛来自国营农场（Longworth and Williamson，1993）。

在集体主义时代及之后，畜牧政策的一个主要目标是发展更为现代的畜牧业形式，在更好、更有效地使用草原资源的同时，将牧民融入主流社会。在发展和改进畜牧业的主要项目中，"定居和畜牧"项目包括了设施的兴建，比如，兽医站、小学和居民区，以及将这些设施与外部世界连接起来的道路建设。在1979年实行"经济改革"之后，牧区的现代化和发展动力仍然在一些项目中得以延续，例如"四配套"，即鼓励牧民种植草料，修建冬季草料储存棚，搭建家庭牧场围栏，兴建至少在冬季供他们安居的房屋。"西部大开发"的结果是，新的道路和交通设施加快了牧区定居点、矿产和工业开发的建设。这些新的道路和城镇建设在便利牧民交易产品的同时，矿区、城镇和连接设施的扩大继续在减少并消耗着草场资源。

自中华人民共和国成立之后，土地管理实践和政策也经历了变化。在集体化之前，牧区推行的是公共的季节性牧场使用的规定。在1979年"经济改革"之后，实施了"家庭经营承包责任制"，向农村家庭分配耕地使用权。这项政策在《草原法》（1985）实施之后推行得更有力度，通过在牧民家庭和当地政府之间签订草原合同，规定家庭使用草原的权利。后来实施了"三十年使用权"政策，并与《土地管理法》（1998）一起合并为法律。尽管"家庭经营承包责任制"仍然是管理草原土地使用权的总体框架，但畜牧和农耕之间的重要差别得到了承认。因此，修订后的《草原法》（2003）提供了其他有关草原土地使用和管理安排的法律空间。于是一些牧区进行了创新尝试，以此来改善集体化畜牧和土地使用的矛盾，并使之正式化。

正如政策制定者常常所发现的，畜牧业的管理是一项极其困难的任务。由于牧民对移动性的内在需求以及对变幻莫测的自然环境的灵活适应，问题随之出现，这反映了传统土地使用权政策、资源管理、畜牧技巧、相关的文化观念和实践、权力观念和社会控制机制的复杂性，这些复杂性又加剧了问题的复合程度。对牧场资源管理和退化之间关系的辩论凸显了达成科学共识的困难。我们还应该认识到，对畜牧业的研究远比单纯的资源管理问题要花费更多的时间，这是因为畜牧业不仅仅是一种生计手段，它更是一种生活方式。为获得对畜牧业的综合理解，我们必须研究一系列极为复杂、相互关联的问题，包括草原政策、法律和法规、知识的形成、立项和执行情况、多种畜牧实践、土地使用模式、管理技巧。与此同时，还要考虑到变化中的观念和实践是如何被赋予文化意义的。因此，对中国畜牧业的综合研究需要多个田野点的跨学科的比较研究，将学科、方法、规范和语言研究领域的学者集合起来，从多个田野点得出理论视角并予以讨论，包括牧场生态、畜牧业科学、政治和法律研究、人类学、人文地理学、社会学和经济学。这正是本书试图提供的内容。

本书是"中国的畜牧业：政策与实践"课题的成果，该课题作为奥斯陆国际和平研究所和中国社会科学院民族学与人类学研究所的合作项目而开展，得到挪威研究委员会的资助。本课题的目标是研究与中国畜牧业有关的当代政策和实践，聚焦环境退化、资源管理问题，尤其是牧场的使用与牧民的牲畜管理之间的关系，以及法律框架和资源管理政策、当地的政策执行情况等。本课题的主要目标是掌握政策制定与执行、社会经济关系和资源管理之间的动态关系，以及这些动态关系对脆弱的自然环境造成的影响。本书旨在将研究当代中国畜牧业的西方和中国学者的成果集合起来，完整地呈现给中国读者。

本书由四部分组成，涵盖了四个重要议题，这些议题在过去的十年中是许多研究中国畜牧业的学者所关注的：草原政策的发展、畜牧文化的变迁、草原退化和生态移民。下面我们将对每个议题逐一进行总结。

草原政策的发展

本书第一章从富礼正[1]和贾里德·菲力浦[2]执笔的"横向政策分析：提高生活方式可持续性发展的工具"开始。作者表示，这类分析可作为促进可持续生计发展的有用工具，并提及了青藏高原的"生态移民"和其他主要发展项目。文章介绍了青海省正在实施的发展和保护项目与政策的总体情况，尤其聚焦当前的发展政策对当地人民的生计，以及对变化的社会生态复原能力和社会稳定产生的一些潜在影响。作者对创新性的 HPA 作为分析工具的使用，以及它如何可以提高青海省牧区区域性发展和保护的水平进行了探讨。通过这个视角，作者就生态脆弱但拥有着丰富社会生态文化体系的青藏高原的保护与发展问题，提出了可供未来或持续政策讨论的几个优先领域。

第二章扎洛的"雪灾与救助"提供了青海省南部藏族牧区的案例研究。该地区经常遭受雪灾，不仅严重破坏牧民的家庭经济，而且还带来了其他灾害。作者认为雪灾救助和减贫不应耦合在一起，因为雪灾与其他因素导致的贫困是不同的，因此要求的反应行动也是不同的。基于田野调查，文章考察了牧民和当地政府在灾害期间及之后的救助努力，并提供了相关的分析与评估。尽管当地救助机制在过去的几年中得到改善，扎洛指出，承认畜牧业灾害与农业灾害导致的不同物质损失、受灾人口与贫困人口之间的不同人力资本，将更有助于机制的改善。雪灾仍然是藏族牧民面临的最为常见和最为严重的经济风险，抵御雪灾的措施应在预防和满足需求之间寻求平衡，前者包括保持充足的救灾物资，后者旨在帮助灾民恢复生产、防止他们落入长期性的贫困。

---

[1] 富礼正（J. Marc Foggin），青海师范大学地理和生命科学学院副教授，"起步高原"（Plateau Perspectives）组织主任。

[2] 贾里德·菲力浦（Jared Phillips），美国阿肯色大学历史系（Department of History, University of Arkansas）博士研究生。

前　言

第三章是艾米丽·叶[①]和盖尔让[②]执笔的"新自由主义背景下的中国藏区畜牧业：沟里镇发展的持续性与变迁"。根据作者的表述，文章针对的是新自由资本主义语境下有关畜牧业与放牧的辩论。非洲的畜牧业专家认为，日趋流行的新自由主义语境导致牧民采取加快社会商品化的策略，放牧权利和土地租借因此与土地私有化一起被货币化。学者认为这些新的条件遏制了放牧的移动性，有可能减少牧民的生产力。通过对青海省沟里镇的案例研究，艾米丽·叶和盖尔让为这场辩论提供了他们的视角。他们认为，术语"新自由主义"现在经常被用来指称中国向社会主义市场经济过渡的管理技巧。在这里，"新自由主义"被定义为政治上与观念上的规划，要求呼吁减少国家的作用，将自由市场扩展到更广泛的生活领域。作者发现这个术语有助于标记自邓小平1992年"南方谈话"以来中国正在深化的市场改革，包括强调商品化、取消国家福利条款，以及公共资产的私有化、日益加大的贫富差距等。

第四章是敖仁其[③]撰写的"合作利用放牧场制度的理论思考与案例分析"。在目前关于放牧制度的讨论中，"公地悲剧"论一直占据主流，但是，在推行私有化和以家庭为主要生产单位的制度后，人们发现出现了"私地悲剧"。总体来说，在官方政策支持下，畜牧文化是牧区社会知识生产的基础，这种文化当前正在因为私有化和家庭作为主要的生产单位而受到侵蚀。他们表示在当前的畜牧业模式中，夏季、秋季和冬季的公共牧场被过度使用，由于还未被分配到各个家庭，由此导致草原退化。这与其说是"公用地的悲剧"，不如说是"观念的悲剧"，因为缺少多样性的管理制度，而多样性的管理制度是对多样性的草原生态的恰当反应。合理的放牧制度至少要具备以下几个方面的要素：一是放牧家畜与生态环境具有良性互动作用；二是在一个封闭或开放的系统内产出的价值总是大于投入的价值（依靠政府补贴从外部系统输入物流——购买大量的饲草料、打深水井种植饲料、

[①] 艾米丽·叶（Emily Yeh），美国科罗拉多大学地理学系（Department of Geography University of Colorado）副教授。
[②] 盖尔让（Ga er'rang），美国科罗拉多大学地理学系（Department of Geography University of Colorado）博士研究生。
[③] 敖仁其，内蒙古社会科学院研究员。

暖棚种草等，不符合经济规律）；三是尊重牧民对生产方式、技术模式的个体判断和选择。

过渡中的畜牧文化

本部分的第五章是迈克尔·祖科斯基[①]执笔的"北疆的游牧文化遗产、传统知识及其保护"。他指出，牧民掌握着一整套富有鲜明文化特色和价值的技巧与技术，是牧民的文化遗产，它不仅依赖草原环境，而且与草原环境有着辩证的关系。千百年来，草原决定着牧民的生活方式，而牧民以灵活、变化的方式通过移动性来适应变化着的降水及其对植被的影响。在中国北部贫瘠的新疆地区，说突厥语和蒙古语的牧民拥有在高山、山坡和平原畜牧的悠久历史，他们将牲畜从一个牧场转移到另一个牧场。从历史上看，高地牧场被雪覆盖，不适宜在冬季使用，北疆的牧民于是使用更温暖的低地牧场。随着夏季冰雪的融化，山里的高地牧场和水资源得到使用。牧民基于移动性、高度迁移和机会主义战略的生活方式，正是对不可预测的自然资源的文化上的适应性使用。不幸的是，作者认为，保护和保持新疆牧民文化遗产的能力正在受到威胁。这个威胁并不是来自畜牧业本身，而是来自非畜牧的政治经济因素对他们移动性的限制。在中国过去30年的改革和发展中，政治和经济条件的改变并非有利于牧民，因为国家从计划经济转向以市场为导向的经济。在市场经济中，新的价值观日益附着在牧民传统的牧场，畜牧业本身的价值观被大大削弱。中国新的市场经济释放了前所未有的生产力。从经典的马克思主义角度来说，这些生产力不仅包括人力，而且还包括有助于人们的这些事物，例如，新的技术及它们在土地上的应用、快速发展的人口、资源使用的密集化、农业和工业的生产、大规模的城市化，导致牧民进入牧场的价值被贬低，也减少了他们进入牧场的数量，土地景观也随之改变。祖科斯基认为，被保护土地数量的增加正是畜牧文化遗产的最大威胁之一。

[①] 迈克尔·祖科斯基（Michael·L. Zukosky），美国东华盛顿大学地理与人类学系（Department of Geography and Anthropology Eastern Washington University）教授。

第六章是穆赤·云登嘉措①撰写的"藏区传统游牧业：现状忧思与前景展望"。作者认为，几百年来，青海省南部地区一直是多民族牧区，在那里生活的藏族没有任何永久定居的概念。今天，草原文明和农业文明之间的冲突和交流由于工业和现代化而被加深，造成两种文明融合带来的不可避免的后果。作者于是问道："我们如何在两种形式的生计和生活方式之间达到和平共处呢？"由于生态和环境的因素，之前探讨的农业耕种替代畜牧业以及农耕实践嵌入畜牧生活的方式已经被证明是失败的。因此，文章探讨了联合经营作为替代传统和现代畜牧业管理方式的可行性，这种经营方式通过不同的途径取自传统畜牧文化。

白玛措②继续探讨畜牧文化的主题，她撰写的第七章"人类学视野下的西藏牧区亲系组织及互惠关系"提供了来自西藏自治区一个畜牧社区的案例研究。她提出，经济活动并不仅仅是货币的交换，而是发生在生活方式、文化观念和价值观的语境内。由社会关系定义的权利和义务随着人们对变化着的环境的适应而演变，其生成的关系源自亲属关系和婚姻、仪式和宗教、政治和社会管理的原则和共同结构。这里的互惠关系指个体、群体和社区之间的交换关系。交换发生在相同的社会阶层，也发生在穷人和富人之间。尽管现金在某些领域取代了某种共享的互惠关系，但主要的因素仍然是相同的，并在20世纪80年代再次出现。基于她的田野资料，白玛措提出互惠关系包括劳动力共享、决策和食物共享。这些过程并不仅仅是资源的交换，而且还用以加强亲属关系和文化的整体性，对于维持大家庭是重要的。自20世纪50年代初，中国西藏牧区的政治和社会体制经历了一系列重大的变化，土地管理的体制性决策力量从类似部落的形式转换到更为中央化的政治体制，即社会主义政策下的"地区"。不过，白玛措发现，微观层面的社会组织仍然是相同的。牧民家庭的性质和基于亲属的邻里关系，仍然是构成当代中国牧区社会组织的基本要素和根基。

第八章是次仁央宗③执笔的"藏北高原妇女社会性别角色与健康意识的

---

① 穆赤·云登嘉措，西北政法大学政法系教授。
② 白玛措，西藏自治区社会科学院民族研究所博士。
③ 次仁央宗，西藏大学地理系教授。

7

研究"。她提供了西藏自治区聂荣县尼玛乡的案例研究。聂荣县是第一个执行"禁牧合同"的牧区,该地区近80%的牧民因此定居了下来。通过对尼玛乡的调查,文章分析了男女牧民的定居情况,考察了定居对生产、社会活动和家务领域的劳动力性别方面的影响。作者指出,在研究西藏宗教和文化以更好地理解西藏牧民的同时,应更多关注西藏社会中的性别问题。因此,文章侧重于定居后西藏女性牧民在社会生产中的作用,认为这是在当代西藏牧区社会定居问题研究中被忽视的一个方面。

可持续性和草原退化

本书的第九章是肯尼思·鲍厄[①]的论文"西藏牧区自20世纪80年代以来的发展及围栏运动"。文章讨论了自20世纪80年代以来西藏自治区牧区发展政策的执行情况,分析了为什么某种干预——尤其是围栏——会被引入。改革时期市场、技术、退化和土地使用权的话语和现实被置于生态、历史和文化的视角,并分析了大范围的围栏运动的起因及其潜在后果,基于这些趋势,文章预测了西藏牧区未来的发展轨迹。

第十章是奥塞·科拉斯的论文"内蒙古锡林郭勒草原退化的话语和绿色治理"。文章考察了牧民、草原管理者、政府官员和学者口中的"草原退化"话语和表述,提供了来自内蒙古锡林郭勒盟民族志田野工作的调查结果。作者认识到退化话语和相关的"草原恢复"实践是政治竞争的主要场所,她无意达成关于退化的"科学事实",而是寻求说明草原是如何被冠以"退化"的,是何种机制促成的,"保护草原"政策是如何被执行的。绘制退化及其原因的话语地图并将其语境化,可以突出不同利益、观点和群体之间如何通过对话、妥协和竞争达成的政策执行。不同利益相关者对于退化程度和起因的表述各不相同,但对于"断层线"的争夺也不像人们预期的那样显而易见。文章还揭示了源自主要政策目标内在竞争利益的某些紧张关系,尤其是经济发展和集约化生产是一个方面,环境保护和保持是另一个方面。

---

① 肯尼思·鲍厄(Kenneth Bauer),美国密苏里植物园(Missouri Botanical Gardens)专家。

第十一章是詹姆斯·泰勒[①]带来的有关新生态人类学视角的"中国北方的限制行动,圈栏和传统草原管理:关于新生态学的人类学观点"。基于内蒙古兴安盟一个受资助草原管理项目的经验,文章讨论了政策、实践和新"非均衡"管理方法的某些意蕴。作者以一个参与者的视角叙述了土地使用实践、可持续的名义载畜量和当地语境下国家政策干预的问题。草原"退化"事实上受到资源使用者的争议。大多数的草原科学家、党政干部往往将责任归咎于牧民,认为是他们坚持了破坏性的文化实践,从而导致内蒙古草原严重的环境恶化。这个论点在"退化表述"中甚为流行,虽然支持了有关草原科学的大部分话语,但通常是缺少实证或民族志证据的。传统的生物生态学强调物种(生长—形式)优势,事实上并没能说明对于地表生物的人为影响程度,以及这些因素是不是造成退化的原因。最后,文章建议,应更多关注人类活动、气候和植物随时间和空间的变化而发生的变化,这些变化更多地以内源性、灵活的季节性预测为条件。

在第十二章,阿拉腾嘎日嘎[②]提供了内蒙古东乌珠穆沁旗的案例,他撰写了"内蒙古草原退化成因分析"。自1984年内蒙古自治区政府完成"两权一制"改革以来,牧民将传统的移动放牧转换成定居放牧,并完成了草原围栏的建设。这从根本上改变了畜牧业管理制度,之前是集体所有制,根据季节使用草原和轮换放牧。在新的制度下,草原根据家庭人口进行划分,由此形成了在固定草原定居放牧的模式。今天,草原面临着退化,因此自2011年以来,内蒙古政府实施了"禁牧、停牧和轮牧"的政策。但是,许多牧民认为,草原退化的原因是蹄灾,即退化是由牲畜踩踏造成的。自每户家庭在固定牧场用电网进行围栏以来,动物在相同的牧场不断地踩踏,日复一日,年复一年。其结果是,草地失去了修复自身的机会,渐渐地恶化,导致蹄灾。为修复牧场,牧民不得不购买饲料和草料来喂养牲畜,为减轻经济负担,牧民只能通过扩大牲畜数量来提高生产,如果可能他们还出租牧场。因此,他们落入了牲畜和牧场不平衡的恶性循环。牧民相信,预防蹄灾、避免草原退化的办法,并不是"停牧、禁牧和轮牧",而是逐渐

[①] 詹姆斯·泰勒(James Taylor),澳大利亚阿德莱德大学人类学与社会科学学院(Anthropology School of Social Sciences the University of Adelaide)高级讲师。

[②] 阿拉腾嘎日嘎,中国社会科学院民族学与人类学研究所社会文化人类学研究室博士。

地将牧场并入更大的草原,全面清除占据草原的非畜牧家庭。阿拉腾认为,内蒙古草原退化的要因之一在于内蒙古草原游牧业的研究积累少,牧区改革无理论支撑。质疑在草原牧区套用农业化管理模式,盲目实施"两权一制"改革,草原牧场固定化、围栏化,依靠种植向舍饲放牧业发展的思路。肯定了"牧民协会"的整合草场进行轮牧的尝试,强调指出了传统牧业生产方式的传承与草原生态的有机关系。

第十三章是肯尼思·鲍厄的另一篇论文,他与安东尼·马格里[①](Antoni Magri,智利圣地亚哥)共同撰写了论文"牧区环境:西藏中部牧民资源利用形式的地理信息系统个案分析"。文章考察了环境特点,诸如海拔、坡向、坡度、植被,是如何构成西藏中部牧民资源使用模式的。作者通过结合田野观察、参与式绘图、采访和地理信息系统(GIS)生成的遥感图像,描述了该地区饲草资源的充足度、分布和使用特点。根据畜群的地理参考位置,总结出季节性放牧地区的特点,由此显示的是西藏中部牧民放牧的清晰的空间模型。而对年度牧场生产力归一化植被指数值的评估方法,就是利用了牧民应对环境变化的这种描述。作者认为,有了这种文化上细致、空间上鲜明的方法,我们可以加强对受环境限制的畜牧制度的理解。希望我们因此对以下方面获得更为清晰的预测:经济和政策变化如何对西藏中部及其他地区的牧民社区的生计产生影响。

第十四章是达瓦次仁的"藏北高原地区野生动物资源保护与利用的可持续发展战略"。西藏北部高原地区是野牦牛、藏野驴、棕熊等野生动物的重要栖息地,在生物多样性保护方面具有不可替代的地位。自20世纪80年代以来,西藏的生态建设和环境保护逐渐得到中央政府和西藏自治区的重视,通过建立自然保护区、开展环境教育、实施反盗猎等措施,野生动物保护工作取得了显著成效,种群多样性、种群规模等有了明显的改善和发展。然而,与世界其他地区一样,现在那里也出现了野生动物与当地牧民在草地资源的分享以及人与动物和谐相处等日趋突出的矛盾。作者通过参加国际性的野生动物保护项目,发现当地牧民人口的增长、家畜数量的持续增多,导致这种矛盾更加突出。作者提出了发展体育狩

---

① 安东尼·马格里(Antoni Magri),美国康乃尔大学(Cornell University)教师。

猎的设想，通过适当控制野生动物的方式，使牧民的牧场能够得到一定程度的扩大。

"生态移民"政策

第十五章是张倩[①]有关"生态移民"的讨论，她的论文题目是"后畜牧业：生态移民下的牧民"。文章描述了生态移民如何从政策到实践的过程，在实证材料的基础上讨论了该政策如何对畜牧业产生影响及其意味着什么。文章一开始，作者便通过澄清其背景、政策目标和定义，对生态移民进行了情境化描述。然后她考察了"生态移民"如何在苏木（牧区小镇）得到实施的，该苏木由4个嘎查（牧区村庄）组成。通过在微观层面探讨该过程，作者根据社会科学理论提供了定义"生态移民"概念的新方式，并通过讨论"生态移民"工程的优缺点，试图理解正处于过渡中的畜牧业。张倩指出，"生态移民"研究正沿着两条路径发展，其中一条通过批评它的生态假设和目标，质疑该措施的有效性；另一条揭示国家、其他参与者的作用或者话语维度以及在制定"生态移民"政策中交织着的权力关系。

第十六章是方素梅[②]撰写的"定居化进程中的中国牧区教育发展"。2008年8月，由民族学与人类学研究所组成的研究小组在青海省黄南藏族自治州的河南蒙古族自治县、泽库县以及果洛藏族自治州的玛沁县、达日县4个牧区县进行调研。这给了方素梅研究牧民定居项目和青海牧区基础教育发展的机会。基于调查资料，作者认为，尽管牧民定居是一个复杂的社会过程，对于不同的家庭来说动力各异，但是定居后开始重视子女教育却是一个普遍的现象，这是政府方面追求的重要目标。但是，一些地方的安置行动显然非常仓促，学校建设不足，缺乏足够的合格教师。快速有效地解决这些问题、合理解决牧民的教育需求是牧民定居安置计划能否成功的关键。

[①] 张倩，瑞典斯德哥尔摩大学人文地理学系（Department of Human Geography Stockolm University）博士。

[②] 方素梅，中国社会科学院民族学与人类学研究所民族历史研究室研究员。

第十七章是扎西尼玛①撰写的"青藏高原上的生态移民：牧民和草场的分离"。作者指出，鉴于20世纪90年代末的气候变暖话语与自然灾害，中央政府重新考虑"西部大开发"的内在驱动力，无论是在政策层面还是在实践层面。因此，全国性的"退牧还草"运动旨在修复牧场生态，保护生物多样性，阻止草原退化。在三江源，"退牧还草"政策与"生态移民"联系在一起，这是一个干预生态发展的计划，旨在通过社会工程"开化"牧民，也是将草原从退化中"拯救"出来。在这一章，作者认为，藏族牧民尽管被描绘成干预项目的"被动对象"，但他们仍然积极地塑造着"生态移民"政策的效果和影响。在生活方式的剧烈转变中，玉树的牧民在与政府各个部门的交往中采纳了各种策略。国家安全、稳定、生态恢复和现代化的目标是官方的发展话语，而牧民的话语特点是关注生计、家园保护、文化认同，以及至为重要的用自己的术语定义发展的能力。

我们想要指出的是，游牧业作为一种古老的生产方式，有其独特的魅力，很早就吸引着学术界的关注。在本书中我们特别收录了旺旭卓玛②博士的论文《中国人类学者对藏族牧民的研究综述（20世纪初期至1949年）》，她从研究的主题、内容、主要人物和代表性成果等方面梳理了20世纪上半期中国学者对游牧业的田野调查和学术研究，指出这些学术研究对于人们了解游牧经济、理解游牧社会，为国家制定相关政策具有重要意义。

我们是否可以弥合分歧？

草原退化通常被归咎于牧民"落后的"实践，尤其是他们"传统的"最大化牧群数量的喜好。然而，正如本书所明确指出的，一系列复杂、相关的社会和环境因素造成了过度放牧和草原退化。尽管环境和社会因素已然是无数研究的话题，但它们之间五花八门的相互关系，以及如何相互结合产生新的动力和后果，仍然为人们所忽视，更没有得到很好的验证。如果我们将社会经济变化作为一个例子，我们就会看到近年

---

① 扎西尼玛（Tashi Nyima），挪威奥斯陆大学（University of Oslo）博士。
② 旺旭卓玛，中国藏学研究中心社会经济研究所博士。

来，牧民有更好的机会从他们的牧群那里获得现金收益。这个效果可以通过牧区家庭收入的增长得到衡量，但如果我们想要掌握更大的后果和动力，历史性的方法也是有必要的。除了牧区收入水平上升，我们还应考虑到牧民有更多的机会进入市场，在那里他们可以购买消费品以及出售他们的产品，但由于物价上升和对食物与其他市场产品的依赖加大，牧民的压力也随之增大。而且，由于义务教育的实施，有更多的牧民子女进入学校，而学校变得更为集中，我们还应考虑到寄宿学校教育的成本，这种或其他的经济考虑可能对牧民产生了新的动力或压力，因此他们不得不扩大牲畜的数量。

正如本书所描述的，研究人员就过度放牧和草原退化之间的关系提出了很多的问题。基于长期的田野工作，有些学者质疑牲畜数量提高的假设，或者对所报道的田野点草原退化的水平和程度提出疑问；有些学者认为传统的放牧和管理模式仍然在继续或者重新出现，从而达到对牧场的最佳使用水平（Banks，2001；Clarke，1987；Goldstein and Beall，1990）；有些学者声称诸如围栏、灌溉和杂交种子的使用对于提高草原生产力是不相宜的（Zhang，1988）。学者们还认为，减少牧民空间移动性的围栏运动可能导致了过度放牧和草原退化（Taylor，2006；Williams，1996）。根据一些牧场专家的看法，中国的草场退化主要由不恰当的政府规定和政策导致的（Longworth and Williamson，1993）。正如这些讨论所揭示的，牲畜数量过多、过度放牧和牧场退化是复杂的问题，由一系列因素所导致的，尤其是社会和环境动力方面的研究是被忽视的，即环境和社会因素的混合或复合效果。而达成更为综合的理解，需要的是更加具体地研究这些社会—环境因素之间的联系。与此同时，我们不应忘记更大的问题和长期的趋势，例如，人口增长的压力，由于土地修复导致的牧场的日益减少，工业化和近期的环境保护和保持项目。

在畜牧业研究中，共同的挑战是弥合学科与方法之间的分野，一方面是牧场管理和生态、畜牧业、兽医学，另一方面是社会科学，例如，人类学、政治学和人文地理学。通过弥合科学分野，诸如，自然与社会科学方法，我们可以形成新的更好的畜牧业知识，尤其是有关当代环境和社会挑战之间重要的联系。为提高和扩大我们的知识面，除了找到解决政策制定挑战的新方法，我们还应将更多的关注直接转向牧民的想法、理解牧民的需求上面。

参考文献

Banks, T. (2001) "Property rights and the environment in pastoral China: Evidence from the field", *Development and Change* 32 (4): 717-740.

Humphrey, C. and D. Sneath (1999) *The End of Nomadism? Society, State, and the Environment in Inner Asia*, Duke University Press.

Clarke, G. E. (1987) "China's Reforms of Tibet, and their Effects on Pastoralism". IDS Discussion Paper no. 237. Brighton: Institute of Development Studies.

Clarke, G. E. (1994) "The Movement of Population to the West of China: Tibet and Qinghai", pp. 221-257 in J. M. Brown and R. Foot, eds, *Migration: The Asian Experience*, Oxford: St. Martin's Press.

Dreyer, J. T. (1975), "Go West Young Han: The Hsia Fang Movement to China's Minority Areas", *Pacific Affairs* 48 (3): 353-369.

Ensminger, J. and A. Rutten (1991) "The Political Economy of Changing Property Rights: Dismantling a Pastoral Commons", *American Ethnologist*, 18 (4): 683-699.

Goldstein, M. C. and C. M. Beall (1990) *Nomads of Western Tibet: The Survival of a Way of Life*. Berkeley, CA: University of California Press.

Longworth, J. W. and G. J. Williamson (1993) *China's Pastoral Region: Sheep and Wool*, Minority Nationalities, Rangeland Degradation and Sustainable Development. Wallingford: Cab International.

Taylor, J. L. (2006) "Negotiating the grassland: The policy of pasture enclosures and contested resource use in Inner Mongolia", *Human Organization* 65 (4): 374-386.

Williams, D. M. (1996) "Grassland enclosures: Catalyst of land degradation in Inner Mongolia", *Human Organization* 55 (3): 307-313.

Zhang, R. (1988) "A Case Study on Mountain Environmental Management: Nyemo County (Tibet)". *Occasional Paper* no. 13. Kathmandu: International Centre for Integrated Mountain Development (ICIMOD).

第一部分
草原政策的发展

第一章
横向政策分析：提高生活方式可持续性发展的工具

——对青藏高原地区生态移民和其他开发方案的影响

近年来，越来越多的事实证明横向（跨部门）发展政策分析和各个独立政府部门之间的协调有很多好处。关于国际卫生政策，特别是卫生事业的社会决定因素（Blas & Sivasankara, 2010；Raphael, 2008；WHO, 2008）以及文化在卫生事业中的关键作用（Schech & Haggis, 2000；Hawkes, 2001；Gesler & Kearns, 2002；Chandler & Lalonde, 2008；Lalonde, 2005）的大量研究也证明了这一观点。因此，其他层面的公共政策（包括环保、就业、教育等）也可以得益于跨学科和跨部门的合作和政策整合。

青海省正在实施几项目标远大的保护和开发项目。这些在草原地区大范围推广、影响大量牧民（游牧民）的项目为所有的牧民设立了一些官方目标（包括实现牧民定居）（Foggin, 2008；《人民日报》, 2009），并且有比以往更多的努力和投入（《人民日报》, 2011）。政府在"生态畜牧业"的口号下，要求大量牧民改变传统畜牧方式，认真考虑其他出路。

这些政策和方案使当地的社会生态景观产生了急剧变化。但是一些项目在实施之前并没有经过全面的跨部门分析（例如，多学科的比较分析）。跨部门研究的主要目的是，预测各种可能的社会环境影响并以此对潜在的长期社会经济成本进行评估。我们只有对这些因素进行系统全面的分析以后，才能进行风险分析，对现有的发展方式进行评估，从而做出可行且可持续性的方针决策。否则，一些发展方案或政策实际上就是未经检验的大规模实验，可能对社会环境产生长远的、未知的、很可能不可逆转的严重社会环境影响。

发展过程中的任何发展行动都会产生出乎意料的后果（间接衍生物），这就是经常发生在原先的发展行动领域或范围之外的意外后果。比如，一项教育政策可以影响将来的可持续生活方面的选择；环境规划可以影响人们的期望、健康或幸福感。经济、教育、生活、健康、环境、稳定性等因素都是互相联系，彼此强化的。这就决定了战略性公共政策分析的重要性。换言之，我们既需要对提出的政策进行纵向分析（即从其本身的专业领域进行分析），也需要对其进行横向分析（请其他相关领域的专家进行分析）。为了避免不必要的矛盾或消极后果，我们同时应当重视不同方面（卫生、交通、教育、民政事务等）发展政策的紧密配合和协调。适当使用这种横向分析方法（横向政策分析）可以提前确定和预测各种不良后果，减少它们的发生率，指导我们提前做出全面部署。

青海省各草原地区目前正在经历很多变化，而本章介绍的发展工具——横向政策分析（HPA）可以用来提高当地经济发展和环境保护的效果。本章将特别关注目前发展政策对当地人民生活方式的一些潜在影响，其对于变化的社会生态恢复力以及社会稳定性。作者探究了这个工具或分析方法的创新利用，并且从这个角度提出了针对青藏高原地区的发展和保护政策研讨的几点重要建议。青藏高原的心脏地带有着生态脆弱但文化丰富的社会生态系统，引起了国际上的重视，而本章研究立足于相关政策研讨的优先区域，为实现青藏高原地区的可持续发展提供了重要的理论和实践指导。

青海省当前的开发和保护方案

自2000年以来，在青海省实施了各种发展政策和方案，它们几乎都是在国家"西部大开发"战略的背景下实施的。富礼正（Foggin，2008）已经对这些开发方案的相关问题进行了简要探讨。表1-1列出了正在或已经影响到青海省草原地区的官方政府开发和保护措施。

古德曼（Goodman，2004）从长远角度对青海省的发展提出了深刻见解。他认为因为政府部门集中力量"发展基础设施和提高环境可持续性，因此导致了一种危险的做法，那就是通过大力发展经济来解决地方问题，从而忽视了内在的政治、社会和文化问题，严重影响领导人宏伟目标的实现"。所谓的宏伟目标即实现显著的发展，比如，提高社会经济可持续性和维护社会稳定。

当前，在青海省（发展政策）的问题上，人们主要的研究和争论都是围绕大规模的社会实验，也就是所谓的生态移民。生态移民内容主要是要求牧民从祖祖辈辈赖以生存的草原迁移到政府专门为他们修建的小镇或大城市周边地区。在现代中国，这种为牧区提供的社会服务 20 年前就开始了（杜，2006）。

今天的生态移民已经达到了空前的规模，涉及 50 多万牧民。政府还明确提出未来几年内实现青海省所有剩余藏族牧民定居的目标（《人民日报》，2009、2011）。除了提供服务以外，近期的游牧民定居方案计划解决现有或潜在的草原退化问题（草原退化程度及其原因分析请参见 Harris，2010；Brown et al.，2008）。不管这些问题产生的后果是积极的还是消极的，它们毫无疑问都是长远后果，甚至会深深影响到下一代人。

如果深入调查历史上经历过类似变迁的其他群体的各种经历，例如，在 20 世纪大部分时间里加拿大采取的类似政策对第一国民们和因纽特人产生的长远影响（Foggin，2008），那么我们很容易看到今天我们的发展行动产生的许多影响在时间跨度上将会是世代沿袭的。因此，及时地制定正确的决策势在必行（Hecht & Cockburn，1990），因为机不可失，时不再来。

这可能是青海藏族牧民文化史上的关键阶段，是生态理论的与植被演替和变化有关的状态——过渡模型的社会文化等价物，青海的地貌正在逐步发生不可逆转的（通常是有害的）变化（Westoby et al.，1989；Behnke and Scoones，1993）。过去欠缺考虑的发展政策在很大程度上对加拿大造成了实质性的伤害。正是因为这个原因，我们有必要对我们的政策开展全面的比较研究，以避免犯和加拿大一样的错误，对当地造成不必要的危害。

此外，大规模政策和方案的实施产生的影响通常会超越原计划的地理区域。离方案政策实施地很远的地方也会在社会和自然（生态）方面表现出一些变化。这些不同研究领域和地理区域之间的相互联系就是横向政策分析的关键部分——横向政策分析试图导致更加可持续的、良好的和适当综合的发展实践方式。

青海省的一些其他重要发展方案（或带有人文向度的各种保护方案）包括扶贫、公共卫生干预、教育举措，当然还有几项备受赞美的环境倡议，比如，建立保护区和草地恢复工程（见表1-1）。大多数前述干预行动都有明确的目标和任务，但是它们通常都存在一些问题，这些问题在行动实施阶段尤为明显。这是因为有关部门在设计这些措施的时候都只考虑了问题的个别方面，在政策分析和发展规划上沿用了不合理的竖井式方法（垂直途径）。

本章的目的不仅是要在某种程度上对目前影响该地区的发展方案进行全面审视，而且旨在初步分析目前发展规划的不同方面的相互作用。基于这种分析，我们认为横向政策分析（HPA）凭借其内在的多学科性，能够帮助所有的利益相关者综合地考虑众多共同决定政策的潜在可持续性的互相联系的环境、社会、经济和文化因素，从而更好地评估不同措施的实际利弊。

表1-1　影响青海省高海拔草原地区居民、生活方式和风景地貌的主要政策和方案

主要领域	政策或方案综述	主要参考文献
中国西部主要政策	中国西部大开发战略，即开放西部的政策，是中国西部全局性的开发方案 中文：西部大开发	《中国日报》，2009、2001d Goodman，2004b Holbig，2004 Lai，2002 《人民日报》，2000
扶贫	四配套方案的目标是通过建设冬季居所和畜棚、修建围栏、圈窝种草来缓解贫困。有时四配套又被称为"一整体，四要素"或"四完成"，即四项有利于消除贫困的措施 中文：四配套	Foggin，2000、2008 Ptackova，2011 Yeh，2005

续表

主要领域	政策或方案综述	主要参考文献
扶贫	地区围栏修建主要受到农牧局的支持，旨在改善草地质量和提高经济效益	Bauer, 2005 Miller, 2000 Williams, 1996、2002
	投毒行动旨在消除如高原鼠兔这类的小动物（此项措施的倡导者认为高原鼠兔和牲畜争夺草料）	Smith & Foggin, 1999 Xin, 2008 Pech et al., 2007 《中国日报》, 2004
	社区合作社是一种新型的地方组织。它可以提高地方在决策过程中的参与度，鼓励农村经济发展，此举受到县州政府的支持	Foggin & Bass, 2010 Richard, 2005 Pearce, 2010 Lahtinen, 2010 Plateau Perspectives, 2010
	基于社区的草原管理和传统畜牧实践方式更相似，该种管理模式在不同情况下将继续实行	Banks et al., 2003 Richard et al., 2006 Wang and Fu, 2004 Waters-Bayer et al., 2009
	生态旅游（其他形式的旅游）作为地区经济发展的工具，受到青海省各级政府的积极支持	IGSNRR & QTB, 2009a IGSNRR & QTB, 2009b Li and Han, 2001 QTB and JICA, 2006 Wang et al., 2009
社区健康	合作健康保险旨在为青海省的农村和城市居民提供医疗补助	Foggin et al., 2009 Watts, 2006 Yip and Hsiao, 2009 Yip and Hsiao, 2009
	特别是在牧业县，村卫生室的建立受到了卫生部门的大力支持，它是健康保险机制的必要组成部分	Foggin et al., 2009
基础教育	义务教育已经正式实施了多年，但直到最近才和教育集中化制度在牧区全面实施	Beimatsho, 2008 Foggin, 2008 新华社, 2009
	无论是从高等教育机会还是文化方面原因来看，教学语言的选择都是关键；赞成和反对意见并存	Foggin, 2008 新华社, 2010b

续表

主要领域	政策或方案综述	主要参考文献
环境保护	正式的《草原法》于 1985 年实施	Ho, 1999 Nelson, 2006
	自然保护区（以及其他保护区）在现代中国已有很长历史（从 1956 年至今）	Liu et al., 2003 Nelson, 2006
	退耕还林还草（或牧区的退牧还草方案）是在中国西部开发战略背景下首要的环境规划方案 中文：退牧还草	Du, 2006 Foggin, 2008 Liu et al., 2008 Yeh, 2005
	生态重新安置方案（即生态移民方案）在该区域非常广泛，目前已在几个省份实施，生态移民方案把游牧民定居与移民和城市化政策结合在一起 中文：生态移民	Dowie, 2009 Du, 2006 Foggin, 2008 Foggin, 2011 Ptackova, 2011 Wang et al., 2010 Xin, 2008
	游牧民定居方案是对"生态移民"政策的改进，它不需要游牧民的重新安置或城市化；其主要目标是使当地牧民生活方式向集约型（相对于粗放型）的游牧方式转变，事实上是形成了由几户牧民组成的"集体牧场" 中文：游牧民定居	Lu et al., 2009 Miller, 2000 新华社, 2010 新华社, 2011b Xu et al., 2008
	伴随上述定居和安置方案（通过"生态移民"或"重新安置"）应运而生的是"生态系统服务付费"（PES）。它是一种目前正在中国草原地区研究和试验的"生态补偿"机制；现在正在对最近迁移和/或安置（以前）的牧民发放补偿，补偿其生计方式的丧失/改变	Bennett, 2009 ESPA, 2010 Tennigkeit and Wilkes, 2008 新华社, 2011 Zhang and Lu, 2010
	有时在草原地区，特别是在和林业局（及其管辖区之内的各个自然保护区）的联合过程中，也提倡更加协作的管理形式；这样可以和当地社区形成真正的合作关系，它还包含（至少支持）社区共同管理，合约保护和一些更传统的社区保护区域	Foggin & Bass, 2010 Foggin, 2005, 2010 Kothari, 2006 Richard, 2003 Smyth and Jaireth, 2003 Borrini-Feyerabend et al., 2004
宽泛发展途径的取向（跨部门）	全球化（相对于更传统的实践方式；见戈尔斯坦等，1990；希伊等，2006；吴，1997）	Liu and Diamond, 2005 Liu and Raven, 2010
	私有化，包括家庭经营承包责任制（相对于以社区为基础的草地管理；见班克斯等，2003；理查德等，2006）	Williams, 2002 Yan and Wu, 2005 Yan et al., 2005 Yangzong, 2006

续表

主要领域	政策或方案综述	主要参考文献
宽泛发展途径的取向（跨部门）	有规划的城市化——通常被认为是中国发展的必要前导或条件（而在"自然"城市化过程中，人们从农村迁移到城镇寻求就业机会）	Li，2007 Liu，2005 Liu，2007 Shen，2006 Torrance，2008
	民间社会（非政府组织）——有更大的公众参与度和创新之处，可以对各种政府和官方方案起到互补作用	Breivik，2007 Morton，2007 Yang，2005
	在中国，那些通过发展（提升）地区生活水平和社会公平来维护地区社会稳定的项目或方案通常会获得支持	《人民日报》，2011c Pomfret，2000 新华社，2010c 新华社，2011d

重新定义可持续性

在探讨政策分析本身的含义之前，我们应当首先思考一下我们为何要对其进行跨学科研究，为何要关注社会和生态的交汇面或新的发展干预措施的横向影响？

原因很简单，这可以使我们更好地把握可持续发展的实现方式。发展是利用各种方式和手段提高特定地区居民的福利水平。实际上，所有国家或地区，无论政治意识形态的差异，都把发展作为根本而有意义的目标。可持续发展就是我们当前的发展目标。可持续发展是不影响后代人发展潜能，能保持和改善他们的生活而同时又不限制或忽视当代人（无论是一个地区、国家还是全世界的人）的重要需求的发展方式。因此，可持续发展，根据其定义，从长远观点来看必须具有经济和环境可行性和社会文化平等性。可持续性必须包含整体人文景观的关键特征，这是我们责无旁贷的使命。

今天，可持续性最普遍认可的定义是"既满足当代人的需求，又不对后代人满足其需求的能力构成危害的发展"（世界环境与发展委员会，1987）。它包含环境责任、经济情况健全程度和社会公平。但是现在我们越来越发现文化活力也同等的重要——文化是可持续发展的第四大基石（Hawkes，2001）。文化具有维持社会持久稳定的潜能，所以它是发展规划中的关键要素之一。这一点在加拿大的例子中得到了印证。

为什么文化传承性会影响不列颠哥伦比亚省的少数民族群体（第一国民们）的精神健康和总体幸福感（Chandler & Lalonde, 2008）？

现在可以明显地看到"一个社区的活力和生活质量与民众的文化参与、表达、对话和活动密切相关。（关于可持续性的）四大支柱模式进一步认识到了文化在提高社会经济情况健全度中的重要作用"（Duxbury and Gillette, 2007）。因此，不管从哪个角度来看，我们都应以更宽广的眼光看待可持续性的特征。

以下是另外的几种考量和范例，这些观点不同于其他的社会考量，它们有助于您理解和明白"文化应该更充分地归并到政策分析和规划中"这一立场的理论根据和实践方式。

1. 文化和可持续发展

"文化是在社会可持续性领域内诞生的，文化在可持续发展过程中扮演着独立、特殊和不可或缺的角色，这一点已经获得了越来越多的肯定。"1990年，联合国教科文组织（UNESCO）将社区发展的文化维度定义为"一个社会或社会团体所具有的一系列复杂而独特的精神、物质、智力和情感特征"。它不仅包括艺术和文字，也包括生活方式、人类基本权利、价值体系、传统和信念。社区发展的目的是通过地方性活动加强一个社区内的经济和社会联系。社区发展过程通常被视为综合考虑环境、社会和经济水平的"三重底线"。这条底线现在正在拓展，即将包括健全的文化和良好的治理（Duxbury et al., 2007）。

社区必须营造各种积极向上，鼓舞人心且受人欢迎的环境和定居模式，这类模式能够使人产生一种特殊的依恋感和归属感……一个可持续的社区会尊重那些现有特色的历史和品质，因为它们孕育了一种依恋感和归属感。这种"社区地标"可以是自然物，如一片草原或一棵古树，城市中心的一条小河，也可以是人造品，例如，纪念碑、当地小饭店、古老的法院或钟楼。最后，一个可持续性的地区必须大力保护能够增强社群的社会组织依恋感的场所、仪式和活动（Beatley & Manning, 1997）。

2. 当地生活方式和文化传承性

"发展中国家的地方社区是最先受到气候变化影响的群体。喜马拉雅高山居民和下游冲积平原的居民都是贫穷和边缘化人群，所以最容易受到气候变化的影响。我们可以采用各种依靠当地群众的知识、创新和实践而建立的自下而上的社群主导型程序来降低脆弱性和增强地方适应能力。这种方式的关键是使社区依靠自身决策和外界支持参与技术开发，主动适应气候和环境变化。这还要求我们加强地区合作，缓解气候变化对喜马拉雅山地区带来的生态、社会经济和文化影响。"（Eriksson et al., 2009）

土著居民（或其他少数民族）的文化、宗教和语言与他们自身特定的生活方式及资源基础（或传统生计）密切相关，所以中央政府的现代化和资源开发政策对当地居民带来了实质性的影响。《公民权利和政治权利国际公约》第27条所规定的"享受自己的文化（或使用）自己资源基础"的权利也因此受到了破坏（Schech & Haggis, 2000）。

如果一个人的身份在个人和文化剧变中得到了削弱，那么他将处于十分危险的境地，因为他会对未来丧失希望，他自身的生活也会缺乏适当的照料和关怀……在那些已经开始采取积极措施保护和恢复自身文化的群体中，青年人的自杀率明显偏低（以加拿大的第一国民们为例）（Chandler & Lalonde, 1998）。

3. 社会生态系统的复原力

什么是社会生态系统？所谓的复原力就是指社会—生态系统抵抗气候或经济冲击的能力以及重建与恢复的能力。丧失了复原力就会相应丧失宝贵的生态系统服务，甚至引起迅速的过渡或转变，使人口、生态系统、知识系统或整个文化系统发生本质上的改变（Berkes et al., 2003）。

单单从社会层面上看，人类社会可以表现出很强的适应性，能够成功应付各种变化。但是这种适应性是以生态系统能力的种种变化为代价的……同样，如果把生态层面作为决策的唯一依据，我们会得出过于狭隘和错误的结论。"……社会生态系统（强调）'天人合一'这一整体概念，而且认为社会和生态系统间的分界线是人为的、随意的……（有关复原力的科学研究）的最新成果包括各种社会历程，（如）社会学习和社会记忆，心理模式和知识—系统整合'即传统生态知识或TEK……'，顾及到基本生态系统服务方面的管理的社会网络以及适应性治理体系。"（Folke, 2006）

"虽然日益展开的生态移民政策限制了牲畜的流动性，但是流动性对大多数西藏牧民来说仍然至关重要。这一系统是围绕牲畜的季节性移动来设计的；牧民们在草场之间移动，在夏天使用草料牧养牲畜，在秋天和初冬则储备草料，为家畜度过漫长的冬天做好准备。西藏牧民今天的生活见证了他们非凡的本土知识、无穷的智慧和高超的畜牧技能。那里已经具备了不同寻常的复原力。但如今，随着现代开发在众多西藏大草原上的全面铺开，祖祖辈辈传承下来的畜牧制度已经开始动摇了。"（Miller，2005）

综上所述，任何开发方案的分析不仅需要评估提议行动的内在逻辑（即从自身的领域范围之内），还必须考虑它的影响程度，包括在与可持续性有关的所有关键领域和支柱中的间接影响，即对经济、环境、社会和文化的影响。

横向分析：将横向政策研究（HPA）作为增强可持续性的分析工具

正如 Foggin（2008）、Foggin and Phillips（2010）、Harris（2010）、Lahtinen（2010、2005、2009）、Pearce（2010）、McBeath and Huang-McBeath（2006、2008、2010、2010、2010）、Yeh（2005、2006、2009、2010）所总结的那样，青海省的许多开发政策和方案都影响着西藏牧民的生活，当地的社会生态景观正在经历急剧的变化。表 1-2 是对生态定居的概述，我们也可以根据经济、环境、社会和文化方面的影响对该地区其他精选开发政策进行直接或间接评估。

进入 21 世纪以后，我们很容易发现草原生态系统和畜牧生活正在经历根本性的变革；通常，这些变革是不可逆转的（Blench，2001）。许多影响这些草地及依靠这些草地的人民的因素在更大程度上是人为性质的（即以区域政策决定的方式呈现）而非环境性质的。

本章已经初步介绍了从属于众多青藏高原草地的社会政治因素，其中还简要分析了这些因素的横向影响（见表 1-1 和表 1-2）。上述观点和分析对于我们深入了解发展方案的长期潜在影响和后果起着重要作用。这种方式的重要性在于，它可以使我们重新定义可持续性的概念，在可持续概念

第一章 横向政策分析：提高生活方式可持续性发展的工具

中融入文化以及环境、社会和经济因素。现在，为了进一步认识横向分析方法，我们将详细讨论一下生态移民政策的具体情况。

表 1-2 横向政策分析：有关政策对青海省藏族地区的经济、环境、社会和文化影响

围绕主要发展目标制定的关键政策	可持续性的四大支柱			
	经济 物质繁荣	环境 生态平衡	包括卫生、教育、希望、平等等	文化 包括幸福感、文化传承性
扶贫和农村经济发展政策				
1. 四配套方案	减少牲畜冬季死亡率，以此增加净收入（对于可以领取政府补助的家庭，要求成本分担）↑	转变土地使用模式，可能加剧永久住房和居住地附近的草地退化，减少季节性流动和畜牧灵活性↓	改善生活环境（如空气质量、温度），每年花更多时间为定居居民提供医疗和教育↑	丧失部分（惯例的）畜牧生活方式，丧失文化遗产和对草原环境的适应能力↓
2. 地区围栏修建	提高草原质量，从而提高长期家庭收入，但启动成本高，草原维护得不到保证↑↓	阻碍野生动物（牲畜）的活动，出现死亡↓	丧失流动性和灵活性（这些流动性和灵活性可以使牧民更好应对复杂多变的气候），改变社会关系↓	丧失一些传统的畜牧经验和在广袤草原上的自由感（大草原）↓
扶贫和农村经济发展政策				
3. 乡村合作社	互助和优惠的政策环境为经济发展带来新的机遇↑	政府对农村合作社的支持注重新型经济活动，即所谓"生态畜牧业"↑	合作社内固有的自我治理使其具有自主选择权，如，用他们的一些收益去满足社会需求	合作社固有的自我管理使其具有决策权，可以进行创造性的自我表现或自主创新↑
4. 重视生态旅游	可以为当地居民和社区带来新收入和技能；而且可以惠及外部旅游经营商↑↓	可以用来推动良好的环境管理；但同时也可能只是成为公司的"绿洗行为"↑↓	可以为当地社区带来利益，但是需要更加努力维持良好的社区合作关系↑↓	文化可以通过外界来定义，成为旅游胜地，或随着增长的地区自豪感可以发展新型的真正的合作关系↑↓
社区卫生事业发展政策				
5. 医疗保险	居民大部分医疗费用可以直接报销↑	↔	普及医疗服务↑	↔
6. 乡村卫生院	减少疾病（由于普及医疗服务）可以改善当地经济形势↑	↔	普及医疗和免疫接种，成为良好的农村服务模型	↔

13

续表

围绕主要发展目标制定的关键政策	可持续性的四大支柱			
	经济 物质繁荣	环境 生态平衡	包括卫生、教育、希望、平等等	文化 包括幸福感、文化传承性
基本教育事业发展政策				
7. 义务教育	将来有更多更好的机会，但是同时也要求实现城市化（就业出现问题）↑↓	会开展增强环境意识的讲座，但是不会普及↑↓	提高教育普及程度，同时提供重要的免疫接种服务；但是需要实现城市化，新的就业形式↑↓	因为照顾不周（师生比例不平衡等原因）和可能的文化侵蚀，有的家庭不想送孩子上寄宿学校↓
8. 教育的集中化	那些需要支付食宿等方面费用的住户可能面临升高的消费↓	会造成生活方式（畜牧生活）的丧失，而这些生活方式已经延续了几百年，而且具有很强的可持续性和适应性↑↓	提高师资力量；但是寄宿学校可能会出现拥挤的情况，长期离开家人也可能给孩子造成心理伤害↑↓	正式的教育体制明显不同于农场和牧场地区的家园↓
环境保护事业发展政策				
9. 教学语言	双语能力（汉语和藏语读写能力）可以提高就业机会↑	母语不流利可能和"传统生态知识"(TEK) 的丧失有关；但是流利的中文（和英文）可以打开其他的学习途径↑↓	用母语对于早期教育可能更有效，但是后期流利的汉语意味着更多机会；如果汉语和藏语都流利，当然更好↑↓	母语的丧失可能会造成文化遗产的丧失，也会对跨代关系、文化认同和社会学习造成障碍↓
10. 退牧还草	不会产生直接影响；但是离开草地10年以上的牧民必须依靠小额的政府补贴维持生计，可能会丧失畜牧能力或新的就业机会↓	可以享受退牧还草带来的好处；但是草原生态系统几百年都存在于畜牧条件下——全面禁止放牧可能导致各种交替的（意料之外的）植被状态，而不是草原的恢复↑↓	可能削弱牧场社区，因为亲朋好友的离散会使社交网络难维系，互助变得更难↓	摒弃（可能只是暂时摒弃）长期存在的畜牧生活方式及其相关的文化↓
11. 保护区(PA)	通常不会考虑收入问题，但是可能造成放牧权（比如，在核心区域）的丧失；可能为一些游牧民提供新的经济机会（如看守人和监管人员），也会促进生态旅游的发展↑↓	保护区提出的主要目标是"保护"↑	同上↑↓ 但是，随着如"协作管理"（相对于特定发展政策的要求，如生态移民）的保护措施的出现，保护区也可以使当地社区继续沿用依赖草原的生活方式	同上 诸如"协作管理"之类的保护措施可以提高地区表现力以及与保护和发展有关的投入的自主性，特别是相对目前影响该地区的那些政策而言

第一章 横向政策分析：提高生活方式可持续性发展的工具

续表

围绕主要发展目标制定的关键政策	可持续性的四大支柱			
	经济 物质繁荣	环境 生态平衡	包括卫生、教育、希望、平等等	文化 包括幸福感、文化传承性
环境保护事业发展政策				
12. 协作管理	鼓励当地社区革新保护和发展的结合方式，鼓励新的创新途径（如生态旅游）↑	大多数保护措施都是通过与当地社区合作取得成功的；草原、野生动物和其他自然资源的共同管理；通过建立合作关系结合地方（传统）和外界专家；真正的地方所有权意识，鼓励全面参与，从经验中学习	保护和发展可以同时实现↑	促进地方文化表现力（通过生计）↑
13. 生态移民	一种城市化形式（见下）可能导致长期失业（因为灰心失望、缺乏职业培训）↓	对草原生态系统的长期可持续性利用和保护是不必要的↔	很可能造成长期的消极社会影响，包括导致失望情绪、健康状况糟糕、缺乏职业培训和就业机会，加剧贫富分化等↓	丧失文化模式、社区构成和支撑结构等↓
14. 生态服务补偿	补偿当地居民（或社区）↑	补偿良好的环境措施，但是监管有难度↑↓	为农村发展注入新资金（但是不一定）↔	可能是一种新的发展途径，可以保证畜牧方式的延续性（可持续性）↑
中国现行"可持续发展"政策				
15. 私有化（从取消集体所有制开始）	社区凝聚力减弱，援助机制减少，由于缺乏适当的社区援助机制，居民更容易到（经济）困难；但是激励机会有所改善↑↓	将土地分成小块不能很好适应气候变化，可能导致过度使用↓	丧失社区机构，凝聚力和支持机制，但同时可能促进创新↑↓	传统社区形式在私有化（和全球化内在的因素）中丧失，但是同时一种文化都继续发展、变化和适应↑↓
16. 市场经济（全球化）	可能会产生新的经济机会，但是有时会对当地（与牲畜有关的）产品产生错误的价值贡献↑↓	短期和长期利益综合复杂，导致环境退化（因为一味追求短期经济利益）↓	可以利用市场机制提供（或改善）社会服务，但是单单靠市场不会产生动力↑↓	市场经济（和其他全球化因素）会削弱当地居民对所有传统事物的热爱；可能会丧失文化传承性，这通常会不利于社区的长期健康发展

续表

围绕主要发展目标制定的关键政策	可持续性的四大支柱			
	经济 物质繁荣	环境 生态平衡	包括卫生、教育、希望、平等等	文化 包括幸福感、文化传承性
17. 定居	和更广阔的市场相联系，但是同时丧失了长期以来适应当地生态环境的生活方式↑↓	通常会导致住所或居住地附近资源的过度利用↓	提供社会服务，但是也可以在农村畜牧（游牧）地区提供同样的服务↑↓	丧失传统文化、季节流动性、粗放型畜牧模式↓
18. 城市化	外来者（移民）通常住在城镇郊区，而无法融入社区，也不能发展或占有新角色（经济机会）↓	除了满足首要要求（保护环境）以外，还可能引发新问题，如附近资源的过度使用及其他意想不到的影响↓	有的社会服务在地理位置上是地区性的，但是从社会经济语言或文化层面上来说具有普遍性	往新城镇的迁移是一场重大的个人和社区剧变，可能会引起社会和文化混乱，使人丧失认同感↓

* 总体结果："↑"=形势好转；"↓"=形势恶化；"↑↓"=多种结果；"↔"=无变化，无直接影响。

横向政策研究与生态移民政策

"青海省计划今年为牧民家庭们修建 2.5 万个安居点……自从用于帮助青海省的游牧民在永久性住房里定居下来的方案在 2009 年实施以来，已经修建了 4.6 万个安居点。"（新华社，2011b）政府官员普遍认为游牧民是导致青藏高原环境退化的直接原因，因此他们最近开始颁布一项生态移民政策，计划使相当一部分的牧民迁往城镇，在城镇永久定居。有的官员认为虽然牧民以游牧方式在青藏高原上世世代代地生活了 5000 多年，但是由于他们的过度放牧，有的地区出现了土地退化，有的地区出现动植物群缺乏的现象。但是实际上，出现这些变化还有不少其他方面的原因。

特别是，环境退化和气候条件有着密不可分的联系；随着全球气候变化加剧，这些观察到的变化趋势将会继续加深——游牧民自身并没有什么错，他们只是在过一种千百年来的传统生活方式而已。几位作者已经表明，青藏高原游牧民使用的社会文化系统"使他们几百年来在青藏高原北部（青藏高原的一部分）上生存下来，准确地说，并没有损害其资源基础，因

第一章 横向政策分析：提高生活方式可持续性发展的工具

为他们在适应性极强的牧群和恶劣的环境之间营造出了一种平衡"（Goldstein et al., 1990）。几项非洲游牧地区的研究同样显示，在干燥的环境中，游牧群体对于地区生态的保持和适应性发挥着不可或缺的作用，所以让他们迁移将会造成灾难性的后果。在整个青藏高原地区，让牧民从草原迁移到城镇不仅对于当地居民和社区，而且对整个地区都造成了消极的社会影响，这些影响已经日益明显。

至于生态移民，其中一位作者（JMF）在最近的一次走访中发现这一政策的社会后果在很大程度上都是消极的。比如，在治多县的两个村（每个村由约200户人家组成），当地居民最大的忧虑就是找不到工作、没有或极少的收入、健康状况差、卫生条件差、文化冲击、缺乏适应城镇生活的技能（Du, pers. comm.）。所以进行生态移民的居民面临着极具挑战的社会经济和文化影响。从HPA的角度看，这就意味着可持续性的四大支柱中，有三项没有达到，但是这一政策仍然在当地广泛推广。

中国的现行政策（即生态移民）仍然属于大规模的未经检验的试验——它有可能在社会、文化和环境方面造成长远（世代沿袭）的毁灭性后果，而有的后果是不可逆转的。我之所以做出这种论断，是基于几个原因。主要原因在于此政策的理论依据不充分，因为没有令人信服的理论证明生态移民是使该地区避免环境退化的唯一或最佳途径。还存在着其他几种选择。比如，地方治理或社区共同管理也可能是可行的措施。

这些替代措施可以使政府部门和当地牧民共同监控野生动物和保护指定的濒危物种；人类发展需求或期望和保护目标进一步融合，以此增强和当地保护区管理部门的对话，促进合作，缓解当地居民和棕熊等问题物种之间的冲突。目前，青海省林业局与几个国家级和国际合作机构正在考虑合作措施（Foggin, 2010; Plateau Perspectives, 2010）。

为了减缓生态移民政策引起的已有挑战，目前当地正在实施一项改进政策——游牧民定居。虽然这种"现代化"措施也面临一些挑战——或者也可以说即使不采用这种措施（Smyth and Jaireth, 2003）——至少它在理论上确实克服了一些原来生态移民政策所要求的迁移和安置所引起的严重社会和文化陷阱。在早期的（非正式）调查中，促进草原开发的定居政策特别允许小群的牧民组建地方协会或合作社开展合作，从而使传统和现代生活实现融合/整合。因此，我们可以通过以农村地区为基础的开发政策（相对于安置和城市化）来保留传统知识，同时提高环境效益。结合更加协作的资源管理形式（省林业厅和保护区管理部门正在发展这种形式），我们可以为草原开发找到一种更加公平和更具有可持续性的措施。

宏观讨论

胡锦涛主席周日说："必须保持西藏社会稳定，推进改革，实现良好发展。必须认真处理好改革、发展和稳定之间的关系，实现西藏的跨越式发展，维护西藏的长期稳定"，胡锦涛这样对西藏的人大代表说道。

（人民日报，2011 c）

财政部长谢旭人说，2011 年，中国将花 2/3 的中央财政预算用于提高人民生活水平。谢旭人在新闻发布会上表示资金将用于发展教育、医疗、社会保障和促进就业。同时还说政府也会划拨资金用于发展农业、水利、交通和环保事业。

（新华社，2010c）

2011 年，中国准备进一步提高人民的生活水平，促进社会公平……执政党只有高度尊重和关心人民的意愿和利益，才能得到人民和国家的不懈支持……中国正处在全面建设小康社会的关键时期，未来五年中国的改革事业将面临更加严峻的挑战，短期和长期问题错综复杂……这就意味着中国在转变经济增长模式，改善人民生活水平和维护社会稳定方面面临着更加紧迫和艰难的任务。

（新华社，2011d）

为了提高人民的生活水平和防止严重的生态退化，最近政府颁布了至少 18 条政策（见表 1-2）。这些政策已经或可能会对西藏人民的生活方式造成深远的社会经济影响。不幸的是，这种大规模而又急剧的社会重构措施通常会伴随难以预测和出人意料的后果。本章通过对各项政策进行单独分析，并且把各项政策结合起来进行综合分析，通过线型和垂直的方式，对

第一章 横向政策分析：提高生活方式可持续性发展的工具

这些政策进行全面分析，向我们展示研究者和决策者得出各项单独的政策都会或多或少地制造一些政策真空（即独立地），从而影响其他政策的效果。更重要的是，我们希望揭示出当综合考虑这些政策的时候，它们如果影响实施政策的牧场（牧民）群体——有时产生非常积极的意义，而有时也会导致非常消极的影响。

传统上，大多数组织（包括政府）对提出的政策只会进行部门性考察，即垂直或竖井式考察，而很少考虑分析它对其他政策领域的影响以及和（或）其他政策领域的互相影响。这种情况可能是多种原因引起的——最常见的原因是财政、人事或政治约束原因。不幸的是，对于新政策对其他发展政策的影响或其他政策对于新政策的影响的研究工作少之甚少，对青海省牧民实施的发展措施所造成的全面影响仍然是个未知数，而我们目前所掌握的信息是很不完善的。

本章对于"政策分析"的探讨表明，利用HPA的分析方法可以使我们更深入地了解一项政策的可能后果。深入了解这些包括经济、环境、社会和文化方面的效果或影响有着深刻的意义。正如我们所做的那样（虽然时间很短）——通过类似的多角度分析，其他所有发展方案或政策都可以因此获益。因此，综合法（HPA）可以使主要利益相关者制定更加合理的地区可持续发展规划政策。同时还可以减少政策的消极影响和意外后果，从而维护社会稳定。青藏高原对于整个中国和世界来说都有重要的生态价值，而HPA这一重要工具可以增强青藏高原的可持续性。

主要建议

以下是一些可以增强青藏高原可持续性发展的最终建议。

第一，增强不同政府部门之间的对话和协调。

第二，鼓励社会科学组织和个人积极参与生态保护问题的研究。

第三，为当地利益相关者提供更多表达意愿的机会，并认真考虑其意见和建议。

第四，进一步发展更协作的自然资源管理形式。

第五，支持进一步发展以社区和草原为基础（农村）的发展方案。

第六，更加关注文化问题，包括促进文化传承性。

第七，进一步探讨横向政策分析（HPA）的价值和应用。

本章的顺利完成凝聚了各位研究者的心血。在此，笔者特别感谢蒂莫西·富礼正，他使笔者能够读到一些重要文献，了解"文化传承"在卫生和经济发展事业中的重要作用；感谢简恩库恩茨使我们了解了横向政策分析这一术语和方法；感谢杜发春在这一课题上所做的广泛研究，并和我们分享了他在青海省生态移民方案方面的研究成果。此外，笔者还想对宫布扎西、马里恩托伦斯-富里正、青梅、扎西多杰、马洪波、张力、李若凡、巴桑拉毛和其他众多学者直接或在青海省通过各种实际协作对本章研究所做的宝贵贡献表示感谢。然而，我们（所有作者）对本章内容负有最终责任。

参考文献

《对鼠兔的错怪》，《中国日报》2004 年 5 月 20 日。http：//www. chinadaily. com. cn/english/doc/2004-05/20/content_ 332171. htm，2011. 6. 16.

《温：中国将继续推进西部大开发》，《中国日报》2009 年 10 月 16 日。http：//www. chinadaily. com. cn/china/2009-10/16/content_ 8803115. htm，2011. 6. 15.

《主席承诺改善西藏人民的生活》，《中国日报》2011 年 3 月 7 日。http：//www. chinadaily. com. cn/china/2011npc/2011-03/07/content_ 12125948. htm，2011. 3. 9.

《西部大开发战略 10 周年》，《中国日报》2011 年 6 月 15 日。http：//www. chinadaily. com. cn/china/westdevelopment/index. html，2011. 6. 15.

地理科学与资源研究所和青海旅游局：《青海省三江源地区生态旅游发展规划（2009-2025）》，2009。

地理科学与资源研究所和青海旅游局：《青海省玉树藏族自治州结古镇旅游业总体规划》，2009。

李涛：《西藏农村城市化模式研究》，《中国报道》2007 年第 43 卷第 1 期。

《青海游牧民在未来五年内实现定居》，《人民日报》2009 年 3 月 1 日。http：//english. people. com. cn/90001/90776/90882/6611715. html，2009. 3. 11.

《青海将再修建 300 生态畜牧村》，《人民日报》2011 年 5 月 23 日。http：//

english. peopledaily. com. cn/90001/7388664. html.

《西部大开发是中国发展战略的关键》,《人民日报》2009 年 9 月 16 日。http：//english. peopledaily. com. cn/english/200009/16/eng20000916_ 50629. html, 2011.6.15.

《中国在少数民族地区普及九年制义务教育》, 新华社, 2009 年 4 月 13 日。http：//news. xinhuanet. com/english/2009-04/13/content_ 11177568. htm, 2011.6.16.

《四川省实施牧民定居工程》, 新华社, 2010 年 7 月 27 日。http://paper. ce. cn/jjrb/html/2010-07/28/content_ 112870. htm, 2011.6.15.

《青海为双语教育改革制定明确目标》, 2010 年 10 月 23 日。http：//www. china. org. cn/china/2010-10/23/content_ 21184014. htm, 2011.6.16.

《中国努力提高人民生活水平和改善社会公平》, 2010 年 12 月 31 日。http：//news. xinhuanet. com/english2010/china/2010-12/31/c_ 13672624. htm, 2011.3.9.

《中国启动草原保护补贴工程》, 新华社, 2011 年 5 月 6 日。http：//www. china. org. cn/environment/2011-05/06/content_ 22511169. htm, 2011.5.28.

《2011 年青海将为游牧民家庭修建更多定居房》, 2011 年 3 月 27 日。http：//english. cri. cn/6909/2011/03/27/2021s628788. htm, 2011.6.15.

《中国将投入 2/3 的中央预算用于提高人民生活水平》, 2011 年 3 月 7 日。http：//www. chinadaily. com. cn/china/2011npc/2011-03/07/content_ 12130468. htm, 2011.3.9.

Bain, I. 2010. "Sustainable development in western China: managing people, livestock and grasslands in pastoral areas" (book review). Mountain Research and Development: 30: 1: pp. 59-60.

Banks, T., Richard, C., Li, P. & Yan, Z. L. 2003. "Community based grassland management in Western China: Rationale, pilot project experience, and policy implications". Mountain Research and Development: 23: 2: pp. 132-140.

Bauer, Ken. 2005. Development and the enclosure movement in pastoral Tibet since the 1980s. Nomadic Peoples 9 (1 & 2): 53-81.

Beatley, Timothy, and Manning, Kristy. 1997. The ecology of place: Planning for environment, economy, and community.

Behnke, R. H. andI. Scoones 1993. Rethinking Range Ecology. In: Behnke, R. H., I. Scoones and C. Kerven (eds) Range Ecology at Disequilibrium: New models of natural variability and pastoral adaptation in African savannas. pp. 1-30. London: Overseas Development Institute.

Beimatsho. 2008. Population, Pasture Pressure, and School Education: Case Studies from Nag chu, TAR, PRC. Journal of the International Association of Tibetan Studies 4:

1-21.

Bennett, Michael. 2009. Markets for Ecosystem Services in China. An Exploration of China's "Eco-Compensation" and Other Market-Based Environmental Policies. Forest Trends. http://www.forest-trends.org/publication_ details.php? publicationID = 2317.

Berkes, Fikret, Colding, Johan, and Folke, Carl (editors). 2003. Navigating Social-Ecological Systems: Building Resilience for Complexity and Change. Cambridge: Cambridge University Press. 18.

Blas, Erik, and Sivasankara, Anand (eds). 2010. Equity, Social Determinants and Public Health Programmes. WHO. http://whqlibdoc.who.int/publications/2010/9789241563970 _eng.pdf.

Blench, R. M. 2001. Pastoralism in the new millennium. FAO: Animal Health and Production Series, No 150.

Borrini-Feyerabend, G., Pimbert, M., Farvar, M.T., Kothari A., and Renard, Y. 2004. Sharing Power: Learning by doing in co-management of natural resources throughout the world. Tehran, Iran: Cenesta (with IIED and IUCN/ CEESP/ CMWG).

Breivik, I. 2007. The political ecology of grassland conservation in Qinghai Province, China: Discourse, Policies and the Herders (Master's thesis). Norwegian University of Life Sciences: Norway.

Brown, Colin G., Waldron, Scott A., and Longworth, John W. 2008. Sustainable Development in Western China: Managing People, Livestock and Grasslands in Pastoral Areas. Cheltenham, UK: Edward Elgar.

Chandler, M. J. & Lalonde, C. E. 2008. Cultural continuity as a moderator of suicide risk among Canada's First Nations. In Kirmayer, L. & Valaskakis, G. (eds.). Healing Traditions: The Mental Health of Aboriginal Peoples in Canada (pp. 221–248). University of British Columbia Press.

Chandler, M. J., and C. E. Lalonde. 1998. Cultural continuity as a hedge against suicide in Canada's First Nations. Transcultural Psychiatry 35 (2): 193-211.

Dowie, Mark. 2009. Conservation Refugees: The hundred-year conflict between global conservation and native peoples. Cambridge, Massachusetts: The MIT Press.

Du, F. 2006. Grain for green and poverty alleviation. The policy and practice of ecological migration in China. Horizons 9 (2). http://www.policyresearch.gc.ca/doclib/HOR_ v9n2_200608_ e.pdf; 19.

Duxbury, Nancy, Eileen Gillette, Kaija Pepper. 2007. Culture as a Key Dimension of

Sustainability: Exploring Concepts, Themes, and Models. Centre of Expertise on Culture and Communities, Working Paper No. 1. of the Creative City Network of Canada. URL: http://www.cultureandcommunities.ca/downloads/WP1-Culture-Sustainability.pdf.

Eriksson, Mats, Xu, Jianchu, Shrestha, Arun Bhakta, Vaidya, Ramesh Ananda, Nepal, Santosh, and Sandström, Klas. 2009. The Changing Himalayas: Impact of Climate Change on Water Resources and Livelihoods in the Greater Himalayas. Kathmandu: ICIMOD—For Mountains and People.

ESPA. 2008. China Ecosystem Services and Poverty Alleviation Situation Analysis and Research Strategy. Final Report to DFID. 84 pp. http://www.nerc.ac.uk/research/programmes/espa/documents/Final%20Report%20China%20-%20annex.pdf.

Foggin, J. M. 2000. Biodiversity protection and the search for sustainability in Tibetan plateau grasslands. Ph. D. dissertation. Arizona State University, Tempe, USA. 397 pp. URL: http://www.plateauperspectives.org/foggin2000.

Foggin, J. M. 2005. Highland Encounters: Building new partnerships for conservation and sustainable development in the Yangtze River headwaters, heart of the Tibetan Plateau. In: J. Velasquez, M. Yashiro, S. Yoshimura and I. Ono (eds). 2005. Innovative Communities: People-centred Approaches to Environmental Management in the Asia-Pacific Region. Tokyo, Japan: United Nations University (UNU) Press. 360 pp.

Foggin, J. M. 2008. Depopulating the Tibetan grasslands: National policies and perspectives for the future of Tibetan herders in Qinghai Province, China. Mountain Research and Development 28 (1): 26-31.

Foggin, J. M. 2010. ICCAs as "contract conservation" in the Chinese Tibetan Plateau region. In G. Borrini-Feyerabend et al., Bio-cultural diversity conserved by indigenous peoples & local communities—examples & analysis. Companion document to IUCN/CEESP Briefing Note 10: Strengthening what works-Recognising and supporting the conservation achievements of indigenous peoples and local communities. ICCA Consortium, CENESTA, GEF, SGP, GTZ, IIED, IUCN/CEESP; September 2010.

Foggin, J. M. 2011. Rethinking "Ecological Migration" and the Value of Cultural Continuity—A Response to Wang, Song and Hu. AMBIO: A Journal of the Human Environment 40: 100-101. DOI 10.1007/s13280-010-0105-5.

Foggin, J. M., and M. H. Bass. 2010. Mainstreaming Environment into Development: Collaborative land management in the Tibetan grasslands, China. LEAD International URL: http://www.lead.org/page/573.20.

Foggin, J. M., and J. Phillips. 2010. Looking for stability: Holistic policy analysis in light of rapid development among Kham Tibetan herding groups. Himalayan Journal of Development and Democracy, Vol 5 (1): 64-71.

Foggin, J. M., andTorrance-Foggin, M. E. [Submitted]. Providing social services for Tibetan herders in the Sanjiangyuan region: A case study from Yushu Tibetan Autonomous Prefecture, Qinghai Province, circa 1998-2010. Pastoralism: Research, Policy and Practice.

Foggin, P. M. and J. M. Foggin. 2008. The practice and experience of settlement and relocation among Canada's Aboriginal peoples. In: P. Potter and Du Fachun (eds). 2008. Proceedings, Canada-China Forum, Western Development and Socio-Economic Change. Beijing, China: Institute of Ethnology and Anthropology (IEA), Chinese Academy of Social Sciences (CASS) and University of British Columbia (UBC). p. 472.

Foggin, J. M., and Tashi, Gongbo. [Submitted]. Can ecological migration policy in the Tibetan plateau region achieve both conservation goals and human development goals? A review of the Canadian experience of relocation and settlement. Paper presented at the XVI Congress of the International Union of Anthropological and Ethnological Sciences, International Workshop on Ecological Resettlement: Local Participation and Policy Improvement, on 30 July 2009, Kunming, China.

Foggin, P. M., M. E. Torrance, and J. M. Foggin. 2009. Accessibility of Healthcare for Pastoralists in the Tibetan Plateau Region: A case study from southern Qinghai Province, China. Pages 83-91 in: Cao H (ed), Ethnic Minorities and Regional Development in Asia: Reality and Challenges. Amsterdam, Holland: Amsterdam University Press.

Folke, Carl. 2006. Resilience: The emergence of a perspective for social-ecological systems analyses. Global Environmental Change, 16: 253-267.

Gesler, Wilbert M., and Kearns, Robin A. 2002. culture / place / health. Critical Geographies Series. Routledge: London, p. 182.

Goldstein, M. C., Beall, C. M., Cincotta, R. P. 1990. Traditional Nomadic Pastoralism and Ecological Conservation on Tibet's Northern Plateau. National Geographic Research 6 (2): 139-56.

Goodman, David S. G. (ed). 2004b. China's Campaign to "Open Up the West": National, Provincial-level and Local Perspectives. Cambridge: Cambridge University Press.

Goodman, David S. G. 2004. Qinghai and the Emergence of the West: Nationalities, Communal Interaction and National Integration. The China Quarterly, Special Issues, New Series 5: 65-85.

Harris, R. 2010. Rangeland degradation on the Qinghai-Tibetan plateau: A review of the evidence of its magnitude and causes. Journal of Arid Environments 74: 1-12, 21.

Hawkes, Jon. (2001). The fourth pillar of sustainability: Culture's essential role in public planning. Melbourne: Cultural Development Network & Common Ground Press.

Hecht, Susanna B., and Cockburn, Alexander. 1990. The Fate of the Forest: Developers, Destroyers, and Defenders of the Amazon. University of Chicago Press, p. 408.

Ho, Peter. 1999. Rangeland Policy, Pastoralism and Poverty in China's Northwest: Ningxia Province in the Twentieth Century. Doctoral dissertation, University of Leiden.

Holbig, Heike. 2004. The Emergence of the Campaign to Open Up the West: Ideological Formation, Central Decision-making and the Role of the Provinces. The China Quarterly 178: 335-357.

IGSNRR & QTB. 2009a. Ecotourism Development Planning for Sanjiangyuan Region in Qinghai Province (2009-2025). The Institute of Geographic Sciences and Natural Resources Research (IGSNRR) and Qinghai Tourism Bureau (QTB).

IGSNRR & QTB. 2009b. Tourism Master Planning for Jiegu Area in Yushu Tibetan Autonomous Prefecture of Qinghai Province. The Institute of Geographic Sciences and Natural Resources Research (IGSNRR) and Qinghai Tourism Bureau (QTB).

Kothari, A. (2006). "Community Conserved Areas", in Lockwood, M., Worboys, G. L. & Kothari, A. (Eds). Managing Protected Area: A Global Guide. Earthscan: London, UK. pp. 549-573.

Lahtinen, Anja. 2010. Governance Matters: China's developing western region, with a focus on Qinghai Province. Doctoral dissertation. Publications of the Institute for Asian and African Studies 11. Helsinki: Helsinki University Print. https://helda.helsinki.fi/bitstream/handle/10138/19191/governan.pdf?sequence=1.

Lai, H. H. 2002. "China's western development program: its rationale, implementation, and prospects". Modern China: 28: pp. 432-466.

Lalonde, C. E. (2005). Creating an Index of Healthy Aboriginal Communities. Developing a Healthy Communities Index: A collection of papers (pp. 21-27). Report prepared for the Canadian Population Health Initiative, Canadian Institute for Health Information. http://web.uvic.ca/~lalonde/manuscripts/2005HealthyCommunities.pdf

Li, Tao. 2007. A Study of the Tibetan Rural Urbanisation Model. China Report 43 (1): 31-42.

Li, Wenjun and Han, Nianyong. 2001. Ecotourism Management in China's Nature

Reserves. AMBIO 30 (1): 62-63.

Li, X., Brierley, G. J., Shi, D., Xie, Y., Qiao, Y., Li, J. and Sun, H. In press. Ecological protection and restoration in Sanjiangyuan Natural Reserve, Qinghai Province, China. Geo Journal. 22.

Liu J, Zhiyun O, Pimm SL, Raven PH, Wang X, Miao H, Han N. 2003. Protecting China's biodiversity. Science 300 (5673): 1240-1241.

Liu, Jianguo, and Diamond, Jared. 2005. China's environment in a globalizing world: How China and the rest of the world affect each other. Nature 435: 1179-1186.

Liu, Jianguo, and Raven, Peter H. 2010. China's Environmental Challenges and Implications for the World. Critical Reviews in Environmental Science and Technology 40: 823-851.

Liu, Jianguo, Li, Shuxin, Ouyang, Zhiyun, Tam, Christine, and Chen, Xiaodong. 2008. Ecological and socioeconomic effects of China's policies for ecosystem services. PNAS 105 (28): 9477-9482.

Liu, Jiyuan. 2005. Integrated Ecosystem Assessment of Western China. Millennium Ecosystem Assessment. www.maweb.org/.

Liu, Xinxue. 2007. Path Selection of China's Western Region Urbanization. Journal of US-China Public Administration 4 (1) (Serial No. 26): 57-60.

Lu, Tao, Wu, Ning, and Luo, Peng. 2009. Sedentarization of Tibetan nomads. Conservation Biology 23 (5): 1074.

McBeath & Huang-McBeath. 2006. "Biodiversity conservation in China: policies and practice". Journal of International Wildlife Law and Policy: 9: 1: pp. 1-25.

Melvyn Goldstein, Cynthia Beall, Cincotta. 1990. "Traditional Nomadic Pastoralism and Ecological Conservation on Tibet's Northern Plateau," National Geographic Research, Spring 1990; 149.

Miller, D. J. 2000. "Tough times for Tibetan nomads in Western China: snowstorms, settling down, fences and the demise of traditional nomadic pastoralism". Nomadic Peoples: 4: 1: pp. 83-109.

Miller, Daniel. 2005. The Tibetan Steppe. Pages 305 - 342 in J. M. Suttie, S. G. Reynolds and C. Batello (eds), Grasslands of the World. Plant Production and Protection Series No. 34. Food and Agriculture Organization.

Morton, Katherine. 2007. Civil Society and Marginalization: Grassroots NGOs in Qinghai Province. In Bin Wu, Heather Xiaoquan Zhang, Andrew Flynn and Richard Sanders (eds.)

Marginalization in China: Perspectives on Transition and Globalization, Ashgate Publishing.

Nelson, R. 2006. "Regulating grassland degradation in China: shallow-rooted laws?". Asian-Pacific Law & Policy Journal: 17: 2: pp. 385-417. 23.

Nicole F. Bernier and Nathalie Burlone. 2007. Breaking the Deadlock: Public Health Policy Coordination as the Next Step. Healthcare Policy, 3 (2). http://www.longwoods.com/content/19367. Viewed 9 March 2011.

Pearce, Miriam. 2010. What are the possibilities for a sustainable future in the Sanjiangyuan region of the Qinghai-Tibetan Plateau? Unpublished Masters thesis, School of Geography and Environmental Studies, University of Tasmania.

Pech, Roger, Jie, Bu, Arthur, Anthony D., Zhang, Yanming, and Lin, Hui. 2007. Population dynamics and responses to management of plateau pikas Ochotona curzoniae. Journal of Applied Ecology 44 (3): 615-624.

Plateau Perspectives. 2010. Kegawa Herders Cooperative. In Annual Report 2010: Rebuilding Yushu after the earthquake, and other community development and conservation projects on the Tibetan Plateau. Xining, China: Plateau Perspectives. http://plateauperspectives.org/downloads/Annual%20Report%202010.pdf.

Pomfret, John. 2000. Go West, Young Han. The Washington Post, 15 September 2000. http://www.hartford-hwp.com/archives/55/470.html. Accessed 16 June 2011.

Ptackova, Jarmila. 2011. Sedentarisation of Tibetan nomads in China: Implementation of the Nomadic settlement project in the Tibetan Amdo area; Qinghai and Sichuan Provinces. Pastoralism: Research, Policy and Practice 1: 4. http://www.pastoralismjournal.com/content/1/1/4.

QTB & JICA. 2006. The Study on Comprehensive Tourism Development in Greater Xining Area, Qinghai Province, the People's Republic of China. Final Report. PACET Corporation. Qinghai Tourism Bureau (QTB) and Japan International Cooperation Agency (JICA).

Raphael, D. (2008). Public policy and population health in the USA: Why is the public health community missing in action? International Journal of Health Services, 38, 63-69.

Richard, C. E. 2003. Co-management processes to maintain livestock mobility and biodiversity in alpine rangelands of the Tibetan plateau. In: Lemons, J.; Victor, R.; Schaffer, D. (eds.) 24.

Conserving Biodiversity in Arid Regions: Best Practices in Developing Nations. Dordrecht,

The Netherlands: Kluwer Academic Publishers: 249-273.

Richard, Camille, Yan, Zhaoli, and Du, Guozhen. The Paradox of the Individual Household Responsibility System in the Grasslands of the Tibetan Plateau, China. 2006. USDA Forest Service Proceedings RMRS-P-39: 83-91.

Richard, Camille. 2005. Developing alternatives to resettlement for pastoralists on the Tibetan plateau. Nomadic Peoples 9 (1 & 2): 103-106.

Schech, Susanne, and Haggis, Jane. 2000. Culture and Development: A critical introduction. Blackwell. p. 226.

Sheehy, D. P., Miller, D. & Johnson, D. A. 2006. "Transformation of traditional pastoral livestock systems on the Tibetan steppe". Sécheresse: 17: 1-2: pp. 142-151.

Shen, Jianfa. 2006. Understanding Dual-Track Urbanisation in Post-Reform China: Conceptual Framework and Empirical Analysis. Population, Space and Place 12: 497-516.

Smith, A. T. & Foggin, J. M. 1999. "The plateau pika (Ochotona curzoniae) is a keystone species for biodiversity on the Tibetan plateau". Animal Conservation: 2: pp. 235-240.

Smyth, Dermot, and Jaireth, Hanna (eds). 2003. Innovative Governance: Indigenous Peoples, Local Communities and Protected Areas. New Delhi: ANE Books.

Tennigkeit, Timm, and Wilkes, Andreas. 2008. An Assessment of the Potential for Carbon Finance in Rangelands. ICRAF Working Paper No. 68.

Torrance, Marion. 2008. Health consequences of rapid urbanization. Paper presented at the XVI Congress of the International Union of Anthropological and Ethnological Sciences, International Workshop on Ecological Resettlement: Local Participation and Policy Improvement, on 30 July 2009, Kunming, China.

Wang, Suosheng, Heo, Jinmoo, Yamada, Naoko, and Hwang, Suktae. 2009. Comparison of Ecotourism Policies and Implications for China's Ecotourism Development. Journal of China Tourism Research 5: 259-272.

Wang, Xiuhong, and Fu, Xiaofeng. 2004. Sustainable Management of Alpine Meadows on the Tibetan Plateau: Problems Overlooked and Suggestions for Change. AMBIO 33 (3): 169-171.

Wang, Z. M., K. S. Song, and L. J. Hu. 2010. China's largest scale ecological migration in the three-river headwater region. AMBIO: A Journal of the Human Environment 39 (5-6): 443-446.

Waters-Bayer, Ann, Yan, Zhaoli, and Wettasinha, Chesha. 2009. Local innovation in range management on the Tibetan Plateau. Paper presented at the Sino-German Tibetan Rangeland Ecosystem Research Symposium, 20-26 July 2009, Lanzhou, China. 25.

Watts, J. (2006). China's rural health reforms tackle entrenched inequalities. Lancet, 367, 1564-1565.

WCED (World Commission on Environment and Development). 1987. Our Common Future. The Brundtland Commission, UNESCO.

Westoby, Mark, Walker, Brian, and Meir, Imanuel N. 1989. Opportunistic management for rangelands not at equilibrium. Journal of Range Management, Vol. 42, No. 4.

WHO (World Health Organization). 2008. Closing the gap in a generation: Health equity through action on the social determinants of health. http://www.who.int/social_determinants/thecommission/finalreport/en/index.html.

Williams, D. M. (1996). Grassland enclosures: catalyst of land degradation in Inner Mongolia. Human Organization 55 (3): 307-313.

Williams, D. M. 2002. Beyond Great Walls: Environment, Identity, and Development on the Chinese Grasslands of Inner Mongolia. Stanford University Press.

Wu, N. 1997. "Indigenous knowledge and sustainable approaches for the maintenance of biodiversity in nomadic society: Experiences from the Eastern Tibetan Plateau". Die Erde: 128: pp. 67-80.

Wu, N., and Richard, C. 1999. The privatization process of rangeland and its impacts on pastoral dynamics in the Hindu Kush Himalaya: The Case of Western Sichuan, China. Paper presented at the International Rangeland Congress, Townsville Australia, July 19-23, 1999. http://www.eldis.org/vfile/upload/1/document/0708/DOC9644.pdf.

Xin, Hao. 2008. A Green Fervor Sweeps the Qinghai-Tibetan Plateau. Science 321 (1 August 2008): 633-635.

Xu, Jianchu, Yang, Yong, Li, Zhuoqing, Tashi, Nyima, Sharma, Rita, and Fang, Jing. 2008. Understanding Land Use, Livelihoods, and Health Transitions among Tibetan Nomads: A Case from Gangga Township, Dingri County, Tibetan Autonomous Region of China. EcoHealth 5 (2): 104-114.

Yan, Zhaoli, and Wu, Ning. 2005. Rangeland privatization and its impacts on the Zeige wetlands on the Eastern Tibetan Plateau. Journal of Mountain Science 2 (2): 105-115.

Yan, Zhaoli, Wu, Ning, Dorji, Yeshi, and Ru, Jia. 2005. A review of rangeland privatization and its implications in the Tibetan Plateau, China. Nomadic Peoples 9 (1 & 2): 31-51.

Yang, Guobin. 2005. Environmental NGOs and Institutional Dynamics in China. The China Quarterly 181: 46–66.

Yangzong, C. 2006. The Household Responsibility Contract System and the question of grassland protection: a case study from the Chang Tang, northwest Tibetan Autonomous Region. Masters Thesis: University of Tromsø, Norway. http://www.ub.uit.no/munin/bitstream/handle/10037/291/thesis.pdf?sequence=1.

Yeh, E. T. 2005. "Green governmentality & pastoralism in Western China: 'Converting pastures to grasslands'". Nomadic Peoples: 9: 1&2: pp.9–30.

Yeh, E. T. 2009. 'Greening Western China: A critical review'. Geoforum: 40: pp.884–894.

Yip, W., and Hsiao, W. C. 2009. Non-evidence-based policy: How effective is China's new cooperative medical scheme in reducing medical impoverishment? Social Science & Medicine 68: 201–209.

Zhang, Xiaoyun, and Lu, Xianguo. 2010. Multiple criteria evaluation of ecosystem services for the Ruoergai Plateau Marshes in southwest China. Ecological Economics 69: 1463–1470.

（执笔人：富礼正　贾里德·菲力浦）

第二章
雪灾与救助
——青海南部藏族牧区的案例分析

迄今为止，对于生活在青藏高原上的藏族牧民来说，最为常见且严重的经济安全风险当属雪灾。雪季（多数地区秋末至初夏都属雪季）里，强降雪常常覆盖草场，致使牲畜无法觅食，随之而来的严寒则消耗家畜的体能，大量牲畜因此而饿死、冻死或病死，由此使牧民家庭蒙受经济损失。可以说，有相当比例的牧区贫困人口就是因为雪灾造成的。因此，要减少当地贫困人口，就必须采取有效措施化解雪灾风险、降低雪灾造成的损失。

化解雪灾风险的措施至少包括两个方面。首先是防范雪灾的发生，即通过各种预防性的措施，如完善草场使用制度、建设防护设施、储备救灾物资等，为降雪后可能出现的牲畜食物匮乏、低温伤害畜体等问题做好预防（扎洛，2008）。这样做，为的是使牧民家庭在强降雪来临时能够从容应对，避免造成经济损失或人员伤害。其次是灾害救助，即通过各种救助性措施减轻受灾强度，避免人员伤亡和重大财产损失，以及通过灾后的平复行动，扶持灾民恢复经济生产能力，使灾民不至于因雪灾而陷入长期贫困。

本章主要讨论灾害救助问题。文中的数据和案例均来自于青海省果洛藏族自治州（以下简称果洛州）、玉树藏族自治州（以下简称玉树州）、黄南藏族自治州（以下简称黄南州）等三个州的田野调研。[①] 在过去的20年间，这里发生

[①] 2007年夏在果洛州玛沁县（东倾沟乡东柯河牧委会，以及从昌马河乡搬迁到大武镇的沁源新村）、达日县（满掌乡布东牧委会、木热牧委会；莫坝乡萨尔钦牧委会），（转下页注）

了多次严重雪灾,雪灾始终困扰着当地政府和百姓。根据气象学家的预测,受全球气候变化影响,该地区有降水增多、雪灾概率增加的趋势。因此,以上述地区为案例,研究灾害救助系统的运作方式,分析、评估现行的救灾机制及其效能,并基于改善灾害救助效能提出政策建议,具有代表性和现实意义。

通常情况下,灾害救助主体包括灾民、政府和社会力量。各救灾主体是否都能充分展示自己的力量,有赖于具体的社会条件,救助行为的效果取决于各救灾主体的反应力度及行动的合理性。只有对各救灾主体的行动及其效果进行系统考察,我们才有可能对当前的救助机制进行评估和分析,进而确定完善及改进的方向。根据田野观察,当前该地区的雪灾救助主要有两个主体。首先是牧民家庭。灾害会造成家庭经济的损失,并由此带来其他不良后果。为了避免这些危害的发生,牧民必然会采取自救措施。其次是政府。强降雪属于不可抗拒的自然现象(暂不讨论局部的人为气候干预行为),雪灾的发生及其程度具有不确定性,这就决定了很难通过市场方式(例如,商业保险等)化解雪灾风险。因此,不得不通过提供"公共产品"的方式来解决雪灾的预防和救助,也就是说雪灾救助与其他自然灾害的救助一样被认为是政府的公共职责。尽管地方政府的救助行动受到资源动员能力,诸如,财政状况、协调各部门的能力等多种因素的制约,但是,地方政府可以得到中央政府的支持,有可能超越灾区范围从非灾区调动资源,因此,政府的行动在整个救助活动中具有至关重要的作用。此外,在一个相对成熟的社会中,基于人道主义原则,一些民间组织、个人也会参与慈善性质的救助行动,弥补灾民和政府能力的不足。但是,受到媒体宣传能力不足等因素的限制,上述地区灾民得到来自外部的慈善性救助在数量上还比较微小,且具不确定性。虽然有个别藏传佛教寺院也会有赈灾济民之举,向生活在周边地区的牧民散发生产生活用品,但总体而言,多数

(接上页注①)玉树州玉树县(下拉秀乡杂多村、野吉尼玛村)、称多县(歇武镇牧业村3社、珍秦乡第二牧委会姿塘村)进行了调研。2008年1月在黄南州河南县(优干宁镇德日隆牧委会)、泽库县(宁秀乡直格日村)进行了调研。2009年夏季再次在果洛州玛沁县(大武镇、沁源新村、当洛乡贡隆牧委会4社)、达日县(吉迈镇秀塘滩移民村、窝赛乡扎却牧委会3社)以及黄南州河南县(优干宁镇荷日恒移民社区、德日隆移民社区)和泽库县(和日乡的和日村、叶贡村)进行了调研。

寺院经济拮据，尚难以成为稳定的救助力量。因此，本章讨论的重点是牧民家庭和政府的灾害救助行动。

雪灾救助的重要性

在缺乏良好保障环境的社会中，许多风险都可能导致贫困的发生。在青藏高原藏族牧区，雪灾一直是造成贫困的最主要因素。据相关统计，1978~2008年，青海省全省牧区因灾（主要是雪灾）死亡牲畜2496万头（只），其中，年死亡牲畜50万头（只）以上的有21个年份，死亡超过100万头（只）以上的有8个年份，死亡超过200万头（只）以上的有两个年份（更阳，2008）。我们考察的青海南部牧区在最近的20年中（1991~2009），发生过数次特大雪灾，均造成重大财产损失。下面以其中的三次雪灾作为案例加以具体说明。

1993年春，果洛藏族自治州玛沁县西部四乡发生雪灾，共死亡牲畜94225头（只），其中，大牲畜48012头（只），占牲畜总量的20%。当地110户牧民沦为无畜户，168户沦为少畜户，219户成为困难户（玛沁县志编纂委员会，2005）。1995年冬至1996年春，玉树藏族自治州6县43个乡发生雪灾，共造成129.24万头（只）牲畜死亡，死亡率33.82%，影响119321人。灾后全州出现人均不足1头（只）牲畜的绝畜户2199户，8796人；出现人均1~5头（只）牲畜的少畜户7117户，43348人。因为牧民用储备口粮喂养牲畜，结果出现断粮户5056户（更阳，2008）。2008年春果洛州达日县发生雪灾，共造成93359头（只）牲畜死亡，死亡率达29.09%，其中，成畜死亡64092头（只），死亡率19.97%。全县受灾户达到5387户，21704人，占总户数的98%（达日县民政局，2008）。

通过灾害损失统计，不难发现雪灾对当地社会、经济的破坏性影响。每一次雪灾冲击都造成一批牧民陷入贫困，其数量之大、程度之深是其他任何单一的破坏性因素所无可比拟的。[①] 雪灾危害绝不仅仅表现在经济方

---

① 根据更阳主编《民政30年：青海卷1978年－2008年》（中国社会出版社，2008，第32页），统计在全省的特困人群184216户815339人中，因灾致贫394039人，占48.3%，高于因残疾、缺乏劳动力致贫（16070人）和因病致贫（211329人）人口的总和。

面，它还向其他更广泛的领域延伸。

第一，雪灾损失造成经济贫困，迫使牧民家庭削减开支，节衣缩食。家庭生活水平下降，造成家庭成员特别是妇女、儿童营养不良，身患疾病。受灾家庭常有各种疾病发生，但是经济贫困使他们没有能力就医治病。近年来，国家已开始在青海等西部省区实施新型农村合作医疗，根本上改变了农牧民有病不敢就医的现象。但是，在受灾的贫困牧民看来，需要他们自己承担的部分也超出了他们的承受能力。第二，为摆脱雪灾造成的贫困，必须增加家庭收入，然而可供牧民家庭选择的出路有限。常见的方法是通过增加劳动力供给来获取收入，比如，采挖冬虫夏草、出卖劳动力当牧工、打零工等，这有可能迫使子女过早辍学，丧失掉积累人力资本的机会，由此牺牲经济和人力发展的长远前途。为获得短期实惠而付出高昂的长期代价，很容易造成贫困的代际传递。第三，为摆脱雪灾造成的贫困，一般要减少家庭开支，为此牧民家庭常常将未成年的孩子送入寺院。这种举措在一定程度上保证了孩子的营养供给，同时获得了寺院教育的机会，是一种特殊的人力资本积累方式，但这种选择在很大程度上剥夺了孩子们在未来自主选择生活方式的权利和自由。受戒僧人中途放弃僧人身份属于违背戒律的行为，对其还俗后融入当地社会有负面影响。

总之，雪灾不仅造成牧民家庭的贫困，还对牧民家庭的未来发展造成多方面的负面影响。要缓解当地牧民的贫困问题，就必须强化、完善雪灾救助能力，阻断雪灾与贫困之间的联系。

田野观察：灾中救助

降雪是否导致灾害，是对防护网建设效果的检验。田野观察发现，目前以"四配套"（即为牧民建住房、为牲畜建保暖棚圈、畜圈内种草、草地实行围栏）建设为重点的灾害防护体系，对于抵御中等以下程度的降雪具有明显效果。但仍有两个问题须引起关注：一是不少地方并未严格落实"四配套"工作；[①] 二

[①] 泽库县政府于2009年6月23日的《泽库县扶贫工作汇报材料》指出，该县70%的牧户未实现"四配套"。果洛州、玉树州未实现"四配套"的比例应该更高，因为当地寒冷的气候使许多地方根本不适合种植牧草。

是"四配套"工作对饲料储备量的要求不足以应对超强度降雪。也就是说，虽然当地政府在努力构筑防护体系，但仍有相当多的牧民处于极其脆弱的状态。因此，要减轻雪灾危害，在某种意义上说，需寄希望于灾害发生后的救助行动，这是弥补防护网缺漏的最后机会。这种机制本质上虽具有侥幸性质，但是，如果救助得力，对于缓解灾害损失以及由此造成的贫困仍然具有显著作用。根据田野观察，灾中救助主要由牧民的自我救助和政府的公共救助构成。

（一）牧民家庭的自我救助

当防范雪灾发生的预防性措施不足以应付强降雪，或者说灾害损失开始出现时，牧民家庭被迫采取自我救助以减缓家庭损失。这些自救措施大体包括如下几类。

第一，转移畜群。将畜群尽快转移到非受灾地区是减缓损失的有效方法，也是一种古老的传统方法。20世纪50年代之前的部落制时代，当雪灾发生时，部落头人负责与非受灾部落的头人协商畜群转移事宜。作为一种常规的预防性措施，雪灾多发地区的人们有意识地与低海拔区的部落（村庄）保持着良好的交往关系，一旦发生雪灾便可以尽快转移到非受灾地区。事实上，这种转移经常有固定的线路。比如，黄南藏族自治州河南县德日隆村的牧民在发生雪灾时，便按照惯例向南部海拔较低的柯生乡地区转移。灾民转移到其他部落的草场上，就会涉及利（占）用他人草场资源的问题。一般来说，需要交付一定的费用，比如一定量的牲畜或其他报酬，但有时也可免费使用。这取决于双方关系的性质与协商的结果。人民公社时期，政府具有强大的管理协调能力，号召"一方有难、八方支援"，因此也经常采用这种方法。20世纪80~90年代草场实行承包制后，牧民家庭成为草场经营主体，此类协商便主要在牧民家户之间进行。组织化的（统一的）谈判越来越困难了。因为每个家庭的利益存在差异，人们接纳灾民的意愿与自家的牲畜数量、草场的富余程度等因素密切相关，租借草场的费用也因草场面积的大小、质量的好坏而有不同。总之，协商的交易成本大大增加。尽管如此，由于这一方法实用有效，仍受到政府部门的青睐。2005年年底，玉树州称多县清水河乡遭遇特大雪灾，当地政府就积极地与周边地区政府联系，最终将1200多户7万多牲畜（约占受灾牲畜的31%）转移到果洛州玛多县、四川省石渠县以及玉树州内通天河畔的低海拔农业区（杨寿德、顾玲，2005）。不过，当出现超大范围的雪灾时，转移畜群也变得困难重重，因为远距离转移途中即可能出现巨大的损耗。

第二，临时宰杀牲畜，降低存栏数。畜群未能转移，又预计灾情将继续恶化时，有的牧民会选择临时提高出栏率，即短期内大量宰杀牲畜，一方面肉、皮等产品可以出售，多少可以获得一些收益，同时，可以减少饲料的消耗，将有限的饲料集中在喂养母畜等最重要的牲畜上。但是这一举措的效果常常远不如预期，因为当人们同时采取此类举措时，便会出现局部的供大于求现象，商家便会肆意杀价，使肉价暴跌。据达日县牧民反映，2008年雪灾中牛肉价曾跌至1斤2元（平常价格在15~18元/斤）。[①] 有时，大雪造成交通中断，外部的商贩很难进入灾区，牧民找不到买主。当然，并不是所有的牧民都有勇气大量宰杀牲畜。通常情况下，多数牧民怀有期盼天气尽快好转的侥幸心理，他们会选择尽量苦撑一些日子。由于储备的饲料、饲草不足，常常见到牧民给牲畜喂食青稞、糌粑等人食用的口粮。这就是为什么雪灾中经常出现牧民断粮的原因。

第三，增加饲料储备。随着交通条件的改善，一些外地商家在获得雪灾消息后会运输草料进入灾区出售。2008年雪灾中，达日县窝赛乡富裕的牧民夏顿（女，74岁）便从外地商家手中购得草料，缓解了饲草短缺的问题。在黄南州河南县这样离农业区相对较近的牧区近年来饲草贸易也逐渐增多，但像果洛州玛沁县西部地区、达日县这样远离农业区的地方，饲草交易尚受到高昂运费的制约。

（二）政府的公共救助

灾害救助是政府的重要职能之一。救灾是一个庞杂的系统工作，从各地制定的雪灾应急方案可以看到，有许多部门都会参与灾害救助工作。其

[①] 杨寿德、顾玲也曾描述过玉树州称多县牧民在雪灾后宰杀牦牛，在公路边降价兜售牛肉的情景，尽管牛肉价远低于平常（一等牛肉价格5.9元，二等、三等价格更低），仍然无人问津。参见杨寿德、顾玲《雪灾后牧民的生存考验》，《中国牧业通讯》2006年第3期。

中最重要的当属民政和畜（农）牧部门。根据职能划分，地方民政部门负责组织救灾工作，是灾情发生后总的组织协调机构。畜（农）牧部门负责畜牧业的防灾减灾工作。① 按照通俗的说法，其分工为民政部门主要管人，畜（农）牧部门负责牲畜。

世界银行《2000/2001 年世界发展报告》曾指出：发达国家越来越重视减少或化解灾害风险，注重预防。而发展中国家重视灾后反应，"准备和及时做出反应——保证应付危机情况的资源并随时听从调遣"（世界银行，2001）。这与我们的田野观察极为吻合。虽然灾害预防体系尚不完善，但是，一旦有灾害发生，各级政府极为重视，全力以赴，迅速动员各类资源投入救灾。②

救灾案例 1：玛沁县 2008 年救灾

2008 年初，果洛州大范围遭遇雪灾，玛沁县西部三乡灾情严重，积雪厚度在 5 厘米以上的天数达 40 多天，雪灾涉及全县 35 个牧委会，7379 户 26293 人，53 万头（只）牲畜。在接到灾害报告后，县里启动雪灾应急反应。在整个救灾过程中，民政局先后发放面粉、青稞、帐篷、被褥、棉衣、棉鞋、药品等，解决灾民的吃、住、医等问题，取得良好效果，未发生灾民死亡现象。县农牧局负责减灾工作，在初冬发放储备颗粒饲料 230 吨的基础上，又调拨 550 吨发放给灾民，共计 780 吨。按受灾牲畜总量粗略计算，畜均约 1.5 公斤，显然饲料总量严重不足，结果牲畜死亡率达到 10%。③

---

① 达日县民政局《达日县雪灾救灾应急预案》指出：民政部门掌握和发布灾情，拨发救灾款物，组织接收和分配国内外救灾捐款等，负责查实灾情，汇总灾情。畜牧局负责制定减灾政策及方案并组织实施，牧业生物灾害的预测预报及防治，气象灾害的防御，饲草饲料的储备，草原防火及草原保护。

② 2008 年达日县雪灾发生时，正值农历春节期间，县政府为了组织救灾，要求在外地过节的所有公职人员限期返回工作岗位，否则以免职论处。接受笔者访谈的干部都认为这表现了政府对救灾工作的重视程度，指出如此严厉的政令宣示在当地是罕见的。

③ 资料来源：玛沁县农牧局 2008 年 11 月 14 日《玛沁县农牧局关于上报 2008 年农牧业工作总结及 2009 年工作重点的报告》，以及 2009 年 8 月 21 日民政局访谈记录。

救灾案例 2：达日县 2008 年救灾

2008年初达日县遭受特大雪灾，全县5387户21704人受灾，受灾牲畜总量32万多只（头）。灾害从2月13日开始，一直延续到4月25日，约70天。当年县民政局共落实发放救灾救济款27.5万元（按受灾总户、人口计算，户均51元，人均12.67元），救灾救济粮21万公斤（户均39公斤，人均10公斤），救灾帐篷67顶，棉衣裤310套，绒衣裤100套，棉大衣100件，棉被等236床零83袋，旧衣物5200余件，棉皮鞋235双，煤4吨和价值达13549元的其他救灾物资。共调用两批饲料，第一批颗粒饲料605吨，草颗粒饲料90吨，青干草40吨，玉米45吨，青稞120吨。第二批饲料300吨，共计1200吨（畜均3.8公斤）。最终因灾死亡牲畜93359头（只），损亡率达29.09%，几乎占牲畜总数的1/3。[①]

我们看到，雪灾发生后，政府部门通常反应迅速，动员各种力量实施救助。早些年间还经常见到灾民伤亡的现象，比如1993年玛沁县雪灾就有人员死亡。但近年来，随着国家救灾方针强调"以人为本"，对人员伤亡提出了刚性要求，因此，基本都能保证人员安全。同时也可看到，救助遵循差别原则，优先向重灾户和弱势家庭倾斜，避免简单地平均分配。尽管地方政府倾尽全力，雪灾依然造成了大量牲畜死亡和经济损失。究其原因，有三个问题最为突出。

第一，救灾物资特别是饲料储备严重不足。事实证明，在政府监督下的牧民自我保险能力是有限度的，当遭遇特大雪灾（降雪量大，积雪持续时间长），灾害强度超过自我保险的承受范围时，牧民只能寄希望于政府的救助。然而，从上述案例可以看到，政府发放的饲草料与牧民的抗灾需求之间存在明显的落差。相关研究指出，积雪3厘米牦牛采食困难，积雪5厘米绵羊采食困难，积雪5厘米4~6天牲畜开始死亡。[②] 正常情况下，冬季

[①] 资料来源：《达日县民政局2008年工作总结》以及2009年8月24日民政局访谈记录。
[②] 《不利生产环境与自然灾害对青海草原畜牧业的影响及防御对策》，载青海三江源自然保护区生态保护和建设总体规划实施工作领导小组办公室编《青海三江源自然保护区生态保护和建设工程必读》，第114页。

牦牛日均需要牧草7~8公斤，绵羊日均需1~2公斤。[①] 根据上文的案例测算，在2008年春季雪灾期间，玛沁县西部四乡畜均获得草料共约1.5公斤，而积雪覆盖草场约40天；达日县畜均获得草料3.8公斤，而积雪覆盖草场约70天。可见政府发放的救灾饲料远不能满足牧民的抗灾需求。

灾害防护能力欠缺以及灾后资源投放能力不足，反映了地方政府财政资源相对匮乏的现状。本该为了保证经济安全而必须投放的灾害防护网建设费用，因为财政支出能力有限而只好大幅度地压缩、节省，从而使牧民遭遇雪灾风险的敞口大开。同时，还存在认识上的偏差，即在灾害预知能力较弱（不能实现准确的中长期灾害性气象预报）的条件下，容易对牧业安全过冬产生侥幸心理，那些原本应该投入灾害防护网建设的资金被认为存在机会成本（将灾害防护网建设资金视为一种资源的闲置），故而优先投入其他领域。这并不是说存在资金挪用问题，主要是指财政支出结构不合理，表现出非牧业化倾向。尽管所有人对雪灾危害有着清醒的认识，但还是把减缓灾害损失的希望寄托在灾害出现后的救助行动上。然而，当灾情发生后，再申请经费、筹集资金，从外地调拨饲料，必然面临采购、运输等一系列困难，难以实现救灾饲料发放的足量和快速。

第二，救灾物资储备点远离牧民生产生活区。常见的储备仓库主要集中在县城周围，偶尔有个别建在牧区，但也规模较小。雪灾发生时，积雪较厚，大雪封山，道路被埋，严重影响救灾物资的及时快速发放。地方政府也认识到，由于当地地广人稀，交通不便，"救灾物资不能第一时间运送到灾民手中，严重影响了救灾力度"（达日县民政局，2008）。

第三，对大灾之后的二次灾害应对不足。田野调研中多次听到牧民反

[①] 由于测量地点和方法不同，测得牲畜的食量有差异。薛白等在祁连山北坡对不同年龄的牛羊在四季的食量进行了测量，结果显示成年牦牛（4~7岁）冬季食量每天为7.69~8.45公斤，绵羊（3~5岁）冬季食量每天为1.86~2.22公斤（薛白等，2004）。刘书洁等在青海海北州多隆乡对2岁牦牛日采食量的测量结果显示，在冬季（牧草枯黄期）的采食量是一天5.54公斤（刘书杰等，1997）。刘奉贤在西藏当雄县、浪卡孜县对2~3岁绵羊的测量结果显示，藏系成年母羊日采食量为4.7公斤（刘奉贤，1979）。他还指出，在青海铁卜加草原的测试表明，在冬季放牧条件下，当藏系绵羊的日采食量少于1.4公斤时，呈现饥饿现象，日采食量达1.5公斤以上时，绵羊能保持正常活动。

映，雪灾之后容易发生流行性牲畜疫病，其危害不亚于雪灾。地方政府似乎缺乏成功的应对措施，比如较为充足的兽医、药品储备，人员的及时培训等。

雪灾频发和牲畜的高死亡率证明，目前地方政府在灾害应对方式和力度上存在明显的缺陷。由于地方政府可以得到中央政府的支持，能够超越灾区范围从非灾区调动资源。因此，政府的救助行为在整个救助活动中仍具有至关重要的地位。

田野观察：灾后救助

雪灾不仅使广大牧民家庭遭受经济损失及其他一系列负面影响，同时，也对当地的宏观经济运行产生不利影响。因此，在灾后一个时期继续实施各种救助措施，使灾民尽快从灾害的突然打击中摆脱出来，恢复原先的至少是基本的生产生活自立能力，避免使他们沦为贫困人口，既对牧民家庭有利，也有利于当地社会的经济运行。

（一）牧民的自我恢复努力

对于牧民来说，家畜既是生活资料更是生产资料，雪灾造成牧民家畜大量死亡，使牧民失去生活来源和生产资料。灾害频发显示出游牧业具有相当程度的脆弱性。但是，鉴于目前的社会条件和牧民的人力资本状况，牧民尚缺乏大规模发展其他替代产业的能力和条件。恢复生产能力的可行选择仍是恢复家畜数量，重建畜群，继续依靠牧业维持生活。

1. 再投资重建畜群

灾后能否重建畜群、恢复生产能力的关键因素是再投资能力。田野观察显示，牧民的再投资行为主要通过三种渠道：动用自己的储蓄，比如变卖有价资产、提取银行存款等；利用社会关系网络（即社会资本）进行融资；向由政府扶持的银行、合作信用社申请贷款。换言之，牧民的再投资能力受到家庭储蓄、社会资本以及公共金融服务三方面的影响。

家庭储蓄包括货币存款和有价物品。牧民反映，原先的富裕户（牲畜大户及从事商业者）或者有存款可取，或者家里有珍贵的首饰可以变卖，可以用过去的收入积累来应对当前的风险。因此，他们总是最先从灾害打击中复苏。① 田野调研发现，有充足的储蓄用于购买牲畜的牧户仅是极少数，多数牧民的家庭资产积累水平低。根据相关统计，2008年达日县63%的牧民处于贫困状态（达日县政府，2008）。玛沁县当洛乡属于雪灾易发地区，该乡在2009年时，人均收入不足637元的绝对贫困户占总人口的40%（玛沁县当洛乡政府，2009）。像称多县珍秦乡姿塘村这样有120多户的村庄，公认的灾后靠自己的力量恢复起来的只有几户，可见比例之低。

所谓社会资本即指牧民在自己的社会关系网络中可以获得、动员所需资源的能力（林南，2005）。多数牧民的社会关系网络局限于生活在同一社区或一定区域范围内的牧民，他们所拥有的家庭资本类型相同。也就是说，别人拥有的资本自己也有，别人缺乏的资本自己也缺（赵延东，2007）。雪灾之后关系网络中的所有成员都面临同样的需求，即急需大量资金，这就使他们之间相互扶助的能力降低。而真正异质的、可以弥补他们自身资本不足的社会资本，比如，在政府部门工作、在城里从事商贸活动的亲属和朋友的帮助极为稀少。田野观察也发现，当牧民的社会关系网络范围大于雪灾范围时，社会资本便有可能发挥其价值，比如可从灾区之外的亲戚朋友那里获得租借牲畜（俗语称"借鸡下蛋"）的机会。其通常的做法是向非受灾牧户租借牲畜，定期归还（多为3~5年）。报酬根据协商情况而有不同，一般的规矩是向畜主交纳一定的畜产品如奶制品等，而繁殖所得则留归自己。这种方式主要是亲戚、朋友之间带有帮扶性质的互助行为，效果较好。但是，如果所借牲畜得病死亡等，按惯例需要赔偿，因此，"借鸡下蛋"也存在一定的风险。

公共金融服务是指政府提供的专项贷款以及金融机构向灾民开放的其他金融服务。政府的专项贷款理论上可以弥补牧民社会资本同质性强的缺陷，但也存在不少问题。由于信息传递渠道不畅，有的牧民不了解相关的灾后扶助政策；由于贷款总额度不足，贷款发放不得不设置障碍、提高门槛。在许多牧民看来，要获得贷款就需要托关系、找门路，贷款有时演变

---

① 过去学术界将牧民购置贵重首饰解释为一种炫耀性消费。事实上，这种习俗也具有储蓄的功能，是在缺少公共金融服务的特定文化环境中形成的财富储蓄方式。

成为一项复杂、隐秘而莫可明言的交易。当然，还有个别具有特殊文化观念的社区，在观念上排斥借贷购畜。比如在巴颜喀拉山深处的达日县莫坝乡色钦村，当地的传统观念认为借钱（包括贷款）买来的牲畜不易成活。因此，许多牧民表示是自己主动放弃了贷款机会。

2. 增加劳动力供给

缺乏再投资能力的牧民不可能快速重建畜群，但是，如果有充裕的劳动力，则可通过扩大劳动力投入获取报酬，逐步积累重建畜群所需要的资金。但是所需要的时间将相对漫长且存在不确定性，因为可供牧民选择的就业领域所能获得的回报较低。根据田野观察，牧民增加劳动力供给的方式多种多样，特别是许多牧民进入城市寻求就业机会，工作类别更显复杂。大体而言，有如下几类。

（1）精细经营，提高畜群增长率。雪灾中真正成为绝畜户的毕竟还是少数，多数家庭沦为少畜户。在缺乏再投资能力的情况下，有的牧民采取精细经营的策略。比如，提高繁殖率和成活率，减少死亡率。在本地草场不好的情况下，坚持"走圈放牧"，到外地寻找草情较好的草场，避免冬春季节的牲畜死亡。有时还代放其他人家的牲畜，获得报酬。经过数年的努力，一些人家也能逐步恢复基本的生产条件。

（2）通过多种经营积累资金。最为常见的是从事虫草采集。许多适龄儿童辍学就是因为可以采集虫草，换取现金贴补家用。事实上，在一些地方采挖虫草已成为牧民最重要的现金收入来源，甚至出现家庭收入的"虫草依赖"。个别牧户已放弃畜牧经营，单纯依靠每年 1~2 个月的虫草采集收入，聊以度日。也有的牧民出卖劳动力给牲畜大户做牧工，获取报酬。此外，自从国家实施"西部大开发"战略以来，这些地区的基础设施建设工程逐渐增多，也为灾民获得劳务性收入提供了方便。但是，总体来说牧民不善此道，竞争力不强，工资水平较低。

此外，在实行草场家庭承包制、完成围栏隔离的地区，无畜户、少畜户通过草场租赁、流转也可获得相应的收入。然而，调研发现有一些地方由于种种原因并未完全落实草场承包制度，因此，灾民只能任凭他人分享自己的草场，或闲置草场，而不能获得收益。

（二）政府的灾民扶持政策

为那些遭受临时性收入损失或其他损失的人提供福利收益，被认为是政府的职责。在青海南部牧区，当前当地政府对灾民的救助和扶持首先是通过农村低保制度提供最低生活保障，然后力所能及地通过各种扶持项目恢复其生产能力。

1. 农村最低生活保障制度

目前当地农牧区"低保"户的选择采取个人申请和社区评推相结合的机制。其路径为：个人申请→牧委会评审→乡政府审核鉴定→乡长签字→上报县民政局。由于政府自身财力有限，财政收入主要依靠转移支付。因此，不仅做不到应保尽保，实际上定额还出现空编，即实际纳入保障范围的人数少于上级政府核定的名额。更为主要的是保障水平较低。2009年在玛沁县西部三乡，只有人均年收入不足960元才能申请"低保"，而发放标准为750元/年。虽然政府要求对"低保"覆盖人群实行"动态管理"（即按照家户收入在标准线上下的波动而进行剔除或吸纳），但是，由于对牧民收入难以进行精确的统计，以及对"低保"人员评推过程缺乏有效监督等原因，实际操作中很容易出现偏差，村干部、乡干部的亲戚连年成为低保户的现象不乏其例，引发牧民的非议。总之，"低保"扶助目的在于保障最低生活水平，难以为恢复生产能力积蓄资金。

2. 扶贫项目

目前政府的扶贫项目主要是"整村推进"项目。"整村推进"项目因为强调牧民自主选择具体项目①，效果较好，很受牧民欢迎。

政府灾后扶持案例：玛沁县昌玛河乡雪玛牧委会、查藏牧委会的"整村推进"项目

玛沁县西部三乡草场退化严重，雪灾频繁发生，近年实施"三江

---

① 据当地官员介绍，实际上有相当一部分牧民仍愿意选择购买牲畜，但是，在纳入"三江源生态保护工程"覆盖范围的地区，政府规定购买牲畜的资金不得高于扶贫总资金的1/3。因此，只有少数的牧民被允许购买牲畜。而在称多县珍秦乡"整村推进"项目的做法是由乡里为每户牧民发放5头母牛。

源保护工程",许多牧民搬迁进城,因此,当地就把"整村推进"式扶贫与生态移民工程相结合。以昌玛河乡雪玛牧委会、查藏牧委会为例。纳入"整村推进"项目共134户,户均分享6500元扶贫款的资助,具体项目采取自由选择、集体决定的方式。最后的项目方案包括:有46户要求购买拖拉机,期望能在城里搞运输、打零工;有11户要求开5个小商店,有些家庭合资共同经营商店;有22户要求盖房,以供出租;35户要求购买牲畜,平均可购买4~6头牦牛。[①]

但是,"整村推进"项目是按照前期的全县规划实施的,它不是针对雪灾的扶助项目,且总量较少。2002~2009年,整个玛沁县计划覆盖15个村(牧委会),平均每年2个村,且兼顾各乡。雪灾往往造成较大范围内的牧民受损,对于那些未列入计划的受灾村庄(牧委会)来说,短期内很难获得较具规模的扶持,其生产能力的恢复更显艰难。

3. 发放母畜

目前,与恢复牧民生产能力最直接相关的扶助项目是农牧局实施的发放母畜项目,即县农牧局根据财政拨付的专项经费购置母畜(牛或羊),然后视受灾程度发放给受灾户。根据《达日县灾后恢复生产购畜方案》,2009年该县为此安排资金227万元。县畜牧局以1660元/头的平均价格在本县范围内购置1~2岁能繁殖生产母牛1367头,分配给了10个乡。在我们调查的窝赛乡,共分得115头母牛,该乡雪灾中死亡牲畜近8000头(只),其比例为0.14%。该乡扎却牧委会170户人家,分得38头,户均0.22头(达日县畜牧局,2009)。可见,在地方政府财力有限的情况下,发放的母畜在牧民总体生产能力恢复中所起的作用仍然微小。

4. 移民搬迁成为救助新方式

近年来,国家在藏族牧区实施一系列惠民工程,比如"三江源生态保护工程""小城镇建设项目""牧民定居工程"等。基于对城市总体公共服务、公共福利水平优于牧区的判断,政府积极鼓励牧民在定居过程中有计

---

① 资料来源:2009年8月21日玛沁县民政局访谈记录。

划地搬迁到城市周边。牧民进城可以分享城市的公共服务设施，对子女入学、医疗保障、信息获得等方面均具有积极意义，也为灾民特别是那些无力重建畜群的无畜户、少畜户发展其他替代经济（比如，进入低端就业市场）提供了便利。但是，从短期来看，进城牧民还面临一系列风险和困境。比如，因缺乏技能而就业困难，城市公职人员集团与牧民群体社会地位悬殊而造成社会整合困难等，而部分移民特别是原先的村庄上层对于进城后社会地位降低反应激烈。牧民定居或进城涉及牧民生产生活方式的巨大变化，要完成这一进程需要较长的时间。

总之，为了恢复基本的生产生活能力，牧民家庭和政府都会采取多种形式的灾后救助努力。多数牧民家庭受到再投资能力、人力资本状况等条件的约束，难以顺利地实现自我恢复。而来自政府方面的金融支持、专项扶贫措施，也因为各种原因尚未能对牧民恢复生产能力形成强有力的支撑。基于对未来前景和现实福利水平差异的衡量，政府鼓励牧民搬迁定居到城市周边，通过发展替代性产业（农业化畜牧产业在该地仍然少见）来重建灾民的生产能力。应该说，这一政策具有逻辑上的合理性，但是，这种合理性转化成现实性，仍需要较长的过程。

讨论与政策建议

田野观察不难发现，在青海南部的藏族牧区，无论化解雪灾风险的预防性措施，还是灾中、灾后救助体系都不同程度地存在着不容忽视的缺陷。如何认识和评估其中存在的问题，如何有针对性地加以完善，涉及政府的治理理念，当地的自然、经济条件和社会文化环境等复杂因素。笔者无意对此进行全面讨论，只想指出如下问题，以引起相关部门的广泛关注。

第一，对牧区雪灾特殊性的认识。

雪灾救助应与其他农业灾害相区别。目前的雪灾救助方式和救灾物资储备主要受到农业灾害救助模式的影响。农业灾害比如洪水、泥石流、雹灾等，主要摧毁劳动产品，多数情况下，生产资料不会遭到破坏，因此，救助主要针对劳动产品缺失，比如发放口粮、衣物等，只要度过一个生产周期，一般来说到下一个生产周期便可以重新开始。对于牧民来说，牲畜既是牧民的劳动成果、家庭财产，也是他们的生产资料。因此，不仅灾中救助要特别注意生产资料的保护，灾后救助也要以重建生产资料——畜群为主要目标。事实上，灾后政府发放贷款、牲畜就是向牧民提供生产资料，其性质与提供种子给受灾农民相类似。但从满足需求的成本看，牧区雪灾救助的花费更高。由于家畜的成长、成熟需要数年时间，因此牧业灾害的恢复周期也较农业灾害更长。

灾民救助应与扶贫相区别。灾民与一般的长期贫困人口在致贫原因上存在本质区别，即他们多数只是在灾害中丧失了某一方面的资源和能力，属于偶发的单一能力缺失。通常仍具备维持基本生产生活的能力（人力资本）。政府和社会的救助行动只要能够填补他们因灾害造成的缺损，他们就可以自行恢复生产能力。而常年贫困人口则缺乏多种资源和能力，特别是生产经营能力，即使提供了生产资料他们也很难自立。这就是灾害救助和扶贫活动的本质区别。牧民普遍反映，只要有牲畜他们就能维持生活，不需要国家的救济。而灾后救助的观念偏差在于，将灾民与贫困人口等量齐观。将灾民纳入救助水平较低的扶贫渠道，这就使灾民恢复基本生产能力的道路漫漫无期。从救助总支出额度计算，短期足量、大额资助相比于长期小额资助可能更为经济、合算，具有更好的社会效应。

第二，调整财政支出结构，大幅增加救灾物资储备。

调研中，无论政府官员，还是普通牧民都指出，救灾能力的大小，效果的好坏，关键取决于是否有充足的饲料、饲草。上文已论及，雪灾发生后，尽管政府迅速发放救灾物资储备，并积极从外地调运饲料，但是，仍远不能满足救灾之需，因为政府的救灾物资储备总量不足。这反映出政府在财政支出结构中未能对灾害预防给予应有的重视。以2008年达日县雪灾为例，相关资料反映达日县因灾直接经济损失1.46亿元（达日县民政局，2008。不包括因为雪灾危害而付出的其他社会代价），而灾后通过各种渠道额外增加的饲料支出仅201万元（达日县农牧局，2008）。无论从减少经济损失、抑制宏观经济动荡角度考虑，还是从减贫济困、改善民生角度考虑，急需对当地政府的财政支出结构进行调整，提高救灾预算，增加物资储备。

第三，拓宽救助渠道，激活社区自助机制。

毫无疑问，政府一直是灾害救助的主要力量。即便在前现代社会，无论历代中央王朝还是西藏地方政府都采取减税、免税、赈济粮食等措施对灾民进行抚慰（张涛等，2009；张艳丽，2008；陈桦、刘宗志，2005；西藏自治区历史档案馆等编，1985）。当前，政府的救灾措施更为细致全面，不仅努力避免人员伤害、减少经济损失，还通过多种扶持手段重建灾民生产生活能力，恢复正常社会秩序。必须指出的是，在青海南部的藏族牧区，主要依靠财政转移支付的地方政府尚无足够的力量应对特大雪灾。因此，作为过渡方式和补充方式，尽可能拓宽救助渠道不失为有效选择。这主要包括两个方面：充分调动和利用当地资源，发挥寺院等社会组织的救灾功能。

寺院救灾案例：

　　龙西寺是玉树州玉树县最大的格鲁派寺院，位于下拉秀乡，有400多名僧人。据该寺尼智活佛介绍，龙西寺不仅在"以寺养寺"，开展多种经营方面非常成功，在为周边牧民提供公共服务方面也口碑良好。他们举办学校、医院，也参加灾害救助。他们的救灾行为包括：一，没有灾害时，群众因为各种原因给寺院供奉牲畜，寺院自己饲养一部分，多数则寄养在百姓家里（有各种办法计酬：牛犊归牧户、交奶制品等，也有无偿寄养的），有雪灾时寺院将这些牲畜返还给百姓（其寄养的范围很大，甚至在100多公里外的治多县也有该寺的牲畜）。1995年雪灾时，寺院给周围的每个村子发放了救灾款1万~2万元，共计30万元左右。上千头牲畜全部发放给牧户。二，灾害发生后，各种商品缺乏，普通商家乘机抬高物价，而该寺则规定由其经营的多家商店所有商品不得涨价，甚至降价，按成本价，放开销售。陪同访问的乡干部称，在上、下拉秀地区，只要百姓张口向寺院提出要求，寺院肯定不会拒绝。据称多县民政局领导郭更介绍，2005年雪灾时，称多县籍的活佛格桑赤列嘉措（寺院在四川某县），为灾区捐赠100吨粮食，6207件衣服。当然，能够参与灾害救助的寺院仍是少数，正如当地俗语所言"民贫则寺穷"，依靠百姓供养的寺院，其财力状况取决于周围社会的经济发展水平。[①]

[①] 资料来源：2007年7月12日，龙西寺访谈记录；7月17日称多县民政局访谈记录。

20世纪50年代前，青海南部的藏族牧区长期处于部落制社会，缺乏来自政府的公共救助，灾害救助主要依靠牧民自身和当地社会，因此当地文化、习俗中形成了许多帮困济贫的观念和传统，值得借鉴和推广。比如，借用母畜的互助形式即是一种有效的救助方式。迄今当地牧区仍有此类做法。果洛州玛沁县昌玛河乡江前村牧民萨多（女，40岁）介绍，1987年当地遭遇特大雪灾，当时，该县拉加乡根据传统向该乡资助300只羊，乡里将这些羊分为5群分别借给灾民，每户两年。虽然那些羊不适应昌玛河的高海拔，但还是每年为她家增加了15只羊羔，这对恢复生产起了重要作用。在玉树县的哈秀乡也有类似传统，亲戚们向受灾户资助牲畜，租借母牛。这种方式的另一个优点是能够很好地化解当地牧民对"借钱头畜"不良后果的担忧。因此，政府通过调动、租借非灾区牧民的母畜也是一种可行的、并容易被牧民接受的方式。

当出现大范围雪灾时，仅靠当地政府的力量尚显不足，必须寻求更广泛的支持才可能渡过难关。为此，必须加大宣传力度，借助媒体的力量，激发广泛的同情和援助，此外，还应该与气候、经济类型差异性较大的邻近地区建立灾害互助机制。

第四，试验建立雪灾救助基金。

从长远可持续的角度来看，发展农牧业保险或建立雪灾救助基金是有效途径。在没有灾害的情况下，牧民的经济收益相对较高，因此，可以建立类似救灾基金或公基金之类的合作保险制度，由牧民和政府共同投资，发生灾害时提取。否则，一旦发生特大雪灾，损失过大，仅靠政府的力量难以使所有的灾民恢复生产能力。

总之，我们通过对青海省果洛、玉树、黄南等藏族牧区的田野观察，可以看出，由于当地政府资金不足等原因，雪灾防护网建设和雪灾救助机制存在一定的缺陷，致使牧民遭遇雪灾的风险很高。在全球气候急剧变化、当地生态日益恶化的背景下，当地牧民赖以生存的传统游牧业更显其脆弱。要遏制雪灾造成的损失，不单要加大灾害救助力度，还需深化对雪灾及其救助行动的认识，更重要的是转变灾害应对的方式，即将工作重点从灾害救助转向灾害预防，当然，这一切要以经济发展至少是财政收入增长作为前提。

参考文献

扎洛：《雪灾防范的制度与技术——青藏高原东部地区的人类学观察》，《民族研究》2008年第5期。

更阳主编《民政30年：青海卷1978年-2008年》，中国社会出版社，2008。

玛沁县志编纂委员会编《玛沁县志》，青海人民出版社，2005。

杨寿德、顾玲：《青海南部牧区雪灾灾情严重》，《中国气象报》2005年12月14日。

杨寿德、顾玲：《雪灾后牧民的生存考验》，《中国牧业通讯》2006年第3期。

世界银行：《2000/2001年世界发展报告：与贫困作斗争》，中国财政经济出版社，2001。

青海三江源自然保护区生态保护和建设总体规划实施工作领导小组办公室编《青海三江源自然保护区生态保护和建设工程必读》2007年，内部资料。

薛白等：《青藏高原天然草场放牧家畜的采食量动态研究》，《家畜研究》2004年第4期。

刘书杰等：《不同物候期放牧牦牛采食量的研究》，《青海畜牧兽医杂志》1997年第2期。

刘奉贤：《西藏绵羊日食量标准的探讨》，《中国草原》1979年第2期。

〔美〕林南：《社会资本——关于社会结构与行动的理论》，张磊译，上海人民出版社，2005。

赵延东：《社会资本与灾后恢复——一项自然灾害的社会学研究》，《社会学研究》2007年第5期。

张涛等：《中国传统救灾思想研究》，社会科学文献出版社，2009。

张艳丽：《嘉道时期的灾荒与社会》，人民出版社，2008。

陈桦、刘宗志：《救灾与济贫：中国封建时代的社会救助活动——1750-1911》，中国人民大学出版社，2005。

西藏自治区历史档案馆等编译《灾异志——雪灾篇》，西藏人民出版社，1985。

达日县民政局：《达日县民政局2008年工作总结》（2008年10月13日）。

达日县政府：《达日县抗灾保畜工作汇报》（2008年5月）。

玛沁县当洛乡政府：《当洛乡2009年各项工作汇报》（2009年8月）。

达日县畜牧局:《达日县灾后恢复生产购畜方案》(2009年8月)。

达日县农牧局:《达日县农牧局抗灾救灾保畜工作资金使用情况》(2008年4月1日)。

(执笔人：扎　洛)

第三章
新自由主义背景下的中国藏区畜牧业：
沟里镇发展的持续性与变迁

畜牧是世界上土地利用范围最广的生产活动，近期的《地学论坛》特刊注意到这一生产活动的重要性以及在地理学学科中对此的相对忽视，由此呼吁，我们应该在新自由资本主义地理学中给予畜牧生产和草场经营更多的关注（Sayre，2009）。在日益凸显的新自由主义化背景下，非洲牧民为了维持其自身的认同和生活方式，不得不采取一些策略；而这些策略却导致他们社会关系进一步商业化（Gardner，2009；Turner，2009）。在科特迪瓦，由于牧民预料到将会实施新的土地私有化政策，放牧权和土地租赁正在被货币化。而这种放牧权和土地租赁的货币化却限制了畜群迁移的灵活性，这势必导致牧民的生产能力下降（Bassett，2009）。在非洲撒哈拉地区的西部，投资者拥有的牲畜数量越来越多，这显示出牲畜如何作为资本发挥作用，这种作用在更广泛的新自由主义语境中也愈加凸显（Turner，2009）。

青海省沟里镇属于中国藏族牧区，我们在那里所做的个案研究促成了本章的写作。新自由主义是指一种广泛的政治和意识形态规划，它呼吁削减国家在经济决策中的作用，把自由市场规律扩展到更加广泛的生活领域中，这一术语在当今学术界中被频繁用来指涉中国向"有中国特色的社会主义市场经济"过渡过程中的治理方式（Yan，2003；Harvey，2005；Wu，2008）。尽管有学者断言这一术语被滥用了（Nonini，2008），然而，我们发现，用"新自由主义"这个词来表述自邓小平在1992年"南方谈话"以来的一系列市场改革的深化是很贴切的。这一系列的深化包括对商品化的重视、国家福利条款的取缔、以前公有资产的私有化以及贫富差距的日渐扩大。正如Ong和Zhang（2006：4）所言，尽管中国权威机关否认中国运用新自由主义的经济政治策略，可是有关企业家精神和自主企业（自负盈亏）等新自由主义的逻辑实际上已经成为这种经济体的组成部分。"新自由主义"策略的运用已经使得"遥控式"社会主义社会治理方式的形成成为可能，在这种治理方式下，私有化的准则和实践在社会各领域迅速扩散，而这种扩展与集权主义制度的延续则是相互共存的。

在中国的畜牧地区，上述情形已经带来了关于个体牧民对牲畜和草场管理决策制定的非集权化，以及草场使用权的私有化，不过这不是土地所有权的完全私有化或国家的退出。相反，在牧民还没有完全成为市场主体的假设下，政府实施了众多开发项目。国家政权的作用已经不再是对资源进行直接管理，而是努力为牧民设置条件，使他们成为有效率、有事业心的资源管理者。为了使牧民转变角色成为牧场主，当局政府设计了各种项目。这些项目包括：设置围栏，界定草场载畜量；修建住房和实施牧民定居；改进牲畜圈养设施和草料生产的工艺等。而这些项目实施本身就是牧业生活更为"理性化"和私有化的过程。正如Sayre（2009）所指出的那样，自从19世纪50年代以来，世界各地的畜牧发展项目都以上述诸多做法为特征；这些项目是在扩大化的地缘政治与市场经济背景中开展的，这使它们具有了新自由主义的性质。

这项研究是一个更大项目的一部分，该项目试图探讨青藏高原草原退化的社会政治和生物物理原因。在设法计算放牧强度的过程中，我们得知，在过去十年中，本研究中的所有牧户都对粗放草场和牲畜租赁有所牵涉。以往关于藏区畜牧业的文献曾对草地租赁有所粗略提及，而在青藏高原上并不均衡的新自由主义化进程中，沟里镇牧民在草场和牲畜的交易中实现了社会关系的商业化，在此意义上，他们似乎处在此一过程中的最前线（cf Levine, 1999; Banks et al., 2003; Bauer, 2005; Yan and Wu, 2005; Yan et al., 2005; Richard et al., 2006; Sheehey et al., 2006）。我们调查了沟里畜牧生活的历史和地理背景、土地和牲畜租赁模式以及后者对沟里人作为"卓克巴"（Drokpa）的身份，即藏族牧民身份认同的影响。

第三章 新自由主义背景下的中国藏区畜牧业:沟里镇发展的持续性与变迁

国家发展中所忽视的沟里藏族人

本研究于 2009 年 6 月到 8 月展开,地点是第五村庄,该村隶属于青海省海西蒙古族藏族自治州都兰县沟里(藏语:古鲁)镇(见图 3-1)。该村有 37 户人家,175 位居民。我们与 17 户人家合作,进行了半结构式访谈和广泛的参与式观察。从沟里乡所在地前往青藏高速公路只有唯一的一条土路,这条路还偶尔会受到夏雨的冲蚀。香日德镇有一个集市,与青藏公路毗邻。沟里镇没有公共交通工具,许多的牧民为了去香日德镇赶集,都会购买摩托车和二手北京吉普车。即使是开着吉普车从沟里镇去香日德镇赶集,大约 100 公里的行程也会花去 3~6 小时的时间。就 2009 年那年来说,第五村庄在当时还没有电网或手机电话服务,尽管有许多人家使用太阳能板为灯具和电视供电,享受着小型卫星天线的服务。由于沟里镇属于偏远地区,难以到达,镇级领导很少到那里工作,他们大多数时间都住在县城所在地。

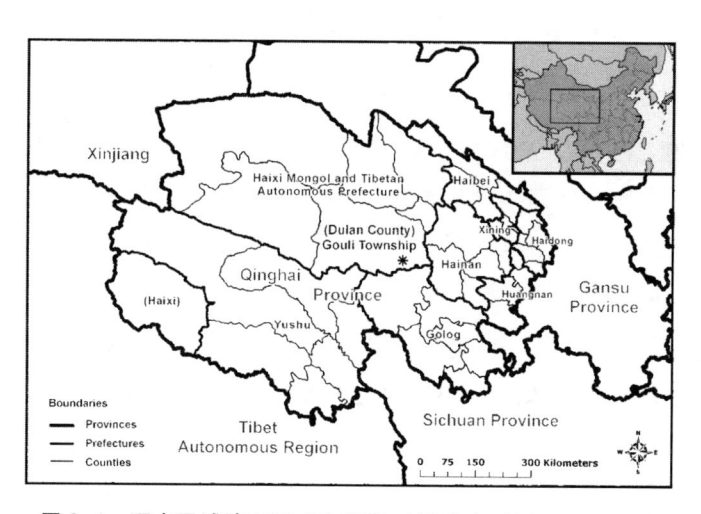

图 3-1 研究区域地理图 252 毫米×167 毫米 (300×300 DPI)

沟里镇在 1958 年成立,在这之前,古鲁爹瓦(部落)认领了一块比其现在拥有的地盘大得多的区域,这块区域向南延伸至措那(Donggei Cuona)湖,该湖现在是果洛(Goluo)州玛多县的一部分。沟里与果洛之间的界线以前是模糊易变的，因为由家畜劫掠和土地使用权引发的冲突很频繁。在1958年，这一界线终于被政府划清了。从那以后，沟里便成为都兰县的一部分。在都兰县，藏族人占总人口的22.7%，蒙古人占12.5%，汉族人占56.8%，剩下的是其他少数民族。都兰的藏族人口占少数，而中国大部分的藏族牧民却居住在藏族人口占多数的县和州。

沟里的藏族人时常抱怨，都兰的各种官职都被蒙古人占据，而蒙古族所占的区域也作为国家项目的发展目标而受到优待，而藏族人却被边缘化。他们还注意到与他们有频繁交往的果洛牧民受到了更多的国家发展援助，这类援助以补贴围栏设置、住房供给及道路修建为形式。沟里的牧民绝不想将国家对畜牧业进行的各种干预拒之门外，他们想要国家给予更多的援助，部分的原因是他们觉察到了边缘化现象的存在（Li，1999；Zukosky，2007）。这些偶然的因素决定了在更宽泛的新自由主义背景下沟里牧民谋求生存与发展中所采取的方式。

草原管理和产权的历史

在20世纪50年代以前，沟里的每一户人家都拥有自己的家畜，而草场却是共用的。与今天的情况一样，由于草原面积辽阔，人口相对稀少，那时的牧民并没有一年四季划定清楚的界区。相反，他们在夏冬草场之间拉开了比较大的距离，但也根据需要频繁地在这两个大致的区域内做比较小的移动。那时，有一两户异常富有的人家，他们拥有的牦牛超过200头，拥有的绵羊超过1000头。有少数人家每户大约拥有100头牦牛，200只绵羊。而余下的人家每户仅仅拥有10~20头牦牛，或者一头家畜也没有。后者作为劳动力为家畜所有者干活。

在20世纪50年代后期，国家把牲畜公有化了，把它们的所属权由私有转变为公有。那时，在许多的藏族畜牧区，畜牧生产是以生产小队为单位进行生产的，也就是把牲畜分配到每个生产小队，由生产小队完成生产任务，而在沟里，公社的生产活动仍然是以家庭为单位进行。分给每户人家的任务量平均为100~200头牦牛，300~500只绵羊。属于公社的家畜由指定的人家在公社草场指定区域范围内牧养。在大多数情况下，各家各户每年都使用相同的草场,尽管生产大队在必要时会对家畜数量和草场进行调整。公社成员中,年龄在12~18岁者被视为半劳动力,而那些年龄为18~60岁的人则是完全劳动力。每个半劳动力单位牧养40只绵羊,而每个完全劳动力单位分配的任务是60头牦牛或100只绵羊。工分按完成了的劳动量分配,一天10工分为最高上限,相当于2元人民币。那些到年底赚得了1000元人民币的家庭,也就是那些劳动力充裕的家庭,被视为富裕家庭。乳制品从那些拥有家畜的家庭中被人收集起来,然后社员就能通过累计工分把乳制品购买回来享用。

邓小平在1978年提出了经济改革,此后公社就被解散了,并且在畜牧区,牲畜也被非公有化了。在沟里,这种情况发生在1983年,当时,每个年龄超过18岁的牧民领到了12头牦牛、50只绵羊,而那些年龄在18岁以下的牧民领到的牲畜数目刚好是前者的一半。在1981年,划分出了第五村庄和第六村庄。第五村庄分到了海拔较高的那块土地,并且把原先用作夏季草场以及春季秋季共用草场的土地变为了冬季草场,由此,畜群结构中牦牛所占的比例也增高了。施行牲畜非公有化制度后不久,沟里的政府官员就把冬季草场承包到户了,然而在青藏高原上的大多数牧区,冬季草场在20世纪90年代中期以前主要还是以共有形式使用。这些草场往往是一些山谷或以自然地貌特征的其他地区,多数还维持着公社时期建立起来的模式。与冬季草场不同,春季秋季共用草场和夏季草场当时是公用的,今天也是如此。

表3-1 沟里与青藏高原随时间呈现的草原产权

日 期	沟里畜群与草场所有权	来自青藏高原其他地区的变化
1958年之前	私有畜群;共有草场	在西藏中部的某些地区,草场的所有者是庄园与寺院,而非通过常见的亲属或部落族群关系实现
1958年	畜群与草场集体化。然而,在公社指定的草场内,牧民是牧业生产单位	畜群与草场集体化。牧业生产力的组织方式为工作小组,而非个体牧户
1983年	畜群去集体化	畜群去集体化

续表

日　期	沟里畜群与草场所有权	来自青藏高原其他地区的变化
1985年6月	冬季草场分配给个体牧户使用	1985年《草原法》颁布，但直到约十年之后，草场承包制度才在青藏高原实行。冬季草场公用
1996年	形式上的草场承包制度（牧户草场使用权年限为50年）在沟里的冬季草场上实施。与多数地区不同的是，它在沟里所代表的转变程度相对较小，原因是当地政府已于1985年6月把冬季草场分到户了	草原承包责任制是于20世纪90年代或之后的时期在青藏高原实施。玛曲：最高为10个牧户为一小组集体使用草场，小组内的牧户轮流放牧；那曲：草场承包有三种模式：个体牧户承包、集体小组承包，或自然村承包
2000年及之后	草场与畜群承包逐渐成为普遍	在沟里，畜群和草场的租赁现象具有广泛性与早期性的特点（但目前在青藏高原的其他地区已开始盛行）

　　中国1985年的《草原法》引入了"草场承包制"，这是对牧区的"家庭联产承包责任制"内容的扩充。虽然正式的土地所有权是归集体所有，但是把草场分配给牧户的做法实际上促使草场管理方式向大农场经营方式转变。当时，有人做出了"公地悲剧"的假想，认为过度放牧将会导致草场退化，只有私有化才能诱导牧民管理好他们的草地。此外，当时有人相信，草场使用权的私有化会鼓励牧民以赢利为目的来管理他们的资产，有助于他们参与市场经济活动。简而言之，那时候人们认为按户分配草地使用权可以把生产效率低下的传统游牧生活方式转化成有效率的市场化生产系统（Levine，1999；Bauer，2005；Richard et al.，2006）。

　　在内蒙古地区，草地使用权的私有化在1985年之后就开始实施了，而在青藏高原上直到20世纪90年代中期才开始实施草地私有化。私有化实施的具体情况也有所不同，在青藏高原上的大多数地方，私有化的实施仅仅局限于冬季草场。1996年，在沟里也提出了实施草场使用权属的私有化的政策（实际上，这次只是形式上的，在沟里冬季草场早已承包到户），当时，那里的牧民领取了各自的草地使用权证书，这些证书合法地给予了他们对于各自的冬季草场的独有的使用权利，使用期限是50年。在有些地区，如沟里和四川的红原县，草场承包政策的执行是很严格的。而在其他的一些地区，如甘肃的玛曲县，虽然使用权已经承包到户，但是地方政府也允许几户人家组成互助小组，分担劳动，合伙经营他们的草场，每个小组最多为10户人家。拥有较多牲口的人家可以与拥有较少牲口的人家互补。还有其他一些地区，如西藏自治区的那曲县，牧户可以从好几种可选的合同中选择一种合同，这些可选合同包括个体牧户合同、牧户小组合同和自然村集体合同。在后一种情况下，每个牧户的具体草场使用权面积也都是计算出来的，并且是在这个基础上按牲畜数量征收草场使用补偿费用。这些费用从拥有较多牲畜的牧户那里收上来，再分发给那些拥有较少牲口的牧户（Banks et al., 2003；Richard et al., 2006）。

沟里冬季草场分配到户发生的时间比草场承包制正式引入的时间要早10多年，这是沟里草场使用情况的特殊之处。草场承包制的引入只不过是使沟里已经存在的草场分配现象具备了法律效力。那时（1996），沟里的牧民不愿再受搅扰，他们继续在原先的草场上放牧；自牲畜非公有化以来，他们就在使用那些草场。如今，一些草场界线是以分界围栏为标记，另外的则不是，但所有的界线都是有效的。与公社时期或更早时候的模式相比，这些变化明显地降低了灵活性与机动性。

村内的草场和牲畜租赁

鉴于机动性与灵活性对于草场资源机会性利用的重要性，牧户层面冬季草场周围界线的硬化有削弱生产力的潜能（Scoones, 1995；Niamir-Fuller, 1999；McCabe, 2004；Fernandez-Giminez, 2006；Kerven et al., 2008）。根据每户人家的放牧技能，劳动力可用性和草场大小，草场分配给放牧带来的不便也有不同的表现形式。为了应对这些不便和挑战，现在第五村庄（以及整个小镇）的所有牧户都在与其他牧户进行某种土地牲畜使用权租赁交易。相对于青藏高原的其他地区来说，沟里冬季草场分配的实施时间更早，因此其灵活性被减少的时间也更久，这一时间顺序也有助于解释为何其村内草场和牲畜使用权租赁交易现象出现得更早。在过去的10年间，这些交易已经成为沟里牧户之间的很平常的事情，现在，在其他牧区也开始出现了这类交易。

一些牧民对他们自己目前的草场做了推测，并力图保持更高的畜牧生产水平，这些人可能选择多个可能方法中的一种。有些人按月份或年份租用草场，以现金、牲畜或奶产品支付。另一些人用他们的劳动力换取更多草场的使用权，他们租用别人的草场，并同意牧养草场使用权所有者的牲畜（连同他们自己的牲畜）。还有人把他们部分的牲畜承包给别人。这可以通过不同的方式来实现，包括为劳动力支付现金，给牧养他们牲畜的人提供围栏或其他物料，或每年提供65%～70%的新生家畜作为支付。

拉巴是从前的一个村干部，作为一个特别出众的牧民，德高望重，与其他优秀的牧民一样，具有自己的谋略，用适当的劳动力来经营不多的草场。拉巴推算他的冬季草场能够供养200只绵羊，50头牦牛。2002年，当他放牧的绵羊达到了450只时，他开始租用其他牧民的草场来牧养他的牦牛和绵羊，就这样，他目前的放牧量维持在800只绵羊和150头牦牛。这件事情还涉及了他与其他村民进行的一系列多变而复杂的交易。比如，在2008年，拉巴除了牧养他自己的绵羊外，还牧养了属于旺秀的150只绵羊，使用的草场既包括他自己的冬季草场，也包括一个名叫更果的牧民的草场。旺秀扮演了中间人的角色，从更果那里承包了牲畜和草场，条件是旺秀会将所有的牲畜归还给更果，另外还要把那一年30%的新生牲畜交给更果。旺秀然后又把他对更果的土地的所有权承包给了拉巴。此外，从2000年起，拉巴就不再使用他自己的草场来牧养牦牛了。2008年，拉巴把他自己的150头牦牛中的100头牦牛承包给了果洛的一个牧民，同时拉巴又在智库的土地上牧养着自己余下的50头牦牛，以及200头属于牧民智库的牦牛。然而，这笔交易并不是直接与智库洽谈达成的，而是与黄青加洽谈达成的，黄青加租用了智库的草场以及牦牛，并且反过来又把它们转租给了拉巴。

拉巴虽然拥有许多牲畜，自己的草场却相对较少，而其他人则拥有较大的草场和较少的畜群。这些家庭或者靠出租自己的草场或牲畜获得经济收入，或者通过帮其他牧民饲养牲畜而换取现金、奶制品，或是当年出生的牲畜幼仔。除了单纯在自家的草场里实施这种营利方式外，他们也可以与畜群主人的草场联合进行放牧。例如，多尔智计算过，在好年景他的土地可以维持600只绵羊，但目前他只有95只绵羊和80头牦牛。在2008年，

第三章 新自由主义背景下的中国藏区畜牧业：沟里镇发展的持续性与变迁

他通过签订合同，从智果那里租了110只母羊，又从旺秀那里租了95只母羊。作为他们放牧的人力报偿，除了给畜群所有者30%当年所产羊羔外，剩下的70%新生羊羔则归多尔智所有。

牧户间的转租现象导致了某些家庭在过去的5年内，将自家牲畜中羊群的比例增大。与牦牛相比，羊群会更快地打开销路，也更容易承包出去。对环境影响的调查仍然正在全面进行，可以清楚了解的一点是，灵活性一直是畜群生产力的关键，畜群承包及租用草场的这些举措，已经构成对维持这种灵活性的一种努力。但是，与此同时，它们也隐约促成了以新自由主义为导向的社会关系与主体的创造。这些方式使牧民们必须计算自家草场的质量、价值、面积以及其维持放牧牲畜的能力，还有自己对畜群及草场的投资成本与收益。

在过去，牧民们偶尔会采用有关畜群放牧的口头协议，但与之相对应的是，新型的畜群与土地租赁合同是通过书面形式建立的，其内容包含涉及责任与利益方面的明晰规定。这些合同的条款中包含对畜群死亡的强制补偿规定。在严重的暴风雪肆虐期，这种规定变得尤为重要。对于青藏高原的畜牧业而言，这种灾害是一种反复存在的风险，它会频繁地导致畜群的大规模死亡。显然，在20世纪90年代，经济改革的不断深化、草场使用灵活性的衰减，以及恶劣的暴风雪本身，共同导致了承包现象在沟里的盛行。通过与较贫穷家庭签订承包合同，将大批畜群交予他们放牧，之后要求他们在返还全部畜群的同时，额外增加30%的新生幼仔，则不论雪情如何，较富裕的家庭都能从本质上将风险转嫁到贫穷的一方。在第五村庄，这种做法已经导致某些较贫穷的家庭对富裕家庭形成了负债，并进而加剧了贫富差距。

价格惯例得到发展，也体现了人们以市场为导向的主体性的形成。与人们可能料想到的象征性收费——村民在一个狭小、人口稠密的社区中彼此交易——不同的是，沟里乡的人们毫不犹豫地参与到高价的交易与价格差克扣中，这昭示了一种渐进式的趋势，即市场交易从社会关系中逐渐脱离。例如，在2008年的寒冬期，寺院住持仁智将寺院的一小块草场租给了一位牧民，收取了5000元人民币。而后者又将草场转租给了另一个牧民，从而单月收取了15000元人民币。在另一个实例中，智果将100头母牦牛租给了他的一位亲戚华青加。合同规定，华青加可以使用智果的冬季草场，并保留幼仔与奶制品，前提是须支付30000元人民币。这些非正常的价格都出现在一个村落中，在那里，官方报告的平均年净收入额度为3000元人民币。[①] 在之前的案例中，此价格非常高，因为在严重暴风雪的季节里，可用草场十分稀缺。这种套利反映了村民之间社会关系的商品化过程。第二个案例显示出，市场逻辑甚至是在亲属关系中也发挥了作用，这表明了计算逻辑的不断深化，即在村民所拥有的亲属与乡邻关系中，牟利动机已经成为一种"常识"，家庭关系逐渐衰落为单纯的金钱关系（Marx and Engels, 1848; Polanyi, 1944）。

"卓克巴" 身份

沟里牧民对草场和牲畜的民间转租形式的热烈欢迎，看似成功地实现了国家既定的目标——即将牧民们转变为高效的市场生产者，而这一转变是在更大的政治背景下实现的——即在意识形态上不允许土地所有权（与使用权相反）彻底私有化的形式前提下实现的。然而，正如Ong与Zhang（2009: 10）所言，新自由主义的合理性在特定的环境里得到呈现时，可以不是作为仅有的或具有主导性的治理逻辑而呈现。相反，各种全球的和情境性的、创造出一种特定空间的不同要素之间的交互作用"会形成不顺从一种特定公式或脚本的可能状况和结果"。虽然他们强调治理的不同逻辑，但我们在此要强调的是，文化构建的作用和认同的重要性，认同才是与新自由主义预测因素互动的真正力量。甚至当沟里的牧民们成为算计自家草场与畜群的货币价值的主体的时候，他们对自身行为的重塑不是为了放弃自身作为卓克巴的生活与认同感，而恰恰是为了对此进行维护。又例如，在东非，牧民种植谷物变成一种越来越常见的现象，因为他们必须通过这种方式来饲养牲畜。因此，为了维护牧民的文化认同感（McCbe, 2003a、2003b），这些藏族牧民加快自己适应新自由主义技术的步伐，从而保持了这种认同感，以及一系列秉承"传统"价值的实践方式。

---

① 基于采访记录，我们估测平均收入约为6000元人民币/年。

第三章 新自由主义背景下的中国藏区畜牧业：沟里镇发展的持续性与变迁

牧民维持自身认同感的一种表现方式就是，他们与黑毛牛毛帐篷（mgo sbra）之间的关系，黑毛牛毛帐篷直到最近都在青藏高原上随处可见。这些传统、耐用、沉重的帐篷是由手工制作的，原材料是从每个家庭饲养的牦牛身上获得的毛发。因此，它们被藏民广泛认同为"卓克巴"身份的象征。然而，在过去的十年间，一种新型的白色纤维帐篷开始在市场上销售，并在牧民中变得流行起来。牧民们将它们称作"可移动式帐篷"，因为它们更加轻便，易于携带或架设，也比传统的黑帐篷更加舒适。即便现在的沟里牧民们大都在冬季、春季、秋季时居住在草场中的房子里，在夏天住在白纤维帐篷里，他们中的许多人仍然声称，即便是他们不使用黑色帐篷，将这种帐篷作为一种身份的象征还是十分重要的。有传言说，某些牧民会卖掉他们的黑色帐篷，针对这一传言，做了约20年乡镇医生，仍然视自己为"卓克巴"的诺佩回应道：他没有卖掉自己的帐篷，也根本没想过这么做，因为"它们是从先辈那里继承下来的，对于我们有象征意义，即代表我们是牧民。我会继续保留它的"。他还说，卖掉帐篷是一种凶兆，好像预示着这个家庭将会消失或解体。与之相似的是，桑木阔作为最富有的村民，已经将自家所有的牲畜承包给了其他人，同时参与了各种形式的交易活动，还在香日德镇经营着一家商店。他也拒绝卖掉自己的帐篷，因为那意味着丢掉卓克巴这个重要身份。

此外，多数村民也明确表示了一种热爱草原的天性。拉巴说，作为前任的村领导，他曾经考察过香港和深圳。令他印象极为深刻的是，这样一种建构和事实，即城市居民不以体力劳动为谋生手段。与此相反，他注意到，西藏牧民必须极其努力地劳动。然而，他相信，如果可能的话，多数牧民还是希望待在草原。"即使城市发展得再好、住得再舒服，我也觉得作为牧民生活更好，我们天天都可以看到畜群与草原。跟城市人相比，我觉得作为一个牧民要快乐得多。"通过牲畜与草场承包的方式，他和家人得以继续生活在草原上，继续从事畜牧业，继续维持着他们作为西藏牧民的身份。

虽然沟里的牧民们相互频繁地进行着牲畜买卖，或者将牲畜出售给中间商赚取利润，但他们当中没有任何人企图通过充当牧民与屠宰厂之间的中间商而谋生。他们明确地将这种行为与出售自家的牲畜区别开来，因为前者比后者更有罪。在我们的采访中，牧民们称，他们不会参与到与屠宰商的牲畜贸易中，即便他们负债累累时也是这样。牧民们继续保持着他们放生（tshe thar）牲畜的传统，即将指定的牲畜一直饲养到它们老死，而不屠宰或卖掉它们。市场改革将牧民们塑造成了市场行动者，但情境化的文化政治依然决定着某些领域，使这些领域被视为不适合市场逻辑渗透的。

最后，沟里牧民们也有他们自己对财富分化的文化特异的解释，这种解释既与依靠自己、努力工作的新自由主义思想不同，同时又有助于维持、并在某种意义上正当化日益增进的不平等。一方面，对于家庭的繁荣而言，劳动力与辛勤劳动被视为一种必须——牧民（或其子女）必须愿意在整个白天一直跟随着他们的羊群，从而在适当的时候将它们带领到不同的牧草区，并保护它们不受狼群的攻击。另一方面，我们的受访者也列举了一些牧民家庭，他们的确"辛勤劳动"但还是陷入了相对贫穷、拥有较少牲畜的境地之中。正如一位富裕牧民在谈论一个贫穷家庭时所言，"丹巴家拥有很好的冬季草场，但他们真的没有很多牲畜。我不知道这是为什么。他们工作得非常辛苦……在集体化的日子里，在宗教活动被禁的那时候，一位政府官员曾经说，因果报应这种事是子虚乌有。但我觉得，的确是有命运这码事的……我认为，他们之所以拥有如此少的牲畜，就是因果报应的结果"。

结　　论

牧民们最近频繁使用合同制，租赁牲畜与草场使用权，其社会关系变得商品化，这包括将风险转嫁给贫穷家庭、牧民们变得愿意向其乡亲们收取高价费用以及在草原和畜群的租价评估中算计逻辑的引入等，这显示了新自由主义社会制度的影响。但与此同时，这些新策略也已使牧民们得以继续待在自己的草场，他们通过找到一种方式，至少是一种暂时的方式，降低了由草场家庭使用权承包制度以来的对传统游牧业的流动性与灵活性的限制。换句话说，沟里牧民利用以市场为导向的实践方式，在国家政策带来的挑战和空间中机动地采取策略，来创造新形式的灵活性，以维持作为其"卓克巴"身份的核心体现的传统游牧生产方式。

第三章 新自由主义背景下的中国藏区畜牧业：沟里镇发展的持续性与变迁

牧民的这些举措可能会加剧牧民之间的不平等，但当地牧民并没有把这种不平等视为资本主义的参差不齐的发展所导致的，而是用佛教的因果报应等文化习语来解释。此外，虽然沟里牧民们寻求某种情况下的极大利润，他们租赁草原使用权、进行畜群交易以及在其他商业形式中进行收入再投资，但他们并没有试图通过将自家畜群直接出售给屠宰厂的方式实现利润的最大化。因此，中国向市场经济转型的大背景并没有对沟里的藏区牧民产生直接的影响；而是，正在发生的是，新的制度逻辑与积淀的文化认同和根深蒂固的放牧习惯的相互协商和较量，由此呈现的一种处在不断进行中的，又常常矛盾的妥协过程。

此次研究的顺利完成，离不开美国国家科学基金会的鼎力支持，特此致谢。我们也十分感谢 Mara Goldman 与两位审稿人针对稍早草稿的有益评论，感谢我们项目组的其他专家和老师，他们是 Rich Harris，Dukihaker，Don Bedunah，Pemabum，Andrew Smith，以及青海师范大学生命科学与地理研究所的帮助。最后，我们也感谢郭慧玲女士对论文译稿所做的校改。

参考文献

Banks T, Richard C, Li P and Yan Z 2003 "Community-based grassland management in western China: Rationale, pilot project experience and policy implications" Mountain Research and Development 23 (2) 132-140.

Bassett T 2009 "Mobile pastoralism on the brink of land privatization in Northern Cote d'Ivoire" Geoforum 40 756-766.

Bauer K 2005 "Development and the Enclosure movement in pastoral Tibet since the 1980s", Nomadic Peoples 9 (1&2) 53-81.

Fernandez-Gimenez M 2006 "Mobility in pastoral systems: dynamic flux or downward trend", International Journal of Sustainable Development and World Ecology 13. 1-22.

Gardner B 2009 "Are livestock a troublesome commodity?" Geoforum 40 781-783.

Harvey D 2005 "A brief history of neoliberalism". Oxford University Press, Oxford.

Kerven C, Shanbaev K, Alimaev K, Smailov A and Smailov K 2008 "Livestock mobility and degradation" in Kazakhstan's semi-arid rangelands in Behnke, R (ed.) The Socio-economic causes and consequences of desertification in Central Asia Springer 113-140.

Levine N 1999 "Cattle and the cash economy: Responses to change among Tibetan pastoralists in Sichuan", *China Human Organization* 58 161-72.

Li T 1999 "Compromising power: Development, culture and rule in Indonesia", *Cultural Anthropology* 40 (3): 277-309.

Marx K and Engels F 1848 Manifesto of the Communist Party.

McCabe T 2004 Cattle bring us to our enemies: Turkana ecology, politics, and raiding in a disequilibrium system, University of Michigan Press.

―― 2003a Sustainability and livelihood diversification among the Maasai of Northern Tanzania, *Human Organization* 62 (2) 100-111.

―― 2003b "Disequilibrial ecosystems and livelihood diversification among the Maasai of northern Tanzania: Implications for conservation policy in eastern Africa", *Nomadic Peoples* 7 (1) 74-91.

Niamer-Fuller M 1999 Managing mobility in African drylands: The legitimization of transhumance, Intermediate Technology Publications, London.

Nonini D 2008 "Is China becoming neoliberal?" *Critique of Anthropology* 28 (2) 145-176.

Ong, A and Zhang L 2006 Introduction: "Privatizing China: Powers of the self, socialism from afar" in Zhang L and Ong A (eds.) *Privatizing China: Socialism from afar*, Cornell University Press, Ithaca 1-20.

Polanyi K 1944 *The great transformation: The political and economic origins of our time*, Beacon Press.

Richard, C, Yan Z and Du G 2006 "The paradox of the individual responsibility system in the grasslands of the Tibetan Plateau", China USDA Forest Proceedings, RMRS-P-39.

Sayre N 2009 "Land, labor, livestock and (neo) liberalism: Understanding the geographies of patoralism and ranching", *Geoforum* 40 705-706.

Scoones I (ed.) 1995 "Living with uncertainty: New directions in pastoral development in Africa", Intermediate Technology Publications.

Sheehey D, Miller D and Johnson D 2006 Transformation of traditional pastoral livestock Systems on the Tibetan steppe Secheresse 17 (1-2) 142-151.

Turner M 2009 "Capital on the move: The changing relation between livestock and labor in Mali", West Africa Geoforum 40 746-755.

Wu F 2008 "China's great transformation: Neoliberalization as establishing a market society", Geoforum 39 (3) 1093-96.

Yan H 2003 "Neoliberal governmentality and neohumanism: Organizing suzhi/value flow through labor recruitment networks", *Cultural Anthropology* 18 (4) 493-523.

Yan Z and Wu N 2005 "Rangeland privatization and its impacts on the Zoige wetlands on the Eastern Tibetan Plateau", *Journal of Mountain Science* 2 (2) 105-115.

Yan, Z, Wu N, Dorji Y and Ru J 2005 "A review of rangeland privatization and its implications in the Tibetan Plateau", *Nomadic Peoples* 9 (1&2) 31-51.

Zukosky, M 2007 "Making pastoral settlement visible in China", *Nomadic Peoples* 11 (2) 107-133.

(执笔人：盖尔让　艾米丽·叶)

第四章
合作利用放牧场制度的
理论思考与案例分析

理论是实践的归纳和总结；理论是根据实践经验，假设条件下对事物发展规律的预测或预言；理论也可以是主观价值判断（根据已有的经验或知识）下事物发展过程的诠释。

放牧制度理论探析

关于放牧场的利用方式，哈丁从理性人角度出发，认为合作放牧是不可能的。他要求我们设想一个"向一切人开放"的牧场。在这里，每一个牧业人从饲养牲口中获得直接利益，因此每一个牧业人都有扩大畜群头数来增加直接利益的基本驱动，其结果是因过度放牧而导致公共草牧场退化，哈丁称之为"公地悲剧"。哈丁对"公地悲剧"的解决方案有两种选择，一个方案是对公共资源的私有化；另一个方案是"利维坦"（即集权主义国家）。放牧场利用的第三种路径称为社区或集体共管。其中，较有影响力的为"公共池塘"理论（埃莉诺·奥斯特罗姆，2012）。其核心思想是一些特定的资源是不可分割的，必须合作利用。为了可持续利用这些不可分割的资源，资源利用的所有参与者应达成内部规则，以最大限度地限制成员的机会主义行为。

从著名经济学家、诺贝尔经济学奖获得者埃莉诺·奥斯特罗姆的观点与其他的学者有一个显著不同的特点，即她并不是完全否定或完全支持哈丁的观点，也不完全否定或完全支持"公共池塘"理论，而是认为制度设

第四章 合作利用放牧场制度的理论思考与案例分析

计可以多样化，有多种路径。她认为"划分公用地，建立个人产权，在许多情况下是可以增进效率的……同样，通过中央政府机构管理某些资源，可能避免在其他情况下的过度使用。我不同意如下的看法，即中央政府管理或私人产权是'避免公地悲剧的唯一途径'。将体制限定在'市场'或'国家'上，意味着社会科学'药箱'只包含两种药"。奥斯特罗姆进一步阐述道："在一定的自然条件下，面临公地两难处境的人们，可以确定他们自己的制度安排，来改变他们所处的情境。"当然，她从哲学高度进一步论述道："建立一种可能的事，不等于建立了必然性。解决社会制度问题，没有万能的灵丹妙药，而要针对不同的情况或因地制宜开'药方'。对于千差万别的未定情况，不可能有一个'最好的办法'。"（V. 奥斯特罗姆等，1996）

这里需要说明和强调的是，奥斯特罗姆的分析工具为解读内蒙古牧区合作放牧制度提供了一个全新的解释工具。因为合作放牧制度的多样性，多层级和演化过程的复杂性，用一种单一的、传统的理论很难获得有说服力的解释。

从内蒙古放牧场利用的基本制度看，可以说既经历了某种程度的"利维坦"，也经历了某种程度的"私有化"。这里所指的某种程度的"利维坦"，是指人民公社时期高度集权的计划经济，这里所指的某种程度的"私有化"是指草牧场长期"承包到户"的制度安排。

经过近30年畜牧业家庭经营体制的确立和运行，今天人们发现小规模的家庭经济实体显现出诸多不利的因素。其中最明显的特点是破坏了草原生态系统的多样性、完整性，破坏了草原生态、食草家畜、牧民社区，三者相互依存、相互制约所形成的一个生态经济、社会文化系统（那·额尔敦朝格图，1996），导致了"私地悲剧"。

"私地悲剧"是对"公地悲剧"[①]相对而言的。然而，沿着"公地悲剧"的理论假设，不分地区和特定条件，在内蒙古的所有牧区，将完整和

[①] 在特定的社会历史和资源条件下，"公地悲剧"是有依据的。针对这一普遍情况，从1990年开始采取了草牧场承包到户的政策，在一定程度上限制了畜群规模的无序扩张。畜群规模在这10年内（20世纪80~90年代）迅速扩张，其主要原因是集体牲畜归为私有牲畜（牲畜承包到户或家庭经营制度的确立），每一个牧户对个人财富积累的愿望强烈，其结果是畜群规模超出了草原生产力，而草场是公共资源，验证了"公地悲剧"理论假设。

多样性的草原生态系统被以家庭为单位的一个个网围栏所割裂、碎片化，在不少地区产生了诸多负面影响。这里暂称之为"私地悲剧"。

从草原生态保护与利用的视角看，首先是不少地区承包到户的草牧场由于面积过小不能满足牧草再生——轮牧的起码规模条件，造成对草牧场的强度、重复利用，成为草牧场沙化、退化的重要原因之一。其次是破坏了"草原五畜"与草原生态系统的互补、协调机制，阻断了畜群对不同季节、不同营养成分牧草的利用模式（即不能合理、均衡地利用历史上形成的打草场、冬春牧场、夏秋牧场，造成对同一季节草场的利用过度或利用不足），不同畜种对不同草地类型的利用模式，不同畜种对同一草地类型的复合利用模式，最终导致草地类型与畜种结构的单一化或草原生物群落的逆向演替。再次不能合理、均衡地利用现有草原水资源（包括河流、湖泊、地下水和地表水），增加草原畜牧业成本（如在无水草场打深水井，其成本至少10多万元）。我们都知道一个常识，利用冬季降雪，无水草场是冬季最好的放牧场；传统文化中的互助友爱精神被市场经济中的利益最大化所取代。最后是难以抗衡政府寻租冲动下的外来私有大资本对草原资源的垄断或掠夺，威胁着当地居民的生计，进一步拉大了贫富差距。

从游牧文化的传承和弘扬的视角看，"私地悲剧"将会加速游牧文化的消失。游牧文化是游牧人的生产智慧、生态智慧和文化艺术（诗歌、音乐、舞蹈、绘画、文学、习俗等）产生的根基。游牧人的核心文化和智慧产生于较大空间的草原生态系统中，并以牧户合作体（浩特-艾勒共同体）内共同协作长距离移动放牧，而传统农耕文明是以户为单位，在较小的固定区域内精耕细作的自给自足生产方式。农耕文明的最大特点是土地有清晰的物理界线，而游牧民的土地界线相对模糊，物理界线交错或重叠。因此，草原承包到户政策对于移民到牧区来的中原农民来说，在明晰土地界线意识方面占据了优势。内蒙古草原承包到户政策的全面落实是在1997年，而一些外来户早在1982年就开始围封较好的放牧场、打草场。① 总之，一些外来户的致富之路是把好的草场先围起来，作为自家的打草场或冬季放牧

---

① 有一个典型的案例，某旗外来牧民王某在1982年开始围栏500亩（自家房前房后）草场，作为打草场，放牧场是集体的。1997年草原承包到户政策落实后，王某已经是当地的富裕户了，还租赁其他牧民草场1840亩。

场，而过度或集中利用还未来得及分配到户的夏秋季公共草场，导致草原退化以及资源占用不合理的一个重要原因。

在此值得强调的是，作者列举了"私地悲剧"的种种负面影响，并没有否认"公地悲剧"的客观存在，而是想说明内蒙古放牧制度选择有多种可能性，而不是一种模式。所谓主流观点、先进模式或将农业区的放牧制度照搬套用到牧业区的政策导向是我们的"思想悲剧"。因为它违背了客观世界的多样性和与之相应的思想和制度安排的多样性。

从法律层面讲，今天的草牧场产权制度属于一种混合的产权结构，或者说公权（集体所有）和私权（长期承包经营权）都有，在某些条件下公权与私权的界线又是模糊的。制度的模糊性有它的缺点，即对未来缺乏预测和管理，但也有它的优点，即为新制度的产生和选择留有空间。

合作放牧的几个案例分析[①]

在现实生活中，内蒙古放牧场利用制度出于资源的不可分割性（"公共池塘"理论）及出于公平的双重目的，在不少地区仍然保留着放牧场的共管和共用制度。其中，主要有三种形式：旗内共同放牧、嘎查内共同放牧和浩特内联户放牧。

1. 旗内共同放牧：陈巴尔虎旗

陈巴尔虎旗位于内蒙古呼伦贝尔市的西北部。东部和东北部分别与牙克石、额尔古纳右旗接壤，东南与海拉尔市毗邻，南接鄂温克自治旗，西临新巴尔虎左旗，西北与俄罗斯隔额尔古纳河相望，边境线长233公里（全系水界）。全旗东西宽约122公里，南北长约125公里，总面积21192平方公里。

此案例是在一个旗的范围内，冬春秋牧场固定，以家庭为单位，夏季牧场共同利用，以苏木为单位。呼伦贝尔市陈巴尔虎旗境内的莫尔根河流域为全旗的共有夏季牧场。根据传统的放牧习惯，各苏木沿莫尔根河流域

[①] 详细论证可参考敖仁其等著《牧区制度与政策研究——以草原畜牧业生产方式变迁为主线》，内蒙古教育出版社，2009，第181~223页。

划有自己固定的夏营盘。牧户在夏营盘逗留的时间虽短（2~3个月），但对冬春固定放牧场的休闲、恢复意义重大。

访谈：德布日勒老人

20世纪50~70年代居住于陈巴尔虎旗巴音哈达苏木格根呼舒嘎查，曾在1979年担任牧场队长，1980年担任队长、书记等职务。

谈话中老人讲：

> 原籍在东乌珠尔苏木，做过牧场工人。过去靠自然放牧，几乎半个月换一个地方，唯独接羊羔时期定居一个月。游牧时会到其他嘎查相邻地暂时居住，不会受到任何歧视。游牧时，有几户合走的，也有单独走的。当时牧场有三群羊，共同牧游，互相帮助。人不离开羊，羊不离开羊群。现代人的思想不知先进还是落后，互相不帮助，互相排斥，各是各的想法。过去何时去夏营盘，何时回都有固定的规律，其他营盘也是如此，现在却几乎没有。

老人还具体描述了20世纪50~70年代的集体经济时的放牧方式。那时他的冬营地在东乌珠尔苏木的最北端，沿额尔古纳河南域的哈日淖尔（详见图4-1）。沿河的草地类型属沼泽类，除冬季以外的各季节都很难利用。因为一年四季只有冬季利用，所以牧草长得非常繁茂。尽管有时积雪很厚，但由于牧草生长得高，牲畜的迁移频率也高，积雪不被踏实、踏硬，牲畜总是能采食到足够的牧草，保证足够的营养和膘情。牧民在冬营地多更换蒙古包扎营地，最多时冬营地移动20多次，两个营地之间的距离经常超出20~30公里。马群终年在高草地放牧，游牧距离16~20公里，马善长刨雪吃草，故抗"白灾"的能力较其他牲畜强；牧羊放牧半径在4~8公里。夜晚赶回驻扎的营地。羊的刨雪采食能力比牛强，所以牧民经常根据不同的地形、植被和积雪情况，对牛羊分类放牧。为防止暴风雪、羊群走散，夜晚常围入羊栅。羊栅一般是用柳枝编制而成的，其位置多在蒙古包的南侧。春季牧场游走到巴彦哈达苏木的呼和诺日附近。它的草场类型主要以平原丘陵草原亚类为主。冬春牧场相距80~90公里。秋季牧场在巴彦哈达苏木正北50多公里处。夏季牧场距鄂温克苏木20~30公里，是沿莫尔格勒河两岸的低湿地草甸草原游牧。夏营地的草场生长繁茂，营养丰富，故迁移频率比冬营地要少一些。但也有不同情况，羊群规模大，游牧行走或更换的频率就高。勤奋的牧民为使羊群有好的膘情，更换草场的频率也相对高。

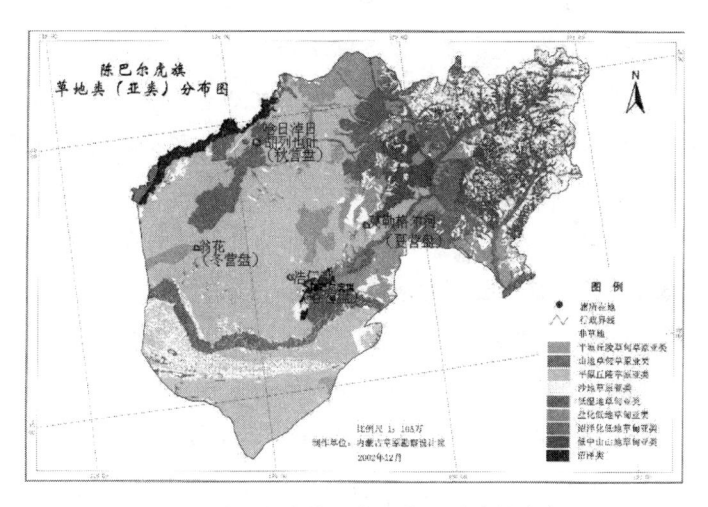

图4-1 陈巴尔虎旗历史上的四季放牧分布图

通过访谈，我们了解到当地牧民以下一些意见。

（1）要有秩序地使用草场。不是由于牲畜数目增多而草场退化，而是由于没有很好地、科学地利用有限的草场。

（2）过早打草会破坏草原。因为草籽还未形成，影响第二年的生长。

（3）保留公共放牧场。如果没有莫尔格勒夏季牧场，冬春牧场将会被过度利用，必然加速草场的退化。

（4）草牧场侵权屡见不鲜。××局、××个人所占草场能够放3万多头（只）牲畜。××公司在夏营盘围网围栏强占草场。最近2~3年旗领导、外地部分人也在分割草场。如×××院长、×××局的干部，利用国家抗灾基地的名义，个人占用集体草场的现象很普遍。

结论：这十户牧民所在的草场，以前属集体的共用草场，但其北部的草场有权属之争。因为权属之争，到目前为止这十户牧民还未领到草原使用证书。他们的打草场已分配到户，但放牧场仍然是共同使用。大多数牧户认为，像他们这样居住较集中，放牧场又不足的地区，采取集体合作、分工协作的方式是今后可取的发展畜牧业之路。

由于承包到户，打草贮草比过去显得更重要，特别是干草价格的提高，一些牧户采取"推光头"的办法，年复一年，导致打草场退化。今后放牧制度改善的几种可选方案：（1）保留莫尔格勒夏季共同草场。根据草原技术管理部门的监测数据，明确划分各苏木畜群进入、退出的时间及畜群数量。（2）有计划地使牧民集中定居改为分散地居。（3）组织相对集中的居民点从事合作经济，从而更有效地配置人力、物力和草场资源。（4）组织有能力的牧业大户、专业户，采取鼓励政策，充分利用边远冬季沼泽草原。（5）有计划地利用打草场，即采取年度或划分草带轮刈收割的方法。

2. 嘎查内共同放牧：敖林毛都嘎查

敖林毛都嘎查，蒙古语，意为有很多树，属卓伦高勒苏木。① 敖林毛都1963年建生产队，1983年改为嘎查。

据普尼苏嘎老人说：20世纪50～60年代，草场上骑马行走时，草高超过马镫。有个老人领养一个5～6岁的孩子，怕他走进草牧场会丢失，在脖子上挂了个铃铛，以铃铛的声音可找到小孩，以免丢失。60年代的草原生态环境与现在的草原生态环境相比人口少，草场质量好，现在人口多，草场载畜量增加，草牧场破坏严重。60年代时期没有浩特，牧户分散居住，现在由于是集体经济时代，牧户集中居住。据现任嘎查书记照日格图说："50～70年代时期草场面积8.8万亩，人均375亩，80年代时期的草牧场与现在的草牧场相比变化很大，80年代自家打草场的草可以满足需求，现在供不应求，必须从外地买草才可以弥补空缺。嘎查有3万亩打草场，户户都有，375亩/人，25亩/人沙地。1983年以人口为标准分草场，211口人，到

---

① 蒙古语，意为水质软的河。新中国成立前这里原为明安旗和亲王牧场和阿加活佛牧场的牧地。现在的阿日宝拉格、恩格尔宝拉格两个嘎查为和亲王管辖牧地，敖林毛都、卓伦高勒、巴彦吉呼兰3个嘎查为阿加活佛谢必纳尔的牧地。1949年和亲王牧场归属于明安旗第一苏木，阿加活佛牧场归属明安旗第二苏木，1958年把这两个苏木合并为上都高勒公社四大队。1960年划归陶林高勒牧场，1962年从陶林高勒牧场分出，单独成立了卓伦高勒公社。公社驻地在卓伦高勒，公社名从河名，1983年改为苏木。位于正蓝旗西南部，面积约385平方公里，草场占90%，辖5个嘎查。有241户，1234人，蒙古族占大多数，有24个牲畜群组。苏木驻辉图希热，有小学校、医院、邮电所、供销社等单位。

第四章 合作利用放牧场制度的理论思考与案例分析

现在草场面积未变。"

敖林毛都嘎查牧场利用方式的一个特点是没有把草场分到户,家家户户打草场围栏。敖林毛都人口集中居住于登吉宝力根浩特、敖林毛都浩特和那林高勒浩特3个浩特。他们的打草场已分到户,但放牧场仍然是共同使用,嘎查没有划分草场。图中箭头代表浩特放牧方向。在那林高勒、登吉宝力根和敖林毛都3个浩特,居住牧民有48户,孟克宝力根浩特居住2户牧民,额仁海日罕浩特居住5户牧民,宝力根浩特居住1户牧民。因此,可以看出嘎查牧户分布布局不合理,其畜群分布不合理。人口及畜群过度集中在那林高勒、登吉宝力根和敖林毛都3个浩特(见图4-2)。

与饮马井嘎查相比较,敖林毛都嘎查没有围栏放牧场,把它作为集体草场共同利用,只是对打草场进行围栏。没有像饮马井嘎查似的联户经营草场。嘎查打草场已分到户,但放牧场仍然是共同使用,该嘎查没有划分草场。

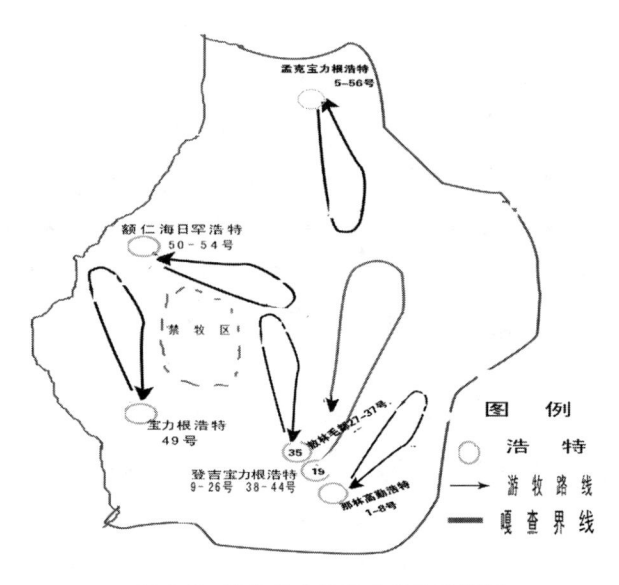

图 4-2 浩特分布及牧户放牧路线图

敖林毛都嘎查网围栏状况(见图4-3),1号网围栏,是1990年后建制的围栏,作为打草场经营,没有分到户,但每家每户的打草场都有界线。

73

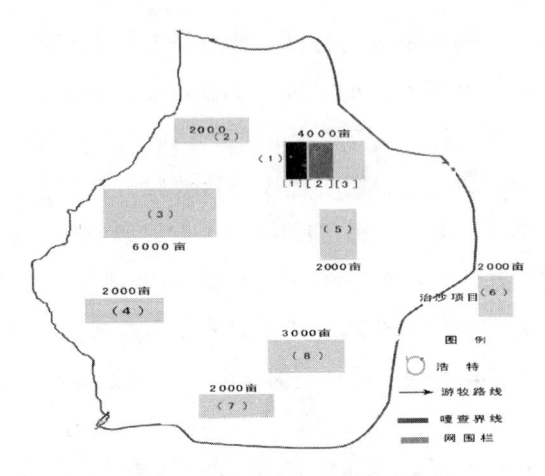

图 4-3　嘎查打草场网围栏分布图

把1号网围栏分成三部分使用。在第一部分围栏里，嘎查集中放牛。第二部分围栏，由登吉宝力根浩特的22户经营，第三部分围栏，由那林高勒浩特的8户经营。2号围栏，面积为2000亩，是公益林，登吉宝力根浩特、敖林毛都浩特、额仁海日罕浩特、孟克宝力根浩特4个浩特的40多户以打草场的形式经营。3号围栏，由登吉宝力根浩特和敖林毛都浩特的8户作为打草场经营管理。4号围栏，是1980年左右建制的围栏，2006年时作为公益林重新修建围栏。登吉宝力根浩特、敖林毛都浩特、额仁海日罕浩特、孟克宝力根浩特4个浩特40多户以打草场的形式经营。5号围栏，冬天从11月1日至次年6月1日登吉宝力根浩特和那林高勒浩特的40多户放牛犊，不放其他牲畜，也不打草，放牛犊的时间由嘎查决定。6、7号围栏，由那林高勒浩特的7户作为打草场经营。8号围栏，是2006年生态办为治沙而建制的围栏，由登吉宝力根浩特的10户经营管理。1~7号围栏是1990年左右建制的。据嘎查牧民讲，1992~1993年建制网围栏是为保护种植的谷草，后来禁止种植谷草，牧民把网围栏以打草场的形式来经营管理。还认为现在以浩特为单位建制网围栏是为了打草。

建制的这些网围栏里在10月份以后，也就是说打草季节过后放牧。5~10月份，按箭头所指方向放牧（见图4-2），禁止在围栏里放牧，打草结束后,每家每户的牲畜在围栏里放牧,不再向图 4-2 中箭头所指方向放牧。围栏里放牧时先放牛(10 月至 11 月 15 日),从 11 月 15 日至次年 2 月在围栏里放羊,从 3 月开始按图 4-2 中箭头所指方向放牧。那林高勒浩特有两块网围栏,一块是以浩特为单位建制的围栏,围栏里先放牛,过 20 多天后放羊。另一块是以户为单位建制的围栏,围栏从 10 月份开始牛羊混群放牧。额仁海日罕浩特以户为单位建制围栏,栏里牛羊混放。敖林毛都浩特和登吉宝力根浩特,以浩特为单位建制围栏,在围栏里先放牛,后放羊。总之,以浩特为单位建制的围栏里放牧时,有秩序地放牧,而在以户为单位建制的围栏里放牧,几乎没有秩序,牛羊混群放牧。

从嘎查整体情况看,敖林毛都嘎查人口密度未变,牲畜波动明显。嘎查放牧场未分到户,而打草场分到户,建制网围栏。围栏形式有两种,一个是以家庭为单位;另一个是以浩特为单位。牧户未划分放牧场,仍保留着传统习惯和放牧技术,仍以浩特为单位共同利用草牧场,因此具备相当规模的轮牧空间。由于生产方式由放牧到舍饲和半舍饲的变动,牧民为适应这种变化,在继承和发展传统放牧技术的基础上,掌握了与现代生产方式相结合的放牧方式,但由于牧户分布不合理,畜群布局不合理,导致草牧场过度利用现象仍然存在。

3. 浩特内联户放牧:正蓝旗

在一个浩特范围内,相邻的几家牧户或亲属自愿联合,将放牧场划成四季、三季或二季牧场,共同有计划地利用。这种情况适合于单个牧户的放牧场面积较大,牲畜较多,各牧户所有的自然地貌条件具有互补性的情况。

(1) 上都河镇巴音高勒嘎查

呼义戈家 现有草牧场面积 2400 亩(草牧场承包初期,按每人 400 亩,6 口人计算)。其中有打草场 1300 亩,其余为放牧场,分别由 4 个不相连的围栏组成,围栏放牧已 6~7 年(见图 4-4)。

秋季饲养牛 50 头,羊 180 只。牛羊混群放牧。有青贮地 10 亩,约产青贮 2 万斤。青贮地由集体统一经营。5 月中旬至 10 月份在 1 号、2 号围栏放牧,10 月至次年 3 月中旬在 3 号、4 号围栏放牧,3 月中旬至 5 月中旬禁牧。为节约劳动力成本,目前同邻居合群放牧,雇用一个放牧劳动力。

```
┌─────────────┐
│ 1300 亩打草场 │   牧道    ┌─────┐
│  冬季放牧   │──────────│200 亩│
│    4 号     │          │ 3 号 │
└─────────────┘          └─────┘
                            │ 牧道
                            │
                         ┌─────┐
                         │500 亩│
                    牧道 │ 2 号 │
                ────────└─────┘
            ┌─────┐
            │400 亩│
            │ 1 号 │
            └─────┘
```

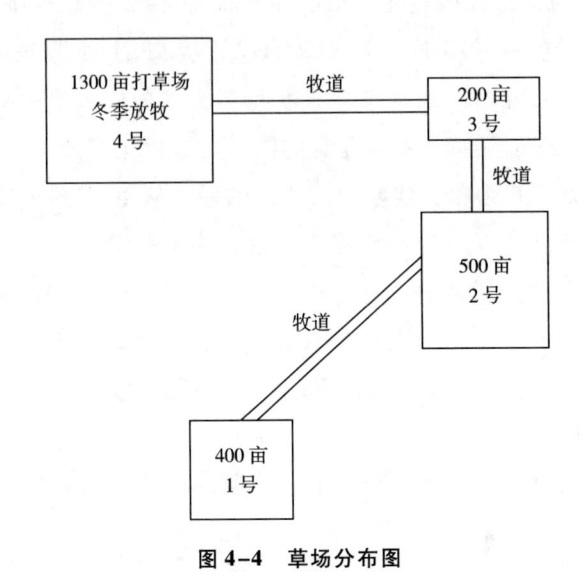

图 4-4 草场分布图

呼义戈家的放牧场是由不相连的 4 块围栏牧场构成，不仅使用不便，放牧距离变长，特别是牧道变多，易对草场造成密集践踏，使草场退化。正像呼义戈家同邻居自愿结合，合群放牧，共同使用双方的围栏牧场，既可节约劳动力成本，也可更有效地利用放牧场，不失为未来巴音高勒嘎查牧户应选择的一种放牧模式。

（2）上都河镇饮马井嘎查

某兄弟三人联合经营 4 块草场，共同投资围栏建设一个放牧场，并明确规定各牧户放牧的牲畜头数，进出围栏的时间。其中，兄长的草场面积 1600 亩（5 口人×320 亩/人）。打草场 500~600 亩，饲料地 10 亩。2007 年往外出租 2800 亩草场，饲养 15 头牛，200 多只绵羊。

放牧方式：牛羊混群放牧。1 号、2 号、3 号、7 号围栏是打草场，9 月后在 1 号、2 号、7 号围栏放牧。1 月到 5 月 14 日舍饲圈养；5 月至 12 月在 4 号、5 号围栏轮牧。6 号围栏是轮牧区，5~10 天为轮牧周期（见图 4-5）。草牧场进行网围栏，但是三户随便放牧，白天三户羊群混放，晚上自然分群。联户经营围栏的原因：草场承包到户时，放牧场条块分割到户，不成规模，不仅使用不便，放牧距离变长，条块分割的草场利用率低，易对草牧场造成密集践踏，草场退化。牧户兄弟几个自愿结合，合群放牧，共同使用围栏牧场，既可以节约劳动力成本，也可以更有效地利用放牧场。

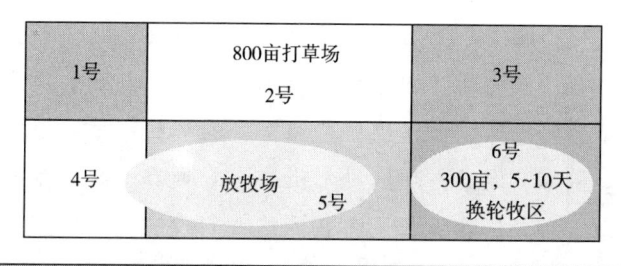

1号	800亩打草场 2号	3号
4号	放牧场 5号	6号 300亩，5~10天换轮牧区
1200亩 7号		

图 4-5　兄弟三人联合经营

放牧制度的演化与评价

旗内、嘎查内、浩特及联户合作放牧制度到以家庭为主的独立放牧制度的演化就是一个多重要素复杂叠加和交互影响的过程。这些要素之间不是简单的因果关系或线性关系，而是在不同时间序列期间，有不同量级间、不同层级间的交互——因果关系。例如，从产权结构的演变看，牲畜的产权制度经历了从私有到公有，再从公有到私有的过程，与之相应的放牧制度，也从一家一户放牧制度（旧苏鲁克制、新苏鲁克制）到人民公社时期的生产小组为单位的合作放牧制度，再到草畜双承包制以来的以家庭为单位的放牧制度。与此对应的草牧场产权结构，其所有权属性从王公贵族、上层喇嘛到民族公有、全民所有制，再到集体所有制（所有权集体、使用权个人）的演变。然而，以上阐述的一般性或普遍性规律，并不能完全解释目前在现实生活中存在的共同或合作利用放牧场的诸多案例。我们很难用单一的产权理论去解释共同放牧制度形成的多种原因。因为有些是出于降低生产成本，有些是出于历史传统的延续，也有些是无奈的选择，即某些条件下某地资源的不可分割性。更有少数案例是使用者自觉选择了共同利用放牧场的制度安排。

近几年，无论是学者、官方还是牧民，都在重新评价和践行合作放牧制度。合作放牧制度在多数情况下是以家庭、血缘为纽带，从承包到户政策的早期阶段就一直坚持下来的合作，互助形态。内蒙古牧区从东到西自然环境、文化传统、经济条件差异很大，合作放牧形态多种多样，没有统一的模式。合作放牧制度如果是在牧民自愿协商基础上组建的，并有一套简洁明了、容易操作、合作成员普遍接受的契约制度，是可以选择的一种制度模式。例如，内蒙古呼伦贝尔市有一个嘎查，他们在全区推行草牧场承包到户政策时，仍然保留了嘎查内统一管理、统一使用草牧场。当我问到他们是如何解决养畜大户与养畜小户之间占用草地资源不平等的矛盾时，他们的回答是多给养畜小户分配打草场，补贴养畜小户在放牧场利用方面的不足。这个嘎查在"草场、畜群、劳动力"组合方面形成了良好的协商制度，做到了合理利用冬春、夏秋草场，即实现了大区域的季节性划区轮牧和草地资源分配的相对公平，不仅提高了劳动生产率，草原生态环境比邻近的嘎查（草场分到户）要好得多。这是我亲眼看到的。当然，随着这个嘎查的人口、劳动力、收入差异、择业取向（主要是一部分年轻人）的改变，需要不断地调整传统草场管理方面的契约制度，以适应社区成员相对平等的经济利益和保持良好的草原生态系统。

总而言之，一个有效的、合理的放牧技术策略是对一个多样化的、动态的草畜复合系统、经济和技术复合系统、文化和体制复合系统的调控。从历史的经验看，我们在政策制定和政策选择中常常以一种放牧模式或单线技术进化思想取代综合性、复杂性、多样性和自主性放牧技术策略选择问题。放牧技术策略的制定要尊重自然规律、尊重制度演化规律、尊重传统经验知识并努力探寻传统经验知识同现代科学的结合点。

内蒙古近代放牧制度的设计和政策导向，缺乏完整、系统的理论准备，缺乏对历史上正反两方面经验的总结，缺乏事前的、缜密的实证研究。我们的政策制定过程往往习惯于自上而下的、指令性的、简单化的模式。特别是照搬农业地区的放牧模式，认为一家一户的舍饲放牧模式是先进的。其实，面对多样化的放牧制度问题，政府的工作重点应是做好事前研究、评估，尽管这种研究和评估也需要投入相当的经费和时间，制定出的政策在实施中也需要一个理解、沟通的过程（即复杂性），但这样的政策一旦出台，就会考虑到不同地区牧户生态与经济条件的差异性、多样性，制定出的政策将是有弹性的、复合的、相互配套的政策工具。

客观地说，合作放牧还是独立放牧，其本身没有优劣之分，而是要看一种放牧制度是否适应当地的生态环境和社会经济条件；是否符合社会平等和公正的原则。放牧制度的改进和演变是历史的必然趋势，不以人们的主观意志而改变。但是，这并不是说，放牧制度的改进或演变没有规律可循或评价标准。一种较为合理的放牧制度至少要具备以下几个方面的要素：一是放牧家畜与生态环境具有良性互动作用；二是在一个封闭或开放的系统内产出的价值总是大于投入的价值（依靠政府补贴从外部系统输入物流——购买大量的饲草料、打深水井种植饲料地、塑料暖棚种草等，并不符合经济规律）；三是尊重牧民对生产方式、技术模式的个体判断和选择。

参考文献

〔美〕埃莉诺·奥斯特罗姆：《公共事务的治理之道：集体行动制度的演进》，余逊达、陈旭东译，上海译文出版社，2012。

V. 奥斯特罗姆等编《制度分析与发展的反思》，王诚等译，商务印书馆，1996。

那·额尔敦朝格图：《蒙古游牧经济的生物技术、生态、经济基础及发展对策》，乌兰巴托，1996。

敖仁其等：《牧区制度与政策研究——以草原畜牧业生产方式变迁为主线》，内蒙古教育出版社，2009。

敖仁其：《内蒙古新型合作经济组织初探》，《内蒙古财经学院学报》2011年第2期。

（执笔人：敖仁其）

第二部分
过渡中的游牧文化

第五章
北疆的游牧文化遗产、
传统知识及其保护

在人类学中，特定生活方式（文化）与其自然环境（自然）之间的关系，是相互依赖和辩证的。牧民是一个社会群体，他们的文化生活方式，依赖于以牧场为生的畜牧群，而牧场是一个生态系统，通过牲畜的放牧来得到发展。由于降水量变化很大，如果没有灌溉等技术来改变生态关系，牧场或草原的环境并不适宜农业耕种。牧民拥有一套文化上独特且宝贵的方法与技术——游牧文化遗产，它与牧场和草原环境是相互依赖而又辩证的关系。

几千年来，草原与中国多个社会群体的生活方式辩证地交织在一起。在中国北部干旱的新疆地区，突厥语和蒙古语牧民就长期在山脉、丘陵、平原之间进行季节性的迁移，将牲畜从一个牧场赶到另一个牧场（Barfield，1989；Grousset，1970）。历来，每当高原牧场被冬雪覆盖时，北疆的牧民就会去温暖的低地放牧；当夏季温度升高、积雪融化时，山间的高原牧场就会得到使用。牧民的生活方式就建立在移动性、高度上的迁移和机会性的放牧战略之上，采取的是对当地变化多端的牧场资源的适应性应用（Scoones，1994）。抛开与生存相关的实践领域，包括语言、亲属关系和居住模式、知识在内的整套游牧生活方式，辩证地与草原环境的游牧用途联系在一起。

遗憾的是，对新疆游牧文化遗产的保护和维持正日益受到威胁。这种威胁不是来自游牧业本身，而是来自对他们移动性和牧场使用的限制，这些限制源于非游牧的政治、经济（Humphrey and Sneath, 1999a, 1999b; Zukosky, 2007）。在中国过去30年的变化发展中，随着国家从计划性经济走向以市场为导向的经济，这种政治、经济条件的变革并没有给牧民带来好处。在市场经济中，传统的牧场被赋予了新的价值，而游牧业本身的价值却在大大缩水。在当前的情况下，有社会科学家预测，游牧业必将终结，取代它的将是市场背景下的更有优势的文化系统（Benson and Svanberg, 1988; Humphrey and Sneath, 1999）。

中国的新市场经济使生产力得到了前所未有的解放。在经典马克思主义的意义上，这些生产力不仅包括劳动力，还包括辅助人类进行劳动的事物，包括新技术及新技术在土地上的应用。迅速增长的人口，工农业资源利用和生产的加剧，以及大规模的城市化，这些不仅贬低了游牧的价值，而且也减少了牧民对草原的使用；与此同时，草原的景观大为改变。城镇、道路、灌溉网络和采掘工业，这些相互交织而又分离的领域，应用于曾经的牧场。在生产力不断提高、自然资源快速消耗的背景下，中国政府已开始重视对现有露天牧场的保护，并实施了大规模的牧民安置计划（Cui, 2000; Zukoshy, 2008）。

而置于保护之下的越来越多的土地，却已成为游牧文化遗产保持的最大威胁之一。草原生态正是这种保护改造过程的中心内容。在修订后的《草原法》（该版解除了牧场使用的集体化）中，土地使用和管理的生产原则中添加了相当多的保护内容。在中国，草原生态是一门正在发展中的学科，出现了一系列关于牧场的科学知识，它们挑战了牧民和牧场之间的关系，强化了科学家、政府工作人员和管理者在处理牧民-牧场相互关系中的作用。该学科并未将牧民与草原的关系看作一个辩证的整体，它将草原理解为一个独立、自然的生态系统，其存在受到牧民的威胁。

作为一门学科，草原科学与工业化畜牧业紧密相连，其目标是提高饲料和牲畜生产、促进经济增长。扩展大学课程、科学调查和资源目录，以及扩大政府机构规模，这一切都促进了中国对作为自然生态系统的草原的再思考和新认识，即草原最好不要被牧民使用。更准确地说，中国的草原生态学科将牧民的实践视为问题，将他们等同于退化和伤害，并在此过程中将他们非合法化。该学科提议，创建自然草原保护区以及大范围的人造或人工牧场，通过灌溉和高产量的新型饲草，取代自然降水和天然牧草，以便在不消耗资源的情况下增加产量。鉴于移动游牧业的自然基础被新技术所改造，与游牧业相关的整套文化生活方式也受到了破坏。

当土地被密集开发或置于草原保护，却没有相应的容纳和保护游牧文化遗产的计划（Chatty and Colchester, 2002）出台。然而，游牧文化遗产本身就是价值，它与经济增长和发展同样的重要。市场经济的一个中心问题——早被社会主义和马克思人文主义所认识——就是非人性化问题，在市场（即资本）需求的引导下，人们失去了决定他们自己生活的能力。如何出台保护政策以抵消市场经济带来的环境退化，国际社会制定了无数的宣言和公约来保护文化的多样性（包括游牧文化），以防它们受到人为退化后果的影响（Zerner, 2002）。《土著和部落民族公约》（国际劳工组织，1989）、《非物质文化遗产保护公约》（联合国教科文组织，2003）及最近的《联合国土著民族权利宣言》（2007），便是三个倡导重视和保护少数民族（如牧民）文化多样性的国际机制①。

一批自然科学家和社会科学家及多个非政府机构组织（包括世界流动土著民族联盟）签署了《达纳宣言》（Dana Declaration, 2003），他们表达了对牧民因非游牧经济开发及保护活动而失去季节性牧场的担心。该宣言主张增加使用季节性牧场的合法权利，提高游牧文化遗产教育，让牧民亲身参与保护区内的决策和管理。根据该宣言，只有这些举措才能容纳和保持游牧文化遗产的自然和社会基础。

这些文件都表达了这样的担心：持续减少对牧场的使用，正如我们在新疆所看到的，将令这些群体失去（更不用说发展）他们独特的文化遗产，即一套有别于市场的价值观，一套不同的生产力，一种与自然联系的不同方式。这些国际机制建议政府，在计划制定中应包含这些人文价值观，以减轻经济发展和保护活动对文化遗产造成的非人性化影响。本章的其他部分将以民族志的视角，考察这些原则的效用和效力，并以新疆为例从这个视角思考游牧业保护的问题。

---

① 中国已经采用《土著民族权利宣言》和《非物质文化遗产保护公约》，而美国没有。两个国家均未批准《土著和部落民族公约》。

北疆的游牧业和文化遗产

本章探讨了北疆保护区内游牧文化遗产的适应问题，即天山山脉和准噶尔盆地地区。1999年以来，我在该地区进行了正式和非正式的社会科学定性研究。我早期研究的重点是北疆阿尔泰地区的牧业发展。阿尔泰地区居住着约40万哈萨克人，其中约40%为农村人口，从事某种程度的畜牧业（Mi'erzhahan and Xialifuhan, 1999）。我估计有1.8万人从事与农耕文化融为一体的游牧业（农牧业）。遗憾的是，由于多种原因，对于使用季节性牧场的哈萨克牧民的数量，中国政府没有相关的统计数据[1]。因此，这个数字难以估计。早期的研究令我对今天北疆游牧文化遗产有一个基本的了解，那就是从人类学角度去认识它的价值，并希望增加有关方面的知识。

大多数牧民在一个固定的村庄有一个永久的居所，要么位于阿尔泰山麓，要么沿着乌伦古河。学龄儿童及老人多数时间住在村里，不随其他家庭成员迁移。留在村里的人支持大家庭的宏观经济，而随牧群迁移的家庭成员饲养各种食用牲畜、细毛羊、绒山羊、奶牛、肉牛、马和骆驼。很多农村家庭都有供迁移的季节性牧场，他们的夏季森林牧场在阿尔泰山脉的高原地区，春季和秋季牧场在阿尔泰山麓，即中蒙边境的东段地区。大多数居民的冬季牧场位于卡拉麦里自然保护区内。

第一场冬雪过后，牧民经过几百公里的迁徙，从他们的秋季牧场向北（通常是从乌伦古河流域和阿尔泰山麓）进入保护区。卡拉麦里牧场是作为一种独特的公共财产进行管理的。使用者有着一种主人翁的意识，或者更确切地说，认同冬季牧场的身份。牧户组织被称为"otyq"，这是一个突厥-蒙古语术语，意为放牧合作组，在2~3个月内共同使用某个特定的牧场。他们聚到一起，互相合作，从秋季牧场迁移至冬季牧场。来自北方的牧民需花费一个月时间，从他们的春季牧场迁移至卡拉麦里，昼行夜宿，偶尔也会停息两三

---

[1] 县政府并不总是乐意提供人口普查数据。因为他们将牧民当成了需要加以解决的问题，所以县政府不直接对其人口进行监测。另一个困难是，许多家庭及大家庭成员没有使用牧场的方法与技术，仍然留在村子里，尽管他们也可能是其他利用游牧业来饲养牲畜的成员。

天，住上几晚。每户提供一个年轻人和补给，然后，他们一起从秋季牧场迁移至一个固定的冬季牧场。迁移路线是固定的，虽然他们也有其他的路线可供选择。卡拉麦里地区有多条道路，供牧民在营地之间来回移动。

合作组成员共同住在一个蒙古包（yurt）或房子里。牧场是参照历史使用情况分配给他们的（通过家庭承包责任制，租期30年），这些牧场都有一些流行或常用的哈萨克语或蒙古语名字。事实上，北疆的所有牧场都是按流行或常用的名字，分成不同的牧场，包括卡拉麦里地区。到了卡拉麦里，牧户就会搬到牧场里的蒙古包（yurt，意为家庭）或营地（yü）。蒙古包即为牧场上的一块空地（包括圆顶帐篷搬走时留下的圆形印迹，一个毗邻的半永久性牲畜围场）。一位妇女告诉我："蒙古包附近的区域就是牧场。这是个距离问题，没有清楚的界线。"这些牧场少则3户使用，多则80户。这种使用方法具有文化特色，从公共财产角度看，既富有价值也富有意义。

2006年，在北疆工作的几位美国、德国生物学家向我咨询，要求我对新疆卡拉麦里蹄类动物保护区（Kalamaili Ungulates Reserve，KUNR）做一个社会评估。卡拉麦里蹄类动物保护区是一个高原和峡谷地区，位于天山山脉北部、乌伦古河以南，正好在阿尔泰山脉的外侧。作为西戈壁滩，卡拉麦里是一个美丽的地方，不仅有草原、荒漠、沙漠，而且还有各种植物，如梭梭、麻黄、猪毛草，以及野驴、鹅喉羚、放归的普氏野马等大型动物。怀着对上面提及的国际公约和游牧文化遗产价值的敏感，这些生物学家对他们所参与的保护活动对牧民的潜在影响很有兴趣。

卡拉麦里保护区作为北疆低地牧场的一部分，它的保护活动与当前的牧场使用发生了冲突。在负责卡拉麦里管理和野生动物保护的政府部门看来，卡拉麦里的保护与牧场使用之间的冲突，必须通过该地区牧户的定居来解决。2009年，在完成了对卡拉麦里的社会评估后，我对卡拉麦里的保护活动予以了批评，主要在于为牧民规划不足、与牧民交流不够。牧民没有被告知保护活动，没有被视为保护活动成功不可分割的一部分。实际上，保护活动正在破坏他们对牧场的使用权。从这个意义上说，卡拉麦里的保护活动，在当前中国新的政治、经济条件下，加快了当地人丧失决定自己生活方式及其价值的能力。卡拉麦里生态系统的发展，既没有意识到牧民的辩证作用，也没有意识到这些生态系统的辩证作用。

牧民和保护区

基于以上咨询，我做了进一步的研究，考察卡拉麦里的保护活动、现有的野生动物和放归物种的监测系统，以及将保护活动与游牧业更好结合的潜力。在卡拉麦里，环境极为多样，从草原到峡谷，再到荒漠。多数重要的牧场都在优质水源附近，并为野生动物和人类所利用。这些牧场同时也受到了政府机构的密切关注。就牧民与保护之间的关系，我所做的一些重要观察，都在围绕水源的牧场里进行。

冬季到达卡拉麦里后，牧民立刻与新保护区的政府工作人员接触。这与他们在秋季牧场的情形是不同的，在那里只有少量的政府工作人员。也可以说，他们的冬季牧场已被纳入政府体制，即成为保护区内新政府机构的常规和惯例的一部分。从20世纪80年代中期开始，负责卡拉麦里保护活动的机构都是政府部门。正如官员告诉我的，保护区并不仅仅是一个地理空间，也包括了不同的群体，他们为保护自然不被人类占领和使用而相互合作。他们终年在卡拉麦里地区，不像牧民对这个地区季节性的使用，以一种敌对的角度看待牧民的进入。保护区并不是摆在人们眼前的事物，或是人们无法进入的地方，它可以被理解为一种不同的人类占领和使用的方式。在首府乌鲁木齐，新疆林业局负责保护区的管理工作。他们在保护区内设有几个当地的保护站。上级部门每周或每月都会到保护区。当地保护站有几十名工作人员，负责观察和监测保护区。他们对保护区的主人翁精神相当强烈。

这种互动造成了卡拉麦里牧民和政府工作人员之间的公开冲突。保护区和当地政府正在将牧民渐渐地从保护区内迁走，一次一家。保护，在这里意味着行政区域的发展，并采取一系列的法律或其他措施，包括政府管理、监视和强制，以防止出现保护者口中的"退化"。在实施保护时，政府工作人员通常在核心区内清除人员居住和资源使用。保护区被称为"堡垒保护"（Brockington，2002），即通过强制方式驱逐居住者（他们历来依赖这个地区），建立防止人员进入的军事保护区（"人员"指科学家、官员和行政人员）。

这种保护与牧民自身的利益及他们的文化遗产相左，特别是从作为方法和技术的游牧文化遗产这个角度，它们与天然牧场是相互依赖的辩证关系。环境保护法根植于当今市场经济的物质条件，因此，反映了这些社会的经济结构（Marx and Engels，1967）。近30年来，中国经历了翻天覆地的经济生产和社会力量的变革。保护区的立法在城市和工业区率先出现，来自于经济的改革，它反映了工业生产和消费持续增长的需要，既防止资源的消耗，又使资源储备得到保证（Luke，1995）[1]。保护区关系到国家经济的发展，关系到工业生产对自然环境影响的控制能力，并将这种控制延伸至科学知识和技能、既定的规则和程序、体制化的政府机构，它还关系到植物、动物和无生命世界。

当前，保护区的法律相互交叉，包括《国家草原法》《国家森林法》《野生动物保护法》及其他相关的自然资源法，这些法律的制定基于重要的当地物种或生态系统类型。根据家庭承包责任制，牧民对这些地区拥有的权利极为有限。使用者的权利也是模糊的，他们看到，保护区的权利凌驾于他们之前拥有的权利之上。使用者权利和政府权利之间的互动是不可预测的，因为在法律上维护牧民继续使用牧场的权利存在很多变化和漏洞[2]。

在北疆，有很多保护区，它们都是根据不同的立法而建立的，都位于传统的牧区（Yuan and Yuan，2006）：

1. 喀纳斯国家自然保护区
2. 金塔斯草原保护区
3. 阿尔泰山桦木自然保护区（部分实施/正在开发）
4. 额尔齐斯可可托海湿地自然保护区（部分实施/正在开发）
5. 阿勒泰克科苏湿地自然保护区
6. 额尔齐斯垂柳自然保护区（部分实施/正在开发）

---

[1] 一些理论家，如理查德·史密斯认为，真正需要的并不是保护区而是无增长，因为生产和消费的最大化在本质上是与环境相冲突的。

[2] 与此同时，北疆的法律规定很少，当地政府官员几乎可以任意决定如何解释和实施现行法律。官员拥有一种主权，执法或不执法，法律行动的正义程度，只与官员的修养和对法律的理解有关。然而，支持这种价值，并能向决策者灌输游牧文化遗产价值的机构却没有。在越权情况下，应更多注意当地政府和自然保护区工作人员是如何理解文化的多样性和游牧业对于当地牧民的价值。在地区性法律体现出游牧文化遗产的价值之前，在国家层面上应更多地注意游牧文化遗产的价值。

7. 乌伦古湖自然保护区（部分实施/正在开发）

8. 阿尔泰两河源头自然保护区

9. 布尔琴河狸保护区

10. 卡拉麦里有蹄类动物保护区

11. 克拉玛依玛依格勒自然保护区

12. 克拉玛依湖及湿地保护区

13. 塔城大鸨保护区（部分实施/正在开发）

14. 夏尔西里自然保护区

15. 新疆北鲵自然保护区

16. 霍城四爪陆龟自然保护区

17. 伊犁小叶白蜡自然保护区

18. 新疆伊犁黑蜂自然保护区

19. 伊犁河湿地自然保护区（部分实施/正在开发）

20. 巩留野核桃自然保护区

21. 西天山国家自然保护区

22. 纳孜确鹿特草地自然保护区

23. 巩乃斯云杉自然保护区（部分实施/正在开发）

24. 甘家湖梭梭林国家自然保护区

25. 青格达湖自然保护区

26. 奇台县荒漠草原类草地自然保护区

27. 巴里坤野驴盘羊自然保护区（部分实施/正在开发）

28. Mori Calling Dove 自然保护区（部分实施/正在开发）

目前，北疆保护区的总面积约占12%（与全球范围的保护区比例相当），但如果加上现在正在实施保护的土地，这个百分比就跃升至20%，接近于全球比例的两倍[①]。因此，在土地使用日益增加的背景下，失去20%的土地，将大大降低新疆牧民的移动性。卡拉麦里居民今天所感受到的限制，对于该地区的所有牧民来说，预示着麻烦的到来，这个地区的季节性牧场

---

① 北疆受保护的土地总面积约为10%，土地总面积约434077平方公里，在已经建立的自然保护区中，受到保护的土地有41997平方公里（参见 Yuan and Yuan, 2006）。

第五章 北疆的游牧文化遗产、传统知识及其保护

正在被合法地从牧场使用者手中夺走。

每一天,这种冲突都会发生在保护区工作人员和牧民的交往之中。我陪同葛阳(音,自然保护区骑警)巡视几个放归普氏野马的牧场,这种野马现在处于灭绝的边缘,但据说是本地的。从保护区边缘的一个镇上出发,我们驱车约4小时来到保护区内的一个监测站。该站是为监测野生动物专门修建的,附近建有一个大型的普氏野马围场。保护区工作人员就在这里准备、计划、划分保护区内野生动物的监测工作。

当我们站在站外,望着连绵起伏的青灰色牧场时,葛阳说:

> 这个地区确实需要保护。以前青草可以长到我的膝盖,现在几乎看不到草了。我们需要修复因牧民过度放牧而造成的破坏。我们正与各级政府一起重新安置牧民。畜牧局有一个方案,将牧区圈起来,让它得以恢复原状。我们与畜牧局一起,在保护区合作建起一些小型围场。牧民与我们签订五年期禁牧合同。由局里给牧民提供土地补偿。通过这种方法,保护区内的人最终都要重新安置。

政府官员看来只关心补偿计划,将牧户与他们的牧场分离。有一次在保护区内巡逻时,葛在另一个普氏野马围场看见一位牧民。葛走过去与他攀谈。

> 葛阳(不满地):你不能用这块地方。
>
> 牧民(身子靠着拐棍):我知道,我知道……但是你们补偿得不够。我只好找个地方养我的牲畜。
>
> 葛阳(看着别处,显然很激动):你知道这些野马值多少钱吗?它们比你家的马要值钱得多。
>
> 牧民(笑笑):是的。可是我确实需要更多的补偿。

尽管没有肢体冲突,但这两类人的价值观显然是对立的。

三个月后,当我在乌伦古河边一个村子里,与村民讨论禁牧和补偿问题时,冲突的程度更为明显。我在没有保护区工作人员陪同的情况下访问

了这个村子，村民们对冲突直言不讳，情绪激动。一位穿着灰色毛式服装和黑布鞋，名叫卡戴的牧民说：

> 我拒绝与他们合作。你知道，我的牲畜养活了我。保护永远不会给我足够的钱让我生存。我需要牧场。现在，野生动物每年是越来越多。它们吃我们的牧场，虽然我们的牲畜越来越瘦，但野生动物却越来越肥。我不知道该怎么做。我不能像政府那样靠保护过日子。

正在给我们倒茶的妻子说：

> 政府想要拿走最好的牧场，把最贫瘠的地方留给我们。他们想着给我们一点点钱，但是我们拒绝了。这无法取代土地带给我们的价值。当卡戴告诉他们我们需要多少时，他们还辩解。他们不想补偿我们！这就是政治，我们比他们弱。

就这样，分配、控制和牧场使用成为一场力量之争，这就是保护区的政治，也是市场经济条件下的自然政治。在这场斗争中，牧民可以说受到了剥削，因为保护区不公正地利用了他们。保护区工作人员获得了收入，牧民却迫于压力接受了少量的补偿。牧民是其口粮的积极生产者，保护区工作人员则通过交换、通过基于市场经济税收的政府薪水制，拿到自己的口粮。牧民管这叫做贪污，说保护区工作人员将中央政府给保护区的补偿和牧民收到的钱之间的差额留了下来。不管这种说法是否正确，它反映了牧民的受剥削感。

村里的一些家庭，抱着听天由命的无助态度，用他们在卡拉麦里的牧场换回了补偿款。虽然并不是每个人都愿意放弃自己的牧场，但在缺乏法律基础的条件下，保护区已经收集了大量的居民使用证书（通过家庭承包责任制提供）。在 Kadai 的帮助下，我找到已同意接受补偿的家庭，一个叫海尔泰的男人走出房子来迎接我们。海尔泰有50几岁，正在吸烟。他说：

> 我们被告知用补偿款交换牧场的使用权，我们一家自动同意，没

想太多。……我们还有别的紧迫问题，所以，这些钱并没有用来买过冬用干草。所以，我们必须拿到一笔贷款买干草，好在村里过冬。但是今年，我们只好变卖牲畜来偿还贷款。我们现在的情况比开始时还要糟。

这家剩下的为数不多的牲畜被送到了一个亲戚的牧场，也在卡拉麦里。但是，当我询问当地政府时，他们不愿意提供相关的内容，就是什么样的牧民有资格用牧场交换补偿金。不同的家庭，所得的补偿也不同，因为官员使用不同的标准来计算一头牲畜需要多少饲料，即按照一个家庭现有的牲畜数量计算。海尔泰和他的邻居都强调，这种情况使事情变得更加复杂，原本使用这些牧场是为了生存，也就是满足基本的需求（食物、衣服、住所）以及用来交换产品。这样做，已经不是游牧文化遗产的价值，而是为了生存本身。海尔泰继续说道：

如果我们得不到牧场，我们怎么活下去？我们将如何生存？

在我与卡戴、海尔泰等牧民讨论时，发现卡拉麦里牧场在牧民眼里并不只是一个放牧牲畜（饲料来源）的地方，它有多种用途，包括食物、医药、燃料、染料、肥皂、建筑材料等。它的使用价值是实用的，由自然的内在特征客观地决定，满足牧民们的需求，不需要交换和市场。一次性补偿方案既不能满足居民喂养牲畜、食物或燃料的需求，也无法为他们提供所需的其他资源。此外，失去游牧文化遗产，不仅导致全部游牧方法和技术的流失，而且还导致药用植物采集及蒙古包建设等方法和技术的流失。

环境历史学家 William Cronon (1996；Foster, 2002) 认为，无人保护区是城市规划者的想法，这些人并不是通过改造自然去养家糊口，因此不了解人与自然之间存在着有意义的、非破坏性的直接关系。事实上，对卡拉麦里的政府工作人员来说，他们似乎都不了解当地人与草原之间的生存关系。就像 William Cronon 所说，这种关系即认为，环境问题是可以解决的，无需通过经济的转型，抑制人口增长、城市化、基础设施建设和过度资源消耗而得以实现。这并不是说，牧民是环保主义者的典范，他们与原始自然处于一种和谐的关系，而是说，他们生活在这样一个自然环境里，他们可以使用它、改造它，并有兴趣保护它。我们不应视卡拉麦里的自然与文化处于冲突和对抗的关系，首要的是去尝试理解它们之间的辩证和依赖关系。

环境保护法并没有认识到这一点，即游牧业这样的非工业生存系统并不视自然为工具。城市工业的价值及其对自然的看法（深植于精英和国家内部），当然要高于游牧业的价值，这只是被边缘化公民的生活方式，通常还是少数民族。需要出台新的国家立法，明确牧民对牧场永久的、不可剥夺的权利。立法的起草，不仅要反映工业生产和国民经济发展的利益，而且要反映当地的经济条件和牧民的文化利益。这应成为法律机构的准则，不仅要反映市场经济的原则，而且要反映保护宝贵的文化多样性和平等的需要。

传统知识与保护

在人类学中，理解和尊重文化多样性与理解和尊重生物多样性同样的重要。许多人类学家认为，牧民拥有着广泛和宝贵的文化知识，这些知识体现在微观和宏观层面上，包括土地、植物和野生动物（Humphrey and Sneath, 1996a, 1996b, 1999; Ellen et al., 2000）。与卡拉麦里牧民的谈话也证明了，他们对这片土地拥有广泛而宝贵的知识。在保护活动背景下，这种知识可用于提高现代科学的质量，增加现有的资源目录与调查，最终促进监测与保护。与此同时，我们应认识到，卡拉麦里并不是独立于人类存在的一片自然草原，没有人类它才能得以维持；而是具有丰富文化遗产的一个景观，它的存在有赖于人类的活动，需要人类的存在和参与它才能得到保护。当今先进的保护理念就是强调景观层面上的价值和知识的结合（Upton, 2010: 306）。

有这么个例子，我和保护区工作人员以及一位来自北京的科学家，开着一辆标有保护区标志的白色轻型卡车经过一群牧民。在牧民的注视下，我们继续沿着弯曲的土路往前开，最后停在一块平地上。骑警走下卡车，用一个手提式遥感天线寻找远处瞪羚所在的方向。遗憾的是，这项技术失

第五章　北疆的游牧文化遗产、传统知识及其保护

灵。山头和凹地，有时会限制遥感天线对带有项锁的瞪羚的监视能力。为解决这个问题，一位骑警来到附近的一个牧民家里，询问有没有看见野生动物。骑警转身对我说：

> 我们的工作非常困难，我们的资源非常有限。保护区里几乎没什么基础设施，地形太差了。如果我们有困难，不清楚野生动物的位置，我们会经常和当地人谈话。他们是很好的信息源。

蒙古包内，我们开始讨论这个问题。在被问及与骑警的交往时，户主穆哈迈德说：

> 瞪羚在西边的两处泉水之间移动，一处泉水在往北 400 公里的地方。骑警要求我们骑马去找野生动物——他们的吉普车无法在这片土地上行驶，尤其在雪很厚的时候。我们在马背上走了好几天，才在一个非常难以接近的泉水边帮他们找到了。

这清楚地说明，保护区工作人员和牧民之间不仅仅是冲突的关系，而且还是一种合作关系。后来，当我在保护区各家各户走访时，我也多次听到了类似的故事。

对在这里生活了几代的牧民来说，有卡拉麦里和野生动物的本土知识并不奇怪，而这与将牧民简单地描述为对自然有害形成了鲜明对照。我们不要以为是居民导致了地区的退化，我们也许该问问他们：他们是如何理解这个地区的？他们的人文知识是如何反映这些独特、宝贵的方法和技术，即游牧文化遗产的？这些方法和技术与草原及其他环境是辩证的依赖关系。

卡拉麦里牧场是作为具有独特文化形式的公共财产进行管理的，保护区的所有牧场被分成不同的放牧区，各放牧区都拥有流行或常用的名字。这些牧场与口头传统、回忆和对当地的理解有关，这为保护活动赋予了重要的人类遗产内涵。例如，Balyantas，字面意思为"硬石头"，是一个牧场的名字，也是描述露岩的一个术语，令人联想到亚洲内陆地区用作标记、遗迹或纪念碑的石冢和圆锥形石堆。牧场常常通过对其特征的命名，来标

记一段口头传统、一段记忆或对某种事物的认识。在一个大型牧场，这种大石头据说是祖先放置的，标志着一个孩子的诞生。在其他例子中，流行的地方或牧场名字也可以包含当地发现的资源的自然特征信息。拿泉水来说，流行的名字通常涉及其水质，这些观念对自然保护区工作人员选择普氏野马放归地点很重要。

卡拉麦里传统的游牧知识，包括当地的植物、动物及其关系的分类和分级。在一项非正式植物学知识调查中，哈萨克牧民能识别90多种植物，科学家能识别几百种。一些知识以前就被记录下来，并用哈萨克语出版发行。在阿尔泰高原地区的夏季森林牧场，我观察到牧民在他们的草场收集酢浆草、牛膝草、木贼草之类的植物及红醋栗、鹅莓这类果实。他们传统的民族植物学知识范围很广，从人类和牲畜食物、医药、染料、清洁材料、燃料到建筑、纺织材料。

当人们开始探索这种知识时，某种特定动物或植物的实际生存知识，也可以成为有关这些实体多样性方面的知识，而不仅仅是它们的生存和经济价值。在卡拉麦里，许多植物都与民间传说、故事、诗歌和歌曲（包括引人发笑和取乐的笑话或幽默）有关。更有甚者，我还听说过这样的故事，针叶林灌木杜松与古兰经的一个故事有关，据说它能带来圣洁和纯洁，因此最好不把它用作柴火，这是经典的保护资源物种的文化实例。露营时，牧民在夜间对了解不多的生物发光植物进行了观察，并将它与特殊的治疗属性联系在一起，认为它们具有魔力。本章难以就这种知识的精神、美学及诗歌内涵很快地加以总结。

传统游牧知识也包括对动植物之间生态关系的解读。在阿尔泰，传统游牧知识利用源于突厥-蒙古的类似体液的系统（Tumurjav，2007），该系统建立在功能原则的平衡与健康这一观念的基础上。野生动物、牲畜和植被之间的问题，因此被视为源自某种功能原则的过度或亏损、盈余或失衡：太阳辐射和光，热和温度，降雨和水、风，海拔和地形。这些原则的盈和亏取决于各种因素的相互作用，并导致不同的环境条件。例如，太阳光的强度和方向、温度、降水等，将决定不断变化的植物群落的特性，从而决定了相应的牲畜和放牧策略，即牧场使用要求的差异性放牧。牧民利用这个系统决定如何最佳地调整牲畜和牧场，以及对牧场更为宏观地使用。这些幽默被用来影响牲畜的健康和体重、肉、纤维组织与质量的同时，牧民还利用它们来描述和解释植被与野生动物的存在和消失、增加或减少。这个系统也被用于解释草原科学家所说的"草原退化"。

结　论

《达纳宣言》（2003）关注牧民因保护活动而失去季节性牧场。宣言主张增加使用季节性牧场的合法权利、提高游牧文化遗产教育、提高牧民在保护区决策和管理机构中的参与度。从中国西北牧民的当代民族志来看，这些计划有助于容纳和保持游牧遗产的文化独特性和价值，并提供处理外部威胁所必需的自治权。

在保护过程中，政府工作人员通常会试图消除核心区域内的人员居住和资源使用。遗憾的是，游牧业的非经济价值还未被决策者所完全理解。保护区和安置计划只是城市规划者的想法，他们并不需要直接与自然环境打交道以维持生计，因此，他们并不能理解人和自然之间有意义的、直接的关系。当人们认识到游牧业的人文思想，传统的游牧知识就会充分地证明，应该让牧民参与保护活动，而不是排斥。

有了正确的价值观、法律和机构，就可以制定出一种制度，让牧民参与保护区的管理和自然条件的管理。例如，可以将管理工作纳入牧民的日常生活中。当居民使用保护区时，他们既可以管理也可以记录自己拥有的保护区知识。虽然这样做可能需要信息来协助管理，但应该利用这个制度来加强游牧文化遗产的保护。只有时间才能告诉我们，除了市场经济价值外，我们对这种价值的理解是否也会提高。

参考文献

崔恒心：《新疆牧民定居与饲料地建设方案研究》，新疆人民出版社，2000。

米尔扎汉、贾合甫和夏里甫罕·阿布达里：《哈萨克族历史与民俗》，新疆人民出版社，1999。

袁国映、袁磊:《新疆自然保护区》,新疆科学技术出版社,2006。

Barfield, Thomas J. 1989. The Perilous Frontier: Nomadic Empires and China, 221BC to AD1757. Cambridge: Blackwell.

Benson, Linda, and Ingvar Svanberg. 1998. China's Last Nomads: The History and Culture of China's Kazaks. Armonk, N. Y. : M. E. Sharpe.

Brechin, S. R., P. R. Wilshusen, C. L. Fortwrangler, and P. C. West. 2003. Contested Nature: Promoting International Biodiversity with Social Justice in the Twentieth-First Century. Albany: State University of New York Press.

Brockington, Dan. 2002. Fortress conservation: the preservation of the Mkomazi Game Reserve, Tanzania. Oxford: International African Institute in association with James Currey.

Ellen, R. F., Peter Parkes, and Alan Bicker. 2000. Indigenous environmental knowledge and its transformations: critical anthropological perspectives. Amsterdam: Harwood Academic.

Chatty, Dawn, and Marcus Colchester. 2002. Conservation and mobile indigenous peoples: displacement, forced settlement, and sustainable development. New York: Berghahn Books.

Cronon, William. 1996. Uncommon ground: rethinking the human place in nature. New York: W. W. Norton & Co.

Foster, John Bellamy. 2000. Marx's Ecology: Materialism and Nature. New York: Monthly Review Press.

Grousset, Rene. 1970. The Empire of the Steppes: A History of Central Asia.

New Brunswick: Rutgers University Press.

Humphrey, Caroline, and David Sneath. 1996. Culture and environment in Inner Asia. Cambridge, UK: White Horse Press.

Humphrey, Caroline, and David Sneath. 1996b. Culture and environment in Inner Asia. Vol. 2, Society and culture. Cambridge: White Horse Press.

Humphrey, Caroline, and David Sneath. 1999. The end of nomadism? society, state, and the environment in Inner Asia. Durham: Duke University Press.

International Labor Organization. 1989. C169 Indigenous and Tribal People's Convention. (accessed May 6, 2011) http://www.ilo.org/ilolex/cgi-lex/convde.pl? C169

Luke, T. W. 1995. "On Environmentality: Geo-Power and Eco-Knowledge in the Discourses of Contemporary Environmentalism". Cultural Critique. (31): 57.

Marx, Karl, and Friedrich Engels. 1967. The German ideology. New York: International Publishers.

Sardar, Ziauddin. 1989. An Early Crescent: The Future of Knowledge and the Environment in Islam. London: Mansell.

Scoones, Ian. 1994. Living with uncertainty: new directions in pastoral development in Africa. London: Intermediate Technology Publications.

Smith, Richard A. 2007. "The Eco-suicidal Economics of Adam Smith." Capitalism, Nature, Socialism 18 (2): 22–43.

"Statement of Principles: The Dana Declaration on Mobile Peoples and Conservation Parties to the Dana Declaration (English, French and Spanish versions)". 2003. NOMADIC PEOPLES. 7: 159–176.

Tumurjav, Myatavyn. 2003. "Traditional animal husbandry techniques practiced by Mongolian nomadic people." In Mongolia today: science, culture, environment and development. London: Routledge Curzon.

UNESCO, 2003. MISC/2003/CLT/CH/14. Convention for the Safeguarding of the Intangible Cultural Heritage. (accessed May 6, 2011) http://portal.unesco.org/en/ev.phpURL_ID=17716&URL_DO=DO_TOPIC&URL_SECTION=201.html

United Nations. 2007. U.N. Doc. A/CONF.157/24 (Part I), chap. III. Declaration of the Rights of Indigenous Peoples. (accessed May 6, 2011) http://www.un.org/esa/socdev/unpfii/en/drip.html

Upton, Caroline. 2010. "Nomadism, identity and the politics of conservation." Central Asian Survey 29 (3): 305–319.

Zerner, Charles. 2002. Culture and the question of rights: forests, coasts, and seas in Southeast Asia. Durham: Duke University Press.

Zukosky, Michael L. 2008. "Rethinking State Effects of Chinese Grassland Science and Policy," Journal of Political Ecology 15: 44–60.

Zukosky, Michael L. 2007. "Making Pastoral Settlement Visible in China." Nomadic Peoples 11 (2): 107–133.

(执笔人：迈克尔·L. 祖科斯基)

第六章
藏区传统游牧业：现状忧思与前景展望

青南牧区是指青海南部的玉树、果洛藏族自治州及黄南藏族自治州泽库、河南两县和海南藏族自治州的兴海、同德两县。青南牧区从1984年实行家庭联产承包责任制已有近30年的时间。通过近30年的实践，有利有弊。从有利的方面看，这一制度极大地调动了广大牧民的生产积极性，改变了过去那种干好干坏一个样、干多干少一个样的状况，发挥了牧民的主观能动性，创造了自主经营的宽松环境。但在恶劣的自然气候条件下，以户为单位承包经营后，牧民们居住更加分散，使这一制度暴露出种种弊端，阻碍了经济的发展、民族的进步和人民生活水平的提高，同时也加剧了生态环境的破坏。因此，应对这一制度进行进一步的改革。

分户经营的弊端

生产关系的变革，由生产力水平决定，必须符合自然和社会的发展规律。在藏族畜牧业发展的历史上，从来没有过像汉族等农耕民族那样分户经营的经历。因为在严酷恶劣的自然环境中，生产力低下的现状使牧民长期以来靠天养畜，只有依靠群体的力量才能求得生存。从原始社会到封建农奴制社会，不管社会形态发生什么变化，但最初以血缘关系为纽带建立起来的部落制度（尽管后来逐渐蜕变为以地缘关系为纽带），一直以草场公有、牲畜私有的经营方式保持到20世纪50年代初，牧民们的养畜规模、冷暖季草场的放牧时限、轮牧转场的时间等都由部落统一部署，违者将受到部落习惯法的严惩。这不能完全归咎于藏族牧民因循守旧或抱残守缺，现实的生产力、生产方式和严酷脆弱的自然环境起着很大的作用。

中国共产党十一届三中全会之后的1984年，青南牧区也同全国各地一样，先后实行了家庭联产承包责任制，广大牧民积极响应，因为这一制度释放了他们的生产热情和劳动积极性，牧民们获得了自主经营的权利，打破了分配上的平均主义。就玉树藏族自治州的情况看，这种新的经济体制其形式主要有两种：一种是牲畜作价归户、私有私养；另一种是无偿分畜到户。这两种责任制的共同特点是草场归国家所有，牧户承包有使用权，牲畜分户经营。

虽然分户承包经营时强调"统分结合、互相促进"，但由于第一步改革来势较猛，对中央规定认真保护集体财产的政策执行不力，重视了"分"的一面而未顾及"统"的一面，使现实中一旦"分"下去，就很难或不可能"统"起来，于是分户经营的不利因素便逐渐显现出来。

（一）一些地区文化教育和医疗卫生事业滑坡，现代化建设滞后

首先，教育对一个民族发展进步的重要性是不言而喻的。但实行联产承包责任制后，民族教育受到很大冲击，最直接的后果是适龄儿童入学率下降。1990年第四次人口普查是实行承包责任制6年后的全国性人口普查，其资料显示，玉树藏族自治州15岁及15岁以上人口数为133525人，其中文盲半文盲为105489人，文盲半文盲占15岁及15岁以上人口的79%，高于全省平均水平的1.97倍。与1982年相比，1996年全州高中、小学在校学生数分别下降了27.03%、6.26%，而12岁及以上人口中文盲和半文盲人口却上升为32380人。如果深入到县、乡牧民集中分布区，适龄儿童入学率更低：1999年治多县多彩乡有学龄儿童284名（7~12岁），全乡只有一所寄宿制学校，在校生36名（包括超龄生和干部子弟），入学率为6%；立新乡学龄儿童367名，在校生39名，入学率为11%；当江乡学龄儿童214名，在校生20名，入学率为9.5%，很多牧民子弟由于居住分散而处于上学难或无学上的境地。从有些地方的统计数据看，学生入学率逐年上升，

但并没有真正达到教育后代、提高素质的目的。因为牧民为了完成九年义务教育的任务和避免罚款，开学初将子女送到学校报名，但过一段时间就领回家。其原因一方面是牧户与学校距离遥远，子女入校后家长不放心；另一方面是在实行"三提五统"时期，政府向每户牧民收取酥油、肉等（折价20~30元）作为学生伙食补助，税费改革后，由国家财政转移支付的形式给予补助，但所补助金额与实际需求有一定差距，很难让学生吃好住暖，影响学生巩固率。其直接后果是民族的整体素质无法提高，牧民的子女永远是牧民，加之计划生育政策的宽松，致使牧民人口越来越多，人畜矛盾引发的草畜矛盾便越发突出。

其次，青南牧区由于自然环境恶劣而造成的各种疾病众多，加之居住分散，使广大藏族牧民得不到医疗卫生保障，缺医少药的阴影重又笼罩在这些牧民的头上。1999年我们在玉树藏族自治州调查时发现，该州共有医疗卫生机构93个，病床700多张，卫生工作人员1138名。另外，各牧委会和村也建有卫生室，水平参差不一，民间医生1000余名。尽管从州到乡以及村（牧）委会建有医疗网点，但县及县以下的医疗卫生机构从20世纪80年代起逐步滑坡，村级卫生室形同虚设，农牧民普遍反映缺医少药问题严重：群众以及干部中地方病、传染病传播加剧蔓延，孕妇、婴幼儿死亡率高，有的成年人因病致残、致死丧失劳动力，有的家庭因病返贫，使整个民族体质的健康和正常的生产生活受到严重威胁。据各县医院门诊统计，在主要的几种传染病中，肝炎患者3000多人，肺结核患者1450多人，脑结核患者130多人。这只是近两年县医院接受治疗的患者，而大量的牧民则没有条件到县以上医院接受检查治疗。自1985年和1995年的两次大雪灾后，在牧民群众中出现了坏血病，仅曲麻莱、治多、玉树三个县就有1000多名患病者。另外，在称多县清水河地区有一种原因不明的流行病，一旦患病，死亡率极高，中卡村1997~1999年以来已死亡20人，有的牧民家一年死亡3人。据估计，在玉树藏族自治州的干部群众中，15%~20%的人患有肝炎、结核等传染病。甚至在校学生、寺院僧人中传染流行，医务人员把结核病多发地区称为结核村、结核沟，并非渲染。笔者最近到青海省第四人民医院（三级甲等传染病专科医院）看望在此担任院长的同学，发现在这里住院治疗的病人很多来自牧区的藏族群众，占住院病人的40%左右，所患疾病大多为肝炎、结核和炭疽等，青海省第四人民医院也因此被人们戏称为"青海第二藏医院"。

造成医疗卫生事业滑坡、群众健康水平下降的主要原因之一是：因各户分散经营，没有资金进行州、县、乡、村医疗网点的建设，村级医疗网点名存实亡，大部分村没有医疗的起码设施，有民间医生而没有药品，使不少培训的民间医生无法行医；因居住分散，牧业点与县乡驻地距离很远，得了病根本得不到及时治疗，处于"小病抗，中病躺，大病等"，即小病凭个人的抵抗力自然恢复，中病躺在家中听天由命，大病只能在家等死的状况。如称多县杂朵乡格新村两户牧民因草山争议发生斗殴，刀伤4人，没有及时治疗，几天后流血过多死亡，该村距乡政府有150公里。在医疗条件稍好的地方患感冒根本不算什么问题，但在这里就会要人性命——治多县索加乡一户牧民的三个孩子就因感冒而夭折！目前，随着新型农村合作医疗制度的建立，牧区医疗卫生事业滑坡、群众健康水平下降的状况正在得到遏制和改善。

再次，居住分散切断了广大牧民与外界的联系，听不到广播、看不到电视，更不要说通过这些现代化的媒体了解中央的各项政策、国内外大事及学习科学文化知识，有的牧民居然不知道当今的国家领导人是谁。同时，居住分散和交通不便，也阻碍了牧民参与社会及市场经济活动，外边的商品进不来，自产的畜产品销不出去，丧失了很多发展进步和提高生活质量的机会。随着西部大开发战略的实施，危房改造、饮水安全、送电到乡、广播电视村村通等惠民工程，才使这种局面有所改变。

（二）部分地区抗灾自救的能力降低

雪灾是畜牧业生产的灭顶之灾，如果救灾不及时，将对牧民的生命财产造成无法估量的损失。1949年之后，玉树藏族自治州共发生8次大的雪灾，降雪量虽无增加，但造成的损失却逐年增加。8次雪灾共造成745.66万头（只）牲畜死亡，直接经济损失达15.96亿元，而1995年底1996年初的第八次大雪灾共死亡牲畜129万头（只），死亡率为33.78%，直接经济损失7.6亿元，经济损失占8次雪灾损失的50%强。造成这种现象的主要原因，就在于居住分散后由于交通不便、协作力下降而降低了抗灾救灾的能力。如曲麻莱县，县城与最近的叶格乡的距离为88公里，而最远的麻多乡的距离为225公里；乡政府驻地到最远的牧委会的距离达350~400公里，而且相连其间的公路多为季节性便道，一遇恶劣天气就中断。因此，救灾物资即使送到乡政府驻地，也很难及时运到牧民手中，这显然增加了救灾难度，降低了抗灾救灾的能力。1995年底1996年初的那场大雪灾，使治多县和杂多县各出现了500多户无畜户，由于居住分散偏远，灾后的救济物资无法运到灾民手中，无奈之下，县政府将这些无畜户迁到县城附近就近救济，虽然暂时解了燃眉之急，但也埋下了许多社会问题的隐患，如灾后重建、社会治安、恢复生产等。

表6-1　1974~1993年8次较大雪灾损失情况统计*

发生时间	地区范围	受灾面积（万亩）	受灾群众（万人）	受灾牲畜（万头/只）	损失牲畜（万头/只）	直接经济损失（万元，当年价）
1974年10月~1975年2月	5县20乡	4700	3	170	57	1700
1982年2~3月	4县18乡	5000	2.5	100	45.97	2285
1983年10月~1984年4月	2县12乡	1200	1	35	14	700
1985年10~12月	3县16乡	4000	0.15	90	20	2227
1987年2~3月	3县13乡	3500	3.5	82	20	1600
1988年2~4月	1县10乡	2200	1.8	40	17.4	890
1992年3~5月	2县12乡	2500	3	50	5.4	540
1993年1~3月	6县30乡	7250	5	169	57.96	7282
合计		30350	19.95	736	237.73	17224

* 根据青海藏区发展与稳定编写组编《青海藏区发展与稳定》，1993。

（三）有的地方社会控制能力削弱，地方政权建设受困，生产后劲和生态环境保护能力不足

首先，牲畜归户自主经营后，降低了社会控制能力，牧民的生产经营活动得不到有效管理，处于一种无序的随遇而安式的状态。草场退化的一

个重要原因是牲畜超载过牧和草场建设滞后，但根本原因还在于这种无序的发展模式。牧民养多少牲畜，那是他自己的事，县、乡、村根本无法控制，实际养畜量要大大高于上报的统计数。再加上一家一户经营，根本无力进行草原建设、草种和畜种改良，牧业生产实际上处于一种低层次的、竭泽而渔式的发展状态，生态环境的恶化以及接踵而来的生存环境的恶化便不可避免地发生了。同时，草场利用也极不合理，有些牧户牲畜超载，而有些牧户因灾害成为少畜户或无畜户，造成草场闲置，使草场资源得不到优化配置。其结果，使畜牧业生产在一段时期的辉煌发展后出现滑坡现象。我们对实行家庭联产承包责任制前后的情况加以比较，就可看到这一点。据果洛藏族自治州有关部门的统计，20世纪60年代初期，该州有各类牲畜90多万头（只），到1978年发展到360多万头（只），而到1983年下降至295.25万头（只），1990年下降到250.35万头（只）。随着牲畜数量的逐年递减，畜产品产量、牲畜出栏率和商品率也出现逐年递减的趋势，羊毛总产量由1983年的146.44万公斤，下降到1989年的113.94万公斤，平均年下降3%，牲畜出栏总数由1983年的34.12万头（只），下降到1989年的25.68万头（只），平均每年下降8.1%，菜畜的收购量由1983年的21.73万头（只），下降到1989年的10.04万头（只），平均每年下降7.7%。

其次，在集体经济时，村一级都有几十万元甚至上百万元的公积金和公益金，村一级组织可以发展文化教育、医疗卫生、畜牧科技事业，在灾情和疫情面前可以开展扶贫济弱、畜病防治活动，基层党组织和村委会作为牧民的主心骨、领路人和依靠者，有较为雄厚的物质支撑。自从承包经营后，集体财产瓜分殆尽，村一级组织根本拿不出资金发展文化教育、医疗卫生和畜牧科技事业，更不可能开展扶贫救济等公益事业，导致威信下降。同时，草山纠纷等事件时有发生，而发生纠纷后，牧民不是找各级政府和村级组织，而是找宗教人员、原部落头人的后裔调处，致使已经消亡多年的封建宗教势力和部落势力抬头，"赔命价""赔血价"等习惯法重新作用于广大牧区，严重影响牧区的社会政治稳定和畜牧业经济的正常发展。问卷调查结果表明："在藏区，部落组织比村委会或乡政府更重要吗？"在调查的500人之中，有247人持肯定态度，占49.4%。再问"当您有困难时，部落关心您还是政府关心您？"时，有286人认为部落关心，占57.2%（吕志祥，2007）。

再次，分户经营后由于冷暖季草场配置不平衡、失去管理的牧民在传统观念影响下单纯追求牲畜存栏数，造成草场严重超载（有些地区超载率高达70%），加之气候变暖变干，使生态环境遭到严重破坏，草场退化、水生态恶化、水土流失加剧。为了保护日益恶化的生态环境，我们提出在江河源区相对集中人口，搬迁牧民进行异地安置。但遇到的最大障碍就是现行的承包经营的经济体制。因为牧区所有的草场已承包到户自主经营，已经没有剩余草场安置搬迁牧民。要求获得既得利益的牧民让出部分草场安置这些搬迁牧民，显然也是不现实的。因此，在生态恶化区和敏感区特别是江河源区改革现行的经济体制，走畜牧业股份制道路，进行集约化生产，是保护和改善生态环境，促进当地藏族牧民的发展进步，实现人口、资源、环境协调、可持续发展的根本出路。

（四）较普遍地存在草场重配工作艰难，影响草地长期效益

对于从事畜牧业的藏族牧民而言，牲畜既是生产资料，又是生活资料。但是随着人口的自然增长和生态环境的不断恶化，牧民人均牲畜拥有的数量也在不断下降，加之经营体制缺乏灵活性，分配的草场使用权30~50年不变，使这种状况有加剧的趋势。从当地收集的资料来看，大多数牧户至少有3个孩子，我们用一个假设的例子来说明由于缺乏灵活性所带来的问题：假设一个家庭5口人，即父母与3个子女，在牧户家庭自然生长过程中，1个孩子继续与父母生活在一起，其他两个孩子将分别建立自己的家庭。这就意味着最初分配给这户牧民的草地将分为3份。假定在分家之前该户有100头牛，3000亩草场，经济上为中等户，且这块草场最多只能饲养那样多的牲畜。分家后，3家将草场和牲畜按相同比例分开，草场载畜量不变。如果等分的话，则每户有33头牛，1000亩草地。原来人均牲畜20头，在两个新的家庭中年轻夫妇人均牲畜为16头。5年后，假如他们只生2个孩子，则人均只有8头牲畜。对于有4~5个孩子的家庭，后代分家问题更难以想象。如果新的家庭保持原来的放牧率，则他们的社会经济状况将迅速降低，更无力储蓄和投资。如果他们想恢复到原来的状况（人均有20头

牛，每户有100头牛），即畜群增至100头，则他们草场的放牧率将提高150%。因此，草场不能再分配的体制将必然导致过牧现象的发生；如果政府不允许过牧，就会走向贫穷甚至危及生存。

联户经营的尝试

实际上，青南牧区的一些牧民已经开始自发地进行类似股份合作的联营方式的尝试。玉树藏族自治州称多县清水河乡尕青村贫困程度最高的20户牧民所进行的尝试就是一例。

1984年实行牲畜作价归户联产承包责任制时，该20户牧户只有61人，他们也和其他村民一样平等参与，共承包各类牲畜2482头（只），人均牲畜40.6头（只）。随后几年中，由于雪灾的影响和经营管理不善，该20户所承包的牲畜死的死，卖的卖，杀的杀，到1997年底，只剩下50头牛和2匹马，而人口却发展到102人，人均只有半头（只）牲畜，严重缺乏生产、生活资料。

1998年3月，尕青村党支部和村委会从实际出发，经认真研究、村民民主推定，将这20户牧民组织起来，组成联营组，并采取了以下几项措施。

第一，按户安排生产计划，确定生产任务。及时安排了每户的生产计划和任务，规定每头奶牛生产酥油20斤，曲拉15斤；每头羊生产毛、绒3斤；每年男劳力全年完成副业收入1500元；每户每年拾牛粪300袋。经过一年的努力，各项生产任务完成情况良好。

第二，统一组群放牧，合理利用草场。对各户的现有牲畜统一组群，安排2名放牧员单独放牧，合理利用草场，加强饲放管理，做到少一头补一头，坚决杜绝责任事故。

第三，按户进行畜产品粗加工，统一出售。打酥油、抓羊毛绒等内容的畜产品生产以户为单位经营，自产自收。所产的畜产品在安排好当年生活的前提下，剩余部分由联营组长统一安排出售，收入由组会计代管代存，严禁牧户随意无计划出售和宰杀牲畜。

第四，统一组织副业生产，开展多种经营。根据每个劳动力的年龄和特长，分别制定副业计划，并把能够外出的18个男劳力编为3个副业生产小组，季节性地组织他们开展挖虫草、鞣皮子、捻毛线、织褐子、修棚圈、打土块等副业生产，以增加收入。

第五，兴办扶贫小学，提高牧民素质。利用集中方便的优势，村上腾出2间办公室，在乡政府的资助下购置桌凳20套，办起了一所扶贫小学。现有在校学生38名，设藏文、汉文、数学三门课程，乡政府抽出汉文程度较高的一名干部，并聘请2名高中毕业生（待业青年）担任教师，按计划开展了教学工作。学校不仅收牧民子弟，还担负起在牧民中扫盲的任务。为了解决办学资金，村上还拨出3万元扶贫贷款筹办一个扶贫小卖部，其利润除用于贫困户购买生产母畜外，全用于村办扶贫小学的开支。

随着以上措施的落实，经过一年的努力，联营小组在牧业生产、副业生产等方面都取得了较好的收效。一是牧业在保证成畜无减损的情况下，当年生产并育活牛犊15头，增加牛28头、绵羊40只，使牲畜增至118头（只），总增66头（只），总增率126.9%；每户安排2只羊的冬肉后，净增50%。二是畜产品生产方面，共产酥油450斤、曲拉400斤、羊绒76.3斤、羊毛60斤，折价计2711.50元。三是副业方面，获得现金21756元、牛28头、绵羊40只，做小生意收入7935元，共计46891元。四是小卖部纯利润收入6900元。以上四项合计收入56502.50元，人均553.95元，户均2825.13元。

我们认为，联营组与分户经营相比，其优势在于：

一是通过小集体的生产和生活方式，在培养贫困户的竞争意识、上进心和积极性，改变听天由命、好吃懒做等方面发挥了积极作用。

二是把救济扶贫和生产扶贫结合起来，突出生产扶贫。救济式的扶贫只能解决一些贫困户生活上的燃眉之急，要从根本上摆脱贫困走向富裕，最根本的问题就是要扶持生产，靠生产致富。一年来，尕青村把有限的救济物资集中投放到联营组，基本上满足了贫困户日常生活消费，而他们自己的生产收入积蓄下来，为购买生产母畜积累了资金。这种集中帮扶的好处是救济能够见效，资金容易集中，购畜可望实现。

三是有利于发挥"统与分"的功能，在分户经营的前提下，调动群体力量。在生态环境保护、抗灾保畜、畜疫防治、草原基础建设等关键时刻，联营组能够很好地解决一家一户办不到或办不好的事情。

四是有利于民族教育事业的发展。治穷先治愚，开展教育扶贫是长久利益。尕青村着眼未来，兴办扶贫小学，开展教育扶贫，虽然在现阶段难以收到实效，但从长远利益打算，的确是一件功不可没的大业。而这一点在分户经营的情况下是难以做到的。

联户经营的政策建议

江泽民同志曾在十五大报告中指出："目前城乡大量出现的多种多样的股份合作制经济，是改革中的新事物，要支持和引导，不断总结经验，使之逐步完善。劳动者的劳动联合和劳动者的资本联合为主的集体经济，尤其要提倡和鼓励。"

通过以上分析可见，要实现青南牧区的畜牧业生产持续发展，牧民群众增产增收从而不断提高生活水平，就必须找到一条切合当地实际的发展道路，既要克服集体经营时"吃大锅饭"的弊端，又要避免联产承包责任制后给民族现代化进程和生态环境的保护带来的负面影响，走各种形式的联合经营就成为必要。因为联合经营既可调动广大牧民群众的生产积极性，又能适应畜牧业集约经营的内在要求，更有利于保护作为"三江源自然保护区"的青南牧区生态环境，不仅为当地藏族牧民的发展进步带来了可靠的制度保障，而且为整个中华民族的可持续发展提供可靠的生态安全保障。

（一）联合经营的原则

保护生态环境、解决生产力发展和群众生活中存在的问题，都要坚持"以人为本，以民为先"的原则。这是我们工作的出发点和落脚点。因此，青南牧区走联合经营之路，无论采取何种形式，必须始终突出并遵循这一原则。由于此，在实际操作过程中，我们应当坚持以下原则。

1. 自愿和引导相结合

强拧的瓜不甜。联合经营涉及千家万户，关乎群众既得利益取舍、思想观念转变。因此，要充分尊重群众的选择，坚持群众自愿的原则，绝不能再搞过去强迫命令的那一套。但同时，也要注意从维护大多数群众的利益出发，给予积极引导。据调查，青南牧区经过多年家庭联产承包，真正富起来的牧民只占人口总数的 10%~30%，大多数人受益并不明显，即便那些较为富裕的牧民，抗病抗灾的能力也很弱，随时存在着返贫的可能。这是一个不争的事实。所以，我们必须在照顾部分牧民既得利益的同时，更应当着眼于大多数牧民群众的利益，以解放和发展生产力，提高牧民生活水平、生活质量为目的，做出正确的经营方式的选择。严重的问题在于教育牧民群众，必须使他们转变观念，接受新事物，寻找新的致富途径。

2. 继承和摒弃相结合

家庭联产承包责任制实行初期，曾经发挥了很好的作用，一定程度上激发了牧民群众的生产积极性。但是，我们在调研中发现，青南牧区各级领导面对家庭联产承包责任制中存在的种种问题，县乡两级干部倾向于在继承的基础上走联合经营之路，部分州级领导则处于两难选择的境地，即若继续实施家庭联产承包责任制，就无法有效实现人口、资源、环境的协调发展，并直接制约着牧民生活水平的提高，有碍于邓小平"三个有利于"思想的体现；而要改变这一制度，又怕违背"土地使用权长期不变"的精神，从而引起群众思想上的混乱。我们认为，任何经营体制的变革，说到底都是要以提高人民群众的生活水平、生活质量为出发点。因此，凡是符合这个发展观的经营形式，我们都应当继承和采取，相反则应当摒弃。在青南牧区这样一个生态环境日趋恶化、人口承载力日趋下降的特殊地区的特殊时期，家庭联产承包责任制必须予以改革和完善，否则，不仅不能解放和发展生产力、提高人民生活水平，而且会对生态环境的治理和保护形成负面影响。生活在青南牧区的牧民群众，世代从事畜牧业生产。在实践中，他们根据社会的发展和自然环境的变迁，总是不断地调整着土地制度和经营方式，并积累了丰富的经验，形成了独具特色的畜牧业经营传统。今天我们选择新的经营方式，应当根据变化了的生态环境，在尊重自然规律的前提下，吸取这部分宝贵的经验为今所用，从而找出一种既为牧民群众所能接受，又有利于解放和发展生产力、有利于生态环境保护的经营方式。所以，工作在这一地区的各级领导同志，应当有这种螺旋式上升的思维理念，把继承传统和发展创新结合起来，在继承的同时，大胆地创新、大胆地实践。

3. 先易后难与协调发展相结合

传统的畜牧业已经走到尽头，不改变是没有出路的。为什么呢？因为传统畜牧业不可能科学地解决人口、资源、环境协调发展的关系。在人口不断增长、资源日趋匮乏、环境承载力日趋下降的情况下，依然继续沿用传统自然放牧以获取生产生活资料的模式，不仅阻碍着生产力的发展，而且会影响到人的生存和发展。根本的出路是遵循自然规律减人减畜，将对环境、人口的压力和牲畜的压力控制在可承载范围内，实现人口、资源、环境的协调发展。再者，任何工作的推进，都需要有计划、分步骤地进行。这里有两层意思：其一，在选择经营方式问题上，应先易后难。联合经营解决的是体制上的问题；分户经营要解决的是自然的和社会的双重问题。两难相权取其易。其二，联合经营选点切忌四面出击。在实际操作中，也应贯彻先易后难的原则，先行选择基础条件较好、基层政权健全、领导班子整体素质较高的乡镇，争取试点一处、成功一处，使其发挥示范效应，达到"以点带面、推动全局"的目的。

（二）联合经营方式的选择

中国共产党十六大报告指出：坚持党在农村的基本政策，长期稳定并不断完善以家庭承包经营为基础、统分结合的双层经营体制。"有条件的地方可按照依法、自愿、有偿的原则进行土地承包经营权流转，逐步发展规模经营。尊重农户的市场主体地位，推动农村经营体制创新。增强集体经济实力，建立健全农业社会化服务体系，加大对农业的投入和支持，加快农业科技进步和农村基础设施建设。改善农村金融服务。继续推进农村税费改革，减轻农民负担，保护农民利益。"这一精神完全适合青南牧区的实际，我们应当认真贯彻之。

1. 探寻造血式扶贫之道路，组织生产联营组

目前，青南地区因自然灾害、生产经营不当等原因而沦为无畜户者较多，如治多和扎多两县就各有500多户。这些牧民虽被集中安置在县城附近，但他们仅靠政府救济度日，发多少救济粮就吃多少，救济粮不够就沿街乞讨，还没有形成生产自救的机制使之彻底脱贫。我们认为，应当效法清水河乡尕青村的做法，把这些牧民组织起来，将政府救济粮款和扶贫资

金集中管理使用，并在保证基本温饱的前提下，把剩余钱粮全部用于生产自救上，实现变输血为造血的机制，依靠集体的力量，增强集体经济实力，以支持其逐步摆脱贫困，走上自力更生的致富之路。

2. 采用股份合作制，建立责权利清晰的新体制

在牲畜多寡不同、草场超载和闲置不均的地区，应当采用股份合作制。凡牲畜多、草场超载的牧户，可将超载牲畜作价入股；牲畜少、草场闲置的牧户，则可以草场和劳动力为股份，实行互通有无、优势互补，年终按股分红的股份合作制。这样，既可照顾到多畜户的既得利益，又可将少畜户或无畜户拥有的草场资源充分利用，做到互利互惠。为保护三江源区日益恶化的生态环境，政府已启动生态移民工程。为了让核心区的牧民移得走、留得住并逐步能致富，也为了安置地的生态环境不再遭受人为破坏，我们应当利用这一时机，在安置地走联合经营的道路，既可采用股份制的形式，也可采用生产队的形式集中经营。实践证明，只要在分配制度上真正体现多劳多得、少劳少得、不劳不得的原则，同样可以激发牧民群众的生产积极性，解放和发展生产力。实行这一步骤，一开始就应选择生态环境尚好、牧民居住相对集中的地区，即以村落为单位进行试点。具体做法应当由党支部牵头，以牧委会为单位，将愿意联合经营的牧户组织起来，进行联合经营。这样做，一方面可以解决牧民生产经营方面的许多困难；另一方面亦可加强社会控制力，打击封建宗教特权、遏制部落势力重新抬头，使牧民在困难时能找到党组织这个主心骨。我们建议选择如玛沁县东倾沟乡当前村那样的一批村落为试点，总结经验，然后在青南牧区推广。之所以选择这样的牧业村，是因为那里有一个群众信赖并有战斗力和凝聚力的党支部。

3. 整合资源，推进城镇化进程

从根本上解决牧区、牧业、牧民问题，必须大力推进城镇化进程（其初级形式应为村落型）。牧区问题主要是社会发展迟缓、生产力水平低下，表现在基础设施落后、教育卫生条件较差等诸多社会公益事业方面。牧业问题实际上一是竞争力差的问题；二是畜产品供给问题；三是生态环境恶化，人口与自然资源矛盾突出的问题。牧民问题主要是牧民就业、收入和牧民公民权利的实现和保障问题，归根到底就是牧民人口太多的问题。因

此，应当采取有力措施，让更多牧民进入非牧产业即离开草原成为城镇居民。这既可以扩大牧民的草场经营规模，增加牧民收入；又可以使城镇反哺牧区成为可能，从而促进国民财富整体增长。

那么，如何减少牧民人口，促进牧区城镇化进程呢？靠人为的发展城镇数量，用行政命令让现有牧民向城市聚居，这一目标是很难实现的。因为城镇需要的是高素质的劳动者，而现有牧民的文化素质、专业技能等很难适应城镇工业化的要求。因此，我们认为：

首先，在推行计划生育的同时，应从牧民下一代抓起，即在联合经营的基础上，大力发展教育事业，使牧民子女在国民教育系列中升学、深造，然后自然地再流回到城镇就业。也可以发展远程教育或在内地或在东部地区建立青南牧民子弟学校，充分利用教育资源，提高教育质量。在这方面，上级政府应制定一些特殊政策，如最大限度地放宽牧民子女升学录取分数线、在就业方面给予指导等。如果有30%的牧民子女通过这条途径进入城镇，不仅可以大大地减少牧民数量，提高民族的整体素质，而且可以极大地推进城镇化进程。

其次，整合资源，挖掘潜力。其一，积极争取和鼓励牧民子女参军，使其在军队这个大熔炉中接受锻炼、得到提高。其二，盘活现有国营牧场闲置资产如房屋、围栏及技术人才等，抽调部分青年牧民迁移其内进行生产经营活动。其三，动员社会力量，建立长效运行机制，选送牧民子女到省内外相关企业培训。这样，一方面可以使他们学得一技之长成为今后谋生的手段，另一方面可以使他们学得现代畜牧业的经营理念和管理经验，改变这些青年并通过他们逐步改变整个家庭乃至整个民族的传统观念和传统经营方式。

再次，借鉴青海省贵德县河东乡王屯村的经验，在人地矛盾突出的情况下闯出一条创收致富的路子。即对牧民进行有针对性的技能培训，如建筑、织毯、制革等，然后进行对口劳务输出。这样既可减少牧业从业人口，减轻对草地生态环境的压力，又可自然调整牧区产业结构，增加牧民收入，提高劳动者素质。

最后，分户抽丁，重点扶持。通过普查，先从多子女、多劳力的牧户中抽调一批离开草地、草山，在那些交通较为便利、生态环境较好的地段建立一批集中生活区，辅之以方便生活的服务网络（如商店、学校、畜产品收购站、医疗机构等），并通过实用先进技术武装，使其成为新的生产力和经营方式的样板，进行典型示范引路。

（三）健全机构，加强领导

目前，青南牧区群众对联合经营心存疑虑的主要原因：一是惧怕再次回到过去"大锅饭"的老套；二是惧怕没有好的领导班子和领导者；三是惧怕产生腐败。这些疑虑归结到一点，就是如何解决组织领导的问题。实际上，在市场经济大背景下，再次回到过去"大锅饭"老套的可能性是不存在的，因为在市场经济中，联合经营的优势非常明显，可以把分散的五个指头攥成一个拳头，增强竞争力和风险承担能力。至于后两个疑虑，完全可以运用政策设计和指导安排得到解决。为此，我们建议：

（1）建立较为健全的机构，变小承包为大承包。在适当时候，可以考虑改变现有行政区划，代之以专业公司、股份公司，以招投标的形式在全社会竞聘联合经营体的领导者，竞聘者可以是个人，也可以是企业。同时，下决心变家庭联产承包为集体承包经营，在现阶段可以将各个家庭承包的生产资料以股份的形式集中起来，政府与集体承包人、公司经理人签订承包协议，再由集体承包人、公司经理人与各个牧户签订股权与分红协议，规定权利与义务，形成诸如按股分配、按劳分配、按贡献分配等多种形式的分配机制，以此调动牧民和干部的生产积极性。

（2）强化县乡干部培训，掌握领导联合经营的主动权。要有针对性地设置课程（如现代生态理论、政府生态政策、本省生态状况、综合治理措施等），目的是提高认识、统一思想、统一行动。同时从中抽调作风正派、具有畜牧、兽医、经营管理等综合知识的复合型人才充实到联合经营的第一线，这些人除由政府发给工资外，还可以根据经营情况参加联合经营体的分红，搞得好的还可参照牧民的收入比例予以重奖。也可以牧委会和村党支部为核心，由群众选举出联合经营体的领导者。

（3）制定更为优惠的政策，积极鼓励和引导省内外知名企业到青南牧区参与开发和建设。要在引进先进技术和人才的同时，争取省内外知名企业在条件较好的州府、县城和优良畜牧业品种产地落户，使这里成为生态畜牧业基地，并通过它们进一步完善社会主义市场经济体制，建立产供销一条龙的生产、消费、经贸联动运行机制。这样做，一是可以解决开发资金不足、管理人才缺乏的问题，做到借鸡下蛋；二是可以改善青南牧区市场发育滞后、畜产品外销困难的问题；三是可以加速牲畜的出栏率和商品率，解决草场超载的问题，增加牧民收入，提高牧民生活水平和质量。

参考文献

青海藏区发展与稳定编写组：《青海藏区发展与稳定》，青海人民出版社，1993。
南文渊：《藏族生态伦理》，民族出版社，2007。
吕志祥：《藏族习惯法：传统与转型》，民族出版社，2007。
穆赤·云登嘉措主编《青海少数民族》，青海人民出版社，1995。
青海省社会科学院藏学研究所编《中国藏族部落》，中国藏学出版社，1991。
青海省编辑组：《青海省藏族、蒙古族社会历史调查》，青海人民出版社，1985。
张旭军：《青海畜牧》，青海人民出版社，1987。
《海南藏族自治州概况》编写组：《海南藏族自治州概况》，民族出版社，2009。
《黄南藏族自治州概况》编写组：《黄南藏族自治州概况》，民族出版社，2009。
《玉树藏族自治州概况》编写组：《玉树藏族自治州概况》，民族出版社，2009。

（执笔人：穆赤·云登嘉措）

第七章
人类学视野下的西藏牧区亲系
组织及互惠关系
——以西藏那曲为实例*

人类社会的各种活动中互惠是一种重要的经济行为，而影响经济行为的因素之一是文化的诠释功能。本章通过田野点的那曲牧民的描述，展现了牧民社区中的亲系组织及其互惠关系，进一步论证了牧民社区在如何延续和保留着影响这一行为背后的文化功能。

理论简述

（一）人类学中的互惠与亲系关系研究

互惠是人类社会中一种基于经济活动上的文化行为，人类学中对互惠行为的研究有很长的历史。最早可以追溯到人类学奠基人 Malinowski（马林诺夫斯基）在 Trobriand Islands①的研究。后来由经济人类学家 Karl Polanyi（Polanyi, Karl, 1957）进一步延伸到他对 19 世纪之前人类经济史的分析中。他强调这个时期互惠活动是人类经济活动中一个重要的组成部分。在

---

* 本章笔者特别感谢导师 Prof. David Kemp, Prof. Nicholas Tapp, Prof. Geoffrey Samuel, 感谢田野期间给予无私帮助的洛桑次仁及其家人，接受访谈的老乡以及地方学者。
① 新几内亚南部群岛。

第七章 人类学视野下的西藏牧区亲系组织及互惠关系

本章中，互惠的定义取自人类学家萨林斯提出的：在个体，群体和社区之间的一系列的交换关系（Sahlins, Marshall David, 1976）。这种交换可以出现在人类社会的任何阶层，包括富者和贫者。

当我们将互惠的定义进一步延伸到本章的田野资料时，就会发现，货币和物品会作为互惠的媒介出现在很多文化场景中，但本章中展现的互惠方式主要表现在以下几个方面：劳动力的互惠；做出某一项决定；以及食物分享。所有这些活动并不简单的是资源的交换活动，它还具有强化亲系链和文化整体性的作用。这对扩展家庭而言尤其具有重要的作用。这个论点与很多人类学者做出的研究结论相接近，即在那些还没有完全步入市场化的社区中，亲系和亲系链在人类经济活动中扮演着重要的角色，而这种角色不仅仅是简单的经济行为，决定这一角色的文化性占据很重要的地位（Mauss, Marcel, 1954; Polanyi, Karl, 1945; Leach, Edmund, Ronald, 1945; Barth, Fredrick, 1973; Bloch, Maurice, 1973）。在下面的论述中，笔者将用田野资料进一步论证这一观点。

（二）经济活动和社会关系

人类的经济活动（economic activities）在任何社会中都不仅仅是简单的商品交换（financial exchange）行为。人类的经济活动总是与其特定的生活方式，文化含义和价值观相关，这两者之间存在着相互影响的互动关系。经济活动中的权利与义务取决于其社会关系的组成，而这种权利和义务随时在适应着人文及自然环境的变化。人类社会的这种社会关系一般都有其可遵循的规律和共享的结构。这一规律及结构产生于亲系关系、婚姻关系、社会仪式和宗教仪轨、政治和社会机构中〔Dalton, Geoge (Ed.), 1968; Firth, Raymond, 1946; Malinowski, Bronislaw, Kasper, 1935; Tax, Sol, 1963〕。例如，本章中的田野资料就显示了村中每年一度的藏历年是具有重要文化意义的一种社会仪式，这种仪式提供给了每个牧民一种强化亲系成员之间，以及他们与邻里之间的权利和义务的机会。在藏历年期间通过分享食物和交谈中的信息更进一步保持了社区的整体性和个体的归属性。社区的这种聚会除了具有娱乐的社会功能，对于参与者它还起到让其感到社会"归属"感（belonging）的功能，及建立远期的社会关系的功能。而后者是个体参与这种仪式的主要原因。

社会关系产生在社会机构中,而社会机构则由很多象征化的规则及仪式所组成。每一个个体便通过这些规则及仪式在社会机构中扮演着各种不同的社会角色,不同的社会角色产生着传承或继承传统文化含义的作用。虽然这种传承或继承可以是某一社会机构内部的文化行为,但因为社会关系是一种弹性化的社会互动往来,因而这种文化行为往往也受外部变化的影响。所以,如果要理解某一社会群体中宏观意义上的社会权利关系和经济关系,需要明确这种社会关系发生的具体环境和场合。而任何一种社会关系总在一定的环境下产生着变化,这种变化往往会出现在形式本身的变化中,但代表着社会归属性和认同感的文化内核价值会继续保持在这种形式所代表的文化解释中。例如,牧民抑或任何一个族群都会因其熟悉的文化解释(生态、经济等)而获得舒适感和自信认同。

西藏和平解放60年以来,西藏牧区产生了许多翻天覆地的变化。如人类社会的共同性,藏区牧民一直以家庭为最基本的经济决定单位。但解放前,家庭所属的各部落是主要的社会决定单位,例如,关于草场使用问题。解放后,这种决定权由部落组织转变到了国家所属下的"地区"行政单位。不过,和人类学家(Potter, Sulamith Heins & Potter, Jack M., 1990)在中国南方基层社区的调查发现类似,那曲畜牧社区的基层,牧民家庭及其邻里合作关系的功能仍然延续和保持着传统的社会经济及文化功能。

牧民家庭传统方式的特征之一就是亲戚关系之间的合作性,这点仍然是牧民社区中社会组织关系最基本的组成部分。具体来描述,个体的牧民归属于其家庭(血缘家庭),这个家庭又与其他血缘的和联姻的家庭组成亲系邻里组织(Kin neighbourhoods)。这一亲系邻里关系通过相互合作和依靠来保持其社会关联性。一些国外藏学家进一步认为宗教信仰中例如神山祭祀的仪式具有让这种地方化的亲系组织与其他区域的信守类似信仰的群体追溯和保持共同起源记忆的文化功能〔Huber, Toni, 1999; Blondeau, Anne-Marie & Ernst Steinkellner (Ed.) 1996; Blondeau, Anne-Marie (Ed.), 1998; Buffetrille, Katia & Hildegard, Diemberger (Eds.), 2002; Diemberger, Hildegard, 1992; Gutschow, N. Michaels, A. and Ramble, C. (Eds.), 2003; Aziz, Barbara Nimri, 1974〕,这暂且不是本章讨论的内容。

那么，以上的研究模式具体到畜牧社会的情况是怎样的呢？

（三）人类学视野的畜牧社会研究简述

世界上从事畜牧业的人大概有1亿~2亿人，分别分布在南美洲、中亚平原、欧洲及非洲撒哈拉一带（FAO，2003；Davies，Jonathan & Hatfield Richard，2007）。而人类社会从事畜牧业的历史早于人类社会的农业历史及定居文化。目前，世界上40%的土地面积用于畜牧牲畜（除了南极和格陵兰岛），分布在中国西藏的牧场①是其中一部分，其畜牧生产方式因其地理环境的因素和中亚地区的畜牧方式更为类似。

人类学家对畜牧社会的研究可以追溯到20世纪早期，这些研究依照畜牧社会所处环境和文化特征的不同被归为七类（Barfield, Thomas, 1997）。如，欧洲斯堪的纳维亚半岛对驯鹿社区的研究（Ingold, Tim, 1980），居住在欧亚草原以饲养马为主的斯基泰人，蒙古人，哈萨克斯坦人等（Barfield, Thomas, 1989）。因篇幅所限在这里不一一展开。20世纪70年代开始，很多人类学家加入了游牧民族和世界环境急剧变化之间的讨论。虽然，游牧社区面临很多来自生态、传统经济方式、传统生活方式等方面的挑战，但是亲系组织的社会及文化功能仍然发挥着重要的作用。例如，剑桥大学的 Humphrey 和 Sneath 在俄国、中国及蒙古人民共和国的研究中写道：

> 我们发现这些游牧生产区域都有很明显的草场退化，畜牧社区也在步入现代化和城市化生活的轨道上……在中国，有的牧民能够很好地利用市场机遇带给他们的优越性，而有的则基本上以自足自给为生产模式……在研究的这几个地点，有一个非常普遍的现象：基层牧民当中经济条件的差别比较明显……在内陆亚洲的这些地方尤其是城市，通过市场和全球化影响下的消费文化比较普遍，例如放像机，卫星电

---

① 根据网上资料农牧民人口占据藏区总人口的81%（http://www.tibet.cn/zt2008/08xzssysz/mzrm/200805/t20080513_380122.htm，2011.12.5th）。但这份资料没有说明数据中的藏区总人口指西藏自治区，或者还包括了其他藏族人口分布区域如青海、甘肃、云南等。

视等的使用……即便面临很多变化,所有这些区域在牧民社区中以家庭为单位的亲属组织仍然发挥着重要的作用(Humphrey, Caroline & Sneath, David, 1999)。

他们的研究对游牧社区面对国家行为的干涉和市场冲击的影响时,如何保持其长远的可持续性生存状态提出了一些建议,其中涉及本章的就是给予地方社会机构更多的理解,实现对地方牧区文化和价值的尊重,从而具备多方位的人文和生态的长远可持续性共存(Humphrey, Caroline & Sneath, David, 1999)。他们的观点是目前畜牧社会研究领域中社会科学家普遍认同的一个观点(Delgado, Christopher L., Rosegrant, Mark W., Steinfeld, Henning, Simeon K., Ehui & Courbois, Claude, 1999; Bauer, Ken, 2007; Joseph Ginat & Anatoly M. Khazanov, 1998)。

(四) 藏区研究

近年来出现了很多对藏区畜牧社会的研究(Goldstein, M. C., 1994; Goldstein, M. C., Benjiao, Beal, Cynthia M. & Phuntsog, Tsering, 2003; Goldstein, M. C. and Beall, Cynthia M., 1989; Miller, Daniel, 1998, 1999; Yeh Emily, 2003a, 2003b, 2004; Fischer, Andrew Martin, 2002, 2006; Banks, Tony, 2003; Shiyong, Wang, 2007, 2009; Bauer, Ken, 2005; Clake, Graham, E., 1986, 1987, 1989; Wu, Ning & Richard, Camille, 1999; Ho, Petter, 2000; 马戎, 1990; 肖怀远, 1994; 俞联平、高占琪和杨虎, 2004)。在这些研究中具有代表性的是戈尔斯坦教授在西藏日喀则帕拉(Phala)[①]地区通过人类学实地调查做出的研究。他提出自中国改革开放之后,西藏牧区的社会组织及劳作方式又继续在延续[②]着其传统的方式(Goldstein, M. C., 1994; Goldstein, M. C., Benjiao, Beal, Cynthia M. & Phuntsog, Tsering, 2003; Goldstein, M. C. and Beall, Cynthia M., 1989)。另一个值得一提的是费舍尔(Fischer, Andrew Martin, 2006)从宏观经济的

---

① 帕拉位于西藏自治区北部高原,海拔 4850~5450 米。
② 戈尔斯坦教授用了"re-emerge"一词,可译为"回归"或"复兴"。

角度提出了西藏牧区和农区在国家行为下的被动式经济生活状态。换句话说，他的研究似乎将牧民和农民视为被动而没有自我调节机制的存在体。这可能也是因为费舍尔的研究论点基于大量的统计数据资料，缺乏翔实的实地田野观察和资料所致（Scott, James C., 1976）。戈尔斯坦在2009年的一次学术讲座上也强调了他对这种论点的反对（Goldstein, *presentation*, Oslo University, Nov 3rd 2009）。

西藏畜牧研究中的其他研究往往以"非他位法"（本位主义）的角度诠释牧民，尤其是牧民的生产方式（刘淑珍、周麟、仇崇善、张建平、方一平和高维森，1999；魏兴琥、杨萍、王亚军、谢忠奎和陈怀顺，2003；李凡、李森和陈同庆，2004）。与这些诠释角度持不同观点的学者如米勒（Miller）和夏利（Sheehy）指出"如果对牧民的历史和他们与外界的互动关系（经济的和文化的）没有深入的理解，我们也无法真正地了解牧民"（Miller, Daniel & Sheehy, Dennis, 2008）。

关于那曲畜牧研究方面，有几个值得一提的研究（格勒、刘一鸣、张建林和安才旦，2002；西藏历史资料编辑组，1987；万德卡尔，1996），其中尼达活佛等编著的西藏那曲文史资料丛书提供了20世纪50年代前那曲一带的部落历史、民俗习惯、草原畜牧生产经济方面的翔实的资料。这一丛书为其他研究者提供了极为珍贵的学术参考资料。格勒博士等编著的《藏北牧民》成为以人类学的研究方法提供的那曲牧民社会生产状态的民族志（以那曲安多县为主）。此外，基于20世纪50年代中国民族调查的《中国少数民族社会历史调查资料丛刊——藏族社会历史调查》之那曲篇对了解当时牧民的经济生产状态和社会结构有着很翔实的借鉴作用。近几年也出现了很多研究成果，其中万德卡尔的论文翔实地记录了经济变革中牧民"物质文化"（作者语）的变化。在这些研究中《中国少数民族社会历史调查资料丛刊》其参照的理论及调查方法有其特定的历史背景（揣振宇、华祖根和蔡曼华，2007；Tapp, Nicholas, 2002）。其他的研究多少都有理论分析上的缺憾。尤其是涉及畜牧社区在社会变化背景下的分析，大多停留在资料描述的层面上，没有更多参考类似研究的比较，或理论深度的分析。这篇论文尝试做一些这方面的补充。

研究方法

本章的研究方法采用了人类学通用的参与观察为主的田野调查,同时也采用了开放式和半开放式问卷的方法。各户谱系表的收集通过关键人的口述记录下来,同时也通过随机访谈核实谱系表中亲属关系的信息准确度,每一户以阿拉伯数字为标示,而人名按人类学通常采取的方法隐去实名,以化名出现。除了田野实地资料,参阅公开发表的出版物是另一重要的资源(Epstein, Arnold, Leonard, 1967)。

研究点背景

那曲地区位于青藏高原北部,距离西藏自治区首府拉萨市约340公里。那曲地区的行政公署坐落于那曲镇(东经92°06′,北纬31°28′)。特定的地理位置决定了牧民们生存的生态环境非常具有挑战性。气温日较差较大,降水量也往往取决于强大的风速。土地生产量不高形成了高原草原植被形态。

那曲镇在解放前仅有零星居民和商铺,现在已发展成为具有医院、学校、商铺、宾馆及邮政电信的高原小镇。它已成为藏北政治经济及文化交汇的一个重要汇集地。而那曲镇的这种城市化必然使附近及周边的牧民们融入到市场化的舞台上。例如,市场对酸奶的需求是 Da 村牧民很重要的现金来源。高原小镇的这种变化也折射在 Da 村的变化中。

从那曲镇步行仅一个多小时便可到达 Da 村。在20世纪50年代,仅有一户居住在牦牛帐篷的牧民以半游牧方式生活在现在的 Da 村一带。到了2008年,Da 村的住户已有21户。所有这些牧民都有固定的居住房,一年四季放牧牲畜的范围一般固定在 Da 村自己的草场范围内,但到了冬季每户的一个牧人会到邻村的草场上放牧约3个月。① Da 村的主要现金来源是通过向那曲镇的人出售酸奶、牛粪及其他畜产品获得。这些现金又用来购买一些基本的消费品如食物、服饰以及家具等。即便如此,畜牧生产仍然是 Da

---

① 以每一头牛为单位支付一定的草场使用费。

村牧民最重要的生存方式。就如 Neidhardt 等提出的，那些生活在生态环境比较恶劣的畜牧社区，生存者积累资本或者积累剩余资本的机会不多，因而生活在这种环境中的群体对他们而言畜牧业是最根本的一种生存方式（Neidhardt, R., Grell, H., Schrecke, W. & Jakob, H., 1996）。说明这一观点最好的例子就是在全世界畜牧社会中非常普遍的"畜牧银行"概念（livestock bank）（Jarvis, L. S., 1986）。对 Da 村牧民而言，构成其"畜牧银行"的主要来源就是牦牛（*Bos grunniens*）、绵羊（*Ovis aries*）、山羊（*Capra hircus*）、马（*Equus ferus caballus*）和犏牛（*Bos taurus*）。这些物种为牧民提供着基本的消费资源。

那曲牧民社区的互惠与亲系关系

藏区牧民的经济状态在解放前可以描述为一种相对自给自足的状态①，解放后（尤其是 20 世纪 80 年代改革开放以来）牧民越来越频繁地融入了货币经济的活动中。这种变化并未改变基层牧区中一直存在的，建立在亲系和邻里上的互惠与合作关系。Polanyi 将这一现象解释为人类社会所有的经济活动都存在于社会关系和社会机构中（Polanyi, Karl, 1945）。

（一）Da 村中的亲系关系

Da 村共有 21② 户家庭（见图 7-1③），其中有 19 户常住在村中。这 19 户分别由 8 个主干家庭④及从这 8 个主干家庭中分离出去的子户组成。这 19 户的亲属关系是由藏文化中普遍存在的"rü"名来区别。"rü"汉译为"骨"，"rü gyü"即"骨系"。一个人的"rü"名一般传承自其父系，但每个人都需要知道其母系的"rü"名。多少代的"rü"名可以维系其亲系关

---

① 在人类学的研究中尚未提到一种出于完全自给自足经济状态的社会形态。从过去到现在，任何部落或者社区都会存在交换活动，例如藏区牧民过去普遍实行的盐粮交换活动。
② 其中 2 户常住在那曲镇近处，与村中其他几户互动频率不高，故而没有包含在资料分析中。
③ 图 7-1 中符号解释：深色矩形中的户表示主干家庭；虚线箭头所指的表示从主干家庭分离出的分支家庭；浅色椭圆形涵盖的户数同一亲系组。
④ 主干家庭即"Principle households"，是指最初由核心家庭或者扩展家庭组成，后来又从该家庭中分离出其他的子家庭。

系各地说法不一。有的学者认为从父系可以追溯到 100 代[①]以上,而从母系仅追溯到 6 代。[②] 在 Da 村记录下的 "rü" 名有不同的 9 种。[③] 这些 "rü" 名都是以每户男性家长的父系(patrilineal)为追溯线记录下来的。依照 Da 村的 "rü",这 19 户家庭分布在 7 个不同的亲系组中。

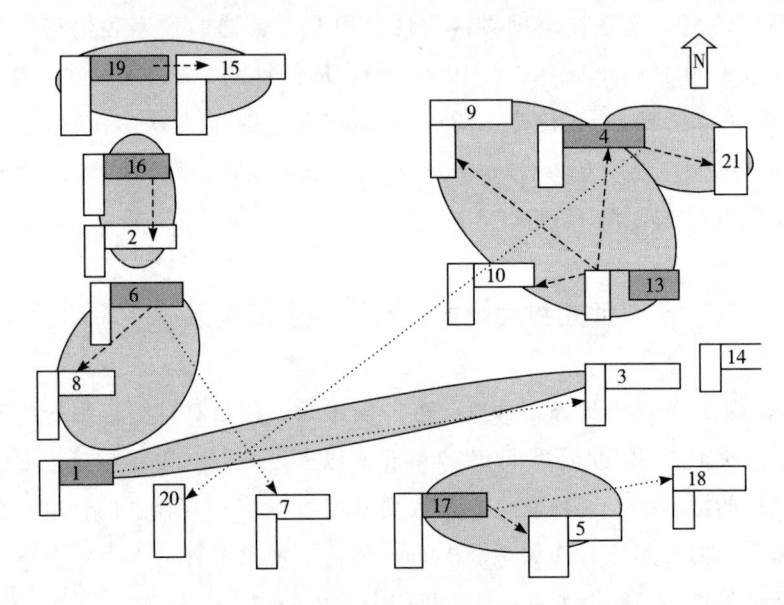

图 7-1 2007 年 Da 村中的亲系组及其房屋分布

亲系一(Kin segment):亲系一由 No.16 和 No.2 组成。No.16 的被访谈者是该家庭的户主[④]及其女儿。该户主有 2 个女儿,一个女儿及其孩子住在 No.16 中,另一个女儿婚后另立门户组成了 No.2(该女儿的丈夫是 No.2 的被访谈者)。这两户的亲属关系主要通过 No.16 父系骨名建立(见图 7-2)[⑤]。

[①] 该信息由藏学家 Geoffrey Samue 教授向笔者提及,不丹王国一位博士生的论文中记录了近 100 代的骨名。但笔者尚未找到这篇论文。

[②] 西藏社科院的次仁平措教授提到了在西藏自治区各区域之间也有不同的说法,如在拉萨一般追溯到 7 代(父系),4 代(母系)。日喀则一带追溯至 7 代(母系),而父系名需要一直追溯,没有代数界定(次仁平措,私人交流,2011 年 5 月 9 日)。

[③] 这 9 个 "rü" 名并不能包括 Da 村所有的 "rü" 名。这受制于被访谈者的信息提供,例如,No.15 家的女主人在访谈时以她的第一任丈夫(过世)的 "rü" 名作为该家庭的骨名,她没有提及其第二任丈夫及其孩子以及第三任丈夫及其孩子的骨名。

[④] 该被访谈者 2008 年过世。

[⑤] 亲系图表的制作过程特别感谢贡桑给予的协助。

第七章 人类学视野下的西藏牧区亲系组织及互惠关系

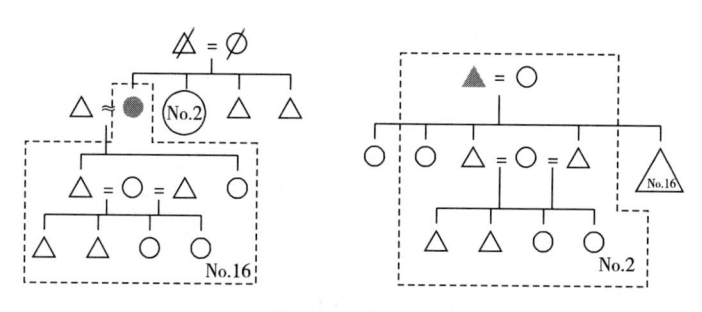

图 7-2 亲系一

亲系二：该亲属由 No.13，及从 No.13 家庭中分离出的 No.4，No.9 和 No.10 组成。No.13 的户主是该户的被访谈者，他的两个血缘兄弟分别是 No.9 和 No.10 的被访谈者。No.4 家庭户主的妻子是 No.13 户主的血缘姊妹。这几户家庭的亲属关系由 No.13 户主的父系骨名相连（见图 7-3）。

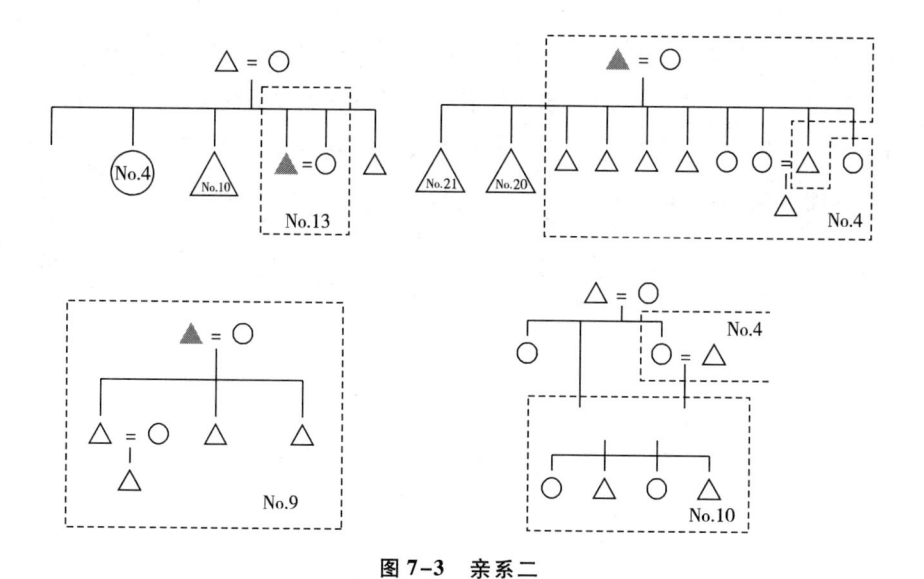

图 7-3 亲系二

亲系三：该亲系由 No.6，及从 No.6 家庭中分离出的 No.7 和 No.8 组成。No.6 的户主是该户的被访谈者，他的两个血缘兄弟分别是 No.7 和 No.8 的被访谈者。这几户家庭的亲系关系由 No.6 户主的父系骨名相连（见图 7-4）。

图 7-4 亲系三

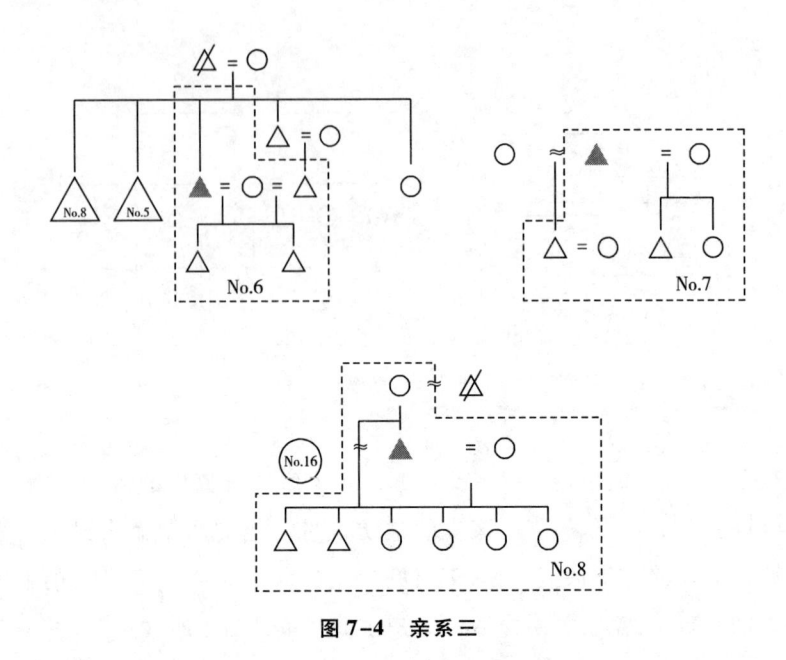

亲系四：该亲系由 No.17，及从 No.17 家庭中分离出的 No.5 和 No.18 组成。No.17 的户主是该户的被访谈者，他的儿子是 No.18 的被访谈者，他的血缘姊妹是 No.5 户主的妻子。他们的亲系关系主要由 No.17 户主的父系骨名相连（见图 7-5）。

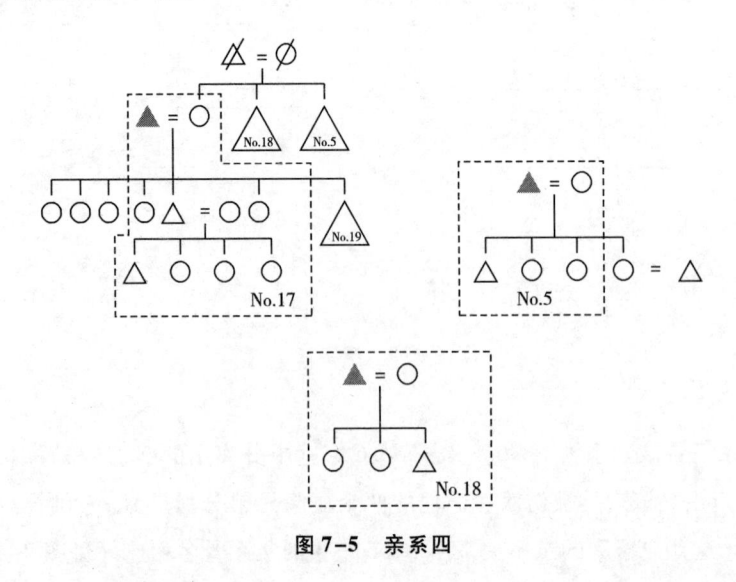

图 7-5 亲系四

亲系五：该亲系由 No.19，及从 No.19 家庭中分离出的 No.15 组成。No.19 户主的妻子是该户的被访谈者，她的父亲是 No.15 的户主。这两户家庭的亲系关系以 No.15 户主的骨名相连（见图 7-6）。

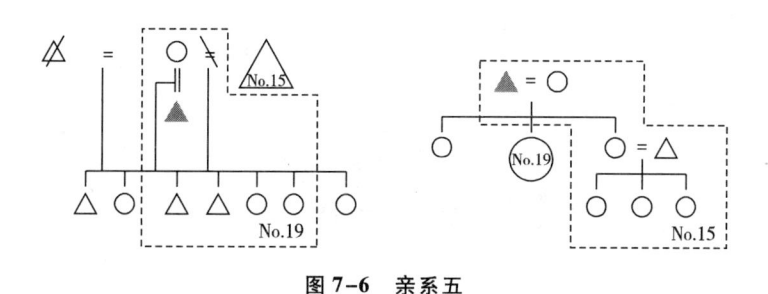

图 7-6　亲系五

亲系六：该亲系由 No.1 以及从 No.1 分离出来的 No.3 组成。No.1 的户主是该户的被访谈者，他的儿子是 No.3 的被访谈者。这两户的亲系关系由 No.1 父系骨名相连（见图 7-7）。

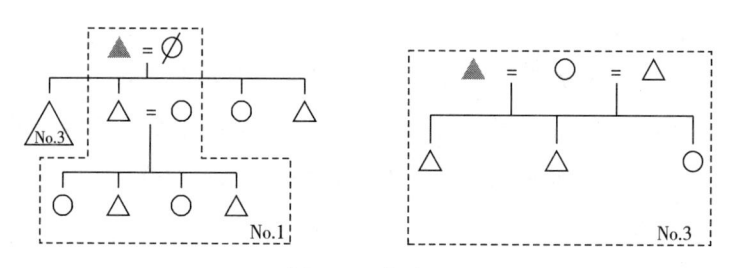

图 7-7　亲系六

亲系七：该亲系由 No.4 以及从 No.4 分离出来的 No.20 和 No.21 组成。No.4 的户主是该户的被访谈者，他的两个儿子分别是 No.20 和 No.21 的户主。这几户的亲系关系由 No.4 的父系骨名相连（见图 7-8）。

（二）亲系与互惠

这些同一亲系内的互惠关系主要表现在劳动力的互惠和决策的互惠中。劳动力互惠的例子如，亲系四中 No.17 与 No.5 和 No.18 共享同一放牧劳力，这点在去冬季牧场放牧时显得尤为重要。同样的例子出现在其他 6 个亲

图 7-8　亲系七

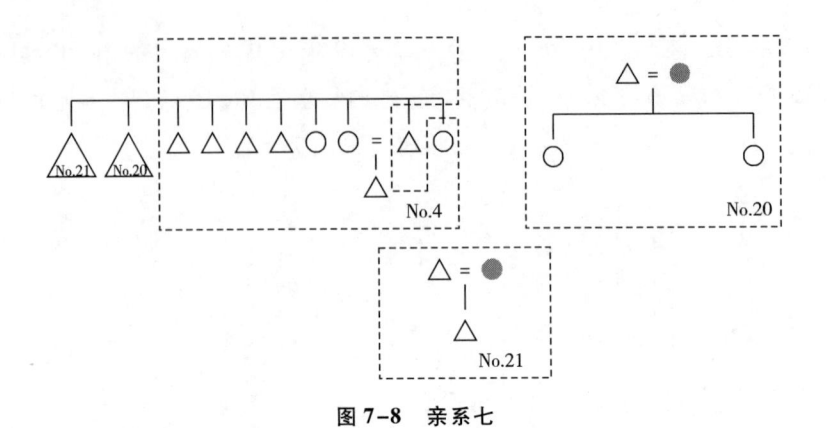

系组中。畜牧劳动力在同一亲系中的互惠，让一些家庭中的部分劳力可以从事非畜牧活动，从而为家庭带来现金收入。例如，图 7-3 显示了不同的亲系和其外出劳力数的区别，以及由此产生的非畜产品收入资源的不同。其中亲系四（No.5，No.17 和 No.18）外出劳力数不多，其非畜产品的收入也相对不高。该亲系仅有 No.17 家庭户主的儿子参与了非畜牧业活动，即通过自家东风车跑运输创造收入。亲系五（No.15 和 No.19）中 No.15 有 4 个外出劳力，No.19 有 3 个外出劳力。这些劳力从事非畜牧生产的方式有两种，一种是去盛产虫草的外县挖虫草，另一种是在那曲镇的民族歌舞厅当非专业歌手。是否以及如何从事这种非畜牧生产的决定，可以体现出同一亲系中决策的互惠。例如，亲系五（No.15 和 No.19）中 No.19 有关何时去挖虫草，以及从事非专业歌手的途径的决策往往受益于 No.15。其他一个明显的例子就是畜牧生产方面的决策互惠。例如，亲系四（No.5，No.17 和 No.18）考虑到饲养羊群与需要投入的人力和资源的矛盾，No.17 和 No.5 在 1999 年一起决定出售两家的所有羊群。考虑到草场的压力，这一决定后来也被其他牧户所效仿。如何出售以及出售给谁，还有价格的协商同一亲系往往会共享决策方式。

这种互惠关系除了牧户之间本就具有的亲系因素外，也通过其他的文化行为强化这种亲密性。其中，分享食物（上好的和普通的）和相互拜访（聊天，分享信息）是比较普遍的行为。

这种劳力的互惠也会发生在不同亲系之间。例如，在修建房屋或者牲畜栏时，不同亲系之间的劳力互惠是很普遍的一种社会行为。通过这种互惠行为，个体家庭可以节省时间和资源而达到成效。表 7-1 展示了 Da 村中的 7 户家庭在修建其房屋时都获得了来自其他亲系中的劳力帮助。例如，亲系二中的 No.10 在 2007 年修建其房屋时，该户获得了来自其他亲系中共 12 个劳力的帮助。反之，当其他牧户建房时 No.10 也会参与相同的帮助。表 7-1 没有显示 No.14 的信息，因为该户在 Da 村没有如其他牧户一般的亲系关系。尽管如此，当 No.14 在 2003 年修建房屋时获得了来自其他不同亲系共 20 个劳力的帮助。数据显示，Da 村中近 90% 的牧户在修建房屋或者牲畜栏时获得其他亲系劳力的帮助。在其余的 10% 中有两种情况。第一种是牧户付钱雇佣农民修建其房屋，如亲系一中的 No.2 雇用了 4 个来自日喀则的农民，工钱为 3000 元。第二种情况如亲系五中的 No.15 是获得住在城镇亲系的帮助修建了牲畜暖房。

表 7-1　2007 年亲系和非畜牧生产收入情况

	采石（人）	虫草（人）	东风车及货运车	总计（人）
亲系一	0	0	2	2
亲系二	3	0	0	3
亲系三	1	1	0	2
亲系四	0	0	1	1
亲系五	0	5	0	5
亲系六	1	0	0	1
亲系七	2	0	0	2

注：阿拉伯数字指外出劳力数。

（三）亲系与整体

所有这些不同的亲系组成了一个 ru kor，归属在自然村下的"组"，即 Da。在这一背景中，所有的亲系组形成了一个统一的畜牧经济活动社区。它具备其内在的逻辑和理性的思考方式。他们的经济生产及文化活动可以称之为如格尔茨（Geertz）所称的"现实之模式"（a model of reality）。通过这一模式，牧民凝聚在一个能够共享文化含义认同感的群体中。而他们日

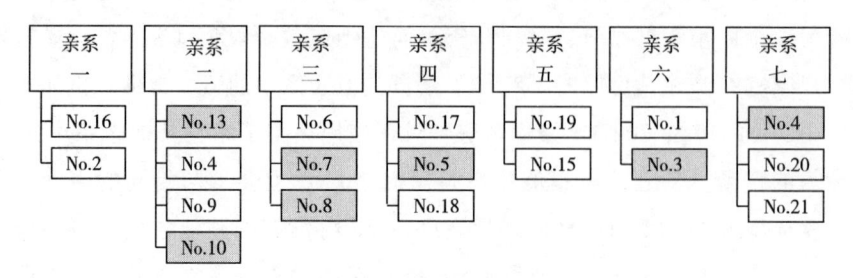

```
亲系一    亲系二    亲系三    亲系四    亲系五    亲系六    亲系七
No.16    No.13    No.6     No.17    No.19    No.1     No.4
No.2     No.4     No.7     No.5     No.15    No.3     No.20
         No.9     No.8     No.18                       No.21
         No.10
```

图 7-9 亲系与劳力互惠

注：深色框显示的牧户是修建房屋时获得了其他亲系的劳力帮助。因为无法统计到非常系统化的劳动分工，因此，很难推论出每一个劳力在修建房屋总开支中所占的百分比。

常的经济活动往往也表达着这种认同感。关于认同感很具体的如，2008 年 9 月 9 日，Da 村的两个牧民负责看护位于该村和那曲镇的交界处的围栏草场。那天，这两个牧民看到了不属于该村的 17 只山羊正在围栏内食草。所以，他们将这些山羊带回到村里，等待其主人来领取时要求赔偿 Da 村相应的食草费。但出乎意料的是，山羊的主人拒绝支付食草费。相反，还随同带来了 10 个同伙来到 Da 村，向村民扔石头施以报复。事后，Da 村村委会召集每户代表就如何保护好边界处的草场，如何保护村民安全等开了多次会议。这件事让每个村民都围绕对 Da 村共同群体的认同感表达其共识性。

如何通过经济活动表达这种群体共享文化含义的具体例子体现在一年一度的藏历年和赛马节期间每个不同的亲系所准备或购买的食品中。田野资料显示所有的牧户在这期间购买相同的畜牧食品，如干肉，煮肉，奶渣，奶渣糕和酸奶等。同样，图 7-10 显示这些牧户都购买了类似的非自产食物如油炸饼子、饮料、水果、凉拌猪肉、凉拌鸡肉和凉拌豆腐等。这一期间，各户之间相互拜年时都会提供这些食品招待前来拜年的客人。而这种类似食品的分享也反映了他们分享着对食品文化的相同理解。在所有这些食品中，没有出现虾和螃蟹等海鲜食品。而这些食品很受居住在那曲城镇中汉族的欢迎，而且很多机关单位里的藏族也不拒绝品尝这些海鲜食品。然而，对 Da 村的牧民而言，他们对这些食品的禁忌理解有着相同的认同感，他们说这种理解源自其共同宗教信仰中的解释。这种有选择性的决定（决定买这种食品，不买那种食品）也反映了生活在城镇中的藏族和牧区藏族的区别，而这种区别的一个界定通过食物文化上的支系区别来反映（Kuper, Adam，1992）。

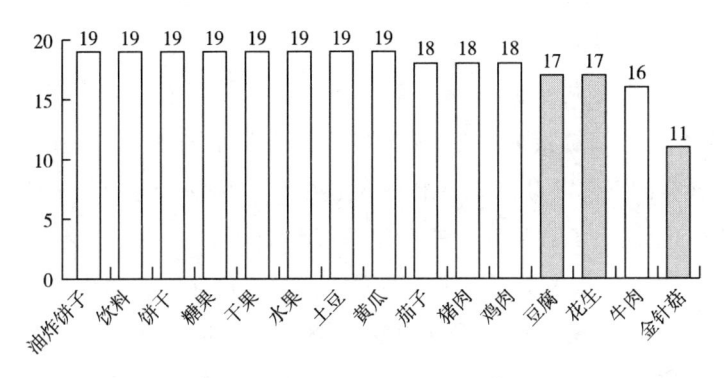

图 7-10　藏历年及赛马节购买的非自产食品（2007 年）
注：浅色矩形表示熟食。

（四）亲系延伸的社会关系

1. 亲系和邻村

Da 村的亲系关系可以进一步延伸到其他的 ru kor（组）[①]。这一延伸的关系进一步体现出亲系之间的互惠（支持）关系，尤其涉及草场的使用和牲畜的管理方面显得突出。图 7-11 显示了 Da 村的位置和与之相邻的 3 个村。在 Da 村中的每一个亲系在这 3 个邻村中都有其延伸的亲系关系。例如，田野资料显示了 Da 村中的一个牧户与邻村 A 中的 6 个牧户有亲系关系，与 C 村中的 35 户有亲系关系。Da 村的大部分牧户与 B 村中的 47 个牧户有亲系关系。这些延伸的亲系关系让 Da 村与这些邻村在草场使用和放牧牲畜中发挥了作用。例如，在 1999 年至 2004 年，Da 村开始减少绵羊的头数。在 2005 年，Da 村村委会召集每户的户主达成共识，决定所有户主都不能在 Da

---

① 在 1950 年之前，几个这样的 ru kor 组成了一个 ru ba。ru ba 相当于解放后的"村"。"村"作为行政单位，对于牧民而言，它标志着居住在相同地域的认同感。这种认同感可以理解为共同使用（相对而言）同一草场，且对之有保护义务。

村的共同草场上保留绵羊。一些牧户利用其在 B 村延伸的亲系关系，让亲戚将其绵羊放牧在 B 村，一些则将其绵羊出售给 B 村的亲戚，还有一些牧户将这种亲系关系延伸到更远的村落，将绵羊放牧在那里。这一事例证明了牧民如何灵活利用其亲系链做出适合他们的最佳决策。表 7-2 显示了 Da 村的每一个亲系采取了不同的方式来保留其绵羊。其中，获得最广大限度帮助的是那些较远村落的亲系关系，其次是在 B 村有亲系的牧户。当然，这种互惠（支持）链很可能会引起那些不在相同利益圈的其他牧民的异议。如，当 Da 村的 No.17 让其在 B 村的亲系在 B 村草场上看护其羊群时，B 村的一些牧户便提出了意见。这一情况持续到 2003 年，No.17 不得不出售全部的羊群。"村"作为不同亲系的共同体，对这种延伸的亲系互惠关系具备其内在的共识来平衡矛盾，用其内在的规则引导变化的过程。虽然存在有竞争，但是这并不占主导地位。这种关系也体现了草场使用过程的灵活性。

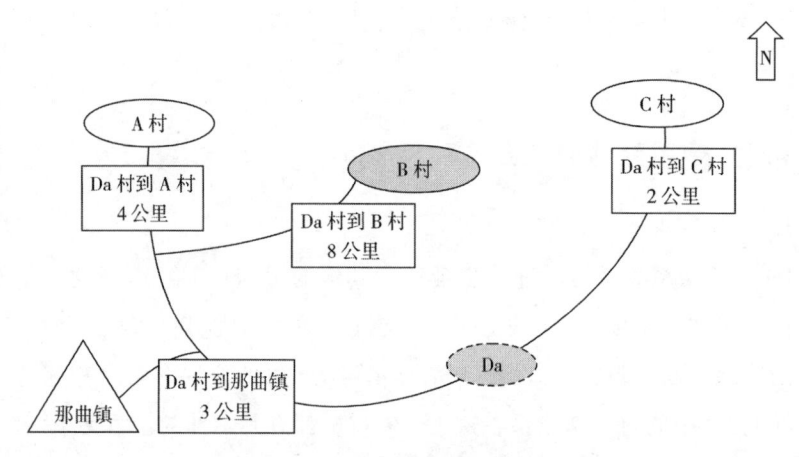

图 7-11　2007 年 Da 村和邻村

表 7-2　2007 年 Da 村不同亲系保留羊群的不同方式

阿拉伯数字代表 Da 村中的户	A	B	C	D	E	F
亲系一				2		
亲系二	1		1		1	1
亲系三					3	
亲系四		1				1

续表

	A	B	C	D	E	F
亲系五	1	1	1			
亲系六					1	1
亲系七						1

A：其他方式
B：在 B 村放牧羊群
C：出售羊群给其他村落
D：出售羊群给 B 村
E：在户主妻子的亲系居住村中放牧羊群
F：没有羊群

2. 亲系的延伸

Da 村亲系的延伸表现在城镇及其他区域。这种延伸意味着扩大收入的可能性或者增加现金收入的机会。这是一种通过经济活动多元化来增加经济收入的方式之一。而经济活动的多元化方式在其他畜牧社会也很普遍（Benedict, Paul, K., 1942; Barrett, Christopher, B. & Reardon, Thomas, 2001）。Da 村中的每一户都有居住在那曲镇的亲戚。当我们将这些牧户通过亲系组分类时，图 7-12 显示了不同亲系组在城镇亲系数的不同。在所有这些亲系组中，亲系五在城镇中拥有着最多的亲系数。图 7-13 进一步说明了该亲系组经由挖虫草和打工所得的现金收入（一单位劳动力）最高。亲系五中的两户家庭得益于在城镇中工作的，No.15 户主的大女儿（Q），Q 也是 No.19 户主之妻的血缘姐姐。在 Q 的帮助下，No.15 和 No.19 中的两个女孩在那曲的民族歌舞厅唱歌，这份工作可以给每家每月增加 1600 元的收入。挖虫草的机遇得益于 No.15 户主之妻即 No.19 户主之岳母（W）在比如县的亲系链。其他的亲系所得到的类似受益和亲系五相比有所逊色，但这个结论需要更翔实的田野资料来论证。

Da 村中每一户都有人口外流意味着畜牧劳力的减少，畜牧劳力的减少也是该村只保留牛群，不再保留羊和山羊的社会原因之一。而牲畜数的减少同时也反映了草地承载量的下降限制了畜牧收入的上升。但是从另一个层面来看，这也促使牧民看到了城镇中具备的潜在的更多的收入机遇，以及同外界更多的互动。

图 7-12　2007 年 Da 村不同亲系组在那曲镇的亲戚数

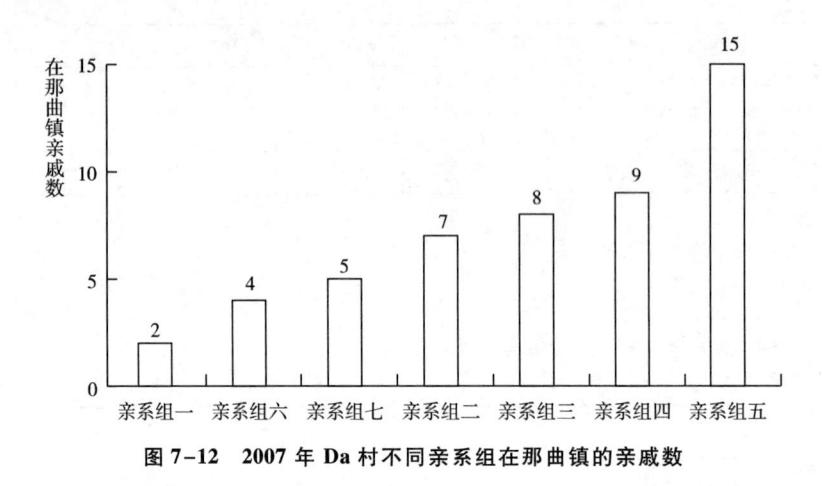

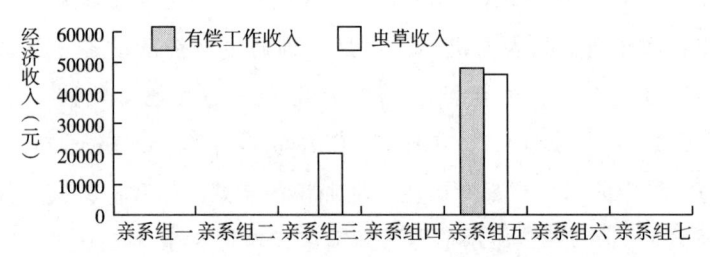

图 7-13　2007 年 Da 村经由亲系链获得的有偿工作和现金收入

注：矩形柱表示人民币现金收入。

  Da 村中人口外流的途径有两种，一种是婚姻，另一种是教育。其中，54% 的外出人口是户主的女儿，姐妹或者孙女（见表 7-3），15% 是户主的兄弟或者户主母亲及父亲的兄弟，31% 是户主妻子的亲系（这部分人口来源不在 Da 村，故不计入分析中）。图 7-14 展示了从 Da 村中移居在镇上的情况。其中，30% 的人口通过获得教育在镇里拥有了工作单位（长期或者临时的），18% 的人通过各种打工机会成为 Da 村的外流人口，16% 经由婚姻关系移居在镇里，12% 的人口以小规模生意的收入为主居住在镇里，24% 是那些从其他村落移居在镇上的人口，这部分人口是户主妻子的亲系。

表 7-3　归类在亲系组中的每一户外流人口

	户主的女儿或者孙女或者姐妹	户主的兄弟或者户主母亲的兄弟	户主妻子的亲系
亲系一	2	0	0
亲系二	0	4	3
亲系三	6	0	0
亲系四	9	0	0
亲系五	4	0	11
亲系六	4	0	0
亲系七	0	3	0

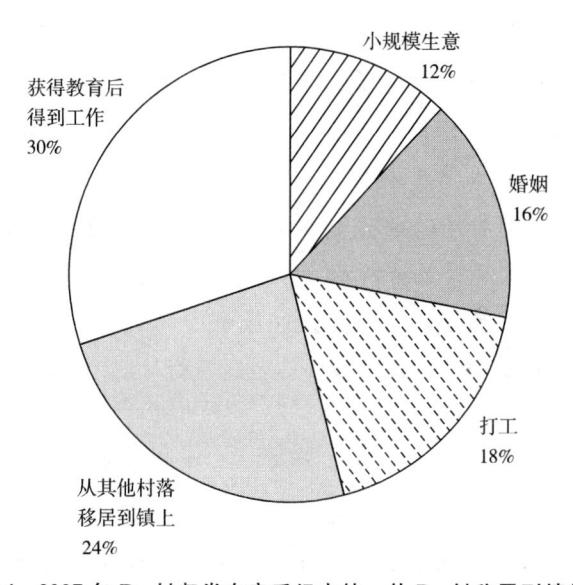

图 7-14　2007 年 Da 村归类在亲系组中的，从 Da 村移居到镇的途径

（小规模生意 12%，婚姻 16%，打工 18%，从其他村落移居到镇上 24%，获得教育后得到工作 30%）

3. 亲系的社会关系延伸

亲系的社会关系延伸占据着牧区经济活动很重要的地位。Da 村亲系的社会关系延伸表现在两个方面。一种是已论述过的村内不同牧户之间的劳力互惠，另一种则是经由亲系关系或者个人关系延伸出的社会关系。亲系关系延伸出的社会关系，例如，Da 村的牧民通过其镇里的亲戚扩大其社会关系，这种社会关系建立起了出售酸奶、牛粪及其他可能性收入的途径。

例如，在2001年冬天，No.15经由其在镇里的亲戚Q认识了几个需要购买牛粪的客户，这一渠道使得No.15一次性出售了大量的牛粪。相比于其他那些每天只能出售几麻袋牛粪的牧户而言，No.15一次性获得了可观的收入。另一个例子是酸奶的出售。卖酸奶者一般都会拿着酸奶在镇里市场的街道边守候消费者的到来。这种方式既存在与其他出售酸奶者的竞争，也需要花费时间。但是，牧户如能经由亲系链延伸其社会关系，便能缩短守候消费者的时间。例如，No.19的一个在镇里工作的亲戚给No.19介绍了其单位需要购买酸奶的6位消费者。这一延伸的社会关系加之No.19酸奶质量的保证，使得No.19获得了固定的消费群。类似的例子也可以从其他的牧户中得到证实。如No.17，该户的户主有4个女儿住在镇里，No.17通过这一亲系链延伸了其他的社会关系，由此该户建立起了在Da村、那曲及其他村落的跑运输生意。以上例子说明了当一种亲系关系强大且能够积极主动运用这一亲系链时，对畜牧经济活动及其结果都会有很好的效果。而这进一步显示了经济的收入与社区活动，以及文化行为的关系。

经由个人关系延伸出的社会关系表现在友情或其他社会关系中。例如，No.15出售酸奶的人际关系链所示，No.15中的次仁在Da村中建立有最广泛的出售酸奶社会关系链。在她讲述的故事中体现了友情帮助她如何延伸了其出售酸奶的社会关系，这使得她有着固定而又稳妥的消费群。

> 我的消费群可以分为两个群体，一个群体是那些有固定收入，有固定工作的人。另一个群体是那些从其他村落移居到那曲镇的牧民。最初时，我并没有现在这样广的社会关系出售我的酸奶。我和其他那些牧民一样每天走路（现在是骑摩托车）到镇里，然后在靠近市场的街边摆好酸奶，在那里等待潜在的客户。就这样，我认识了A，他是地方医院的一名医生。我们成了好朋友。通过A我认识了他单位里的其他6个客户。后来，我认识了客户B，她是一名防疫工作者。我们成了好朋友。通过B，我认识了她单位中的其他10个客户。一个偶然的机会，我认识了客户C，他是一名气象工作者。通过C我认识了他单位中的10个客户。Ga是一名行政工作者。通过他我认识了其单位的10个客户。这些客户是我的第一个客户群，他们可以随时在我这里定制新

鲜的酸奶，做好的酸奶我会送到他们家。我的第二个客户群是在最近几年才建立起的。这些客户群大多是挖虫草获益，然后移居到那曲的牧民。我认识大概100多位客户，他们也是定期购买我的酸奶。

次仁发展其生意的方式，及如何运用生意中关键程序的过程可以反映牧民在经商方面的知识运用。几个世纪以来，牧民一直就有各种经商的历史，如盐粮交换等。但是，文中的例子生动地展示了在新的社会经济环境中一些牧民在学会如何适应。也许有人会问及，这种适应性怎么会在一个没有受过任何商业教育的个体牧民中出现，而且，次仁的决策基本上建立在其经验的学习中，但是，恰恰是这种经验学习的主动性反映其具备的适应力。

综观以上论述可以反映出牧民隐形知识中（tacit knowledge）积极适应性的特点，可以具体地总结为以下几点：

（1）他们的经济活动展示了其文化内质不仅仅是为了生存而且也有发展。

（2）他们看到了社会关系链能为经济活动提供更好更效率化的产品。

（3）他们的文化中具备对市场化的理解，如关于经济规模概念的理解。

（4）他们的思考体现出了在哪种方面需要适应，在哪种方面需要改变的深思熟虑特征。

综合这些特点，牧民既能保留其独特的认同感，又能适应这种不断商业化的世界环境。

结论 变化中的牧民社区

社区对于社会机构而言相当于"大脑"在人体中所起的作用，这点在Wilkes, Tan and Mandula 的文章"社区的神秘性与中国草原管理的可持续性"（2010）中得到了进一步的论证。他们提出如果仅以家庭户为单位来提高或者发展草原管理并不能带来预期的有利效果。有些决策需要有社区共同商量而定，并且在社区中需要其他有偿的经济活动。本章的案例便反映了建立在亲系组织上的社区如何做出共同决定，并且能让这一决定受益于社区的所属群体。村中即便出现了贫富的不同，但整体性的共同利益和平等性仍然保持着。

在市场经济环境下，社区需要通过各种非畜牧经济创收来建立多样化的经济方式。而这种生存能力可通过其适应性来体现。适应性意味着通过开放性的学习让传统的生产方式适应新的环境。这种学习途径有两种：经验性的和教育的。在经验性的学习过程中牧民不一定有非常精确的知识来避免错误的发生，但重要的是他们能够从中学习并且跟进。而教育的学习则需要地方决策者在学校教育的过程中可以考虑在牧区教育中加强和强调畜牧知识（传统的和新的）的传授和培养，这有利于牧民更好地适应新的经济环境。虽然经验性的学习很重要，但是学校的教育不但可以通过阅读获得知识，而且职业教育中如能强调畜牧知识和技能的培养便更能贴近牧民的日常生产生活。

自1980年改革开放以来，牧民在如何充分利用有利的条件和机遇来适应市场化的积极性上，可以充分体现出他们的这种适应能力。当我们回顾畜牧生产的历史时期，他们的这种适应性一直就存在，例如，通过盐粮交换来获得非畜牧消费品的方式。而现在，这种适应性在新的背景中继续延伸着。建立在亲系关系，及这种亲系关系的延伸所建立起的社会关系链，过去是现在仍然是重要的经济活动凝聚力量。这种凝聚力给予牧民在飞速发展的经济环境中以其灵活和弹性在适应这种变化。在货币/市场经济的环境下，他们意识到了通过高效的运输和方便的模式能够积累财富。这一财富可以投资到货车、卡车上及用于提炼酥油的洗衣机。[①] 而对医疗、兽医及教育的投资也是财富的一种转化。所有这些不但可以提高生活的质量，而且可以增加潜在的机遇。

社会流动性为人口的流动增加并且提供了机会，个体从家庭单位的外流不仅仅是经济的因素而且也是生活机遇的一种选择。这种选择使得牧民有成为医生或者气象工作者的可能，对于普通的牧民而言这在20世纪50年代前似乎是不大可能实现的。文中论述的亲系链以及延伸的社会关系为归属于这一群体的牧民提供了这种机遇。另外，这种选择也使得这部分外流的牧民在更广的社区中从事着多样化和专业化的劳动，如运输、机械及

---

① 将挤好的牛奶倒入洗衣机洗桶中，其反复的搅拌作用便能提炼出酥油。

经商。

牧民社区尽管面临各种机遇所带来的各种变化,他们仍然自觉自愿地通过收入中的很大一部分来延续着社区的社会文化功能。这反映了在经济活动下所包含的一个深层次的文化现象,即家庭、亲系及亲系链所建立起的社区整体性,这种整体性让个体既有文化的认同感,又有群体的归属感。可以说,这种文化行为能够让牧民感受到社区整合性所带给他们的适应能力及对经济活动选择范围的巩固。

财富的概念只能在特定的背景中去理解。在过去,经济交换多以物物交换为主,牧民财富的象征更多是通过牲畜的数量,帐篷的大小和首饰的多少等来体现。现在,各种消费品多通过货币来获取,虽然首饰和牲畜仍然是不可或缺的财富象征,但现金已渐成为重要的财富标志。然而,牧民所熟知和认同的文化行为并没有随着这种经济交换形式的改变而发生变化,相反,现金成为很好的物质媒介让牧民可以继续延续其社会归属感和文化礼仪行为。对那些富有的牧民而言,通过市场所积累的财富不但可以提高社会地位,而且这部分财富可以转化到支付工钱的劳动力上,如运输。

在西方国家,尤其是在"启蒙时代"晚期,"利己主义的启蒙"被认为是一个社会经济发展和政治发展的动力。Hume(2000)对人性行为动机提出了四个主张。

(1)仅仅"原因"本身无法成为行为的动机,反之,这种动机就成为了"激情奴隶"。

(2)道德的特征无法产生自"原因"。

(3)道德的特征源自道德的观点和情感:其行为或者个性被旁观者认同的感觉(称赞,尊重)或者不被认同的感觉(指责)。

(4)有的习惯,品性或者不道德的行为是本性的,但是其他的是非本性的。

休谟的观点可以反驳"利己主义的启蒙"的看法。人性不仅仅受制于理性,很大程度上它更多受制于文化以及和文化相关因素的影响。虽然,面对市场牧民们的行为表现出了理性的行为,但是他们日常行为的很多思考及活动都在很深地受着其道德观,文化及传统因素的影响。例如,从经济的角度而言,不带有宗教信仰的思考和行为是一种合理的理性化方式。

然而，宗教信仰是牧民日常生活中很重要的组成部分。因而，经济行为的理性方式和文化信仰的平衡起到了维持社区及个人认同感的作用。而这点可以反证"利己主义"所代表的观点不具有长远性。

由 Mill（1963）建立起来的实用主义哲学理论之"功利主义"强调了文明文化的核心就是"功用及效用"，由此建立起来的价值体系则伟大于简单的物质福利。而所有这些的核心就是"自由"。建立在 Bentham 的观点之上，Mill 提出了在寻找"最理想模式的数据之上建立起的最好的物质"，或者说在寻找幸福的标准时，关于"好"的标准应该按照其质量而非简单的物质收获来决定。例如，他举例很难论断诗歌是否好于汤勺。这个观点可以帮助我们思考本章田野点的实例。牧民在其隐形文化中能够寻得维持其文化价值的动力，反之这种动力可以防止其文化行为不被物质的获取所完全吞噬。对 Da 村的牧民，社区的隐形知识是一种潜意识和本能的意识。这些意识通过社区的整合力及附带礼仪和习俗中的价值帮助个人的兴趣和利益获得保护。牧民的这种适应能力证明了文化内质的力量：他们可以借用非本土文化的，新的象征模式，但会将自己的文化含义根植在这种模式中。

本章所展示的就是牧民在经济及文化方面，面对政治及社会变化的过程具备怎样的适应能力。即通过社区凝聚力和归属感来达到群体的整体性。这个结论也许可以从固有的范例模式中走出。例如，一种范例就是很多研究者普遍认为，传统的社区多少都是"原始的，简单的"，而这种社会形态与 21 世纪不相适应。由此，普遍的一个假设就是这些传统文化或将会被吞噬到最终消逝。或更有甚者认为，这些传统社区对所谓的"现代化"的思考和运作毫无作用。而本章所呈现的实例恰恰与这种观点相反。在有限的资源，恶劣的气候和有限的现金收入中，牧民在尝试如何适应。这种适应性的内核一直根植在牧民的文化中：学会如何在艰难的环境中生存，如何在同一的社区中保持牧业生产，如何从事商品交换，希望能保持社区的整体性，希望下一代有更好的生活。Da 村中的牧民展示了其源自传统的价值如何在当前的环境中具有适应性的能力。如通过劳力的分享，分工的劳作来保持亲系的关系，以及亲系与更广社区的关系。而这种关系进一步为牧民提供了学习和积累知识的过程，这些积累的知识可以运用在那些新的挑战中，如经商的能力。

综合上述我们可以说幸福（well-being）不仅仅是物质的拥有，而且还应该有情感和社会的安全感，一种源自内心的强烈的归属感和认同感。一方面牧民表现出了灵活而又强大的适应能力，另一方面拒绝外界的变化完全吞噬其归属感。在物质的获得和文化的认同感之间，他们在努力寻得某种平衡的方式……

参考文献

马戎：《西藏的人口与社会》，同心出版社，1996。

马戎：《西藏社会发展简论》，中国藏学出版社，1997。

肖怀远：《西藏畜牧业走向市场的问题与对策》，西藏人民出版社，1994。

肖怀远：《西藏农牧区：改革与发展》，中国藏学出版社，1994。

俞联平、高占琪和杨虎：《那曲地区草地畜牧业可持续发展对策》，《草业科学》2004年第21卷第11期。

刘淑珍、周麟、仇崇善、张建平、方一平、高维森：《西藏自治区那曲地区草地退化沙化研究》，西藏人民出版社，1999。

魏兴琥、杨萍、王亚军、谢忠奎、陈怀顺：《西藏那曲草场管理方式与草地退化的关系》，《草业科学》2003年第20卷第9期。

李凡、李森、陈同庆：《藏北旅游业发展研究》，《四川草原》2004年第109卷第12期。

格勒、刘一鸣、张建林、安才旦：《藏北牧民》，中国藏学出版社，2002。

西藏历史资料编辑组：《藏族社会历史调查》，西藏人民出版社，1987。

万德卡尔：《藏北牧区家庭物质生活变迁》，中国藏学研究中心社会经济研究所（编辑）《西藏家庭40年变迁：西藏百户家庭调查报告》，中国藏学研究中心，1996。

揣振宇、华祖根、蔡曼华（编辑）：《伟大的起点：新中国民族大调查纪念文集》，中国社会科学出版社，2007。

Polyanyi, Karl., Conrad Arensberg & Harry, Pearson, eds. *Trade and markets in the early empires*. Glencoe, IL: Free Press. 1957.

Sahlins, Marshall David, *Culture and Practical Reason*, Chicago: The University of Chicago Press. 1976.

Mauss, Marcel, "The Gift: form and functions of exchange" in *Archaic Societies* (L.

Gunnison, Trans.), Glencoe, Illinois: The Free Press. 1954.

Polanyi, Karl, *The Open Society and its Enemies* (Vol. 2), London: Routledge. 1945.

Leach, Edmund. Ronald, "Jinghpaw Kinship Terminology". *The Journal of the Royal Anthropology*, Institute of Great Britain and Ireland. 1 (2), 1945, pp. 59-72.

Edmund Ronald Leach, *Social Anthropology*. New York: Oxford University Press. 1982.

Barth, Fredrick, "Descent and marriage reconsidered". In J. Goody (Ed.), *The Character of Kinship*, London: Cambridge University. 1973.

Bloch, Maurice, "The Long Term and the Short Term: The Economic and Political Significance of the Morality of Kinship". In J. Goody (Ed.), *The Character of Kinship*, Cambridge: Cambridge University Press. 1973, pp. 75-87.

Dalton, Geoge, (Ed.). *Primitive, Archaic and Modern Economies: essays of Karl Polanyi*, Boston: Beacon Press. 1968.

G. Dalton, "Theoretical Issues in Economic Anthropology", *Current Anthropology*, 10 (1), 1969, pp. 63-102.

Firth, Raymond, *Malay fisherman: Their peasant economy*, London Routledge & Kegan Paul. 1946.

Myrdal, Gunnar, *Rich lands and poor: the road to world prosperity*, New York: Harper. 1957.

Malinowski, Bronislaw. Kasper, *Coral Gardens and their Magic: a Study of the Methods of Tilling the Soil and of Agricultural Rites in the Trobriand Islands*, New York: Allen & Unwin Ltd. 1935.

Bronislaw Malinowski, *Argonauts of the Western Pacific: An Account of Native Enterprise and Adventure in the Archipelagoes of Melanesian New Guinea*, New York: E. P. Dutton & Co. 1922.

Potter, Sulamith Heins., & Potter, Jack M, *China's peasants: the anthropology of a revolution*, Cambridge: Cambridge University Press. 1990.

Huber, Toni, *The Cult of Pure Crystal Mountain: Populare Pilgrimage and Visonary Landscape in Southeast Tibet*, New York: Oxford University Press. 1999, p. 178.

Blondeau, Anne-Marie., & Ernst. Steinkellner (Eds.), *Reflections of the Mountain: essays on the history and social meaning of the mountain cult in Tibet and the Himalya*, Wien: Osterreichische Akademie der Wissenschaften. 1996.

Blondeau, Anne-Marie. (Ed.), *Tibetan Mountain Deities, Their Cults and Representations: Papers presented at a panel of the 7th seminar of the international association for*

Tibetan studies Graz 1995, Wien: Osterreichische Akademie der Wissenschaften. 1998.

Buffetrille, Katia., & Hildegard, Diemberger. (Eds.), *Territory and Identity in Tibet and the Himalayas*, Leiden; Boston: Brill Academic Publishers. 2002.

Diemberger, Hildegard, "Mountain-deities, ancestral bones and sacred weapons". In P. Kvaerne (Ed.), Tibetan Studies: Proceedings of the 6th Seminar of the International Association for Tibetan Studies, *Faegernes* 1992, Oslo: The Institute of Comparative Research in Human Culture, Vol. 1, 1994, pp. 144-53.

Gutschow, N. Michaels, A. and Ramble, C. (Eds.), *Sacred Landscape in the Himalaya*, Wien: Verlag der Österreichischen Akademie der Wissenschaften. 2003.

Aziz, Barbara Nimri, "Some Notions about Descent and Residence in Tibetan Society". In C. von Furen-Haimendorf (Ed.), *Contributions to the Anthropology of Nepal* (pp. 23-39), Warminster: Aris & Phillips. 1974, p. 30.

FAO, "The Sate of Food Insecurity in the World", 2003 Retrieved from http://www.fao.org/docrep/006/j0083e/j0083e00.HTM.

Davies, Jonathan., & Hatfield Richard, "The Economics of Mobile Pastoralism: A Global Summary". *Nomadic People*, 11 (1), 2007, pp. 91-116.

Barfield, Thomas, "Pastoral Nomads or Nomadic Pastoralists" in Thomas, Barfield (Ed.), *The Dictionary of Anthropology* (pp. 348-350), Oxford: Blackwell Publications. 1997, pp. 349-350.

Ingold, Tim, *Hunters, pastoralists and ranchers*, Cambridge: Cambridge University Press. 1980.

Barfield, Thomas, *The perilous frontier: nomadic empires and China*, Oxford: Blackwell. 1989.

Humphrey, Caroline &. Sneath, David, *The End of Nomadism? society, state and the environment in Inner Asia*, Durhan, NC: Duke University Press. 1999, pp. 3-15. pp. 293-296.

Delgado, Christopher L., Rosegrant, Mark W., Steinfeld, Henning, Simeon K, Ehui., & Courbois, Claude, *Livestock to 2020: the next food revolution*, International Food Policy Research Institute (IFPRI) and International Livestock Research Institute, 28. Washington, DC: FAO. 1999, pp. 45-48.

Bauer, Ken, "Mobility, flexibility and Potential of Nomadic Pastoralism in Eurasia and Africa". Book Review. *Nomadic Peoples*, 11 (1), 2007, pp. 117-123.

Joseph Ginat., & Anatoly M. Khazanov. (Eds.), *Changing Nomads in Changing World*, Brighton: Sussex Academic Press. 1998.

Goldstein, M. C, "Change, Conflict and Continuity among a Community of Nomadic Pastoralists: A Case Study from Western Tibet, 1950 - 1990". In Barnett, R. & Akiner, S. (Eds.), *Resistance and Reform in Tibet*. London: Hurst & Company. 1994.

Goldstein, M. C., Benjiao., Beal, Cynthia. M., & Phuntsog, Tsering, "Development and Change in Rural Tibet: Problems and Adaptation". *Asian Survey*, 43 (5), 2003, pp. 758-779.

Goldstein, M. C. and Beall, Cynthia M., "The Impact of China's Reform Policy on the Nomads of Western Tibet". *Asian Survey*, 29 (6), 1989, pp. 619-641.

Miller, Daniel, *Fields of Grass: Portraits of the Pastoral Landscape and Nomads of the Tibetan Plateau and Himalaya*, Kathmandu: International Centre for Integrated Mountain Developmnt (ICIMOD). 1998.

"Nomads of the Tibetan Plateau Rangelands in Western China—Part Two: Pastoral Production Practices". *Rangelands*, 21 (1), 1999, pp. 16-19.

Yeh, Emily, "Tibetan Range Wars: Spatial Politics and Authority on the Grasslands of Amdo". *Development and Change*, 34 (3). 2003, pp. 499-523.

Taming the Tibetan Landscape: Chinese Development and the Transformation of Agriculture (Doctoral dissertation). Berkeley: University of California. 2003.

"Property Relations in Tibet Since Decollectivisation and the Question of Fuzziness". *Conservation and Society*, 2 (1), 2004, pp. 107-131.

Fischer, Andrew Martin, "Subsistence Capacity: 'Subsistence Capacity: The Commoditisation of rural labour re-examined through the case of Tibet", London: Development Studies Institute, London School of Economics and Political Science. 2006.

Poverty by Design: The Economics of Discrimination in Tibet. Retrieved from http://www.tibet.ca/_media/PDF/PovertybyDesign.pdf, 2002.

Banks, Tony, "Property Rights Reform in Rangeland China: Dilemmas on the Road to the Household Ranch". *World Development*, Volume 31 (12), 2003, pp. 2129-2142.

Shiyong, Wang, "The failure of education in preparing Tibetans for market participation". *Asian Ethnicity*, 8 (2), 2007, pp. 131-148.

"Policy impact on Tibetan market participation", *Asian Ethnicity*, 10 (1), 2009, pp. 1-18.

Bauer, Ken, "Pastoral Development and The Enclosure Movement in Pastoral of the Tibet Autonomous Region since the 1980s", *Nomadic Peoples*, 9, 2005, pp. 85-115.

Clake, Graham E, "Tibet today: Propaganda, Record, and Policy". *Himalayan*

Research Bulletin, 8 (1), 1986, pp. 25-36.

China's Reforms of Tibet, and Their Effects on Pastoralism. University of Sussex: Institute of Development Studies, Brighton. 1987.

Aspects of the Social Organization of Tibetan Pastoral Communities. In Shoren, Ihara & Zuiho, Yamaguchi (Eds.), *Tibetan Studies: Proceedings of the 5th Seminar of the International Association for Tibetan Studies* (pp. 397-411). Narita Shinshoji. 1989.

Wu, Ning., & Richard, Camille, "The Privatization Process of Rangeland and its Impacts on Pastoral Dynamics in the Hindu-Kush Himalaya: The Case of Western Sichuan, China". 1999. Retrieved from http://www.eldis.org/vfile/upload/1/document/0708/DOC9644.pdf.

Ho, Petter, "The Clash over state and collective property: The making of the rangeland law". *China Quarterly* 161, 2000, pp. 240-263.

Goldstein, M. C, "Change, Conflict and Continuity among a Community of Nomadic Pastoralists: A Case Study from Western Tibet, 1950-1990". In Barnett, R. & Akiner, S. (Eds.), *Resistance and Reform in Tibet.* London: Hurst & Company. 1994.

Goldstein, M. C., Benjiao., Beal, Cynthia. M., & Phuntsog, Tsering, "Development and Change in Rural Tibet: Problems and Adaptation". *Asian Survey*, 43 (5), 2003, pp. 758-779.

Goldstein, M. C. and Beall, Cynthia M., "The Impact of China's Reform Policy on the Nomads of Western Tibet". *Asian Survey*, 29 (6), 1989, pp. 619-641.

Fischer, Andrew Martin, "Subsistence Capacity: 'Subsistence Capacity: The Commoditisation of rural labour re-examined through the case of Tibet", London: Development Studies Institute, London School of Economics and Political Science. 2006.

Poverty by Design: The Economics of Discrimination in Tibet. 2002. Retrieved from http://www.tibet.ca/_media/PDF/PovertybyDesign.pdf.

State Growth and Social Exclusion in Tibet. *Challenges of Recent Economic Growth.* Copenhagen: Nordic Institute of Asian Studies Press. 2005.

Scott, James C. (1976). *The Moral Economy of the Peasant: Rebellion and Subsistance in Southeast Asia.* New Haven: Yale University Press. 1976.

Weapons of the Weak: Everyday Forms of Peasent Resistance. New Haven & London: Yale University Press. 1985.

The Art of NOT Being Governed: An Anarchist History of Upland Southeast Asia, Yale University. 2009.

Miller, Daniel. &. Sheehy, Dennis, "The Relevane of Owen Lattimore's Writing for nomadic Pastoralism Research and Development in Inner Asia". *Nomadic People*, 12 (2), 2008, pp. 103-115.

Tapp, Nicholas., "In Defence of the Archaic: A Reconsideration of the 1950s Ethnic Classification Project in China", *Asian Ethnicity*, 3 (1), 2002, pp. 63-84.

Epstein, Arnold, Leonard, *The Craft of Social Anthropology*, Great Britain: Tavistock Publications. 1967.

Neidhardt, R., Grell, H., Schrecke, W., & Jakob, H, "Sustainable Livestock Farming in East Africa". *Animal Research and Development*, 43/44, 1996, pp. 44-52.

Jarvis, L. S, *Livestock development in Latin America*. Washington, D.C.: World Bank. 1986.

Kuper, Adam. (Ed.), *Conceptualizing Society*. London; New York: Routledge. 1992.

Benedict, Paul, k, "Tibetan and Chinese Kinship Terms". *Harvard Journal of Asiantic Studies*, 6 (3/4), 1942, pp. 313-337.

Barrett, Christopher B., & Reardon, Thomas., & Webb, Patrick, Nonfarm "income diversification and household livelihood strategies in rurual Africa: concepts, dynamics and policy implications". *Food Policy*, 26 (4): 2001, pp. 315-31.

Wilkes, Andreas., Tan, Jingzheng., & Mandula, The myth of community and sustainable grassland management in China. *Frontiers of Earth Science in China*. 4 (1), 2010, pp. 59-66.

Hume, David, "A Treatise of Human Nature". In David, Fate Norton & Mary, J. Norton (Eds.). Oxford: Oxford University Press. 2000.

Mill, John Stuart, *Collected Works of John Stuart Mill*, Volume III-*Principles of Political Economy* Part II [1848]. John M, Robson (Ed.). Toronto: University of Toronto Press. 1963.

"Utilitarianism". In Mary Warnock (Ed.), Utilitarianism and On Liberty: including Mill's '*Essay on Bentham*' and selections from the writings of Jeremy Bentham and John Austin (pp. 53-181). London: Blackwell Publishing. 2003.

Cohen, Anthony, *The Symbolic Construction of Community*. London & New York: Chichester. 1985, p. 37.

(执笔人：白玛措)

第八章
藏北高原妇女社会性别角色与健康意识的研究

早在20世纪初,东西方研究者就开始关注社会性别的问题,它主要以女性主义视角来关注女性在社会生活中的劳动分工,关注男性与女性的社会性别差异和两性不平等问题,并取得了一定的成绩。在这样一个全球化的背景下,目前,越来越多的学者又开始关注和研究中国少数民族妇女的性别及健康问题。

西藏的北部高原作为中国五大牧场之一,它不仅是野生动植物的天堂,同时也是一个具有丰厚沉积层的文化沃土。在那一望无际的草原上,到处都是牧民赖以生存的牦牛和羊群,勤劳的牧民们在这片土地上以传统生产方式孕育出飘香的酥油、香甜的奶渣。在长期的历史发展过程中,他(她)们所特有的性别角色和社会地位,决定了这种性别角色和社会地位在社会转型的历史时期必然要遭受前所未有的猛烈冲击(文华,2002)。研究西藏藏传佛教与文化固然重要,而研究藏族社会性别是极为重要的。传统的游牧妇女在家庭和社会活动中扮演着不同角色,妇女不仅承担所有家务劳动还要操持照料牲畜等。这里,我们以西藏自治区那曲地区聂荣县尼玛乡牧民妇女作为考察对象,侧重研究牧民定居之后男女各自劳动分工变化及工作量是否增减?特别是妇女的劳动量是否比定居之前减少?她们目前的健康现状等。[1]

---

[1] 本课题受国际山地综合发展研究中心社会性别研究所提供资助,表示感谢,也感谢西藏自治区农牧科学院国际交流中心的协助工作,特别感谢尼玛乡的妇女主任加木大女士及所有牧民姐妹们的大力合作与支持。

当然我们仅仅对尼玛乡50户牧民进行了采访和调查,得到的数据和结论并不覆盖所有藏北牧民妇女的现状。

研究对象与方法

(一) 研究对象

采用定量与定性调查相结合的方法,在那曲地区聂荣县尼玛乡6个村的50户进行了抽样调查,其余各村因路途遥远加上迁移到夏季草场无法进行调研。研究对象主要是育龄妇女,年龄在15~45岁,平均年龄为32.62岁,已婚妇女占90%,未婚占8%,丧偶妇女占2%。文化程度:文盲和半文盲占84%,小学文化程度占4%,初中及以上文化程度占12%。

(二) 具体方法

问卷调查法:定量调查采用问卷法,以入户形式从2009年6月3日至8月10日进行的。针对调查对象基本为文盲和半文盲,避免各种错答、误答、缺答等情况的发生,采用面对面入户问卷填写方式,以确保问卷的有效回收和可信度。

座谈法:定性调查采用典型座谈法和访谈法,从2009年7月22日至8月4日进行的。主要是针对尼玛乡政府附近的三村和较远的八村两个社区进行典型调查。每村利用两天的时间分已婚女子组和男子组、未婚女子组和男子组进行了座谈。另外,与村级领导干部进行了有关生产生活、男女分工方面广泛深入的讨论。

个别访谈:除了座谈之外还对尼玛乡的妇女主任、村妇女主任、村乡长、家庭主妇包括普通家庭和一妻多夫家庭结构的主妇进行了非正式的个别访谈。

观察法:主要是通过各种正式和非正式的交流、座谈、个别访谈及入户调查直接和间接获得信息资料。

文献回顾:主要在西藏大学图书馆、西藏自治区图书馆、西藏自治区社会科学院收集材料及文献。

（三）研究地的选择

为什么选择聂荣县尼玛乡呢？2003年在全区推广草场承包责任制时聂荣县作为那曲地区最近、最大的畜牧大县率先推广和实施草场承包责任制。尼玛乡距离那曲只有34公里，是聂荣县九乡一镇中距离那曲最近的一个乡，而且是通往聂荣县政府唯一靠路边的乡，受城市的影响较大，环境问题严峻，是一个典型的转型乡。

（四）研究地的局限性

尽管尼玛乡是聂荣县最靠近那曲的乡之一，但依然存在交通条件的限制，自然村与自然村的距离较远，加上许多牧民迁移到夏季草场，因此不能够采访更多的牧民。

尼玛乡的现状

（一）自然地理特征

聂荣县尼玛乡是由原尼玛乡和玉则乡合并而来的，尼玛乡地处聂荣县的南部，乡政府距那曲地区所在地34公里，距聂荣县城57公里，平均海拔4800米。尼玛乡气候独特且复杂，年均气温-3℃左右，年降水量410～420毫米，蒸发量1704毫米，全年无霜期仅21天左右，相对湿度46%。最热月平均气温10℃左右，属于高原亚寒带半湿润气候区。本区常见的自然灾害主要有雪灾、旱灾、风灾、虫灾等。草地类型以高寒草甸草原为主，草地植被以高山矮松草为优势群，具有草质柔软、耐牧性强、适口性好、营养价值较高的特点。全乡草场可利用面积282.9万亩，其中一类草场（冬季草场）19.21万亩，二类草场（春季草场）102.68万亩，三类草场（夏秋季草场）160.63万亩，四类草场（人工种草）0.37万亩，属那曲地区乃至西藏自治区的畜牧大县。此外，在乡政府东侧3.5公里处有一组温泉，由十多个泉眼组成，夏季周围县乡牧民有在此洗浴的习惯。目前，尼玛乡政府将要开发温泉来增加该乡的经济收入。

（二）社会、人口状况

尼玛乡共有 21 个行政村①，93 个自然村，99.2% 为藏族人口，宗教以苯教和佛教为主。2008 年总户数 1028 户，其中，城镇户 159 户。总人口 4860 人，其中，女性人口为 2440 人、男性为 2420 人。劳动力 2216 人，其中，女性 1032 人、男性 1184 人。党员 157 人，其中，女性党员 33 名。

各类牲畜存栏 65421 头（只、匹），其中，牦牛 28581 头，绵羊 27534 只、山羊 8229 只、马 1077 匹。2008 年尼玛乡牧区居民年均收入为 2175 元。②

（三）文化教育状况

游牧生活迁移性很大，对于牧民的子女来说过去随父母迁移基本上没有进入课堂受过教育，尼玛乡的 79.8% 家庭成员没有受过学校教育，属文盲和半文盲，其中，儿童文盲率较高。随着定居的实现尼玛乡现有两所小学：老尼玛乡初小（九村附近），该校学生学制只有三年（一至三年级），四年级可以转到完小上学完成学业。老尼玛乡初小共有 95 个学生，9 名教师，女教师 5 名、男教师 4 名，主要课程以藏语、汉语、数学为主。2002 年 8 月尼玛乡完小（尼玛乡政府旁）成立，六年学制（一至六年级），目前在校学生 345 人；其中女生 200 名，男生 145 名。教师 33 名，其中女教师 20 名（汉族 2 名）、男教师 13 名（汉族 6 名）。完小教师的文化程度，大专占 75.6%，本科占 15.2%，中专占 9.1%，其中女教师大专以上文化程度占 57.6%。主要课程除以上主课外，三年级以上还开设英语、美术、体育、科学、思想道德等。目前，两所学校实行的是国家九年义务免收学杂费政策。尼玛乡学龄儿童，小学毕业后可到县里或地区上初中，成绩优异者还可以去内地上学。到 2009 年 8 月为止，该校有两届毕业生但没有一位考上内地中学。

---

① 聂荣县发展改革委员会 2008 年统计。
② 聂荣县发展改革委员会 2008 年统计。

(四) 医疗卫生状况

目前，乡医务所只有1个，卫生技术人员6名，开放病床7张。全乡有兽医23名（全部为男性），兽医负责离自己居住区较近村庄的牲畜疾病的防治。

由于缺少村医、兽医及交通条件的原因，牧民和牲畜的疾病不能及时治疗，治病观念非常淡薄。在牧区牧民得病后很少去医院看病，除非得重病才住院治疗，而此时却耽误了最佳的治疗时机。调查显示：三村63.7%的牧民认为步行到离最近的卫生机构需要1小时以上；而八村45.8%的牧民认为需要2小时。从妇女怀孕情况来看，产前和产后的检查观念也非常淡薄，54%的孕妇从未去医院检查过，48.9%的妇女在家里生育。认为妇女怀孕是自然的，无须到医院去检查并生育，家里生育由母亲、姐妹来照顾更有安全感。谈到医疗费时牧民手上都有合作医疗卡，挂号看病基本上用此卡来消费。每年门诊最高消费额仅为150元。如果牧民住院治疗不管在县或地区康复之后由政府报销65%住院费。通常由于乡卫生所卫生人员业务水平有限（没有一位是正规医务人员），所以89.5%的牧民选择县医院，重病者则到地区甚至到拉萨求医。

社会生产结构

（一）草场管理制度的变化

从20世纪60年代开始至今尼玛乡与其他牧区一样经历过三种大的制度变迁。

1959~1981年：人民公社时期草场归集体所有，牲畜也归集体所有，牧民按工分分配所得。

1981~2003年：实行了牲畜分配到户，私有私养的政策，而草场并未分配到户，执行的是草场共有、牲畜私有的政策。此时草地面积为314万亩，其中，冬春季草场面积为61.84万亩，夏秋草场面积为103.26万亩，抗灾或接羔育幼草地面积为9.83万亩（围栏面积），人工种草面积6.7亩。

2003年至今：实行草场承包责任制是为了保护草场，控制发生"公地悲剧"，杜绝草场退化的现象。2003年牧区全面推广草场承包责任制度即牲畜分配到户，在私有私养基础上草场分配到户，实行"草畜双承包制"。2005年9月，97.8%的尼玛乡牧民家庭完成草场承包到户并发放草场责权证。草地承包后，草场面积为283万亩，其中，冬春季草场面积为82.15万亩，夏秋草场面积为96.38万亩，抗灾或接羔育幼草地面积为19.21万亩（围栏面积），人工种草面积22.5亩。

随着草场的产权被清晰地界定以后，牧民们基本上也完全定居下来，然而草场承包制带来较多的复杂问题，例如，草场分配时根据草场质量划分是否公平、水源、围栏等问题。因此，在这一地区草场承包责任制实行后似乎并没有改变游牧的方式，依然维持着传统的游牧生产方式。

（二）居住条件与交通工具

传统游牧生活方式是牧民逐水草而居，居住较为分散，一般住在由两三户构成一个居民点的帐篷里，牧民的主要交通工具为马和牦牛。

自20世纪70年代牧民开始实行定居到2005年基本完成定居，牧民基本上有简便的自建房。2006年全区实行了新农村建设的安居工程项目，主要针对扶贫、疾病迁移等。尼玛乡在21个村庄中共完成牧民安居工程330户。特别是四村和九村的89.1%牧民已完成安居工程的建设，而十二村、十五村、十六村、十七村的68%的牧民完成了安居工程的建设。

安居工程以土木结构为主，建设安居工程经费由政府出资60%甚至70%，牧民只需支付30%~40%。有67.3%的牧民居住在3间及3间以上的房子，居住较为集中。牧民建房的资金基本上向县政府贷款；贷款分金、银、铜卡三种，贷款金额分别为1000~1500元，3000元，5000元。调查发现69.6%的家庭不属于贫困户，但他们基本上都贷款；主要原因为54.4%的家庭把现金用在日用生活上，18.7%的家庭用在建房，13.4%的家庭为了看病，9.5%的家庭购买耐用消费品，4%的家庭购买其他物品。尼玛乡牧民的交通工具从原来的马和牦牛转为摩托车、拖拉机和汽车等现代交通工具。交通运输工具中拥有摩托车的家庭占50%，拥有汽车的家庭占8.7%，拥有拖拉机的家庭占28.6%，没有任何交通工具的家庭占12.7%。

（三）通电与饮用水情况

在现代生活中，电力极大地影响着人们的日常生活和工作。在尼玛乡并不是所有村庄都通电。例如，三村是因离乡政府近故全村才有电并且是电网发电，而八村离乡和县较远基本上没有电，只有几个自然村有太阳能全天供电。

当然三村除了利用电网观看丰富多彩电视节目之外，还可以为电器、手机、冰柜等充电。正因为三村电网较稳定，彩电普及全村，60%以上牧民家中有接受卫星电视节目的锅盖，能接受到各省市的各种频道，很多牧民喜欢看西藏电视台播放的藏语译制片。年轻的牧民更偏爱使用VCD和DVD，看国内外的各种影视片，特别是港澳的武侠片来丰富他们的文娱生活。而八村仅靠太阳能发电来照明，因地势海拔高、紫外线强等原因牧民经常充分利用白天的太阳来蓄电，晚上观看他们较喜爱的电视节目。但到了冬季太阳能仅仅能保证照明。八村不同于三村，它位于内陆草原，远离行署所在地及县城，相比之下彩电及手机普及率较低。更多的时间里牧民主要以收听收音机及聊天度过他们的闲暇时间。调查还发现两村的32.6%的牧民家中同时拥有座机和手机，26.1%家庭有座机，8.6%牧民使用手机。

在定居之前，尼玛乡冬季人畜饮水困难，牧民只能采用砸取冰块，在炉子上烧化，来解决冬季人畜饮水问题。而定居之后，尼玛乡共修建人畜饮水井19眼，人畜饮水问题基本上得到解决。在调查中我们也发现牧民饮用水主要来自井水和山涧溪流，饮用井水的牧民占39.1%，饮用山涧溪流水的牧民占32.6%，井水和山涧溪流水共饮的牧民占28.3%。

（四）饮食结构的变化

传统的牧民食谱中基本上没有蔬菜和水果，如今的尼玛乡牧民的饮食也发生了很大的变化，早餐主要是糌粑、酥油和酥油茶；午餐是米饭加蔬菜；晚餐是面条加蔬菜。据调查，84.8%肉类和71.7%奶制品是自产的，86.9%的谷类、蔬菜及水果是从市场上购买的。此外，调查发现许多牧民家里有啤酒，各种各样的方便面、饼干等，见表8-1。

表 8-1　饮食结构情况

	食物内容	百分比（%）
早餐	糌粑、酥油	97.4
中餐	米饭加蔬菜	37%
晚餐	面条加蔬菜	36.9%

调查发现 42% 的家庭在一周内吃 2~3 次蔬菜，一周或两周喝 1 次啤酒。

社会生产中的男女性别角色

（一）家庭生活中劳动分工

社会性别的研究是社会学中的一个重要组成部分。传统的牧民家庭中，各种劳动在男女中分工非常明确，了解牧民男女劳动种类和工作时间是此次调查的一项重要的研究问题之一。

传统牧民家庭劳动中，男子基本上负责放牧、鞣皮、剪毛、编织绳子、搭帐篷、打水以及运盐换粮食、做生意等之类；而妇女主要是负责打茶、做饭、挤奶、做酸奶、打酥油、磨青稞、做糌粑、打水、洗衣、照顾老人和小孩等。这种劳动分工依然延续到现在，不过有些活动随着社会的进步和生活水平的提高，特别是定居之后牧民基本上不用去做，例如，男性编织绳子搭帐篷、运盐换粮、鞣皮等。妇女磨青稞、制糌粑、传统方式打酥油等。关于定居前后各种劳动种类增减情况，见表 8-2 和表 8-3。

表 8-2　定居前后的工作种类的变化情况

单位：%

	无变化	增加了	减少了	不知道
男性	28.3	23.9	43.5	4.3
女性	35.3	14.4	39.1	11.2

第八章 藏北高原妇女社会性别角色与健康意识的研究

表 8-3 定居前后劳动强度情况

单位：%

	无变化	增加了	减少了	不知道
男性	23.9	23.9	50	2.2
女性	17.4	4.4	50	28.2

表8-2、表8-3中显示，牧民定居后43.5%的男性和39.1%的女性认为工作种类减少了，50%的男女认为劳动量减少了。据调查结果显示，定居后尼玛乡妇女的劳动负担相对男性来说增加的说法被推翻，当然我们此次调查仅限于尼玛乡的几个村，这并不代表整个牧区妇女的劳动强度。调查中我们还发现，定居后牧民家庭中增添较多的耐用消费品，如缝纫机、有烟囱的铁皮炉、搅拌机①、摩托车等，这些用品在较大程度上直接或间接地减轻了妇女的家务劳动强度。年轻的妇女说定居之前没有通电时，一般晚上10点左右就休息，而现在由于电视的存在延长了她们的娱乐时间。据调查38%妇女每晚有2个小时看电视，冬季由于电力紧张无法看电视就早休息。从男女一天工作时间里，我们可以看出定居之后男、女性各自的工作量，见表8-4和表8-5。

表 8-4 女性一天的家务活动

女 性			
夏季时间	活 动	冬季时间	活 动
2 点	起床	8 点	起床
2～4 点	挤牛奶	8～9 点	挤牛奶
4 点 30 分	睡觉	10 点 30 分	早餐
6 点	再次起床	11～12 点	拾牛粪、收集干牛粪
6～8 点	打水、挤羊奶、拾牛粪	13～16 点	打水、做饭、干家务活
8 点 30 分	吃早餐	17～19 点	挤羊奶、挤牛奶
9～10 点	做酥油	20 点	晚餐

---

① 在藏区人们用搅拌机打酥油茶。

续表

	女	性	
夏季时间	活　动	冬季时间	活　动
11~13点	捡牛粪、做饭等	20~21点	聊天、编织手工艺品、做奶渣
14~15点	挤牛奶然后放牧	22点	休息
16点	打水、中餐、干家务活		
17点	煮奶并做酸奶、奶渣、拉拉等		
18点	挤羊奶		
19点	挤牛奶		
20~21点	晚餐、洗碗等		
22点	洗衣服、看电视等		
23点	休息		

表8-5　男性一天的活动

	男	性	
夏季时间	活　动	冬季时间	活　动
7点	起床	8点	起床
7~8点	早餐	8~9点	上山放牧
9~13点	放牧	10点	回家
13~14点	回家吃午餐	11点	早餐
15~18点	放牧	12~16点	放牧、午餐
19点	回家	17点	回家
20点	晚餐	18点	晚餐
20~22点	编绳（如有电视看电视）	19~20点	休息
23点	休息		

　　从表8-4可知女性基本上整天不停地工作，特别是夏季妇女每天要干18小时左右，休息时间几乎很少；即使我们在她们家作问卷调查时也不停地编织做活。在夏季妇女要挤三次牛奶和两次羊奶（早晚各一次）其中牛奶在凌晨2点钟起床挤一天中的第一道奶，挤完后把牦牛赶山上后再睡觉。第二次起床在6点钟左右，挤羊奶后让儿子或女儿去放羊，这时丈夫起床吃完早餐后去放牧，中午1~2点丈夫回家吃饭，妇女再次挤牛奶。完后又要上山放牧直到下午7~8点钟丈夫和牧羊童回家后妇女就挤最后的一次牛奶和羊奶，这样妇女就完成了一天中的挤奶程序。冬季根据草畜等的问题挤奶程序减少，例如，有的家庭一天只能挤两次牛奶和一次羊奶。除了挤奶

之外妇女还要去打水；56.2%妇女打水到离家1公里之外、19.6%妇女打水到离家2公里之外、2.2%的妇女打水到离家0.5公里和3公里的地方。

在牧区牧民们一年四季都用牛羊粪来烧水做饭以及取暖，牛羊粪便成为牧民们的基本燃料。在夏秋季牧民们拾大量的牛羊粪，将它储存起来为冬春季使用，而这个工作40%由小孩来承担，22%是由母亲承担，一般每天需要2小时。还有许多零零碎碎的事情要妇女做，长年累月使得许多妇女以忘我的精神在工作却忽略了自己的健康问题。因此，在这一地区20.3%的妇女有腰酸或腹部疼痛的现象，17%的妇女月经不正常，10.6%的妇女有自然流产，12.8%的家庭有一胎死亡的现象，6.4%有两胎死亡的现象，见表8-6。

表8-6　家庭成员承担家务劳动情况

家庭成员	丈夫	妻子	儿子	女儿	儿媳	总计
百分比（%）	5	64	2	15.2	13.8	100

我们可以看出家庭里妻子、女儿、儿媳承担家务劳动远多于丈夫和儿子的比例。

放牧也是非常辛苦的，男性基本上负责放牧同时也编织绳子，每年换季迁移到不同的牧场上。另外当妇女挤完牛奶时男性帮助妇女把小牛犊拴在母牛旁，每年宰杀季节来临时也是男性最忙的时候，牲畜宰杀完后送到市场上去卖，偶尔骑着摩托车去打水等，见表8-7。

表8-7　牧民家庭中的主要放牧人员

类别	总户数	丈夫	妻子	儿子	女儿	其他
户数	50	20	1	14	7	8
占比（%）	100	40	2	28	14	16

当问到家庭中重大事情由谁决定时（包括小孩上学），50户家庭中68%是由丈夫决定，20%由共同承担，6%是由老人决定，2%是由妻子决定。家庭的财务权52%是由丈夫掌管，28%是共同掌管，8%是由老人掌管，妻子仅占6%，其他占6%，见表8-8和表8-9。

表 8-8　牧民家庭成员参与决策情况

类　别	总户数	丈夫	妻子	共同	老人	其他
户　数	50	34	1	10	3	2
占比（%）	100	68	2	20	6	4

表 8-9　牧民家庭管理钱财情况

类　别	总户数	丈夫	妻子	共同	老人	其他
户　数	50	26	3	14	4	3
占比（%）	100	52	6	28	8	6

在实地调查中发现虽然决定权在丈夫一边，但许多家庭在商讨家庭事务时丈夫往往听取妻子意见而定夺，这从一定角度可知妇女在家庭中的地位。

（二）参与社区活动的性别分工

在尼玛乡妇女参加社区活动较少，参政议政意识薄弱。92%妇女不参与社区及县、乡的各种活动。每年举办的扫盲班、各种各样的科技培训班，相当一部分妇女不感兴趣或者认为听不懂，她们认为这种活动男性参加较适合，对于她们来讲除非家中男人不在自己才参加。从座谈和访谈中了解到妇女对村务参与少，主要表现在服从性参与及勉强性参与。

2007年由尼玛乡妇女主任小额贷款带头开办了小卖部，鼓励编制手工艺品来带动妇女致富。在50户家庭中36%妇女参加编制手工艺品，但编制的手工艺品品种单一，销售面窄。因此，几乎起不到增收的作用。10%的家庭妇女做小买卖，尼玛乡妇联就开设了一个小卖部，所获的资金基本上救助乡里的妇女贫困户及每年三八妇女节时给妇女发放福利等。

调查发现66%以上男性参与社区活动并且积极主动地参与包括各种技术培训，14.8%在外做生意及打工等。

结语与建议

西藏民间有句谚语，"当麦子吹动时好想是个牧家女；当收割完成后好想不是牧家女",反映了历来西藏牧区妇女辛苦的劳动。从以上数据看出：64%以上妇女心甘情愿地干家务活，照顾小孩和老人，扶持丈夫放牧、做生意等；定居之后劳动时间和劳动强度依然远远超过男性。但她们并不认为在家庭中地位低、负担重，而是一种传统民俗以强大的力量影响着她们的思维、行为和习惯（刘越等，2009），即男主外女主内这是男女双方性别所决定的。"家里的事我们干得较多，离开家到外面做生意什么的我们不会。"她们认为不管社会进步到什么程度男女性别角色是无法改变的，但许多妇女希望通过丈夫的能力和现代化工具能减轻她们的负担。例如，洗衣机可以打酥油，摩托车可以帮助妇女从远处打水等。从这说明牧区妇女的依赖性强，与男性相比，妇女的视野和社会活动面狭窄，接受外界知识能力较弱，但同时她们也渴望家庭经济的改善、减轻体力劳动。

除此之外，牧区由于交通和经济的条件原因女性健康意识淡薄，这或许是性别角色的定位让她们很少考虑自身的需求，一味地为家庭付出却忽视自身的健康状况，造成患病不及时寻求医治，延误病情。妇女似乎没有产前产后的检查意识，都认为没有必要，即便是妇女生育时也只是休息3天便开始下地干活。调查中发现32%的妇女渴望得到有关人畜共患病、传染病、妇科病的知识。而男性由于在外打工、做生意、拥有摩托车及其他交通工具为治病提供了方便。

在50户当中74%的家庭参与新牧区安居房建设项目，其中48%的家庭有贷款。牧民说新房完全不能跟帐篷比，虽盖房时有点辛苦但住进宽大而又舒适的房子心里非常高兴。与此同时，心理压力特别大，因贷款的事。藏族群众常说"没有债务才是富裕"，还贷的心理压力女性比男性更大，但男性负担重。在牧区，由于男女在劳动中分工的不同，扮演社会角色的不同，掌握社会资源和机会的不同，让妇女陷入不同困境。鉴于以上问题提出几点建议。

第一，强化培训，提高牧区妇女的自信心。

牧区妇女受教育的程度直接影响牧区经济社会发展，而做好牧区妇女教育培训工作，又是提高牧区妇女素质的必由之路。开展实质性的扫盲工作，培训妇女树立自信心，接受社会转型的挑战，勇于接受和学习新事物、新知识，不断提高自身的素质。增强走出家庭、走进社会的意识，积极参加各种社会活动，促使自己的社会角色进一步向多元化发展。建立健全牧区现代化服务体系。

第二，更新思想、提高防病治病的观念。

牧民的定居是现代草场畜牧业的一个必要的建设阶段，是畜牧业生产经营方式转变的一个重要标志，是现代畜牧业培植、发展的基础。草场承包责任制使牧民从散居到聚居，人与人之间接触更加密切，容易造成疾病的传播。因此，加强基本保健知识的宣传非常关键，提高牧民和牲畜有病就医、无病防病的意识。

第三，建立健全县乡畜牧、兽防、水利、草原等技术服务体系，逐步改善草场保护、加大力度建设基础设施，抓好牧区通电、饮水、交通。同时进一步推广使用太阳能、风能等可再生资源，全面解决牧民的用电问题，加快解决牧区安全人畜饮水工程。继续加强交通运输体系基础设施的建设，即县乡村道路建设工程，实现乡乡通等级沙石公路，村村通简易公路，为牧民出行提供方便。

参考文献

吉恩·莱柏：《人类健康——一个生态系统途径》，中国环境科学出版社，2007。

刘玉照、张敦福、刘友梅：《社会转型与结构变迁》，上海人民出版社，2007。

世界卫生组织：《西太平洋区域将贫穷和性别问题纳入保健方案》，2006。

刘越、尹勤、温勇、薛晓华：《少数民族地区妇女性别意识研究》，《人口研究》2009年第1期。

王金玲：《2000—2007：妇女/性别社会学的西学东渐之路》，《山西师范大学学报》（社会科学版）2008年第6期。

李鸿泉：《牧区蒙古族妇女生存状况的社会学思考》，《内蒙古社会科学》2000年第5期。

林爱冰、陈丽云、王行娟、刘梦：《社会变革与妇女问题》，中国社会科学出版社，2001。

周长城：《社会发展与生活质量》，社会科学文献出版社，2001。

周其仁：《中国农村改革：国家和所有权关系的变化》，《中国社会科学季刊》，1994。

中国藏学研究中心社会经济研究所编《西藏家庭四十年变迁》，中国藏学出版社，1996。

杨恩洪：《西藏妇女口述》，中国藏学出版社，2006。

明月：《蒙古族妇女优良历史传统分析》，《黑龙江民族丛刊》2001年第2期。

文华：《迪庆藏族妇女性别角色和社会地位的变迁》，《中央民族大学学报》2002年第5期。

曾海田：《论性别角色观念和男女平等》，《西化大学学报》（哲学社会科学版）2005年第1期。

张福生、琪布：《西藏那曲地区健康教育影响因素及其对策》，《中国教育健康》2001年第4期。

索朗仁青：《西藏妇女受教育状况的变化分析》，《西藏大学学报》（社会科学版）2009年第3期。

（执笔人：次仁央宗）

第三部分
可持续性和草原退化

第九章
西藏牧区自20世纪80年代以来的发展及围栏运动

导言：中国的经济改革走进西藏

正如中国共产党在20世纪发起的很多政策和政治运动一样，这项由邓小平设计的后毛泽东时代的经济改革走进西藏自治区的时间也比较晚。20世纪80年代，党的总书记胡耀邦曾率领一支高水平的"工作组"考察了西藏的情况。令人意外的是，西藏的发展情况与印象中的大相径庭，胡耀邦因此尖锐地批评了自治区党委政府的工作。他要求立即实施救济措施、发放救济物资，促进当地发展（T. Shakya, 1999）。那一年的晚些时候，中华人民共和国在西藏自治区发起了一项被人们所知的"改革开放"的政策。除其他事项外，这项政策包含了免除农民、牧民的税务，撤离大量的汉族管理干部，以及恢复了藏族人民的高等教育（H. Diemberger, 2000）。这些改革是许多重大变革的开始，并在公社解散及集体财产（例如家畜）私有化运动中达到了高潮。

政府对即将到来的改革存在焦虑不是没有理由的，而且这不仅仅在西藏。① 一些观察家认为，1978年以后，公社私有化的广度和速度背离了党的

---

① 在中国内地，对改革时代的描述有着大量的文献，包括满意的和不满意的。文献关注的主要焦点之一就是对中国政府的性质进行描述。在毛泽东之后，如何开展治理呢？中国共产党如何去适应并且继续管理？Shue（1984），Chan 等（1984, 1992），（转下页注）

最初或完全控制非集体所有制的理念（Croll，1994；Yep，1998；Oi，1999）。相反，这些观点认为，这项宣称为改革的运动与当时中国农民已经取得的领先地位背道而驰。

然而，在政治、社会和经济变化的进程和方向上，西藏地区控制得较为严格。当公社财产的非正式私有化进程正在中华人民共和国的其他地区顺利进行时，西藏自治区的公社仍然保存完好，直到20世纪80年代（Goldstein, M. and C. Beall, 1991）。但是，改革一开始，西藏的政府机构迅速采取了从北京传来的宣传和政策，配合着藏族干部尽职地宣传邓小平的改革诺言和"致富光荣"等口号。这些想法是建立在这样一个经济学假设上，那就是如果市场潜力被打开了，并且将科学现代化引进传统实践，那么农村地区的生产力将获得增长。在本章随后的论述中，我们将看到这些改革是如何在西藏的乡镇牧区实施的①。

此项研究的田野点

这项研究是2002~2004年在西藏自治区展开的。这篇论文里的大部分论据都摘自于经翻译后的政府文献和在博朗镇的采访（聂拉木县，日喀则地区）。这个小镇位于中国与尼泊尔交界地区喜马拉雅山的北部；它位于珠穆朗玛峰保护地区的缓冲带，通向岗仁波齐峰南部的公路穿过该区域。根据聂拉木县的文献记载（聂拉木县，2003），博朗镇的平均海拔为4300~

（接上页注①）Dassu 和 Saich（1992），Croll（1994）以及 Blecher 和 Shue（1996）对国家与社会的关系作了突出的介绍。有关改革对中国少数民族的意义这一问题，有一些相关的文献（见 Herberer，1989；Choeden，1992；Mackerass，1994，2003）。几位学者研究了改革对土地管理尤其是在牧区的影响（见 Ho，2001；Sneath，2002；Williams，2002）。对于牧区藏民的改革时代的描述有 Clarke（1987），Goldstein 和 Beall（1989，1991，1990，2002），Levine（1999），Shakya（1999），Manderscheid（2001），等等。西藏的发展主题方面的研究可以参考 Karan（1976，1981），Clarke（1986，1987），Forbes 和 McGranahan（1992）及 Yeh（2003b）。

① 西藏的牧场有8000万公顷，占土地总面积的69%，是中国总草地面积的1/5。中国有260个放牧县，共3900万人口，大部分在少数民族区域。西藏的草原，位居世界第三大，占其陆地面积的40%。这些草原养活了世界上最大的绵羊和山羊群，以及世界第四大的牛群（Banks，2003：717）。

第九章　西藏牧区自20世纪80年代以来的发展及围栏运动

4600米，平均气温为0.70 °C，年均降水量为200~236毫米。博朗镇是聂拉木县最大的畜牧业生产区，占该县土地面积的1/3。当地干部在2003年报告中统计的牲畜总数是54065头（只、匹）（6643头牦牛和牛，37789只绵羊，9157只山羊，476匹马）。博朗镇有9个行政村，住着大约380户人家，2000多人，人均收入228美元（数据同样出自2003年报告）。

除了在博朗镇，本研究在那曲地区和拉萨市的牧区，拉萨、日喀则和聂拉木的市区都进行了采访。

改革的时代来到西藏牧区

据知情的博朗镇村民称，1981年，聂拉木县召开了一个由所有公社领导参加的会议，会上宣布了实行家庭承包制的政策。参会的每个人都收到一份文件，文件指出博朗镇将在私有化和继续集体所有制之间作出选择。领导们回到了各自的公社，向村民表明了他们的意见。毫不奇怪，这些牧民决定走私有化道路。有一位村长这样讲述：

> 在实行公社的年代，懒人是享福的。领导们不知道怎么去激励他们。总之，生活不是很好。我们并不幸福。在实行公社的第一年，我们是有一个好收成。但是几年下来，人们不再去完成生产任务了。生产好手没有了激励，产量也下滑了。人们不再负责任，他们不在乎。连领导们也不那么在乎了。集体财产——如麻绳和青稞口袋——不断地丢失或被偷。我们村越来越穷。后来我们打破了"铁饭碗"，那样做很好。① 如果不那样做，我们还会失去我们所有的牲畜。私有化以后，事情有了改观。人们负起了责任，生产都很卖力气。

但是私有化的宣布并没有保证它能即时地实施。1981年宣布改革之后，有一些村领导从博朗到县政府去上诉，请求重新拆分他们的生产队和重新

---

① "铁饭碗"是指共产党保证生活在社会主义制度下的人的生计，不管其工作表现还是对生产的贡献如何。

分配家畜。但他们的请求被驳回了，并且仅允许一个生产队这样做。之所以有这样的拖延，也许应该归因于当初政府在实施牲畜的私有化过程中所遇到过的一些初始性问题。起初，私有化政策被描述成了一个"借贷系统"。它留下了一个模糊概念：这些牲畜贷款将持续多长时间？结果是许多牲畜被牧民们迅速宰杀了。最终是召开了一个全县大会——从此家畜归家庭所有。一位公社领导回忆了当年一位政府官员的话：

> 以前，我们是把牲畜借给你们。现在我们是把牲畜给你们。我们将在很长时间内保持这一政策不变。

自此之后，"完全责任"系统出台了，中华人民共和国通过废除公社和牲畜的私有化对其在西藏牧区的经济管理实行了广泛的改革。牲畜按每户家庭的人口数被重新分配（例如，婴儿、儿童和老人享受与壮年人同样的分配待遇）。实际执行家畜分配的是村长和县级人民警察——通过这两个传统意义上象征"当局"和"政府武装力量"的标志，实现了这一对有趣组合的合法化。当地报道说这次对家畜的分配是被公社成员严格监督的，并被广泛认为是公平的。伴随着这些运动，公社的生产组和生产大队被拆散和重组成更小的单位，更好地匹配了20世纪50年代之前人们组织生产活动时所采用的人员规模。之前的三个行政级别——公社、生产大队、生产组——被乡镇、行政村和自然村所替代（Ho, P., 2000, 2001）。[①]

"致富光荣"：推动更高生产力和市场专业化

20世纪80年代，聂拉木县政府出版的一些文献描述了改革以后的情形。这些文献将在随后谈论。

在改革时期，政府实现大众教育的一个主要工具就是大量地给村级干部发放手册；这些干部在上级指导下给村民们开会，宣读这些教导手册。

[①] 这些是中国所设置的县级以下的行政实体，"自然村"是最小的行政单元。

第九章 西藏牧区自20世纪80年代以来的发展及围栏运动

为了方便回顾历史和拍摄,一位高级官员就给了笔者这样一本手册。这本1984年出版的题为《聂拉木县共产党员带领群众脱贫致富的先进典型》的小册子,随后被翻译成各种语言。这本小册子记叙了聂拉木县各个不同乡镇的事迹:一些人走私有化道路,最后取得成功的故事。每篇文章都举了一些农户的例子,这些农户在引进了先进技术之后,都实现了产量上和收入上的巨大提高。一些文章的标题就能说明其文章的主旨,如:

——《德拉木镇通过多种经营走上致富道路》

——《朔巴冈村民是如何利用科学技术帮助家畜增产实现快速致富的?》

——《常林乡实现产量翻三番》

——《党的致富政策给牧民大叔家插上了金翅膀》

在这个时期,共产党正在头疼如何强调它的先锋地位,所以这些文章一直在谋求给人们加深这样的印象:中国共产党一直在为人民铺就更好的生活道路。但是,这种说法准确吗?共产党政府是否真的带领西藏牧民实现了私有化? 20世纪80年代的一些文章提供了一个平台,让我们能够比较出自改革以来,政府的官方说辞与牧区乡镇实际情况之间的差距。在这些文章中,有一段比较详尽的摘引,能够给读者一个直观感受,能够发现政府关于西藏牧区都有哪些言论。

朔巴冈村民是如何利用科学技术帮助家畜增产实现快速致富的?

群众的主动性是空前高涨的,每个人都积极参与到共产党提供的灵活政策,即"家庭承包责任制"中去。一旦有了这种主动性,每个人都有可能创造经济效益,确确实实地走上致富道路。从这个例子我们可以看出,要想提高牧区产量,人是最关键的因素。现在人们用上了好饲料并且开始走上了经商之路……因为人们把重点放在进行科学养殖上,收入与去年相比,涨幅达73.7%。"家庭承包责任制"正在得到完善,牲畜养殖中也使用了科技,人们的知识水平也在提高。将来,这个村的人民将变得富裕起来。

正如这篇引文中描述的,生产积极性和辛勤的劳动是这些文章中的基本要素：例如，在改革后的中国，一个典范式的农民，会从事养鸡、养鸭或养猪的副业，在当地市场上出售。这些市场改革后得到迅速发展（或再次出现）。但是在西藏牧区会是什么样呢？这样的副业可行吗？是否在经济改革之后市场有了发展？甚至，是否在西藏牧区有这样的市场存在？

当然，西藏的人口在过去 50 年有了增长（Gruschke，1997；Fischer，2005）。但是，在农村地区，增长的人口并不一定意味着更多的市场商机。实际上，农村地区的人口增长仅仅意味着更多的家庭物质需求。另外，城镇人口的增长会导致对畜牧产品需求的增长。但是，只有那些有运输工具、住在市区附近并且拥有必要的商品集散网络的牧民才能够到达这些市场。而西藏城镇间的运输网络的设计首先考虑的是军事需要和安全需要，其次才是市中心交通的需要（例如那曲、拉萨、日喀则地区），而不是考虑将小村庄互相连接起来（Karan，1981；Bauer，2004）。

虽然私有化运动的目的是在畜牧业市场中引入竞争，但是一小部分的垄断者却控制着西藏主要的市中心的市场。例如，在西藏自治区的两个最大的城市（拉萨和日喀则），肉类市场是由从甘肃省和四川省来的讲汉语的穆斯林商人运作的——这对讲藏语的人和在经济上被边缘化、想在城镇市场销售商品的牧民来说是一个主要的障碍。反过来，本地市场的运行状态就像是那些大城镇的卫星。例如，从当雄县（属拉萨市）来的藏民就控制着临近的那曲市的肉类市场（Richard，2005）。就像这样，人们所期望的改革后市场扩大带来的收益，并没有完全惠及广大的西藏牧民。

政府和国际化非政府组织（INGO）的规划者同样也提出，将专业化作为发展现代化畜牧业生产的一个手段。例如，开司米——西藏山羊产的细羊毛——就具有专业化产品的前景。[①] 但是这些高价值产品的加工中心和销售网络却由非藏族的商人控制着，并且收益在向西藏外流走而不是流进农

---

① 在游牧区发展藏族特色产品的其他努力包括：（1）纽约利众基金会已经对青海省以个由尚运营的奶酪工厂进行了大笔投资；（2）一些中国制造商正在生产一些牦牛肉干、牦牛酸奶用于销售；（3）西藏扶贫基金已经雇用了一些国际顾问，帮助自制羊毛制品，比如围巾、毛衣、毛毯等的设计。

村牧区（Fischer，2005）。政府也希望农村居民能从其他经营活动和副业产品上获得更多收益。在像聂拉木这样的农村，一些商人的确能从事像白银或茶叶、服装、包装食品、保温瓶这样的高价值产品的贸易。然而，这样的专业贸易也被相对少量的商人控制着，并且缺乏启动资金也是一个主要的限制因素。

发展收入的非常规性来源，也作为发展西藏牧区经济的一项手段被提出。其论点就是，非牧就业能够解决牧民们面对的缺乏资金的问题，并且促进消费。在2004年，西藏自治区统计局主任估计，西藏牧民的人均收入将达到224美元，比上年增长22%（TIN，2004）。但是这些说法能否在牧民群体中得到证实呢？

在他们每年的工作指导方针中，聂拉木县的官员们被明确指示，要将促进就业作为增加牧民收入的一个途径。一位镇领导说，在他管辖下的至少9个村中，每年都有大约1/3的劳动力外出打工。事实上，任何走过高原公路的人都能证实，在夏季的时候，会有大批的藏族人被雇用，去修建和重建高海拔的交通网络。没有技术含量的体力劳动，比如填坑或搬运石块，是这些修路工人主要的工作内容，酬金是每天2~3美元。然而，具有讽刺意义的是，即使是这样的非牧就业机会，能否得到它还要看交通是否通畅。

毋庸置疑，这些零散的西藏公路的筑路工人的数量，远远少于正在修建从青海省到西藏自治区的世界上最高海拔铁路的工人数量。而且，根据中华人民共和国铁道部副部长反映，在25000名修建铁路的移民劳动力中，仅有700人是藏民（McDonald，2002）。政府官员称，这条铁路将填补那些与世隔绝的西部省份与中国东部发达城市之间不断扩大的差异鸿沟，这些东部城市的港口是通往出口市场的通道。但是这条铁路只能到达拉萨市，只有一条狭窄的北部走廊穿过那曲地区。生活在铁路附近的游牧商人，可以从与中国内地增多的联系中获益——例如，销售肉类或其他畜牧产品给铁路乘客。然而，如果其他的发展趋势成立，这种增多的联系将导致从青海、甘肃和云南来的非藏族移民人口的增加。这些从高人口密度、高竞争力地区迁来的经济移民，将会垄断由这条"天路"带来的贸易和就业机会。

可以说，目前不对称的经济政治结构将继续影响那些没文化、不会说汉语和贫穷的西藏人（Fischer，2005）。而且，对那些生活在主要铁路走廊之外的牧民来说，许诺中的市场将依然遥不可及。另外，高收入、有技术含量的工作只有那些有职业技能的工人才能找得到，而牧民们很少有这些职业技能。西藏自治区职业学校的缺乏，是农村藏民发展职业技能的一个主要限制因素，一直被政府和国际非政府组织所关注。一位有文化的僧侣说："村里人没有足够的技能到城里工作。我们中只有一少部分人能够讲一点汉语。"

由于家畜市场发展缓慢，且对大多数藏族牧民来说非牧就业机会依然有限，使得农村中的资金严重短缺。据一名非政府组织藏族雇员说，普通的企业和厂商的商业贷款利率很高。最好是通过信贷，但是政府的信贷计划有限。伴随着改革，政府补贴削减，燃油费用的上涨，进一步限制了本地市场的发展。同时，畜牧产品的价格没有随着兽药和运输费用的上涨而上涨。

总之，像政府出版物里所描绘的，通过解放市场潜力带来效益的美好图景，不太符合大多数西藏牧民的实际情况。他们依然在按照旧有的方式进行生产，尤其是在技术、牧群结构、屠宰操作等方面。目前，西藏牧民对土地使用和放牧的决策，正朝着增加稳定性，减小自然和经济风险，而不是利益最大化的方向发展（Edstrom，1993；Roe 等，1998）。有趣的是，研究者发现，美国的牧场主同样也在保持他们的生活方式，而不是追求利益最大化（Rowe 等，2001；Torell 等，2001；Walker & Janssen，2002）。

现代性的止痛药：应用科学使我们摆脱"土壤退化"

20 世纪 80 年代，对政府为西藏牧民提供市场这一主张一直存在着上述争议。但是让我们回到私有制的文章中，来看看政府是怎样提议帮助改革时代的游牧民致富的。除了勤劳和无畏，促进增产的关键投入就是科学。为中国政府产生和服务的牧场文件的样本表明，科学被描述为根治西藏畜牧业萎靡不振的灵丹妙药。

在使用科学方法后的一些年中，村庄取得了不错的成就。使用科学方法来养殖家畜，他们有能力变得富有。因此他们已经摆脱了贫困。

第九章 西藏牧区自20世纪80年代以来的发展及围栏运动

而在此之前,人们并不懂得如何去养殖家畜,他们都只是虐待动物。之前,他们经常毫无计划,并且在完全没有数量限制的情况下,将所有牲畜放在一个畜牧区之中,他们所考虑的就只是数量而已。他们并不关心质量。他们只考虑生存,即使他们并没有足够的生活必需品。现在他们使用一种放牧动物的科学体系。动物的数量、质量、后代死亡率——这些都因为他们使用科学而取得了前所未有的成就。(聂拉木县,1984)

面对恶劣的气候、短暂的生产季节以及高海拔,西藏牧民已经有着千年的使用牧场的经验,然而这并不能掩盖现有的生产系统的效率不高这一状况。土壤退化是政府官员和国际组织的"专家"们探讨西藏草场的主导框架。[1] 许多政策制定者和发展工作者们,都采用了一种通用的全球化的框架来思考西藏牧民,其中,家畜数量过高是"不合逻辑"和"落后"做法的结果。一位畜牧局的政府高级专家这样描述牧民的状况:

> 主要的问题是人口和动物的数量。因为西藏特殊的情况,没有对它进行生育控制。因此游牧民们可以有9个孩子。在一个家庭已经拥有500只羊之前,现在居住着更多的孩子并且每个孩子需要200只羊。因此现在我们的羊更多了。在和平解放前(1951),西藏有大约500万家畜,现在有5000万了。

在这样的描述下,可以想象牧场用户正在经历着"公地的悲剧"。在这里,牧场的土壤退化是人为的,是由不健全的制度安排和错误的文化习俗

---

[1] 根据一些官方消息来源,中国大约九成的牧场在退化,这些草场有3~4成处于"中度至严重的"退化之中。在1989年至1997年,退化牧场总面积几乎翻了一番。在20世纪90年代中后期,退化明显加速(援引自银行的中国政府来源,2003:718)。Miller(2001:5)使用政府来源进行估计,西藏自治区大约1200万公顷(或者西藏总牧场面积的15%)的牧场发生退化,并且给出精确数字,即684853公顷的牧场严重退化。这一报告明确指出,那曲县问题最大,有480万公顷的土地退化,占西藏自治区退化牧场总面积的40%。将西藏过度放牧和"公地的悲剧"相联系的文献可参阅 Ellis (1992),Longworth 和 Williamson (1993),Tuoman (1993) 以及 Wang (1995)。

导致的。根据这些争议,传统的放牧系统是不科学并且是不可持续的。不懂科学的牧民是草原退化的主要原因,这样的描述强化了这一观点。

在这种环境问题中,关于土壤退化的话语阐明了科学建构知识的力量[①]。以政府政策和"专家"报告、会议展示、官方发言和国家法规这样的方式传播的这些话语,将会继续将国家表现为有力的、有效和善意的。在宣传科学所带来的改进时,政府的干预得到加强。辩证的稻草人——传统的游牧民——站在了现代化科学的对立面。科学是对落后的历史性禁止。这意味着政府应该出台相关政策,对畜牧业进行"现代化"。

牧场退化被描述为一种技术和体制问题,政府应该为此提供解决方案。根据政府和国际非政府组织(INGO)的观点,为了将青藏高原转变为"繁荣的现代畜牧业基地"(Gelek, 1998),"合理"和"科学的"规划,将克服牧民的不可避免地导致牧场退化的生产模式。牧区需要大量的行政控制来发展和实现现代化,这也一直都是一致的政治信息。通过科学语言和推理,政府的规划者使用土地退化作为借口来实施技术修复,这会导致社会控制的增加。这样的西藏政治体的草图符合福柯著名的概念"治理性"(Foucault, 1972, 1980;同样见 Yeh 关于该问题的绿色治理性的观点)。

政府文件对"草原建设"需求的描述,好像草、土壤和水能够机械地混合在一起,尔后进行简单的塑造就能变成草场一样。但是我们应该明确对中国土壤退化的一些假定:首先,土地退化的知识是客观测量的;其次,目前政府可以通过指责他人,而名正言顺地转移危机的罪责;再次,牧场圈地政策将会挽救草原。科学声明带有一定的权威性,即使我们没有听到是以何种方法得出结论的,包括那些潜在的估计缺陷。不管它们看上去多么的庄重或严肃,由政府和国际非政府组织的报告所赋予的合法性意义,很少提供关于土壤退化的清晰的定义或者阐明一些牧场正在退化的原因。

对于引起退化的原因也有其他假设——假定退化确实会影响到西藏自治

[①] 本章不会重复其他学者对科学"真理"的自然化假设的解构,以及科学知识如何被文化性地构建和调动,并用于政治目的(Nader, 1996;Adams, 2001;Fairhead & Leach 2003)。Williams(2002)认为,中国官员通过空间或是时间策略而将现有的环境退化的责任进行转移。空间导向策略将责任归咎于远离北京的当地土地使用者,他们经常被描绘成无知的、不理性的、落后的以及不合作的;而时间策略将责任归于先前政府制度。

区的牧场。中部地区的案例研究表明，牧场退化与牧场系统丧失机动性之间存在着相关（Williams，1996，2002；Humphrey & Sneath，1999；Wang & Wang，1999；Sneath，2000，2002）。在封建主义和集体主义两个时期，大的拥有牧群的机构促进了放牧活动（Sneath，2000）。去共有化的效应之一是降低了由牧民家庭所开展的放牧空间。具有讽刺意味的是，西藏自治区的游牧民或多或少变得具有流动性。一方面，个体（尤其是男人们），尤其是在改革年代，因为通过公路、公共汽车、卡车、摩托车等交通工具获得流动性，另一方面，由于人口的增加和资源生产率的下降，西藏人正逐渐被边缘化，无法有效参与经济，只能在农村地区受苦（Fischer，2005）。

Clarke（1986、1987）认为，在环城市地区、资源开采点周边和主要发展区域，西藏草地的退化更为严重。举例来说，西藏交通基础设施发展的空间模式，使市场离公路更近，因此使得放牧集中在这些路边。生产和服务从这些节点进出，营造了本地的环境压力，这也可能最终破坏了畜牧的环境可行性。因此，在冬季牧场的永久定居，可能会降低以前的放牧效率，即使是在家畜的季节性移动保持不变的情况下。

正如我们所看到的，目前中国政府政策基于草原资源正在被浪费这一观点。要对这种情况进行改进则需要制度变化，尤其是以私有化为方向的土地改革。防止退化和加强畜牧生产的假定方式，旨在加强"草原承包制"，而这会对牧场进行私有化并且分配地块到农户。从理论上讲，这种承包制的实施分三个阶段进行：（1）对镇和村庄的牧场界线的官方评估；（2）由县政府颁布牧场使用合同；（3）将牧场合同分配到单个家庭或者分配给行政村内的联合单位（Ho，2000）。

从20世纪80年代开始，中央政府已经尝试将整个中国牧区的广泛系统进行转换，以使其成为基于草场围栏、可灌溉饲草生产和提高育种水平的更加密集的生产体制（Clarke，1987；Williams，2002）。在西藏，通过栅栏进行圈地已经成为实现这一目标的最广泛使用的手段。

推动西藏放牧和围栏

自20世纪50年代，中国的牧区已经开始大量地使用这种物质性的、社会性的以及象征性的领域划分的工具,这就是铁丝网栅栏。最开始使用是在内蒙古,之后仿照苏联的集体化,对饲料牧场进行围栏。随后铁丝网栅栏开始进入宁夏、四川、青海、甘肃和云南等地的牧区。在人民公社时期,围栏行动开始在青海、甘肃和四川省的藏族牧区出现。最早在西藏自治区出现的围栏是在20世纪60年代的拉萨以北的当雄河谷,由于其临近区域中心并且该处的牧区可以被当做"模式"示范区。在80年代中期,冬草场围栏和羊羔牧场围栏迅速蔓延开来,此外,越来越多的夏季牧场也被栅栏圈了起来。事实上,中国的第十个五年计划提出了对另外1.5亿亩(1000万公顷)的牧区进行围栏的目标(政府消息来源,Miller于2001年引用)。

基于一种经济逻辑,即假定人们如果拥有自己的土地,那么他们会在管理、改善或者保护方面进行更多的投入,于是栅栏被视为是在牧区最有效的发展干预。经济论点明显被用于对土地所有权政策进行合理化。政府政策制定者说,私有化将会激励使用者对改善管理进行投入,因为在社区公共草原上放牧时,个体缺乏激励机制(Miller,1998)。同样的,国际发展组织也直接或间接地影响着私有化话语且推动着围场[①]。Ho(2000)认为土地所有权的私有化,迎合了较大的自由企业的现代化框架,并且世界银行和中国政府也大力倡导企业家精神。

在西藏牧区,栅栏是最为常见的,而且看上去也是最受欢迎的牧业发展模式。在这里使用的"模式"一词,因为栅栏不仅仅是一种简单地将线和铁柱串在一起的物体。福柯(Foucault,1972)和他的同事们提出,技术不是中性的,并且应该被认为与监控、控制和权力项目交织在一起。发展干预不仅仅是尝试为生产制约因素(cf. Salih,1990)提供技术解决策略。鉴于这种情况,栅栏可以被视为一种非政治性活动,表达这一文化中治理的性质和主导价值观。Razac(2002)认为,美国西部的拓荒历史以及铁丝

[①] 与Williams(2002)进行比较,自从20世纪90年代,在中国工作的国际非政府组织有所增加。1978年,中国对这些国际援助张开了怀抱,在那时,政府从联合国开发计划署(UNDP)寻求技术援助。1980年中国进入了国际货币基金组织和世界银行,那时联合国发展机构支持的项目超过200个(Croll,1994)。同样的,在西藏自治区工作的国际非政府组织也急剧扩张着,虽然他们的合作领域受到政府更为严格的控制,对项目的地理位置和西藏工作人员的聘用都有着很多的限制。

网的使用表明，栅栏不仅给景观带来物理变化，也同样产生了我们必须思考的政治和社会结果。栅栏是一种标记边界和管理放牧的方式，但是它们也同样暗示了生产单元、社区、自然资源和治理之间的一种特定关系。

Williams（2002）认为，围场构成了中国漫长历史过程的最后阶段，中央政府也正式通过它来尝试使牧民安定下来，从而更全面地控制国家外围的流动放牧人口。Smith（1996）以及Gefu和Gilles（1990）等人认为，圈地政策是从政治愿望出发，对游牧民族施加政治控制并同化他们。考虑到西藏牧区快速扩散的栅栏，对以上这些批评进行思考是非常重要的。然而，有必要将现今西藏自治区的经验性实例与福柯式分析进行比较。这些理论是否能充分地捕捉或勾勒西藏自治区牧区内的经济、政治以及社会的动态？

围栏的意见：学术和国家

对围栏的批评忽略了铁丝网带来的益处。科学实验的结论是在受控制的条件下进行的，而在这里牲畜是被排除在外的。但是如果多数牧民家庭开始围栏草原的话，这种尝试并不能被广泛地复制。如果控制好的话，围栏可以增加永久的作物生物量，而并不会必然增加牧场的生产力，生产力取决于该地块的原始条件（Richard，2005）。在青藏高原的牧区，对生产力的首要控制因素更有可能是像积雪和可利用土壤水分这些因素（Klein，2003）[①]。

在中亚地区，由生存性的畜牧生产到市场驱动的放牧系统的转移，取决于对冬季牧场的生产力的控制和促进。在青藏高原的牧区，冬季牧场支撑每年放牧时间的2/3，但是却只占现有草场总面积的1/3（Ning & Zhaoli，2002）。像青藏高原这样的地区，冬季风暴就好比是牲畜数量控制的一种自

---

① 自从牧场科学家包括Behnke等（1993），Ellis等（1993），Westoby等（1989）以及Illius和O'Connor（1999）对承载能力的概念（根据计划者对生产力和放牧压力的计算，放养率受到限制）的权衡，已经有20年的时间了。他们西方的草场科学忽略了放牧活动的时间和空间的动态，因此在牧民居住的边缘草场环境中，过高地评估了放牧压力的影响。这些"非平衡"的理论家认为，气候，而不是人类，造成了放牧压力——控制的生物生产力。对半干旱草原的生态动力目前存在着争议，科学家们认为，气候和人类影响都可能在推动这种非平衡系统内的生产力。

然机制。为了在冰冷天气为牲畜提供更多饲料,鼓励对冬季牧场进行围栏和对从其他牧区向边缘牧场的草料投入进行补贴的政策,实际上可能会加速土壤退化过程——尤其是对于那些没有冬季的牧场——在那里会有更多的动物存活下来(Kerven, 2004)。尽管有更多的动物存活下来,这并不一定意味着它们就是更强壮的或更高产的动物。相反地,这种效应可能使大量虚弱的动物生存下来,它们繁殖后代并提供劣质的产品。然而,自从20世纪80年代以来,政府已经对西藏自治区的冬季牧场进行了大量的围栏补贴。

这些争议暂且不管,在我们对西藏自治区的国家计划干预进行调查的过程中,考虑围栏的社会影响也是非常重要的。批评者认为,栅栏是一种社会分化,并且加剧了那些穷牧民和富牧民之间的差距。举例来说,Yeh(2003a)和TIN(1999)报告了西藏东部地区,在边界和栅栏的问题上社区冲突有所上升。来自青海——见证了大量在家庭层面对牧场进行分割的地区——的一位藏民这样说道:"只有当一个家庭贫穷支付不起的时候,你才不会看到栅栏。他人在这些家庭的牧区放牧。"另一位来自青藏高原东部的被采访者披露道:"栅栏可以在社区内或社区间增强资源利用的紧张局势。为了栅栏的边线而大打出手是非常常见的,并且偷窃时有发生——人们在晚上潜入到别人的牧场割草。"

有些地区的土地管理依赖的是家畜流动和资源使用的统一行动,他们指出栅栏可以成为这些社区内的一种分化力量,于是对围栏的批评提出了另一个社会问题。由围栏所导致的社会分化的另一个维度是在景观尺度上。一般来说,纵横交错的小径、小溪和其他牧区团体的每位成员所需要的资源,这些异质景观被栅栏打破。尤其是极其重要的水资源,在景观分割和使用栅栏的情况下,使用者却不能获取这一资源。

围栏被批评为是一种社会分化,加剧了阶级差别,并且最终是不起作用的。本章所要问的是:围栏是否作为一种计划政策来安定,从而更好地控制西藏自治区的游牧社区呢?或者,它是不是政府最快捷的方式,来为边远和偏远游牧社区的家畜生产力提供基础设施?不论存在怎样的争议,我们所遇见的大部分游牧民,当谈到目前的围栏需求,甚至对更多围栏存在需求时都十分激动。如果围栏真的存在这些社会和生态的弊病,为什么这些生计大部分依赖于可行的劳动安排和持续范围的生产力的西藏牧民，会需要更多的围栏呢？

围栏：国家政策和行政实践

因此，关于围栏的问题是比较复杂的，对于边缘的牧区团体，中国政府是个巨大的且看上去无所不能的。我们不能甘于接受这种解读，并停止争议。围栏已经或正在被设置的地方，牧民和县镇一级的干部们对这种干预的真实想法是什么？他们怎样讨论这种变革性技术的优缺点？基于对游牧民，还有在西藏和尼泊尔牧区的政府工作者和国际非政府组织的顾问超过10年的访谈，我们认为，在我们所观察到的西藏围栏背后的真正动力是以下几点：（1）对乡镇官员的奖励机制；（2）地方政府办事处要提高自身收益的这一紧要性；（3）牧民也积极从事发展装置，使用有回报的策略从政府手中获取物质利益。有关围栏的重要的一点就是，在西藏地区各个地方政府都已经以不同的方式实施了圈地策略。一个值得重视的现象就是，西藏自治区和甘肃、云南、四川和青海的游牧社区在围栏模式上的差异（关于这一问题请见 Zhaoli 等人的文章）。在这些省份中，围栏即使不是无处不在的，也是比较常见的。在大量工人的推动下，栅栏大多数情况下将道路和靠近行政中心的土地圈起来；更加偏远的地区保留对牧区的集体控制，并且相应地圈出更大的空间单位（Richard，2005）。

同时，在西藏自治区内部，围栏要少见得多，大量的栅栏将公共地块圈定起来。此外，政府对除西藏自治区外的藏族地区的围栏进行的补贴要少得多。自20世纪80年代起，政府和国际非政府组织通常已经对围栏的成本进行补贴，并且只需要那些本地社区的成员来提供免费的劳动力，安装这些栅栏。如果其最大的牧区那曲县是一种迹象的话，那么西藏自治区的情况可能有所改变。对于那里的放牧人来说，围栏不再是免费的，而当地人需要支付部分费用，甚至是那些由扶贫办所支持的大项目的围栏也是一样。

一个同类的例子更进一步地阐述了西藏地区政策实施的差别。西藏自治区以外牧区的房子由私人资金所建造，没有政府补贴。这与西藏自治区有着明显的对比,那里人们能够得到补助,这样他们就能安定下来,并盖起房子。毫不奇怪的是,中国的文件一直并且明确表示,中央政府对西藏自治区的政策是"特殊的"和"有特权的"。

这些区域在治理上的差异的原因是什么呢?从历史上看,像康巴和安多这样的地区,从它们与许多中国统治者(最后是共产党)之间的关系来说,遵循与西藏中部和西部地区完全不同的轨迹。东部藏区共产党政策实施得较早,且更为彻底和根本。更进一步来说,那里也有更多更密切的与汉族、回族和其他在甘肃、云南、四川和青海省的藏族居住区的少数民族商业的、政治的和文化的互动。这些反过来比西藏自治区被更有系统地吸纳进土地使用权非牧区模型、经济生产和家庭结构中来。此外,应该注意的是,在青藏高原的东部地区,其降水量比中部地区要充足,牧区的产量更高并且可能因此在索赔中产生更大的竞争;那里人口密度更大,这也推动了青藏高原东部家庭分地的围栏。正如在西藏自治区的自然村庄和乡镇一样,牧区由康巴和安多(四川和青海省)的干部分配到户,与公共单元相对,这一分配到户不让人感到奇怪。牧区设置,尤其是在边境环境下,比如波龙,那里的年降水量不足250毫米,这些地区的集体土地所有权的收益包括放牧劳动所实现的经济规模:集体土地所有权代表着,尤其是在放牧权缺失的情况下,促进此种措施的最低制度安排成本(Dalhman, 1980; Stevenson, 1991; Baland and Platteau, 1998)。

根据一位被安置的西藏人说,当西藏自治区人民代表大会上宣布要改革的时候,关于草原的使用权有着很长时间的讨论。村级的代表们提出了将牧区分配给家庭的担心。换句话说,也就是政府高层对潜在社会分化的担心,而这种分化可能是由牧区土地划分带来的。代表大会候选人毫无疑问地对西藏私有化意味着什么充满期待:一种困难的以及耗时的土地测绘活动,以及在较宽广范围内的土地上解决争端。看上去家庭和干部们,都继续在共用和维护资源,并在自然村一级的政府服务中获得既得利益(Croll, 1994)。甚至是在西藏自治区以外,尽管有将土地分配到个体农户的尝试,但Banks等人(2003)观察到集体和集团所有权安排仍在继续。因此,当土地在书面上分配到个体手中时,牧民继续使用公共的和委托公共实体监管的牧场。

第九章 西藏牧区自20世纪80年代以来的发展及围栏运动

另一个关键因素解释了西藏自治区和其他牧区在实施中央政府策略上的差别,这就是时间安排。虽然在1994年通过了第一个《西藏自治区草原法》,但是政府和地方知情人士都说,直到2002年修订过后,这些草原管理法案才得以实施。重要的是,这些修订包含一个规定,不仅仅允许在家庭层面(同家庭联产承包责任制其他方面一起),同样也允许在自然村或行政村层面上分配草原。接着,西藏自治区的大量游牧社区选择了村庄层面的牧场管理。

这里要问的一个重要问题就是,这些政策实施的时间滞后是不是故意的(也就是中央政府在一些动荡的少数民族地区谨慎行事),巧合的(无能的、滞后的管理)或是间接的(国家的弥漫性表现)或是出于政治目的(西藏人大正在有效地行使自治权)?或者是这几点之间的结合?

地面上的围栏

波龙乡的例子可以说明,围栏的生态、社会和政治动态是如何在地面上展现出来的。该游牧群体中最早的围栏要追溯到20年前。这种较小的冬季饲料地块,由当地村民依靠政府资金架了起来。像其他畜牧乡一样,在公社时期(1969~1980),波龙乡工作队的成员被迫在牧区周围筑起了石头和草皮墙。这些墙今天已经摇摇欲坠并且不再去维护了。相反的是,如果有可能,栅栏却被经常修理以及扩张。差别在于技术和两种类型的圈地建造时的条款。栅栏运用了简单且牢固的技术,在短短几天内就能修好。如果有适当的设备(一台拖拉机、冷轧铁丝网和工具),那么数百公顷的土地可以很快就能被围起来。相反的,石头和草皮墙必须耗费大量时间和精力来建造(维护的时间要短一些)。此外,收割草皮会将草原草地的根系破坏掉,使得土壤受到更多的侵蚀,对牧场造成大面积破坏。最后,公社时期的墙是在强制(也就是公社成员被要求去建造墙)的情况下建造起来的,并且是在公社成员力所能及的范围之外,是为了获取工分和口粮以及其他生活必需品。产生的结果就是,随着草皮墙的坍塌,栅栏成倍增长。

在2003年到2004年,超过4000公顷的牧场被波龙村民用从政府那里购买的栅栏圈了起来。显然,游牧民在20年里积极配合政府建造围场——

这也揭示了一种与批评者所认为的围栏是强制性的观点有所不同的情形。然而，我们是否能从政府对铁丝网的倡导和资助中看到管辖和控制的议程呢？

在这里，对政府的更精细的分析表明，为什么只看见政府，却没看见个体出于其自身利益、自我保护和自我克制来行事——这忽略了最重要的部分。Scott（1985，1998）和其他人（Gellner, 1983；Anderson, 1991）强调这些民族主义项目是如何利用现代性的符号——比如科技和消费——为公民构建一个民族身份和目的。本章则突出了西藏地区制定和实施牧区发展中中级和低级的参与者的重要性，国家叙述确实在发展政策和实践的过程中起着作用。举例来说，可以将美国所声称的"天赋使命"和西部地区的安置与中国的大跃进和其西部省份的发展进行比较。在这两种情况下，栅栏在对景观和土地管理的转变中起着显著作用。

我们的中国游牧发展模型必须能解释乡镇政府官员前进中的动机和约束。提出的第一个解释与栅栏背后的动力相关，与当地政府官员的激励机制存在着关联。基于量化的业绩指标，比如年度生产量的增加，政府机构对乡领导干部进行奖励（Strathern, 2000）。聂拉木县畜牧局一位工作人员这样描述乡领导干部的奖励系统：

> 我如何评价他们的表现呢？每年，乡领导都会提交他们的工作报告。我们阅读这些报告，看看是否有所增长。他们所生产的黄油和奶酪有多少？有多少牲畜幼崽？收入增加了多少？随后我们有个隆重的会议和宴会——在这里我们发布最好的业绩。我们为业绩最好的乡授予奖励（奖金）和大红色的锦旗。

在这一政府机构的奖励系统中，他们的进展是由数量和安装好的围栏来衡量的。围栏很容易确定：你可以去测量有多少土地在特定的时间内被围栏；你可以在一财政年度购买、提供和安装围栏。比如在波龙乡，超过1300公顷的土地在一周之内就被由社区成员所组成的志愿非专业工作队用栅栏围起来了。

围栏的结果由政府官员来量化，不仅考虑圈地的面积，同时也会考虑生物量产量的多少——政府支持的赞誉"科学"的思想意识的纯粹扩张。

第九章　西藏牧区自 20 世纪 80 年代以来的发展及围栏运动

举例来说，一个乡镇文件（聂拉木镇，2002）声称，为牲畜建造 241 间冬季庇护所将会导致以下牲畜健康和牧场生产力的效应：

> 每年（我们将会）将家畜死亡率降低 1/3 以上，这将会减少 1.2 亿元的经济损失。（我们将会）避免失去 3 万立方米的草皮并且增加大约 316.5 千克的新鲜牧草。同时，牧场的规模也将增加并且生态环境也会得到保护。

这样的报告解释了一个量化的变量如何导致政府思维的可量化的结果。另一个适合这一激励机制的干预就是兽医服务。在地方政府的报告中，疫苗注射、生存下来的牲畜和出生的牲畜的数量被记录、被奖励。

同样在现实中，也有一些东西刺激着栅栏。一次性干预比疫苗接种需要较少的后续工作。举例来说，相对于其他发展干预（比如灌溉），围栏相比之下更容易实现，并且只需要当地村民和政府工作者付出较少的维护工作。有几名工人和一台拖拉机，栅栏就可以在很短的时间内立起来。安装也不需要太多的培训、技术或者工具，只需少量工人、一台拖拉机，以及其他一些简单的工具（钳子、钢丝钳、锤子等）。

因此，对政府工作人员的这一奖励机制鼓励像围栏这样的干预。甚至还鼓励政府官员，为他们的工作组找到产生收入的办法。这将西藏的干部们置于一个奇怪的位置，因为西藏自治区几乎完全是由中央政府资助的：西藏超过九成的预算来自该自治区的外部。然而，西藏领导干部们必须在当地司法管辖区内筹集资金来实施这些发展项目。

可以通过西藏自治区内的几个机构，尤其是扶贫办和商务部，筹集发展资金。因此，政府办公室需要向这些高一层的机构申请资金，用于减轻当地贫困程度的发展工作。一位聂拉木县的政府官员讲述了在他所管辖的乡镇内，是如何征集项目的：

> 西藏自治区给了我们计划和预算，之后县对所有的乡镇发了封信，让他们提交开发项目建议书。乡镇的官员之后就有责任来确保这些项目的完成。

考虑到发展干预的定量措施的内部系统（之前所讨论的），乡镇领导干部的趋势是做"局面"而不是"过程"方法（当然，在许多地方而不仅仅是中国都是正确的）。换句话说，西藏领导干部申请的拨款通常是为了购买和建设物质性的基础设施。举例来说，波龙乡 2004 年的工作计划只提出了两个主要资金干预措施：家畜庇护所的建立和冬季牧场的围栏，这说明了西藏放牧地区的发展倾向。

有时，围栏的资金来自一些看上去不可能的地方。西藏自治区的行政单位在由中央政府所设置的分税制法案中被分配到"姊妹"省份，这一做法旨在缩小那些蓬勃发展的省份和中国西部边缘发展缓慢的省份之间的经济差距[①]。因此，西藏自治区的县级单位可以向中国内地的"姊妹"省份申请资金，后者在中央政府的要求下，有义务为其贫困的"手足"拨付资金[②]。有一年，日喀则地区的卫生局为波龙乡拨款 1 万元建设一个小的圈地。乡领导记得，"同一年，姊妹省份送给我们 4000 元在我们乡建设一个餐馆，我们将这些钱用来围栏了"。

所以，西藏自治区乡镇的收入来源既广泛又浅薄：一个乡可能向很多高一层机构申请发展资金，但是那些可以筹集资金的计划干预是很有限的。许多由北京拨给西藏的钱，如果不是大多数的话，都通过扶贫办的地区分支机构发放。其中有一些是省份对省份的合作关系所拨付的资金，旨在将富裕的东部沿海城市，与贫困的内陆省份包括西藏自治区联系起来。

因此，尽管他们是在预算赤字地区工作，乡镇政府领导筹集资金的一种方式就是申请资金并且用它们来买栅栏。根据对一些扶贫办工作人员的访谈，在这些资金该如何使用这一层面上，很少有问责。毫不奇怪的是，由于财政和政治奖励，政府已经进入了制造栅栏这一业务中。那曲草原站就是一个例子，它生产和配送栅栏：明显是销售更多栅栏来筹集资金。

---

① Humphrey（1995）指出前苏联也使用过相同的计划，前苏联政府扮演着"地理平等主义"的再分配角色，并且富裕的、多产的地区对贫困地区进行补贴。
② 类似这样的"姊妹"合作的例子有，先列举西藏行政单位，而后是内陆省份：林芝—福建，山南—湖北，拉萨—江苏及北京，墨竹工卡—宁夏，阿里—陕西，那曲—辽宁，昌都—四川和重庆，日喀则—山东。

第九章 西藏牧区自20世纪80年代以来的发展及围栏运动

在改革之后以及监督机制较为薄弱的、财政遭遇缩减的环境中，西藏自治区针对实施发展的自上而下的补助金结构，为栅栏的使用和传播提供了一种激励，作为地方政府"筹集"收入的一种方式。在西藏自治区，栅栏最终的价格可能比在源头的价格还要贵。根据聂拉木县的资料来源，为围栏的预留资金被政府的各层机构层层克扣。举例来说，自治区、地级和县级的扶贫办逐步提高在乡镇比如波龙乡圈栏所需材料的价格。换句话说，原始材料比如从工厂买进的铁丝网每米4元，当到乡镇的时候每米涨到了7元。这一价格仅仅反映出了栅栏本身的物质成本，还不包括运输成本。在他们详细的支出和收入的账簿中，乡镇财会人员的预算比真实的围栏耗费要高；"围栏资金"中未动用的部分随后被报告为年底的"收入"。

运输花费，像原材料一样，当从西藏自治区的政府部门到达乡镇的时候就会增加。尽管我们可以假定，牧区越是靠近边远地区，托运成本将会随着距离的增长而增加。西藏自治区最远的县（阿里和那曲）的运输栅栏的真正经济花费，将解释这些偏远崎岖山镇的栅栏缺乏情况。除此之外，围栏的奖励机制的一个重要的元素（通常不被承认）就是个体从这一系统中所获取的利润。

游牧民支持围栏吗？

本章到目前为止解释了为什么围栏在西藏自治区可以得以推行的一些原因。不管技术（尤其是学者）被认为有怎样潜在的弊端，同样也有经验证据表明存在来自西藏游牧民的自下而上的力量。

一位拉萨的国际非政府组织的工作人员不相信游牧民对围栏的广泛需求。随后，他却要穿过西藏的北部高原——羌塘，那里一望无际，但视野中没有一个栅栏。需要在那边靠以牲畜为主的社区计划一个发展项目，他问社区成员："你需要什么，你想要什么？"他们只有一个声音，那就是栅栏。

这种避免围栏是否是政府和国际非政府组织工作成员所使用的参与式农村评估的一个手段呢？参与式农村评估作为一种收集信息的方法，因为其固有的偏见而备受诟病（Chambers, 1994; Mosse, 1994; Cooke and

Kothari，2001）。发展——计划社会改变——不是一件中立的事情。就好像 Ferguson（1994）、Escobar（1995）和其他人所认为的，发展可以延续现有的政治关系，并且将利益系统的倾斜向着当权者一方。

因此，这些对栅栏的要求是不是一群农村农牧民的表现，因为他们是否已经学会如何对发展机构的量表进行反应的呢？我们是否在观察一种"合理的策略"（Yeh，2003b），这被社区成员用来获取发展机构（现在，在一些地区是国际非政府组织？）的好处。在同政府干预进行多年的较量之后，他们要求栅栏是否是一种计算呢？他们是否简单地顺从另一个干预——就好像早些时期的公社和他们的集体化的牧群？这一悖论由在中国西藏地区工作的国际非政府组织的一位主管提出来。不管他自己对土地管理有什么疑虑，他承认西藏自治区的围栏不仅仅是自上而下的事情："但是这是许多年政策和压力的结果，人民没有其他选择。"

抑或是牧民们以一种策略方式重复政府话语，为了获取政府的好处？这就是说，与其向政府直接要求不切实际的援助，地方社区和乡镇领导干部之间达成了使用政府有限资源的一致意见？游牧民对围栏需求的一个关键因素就是它代表了一些他们可以从政府所获取的具体利益。毫无疑问，围栏可以带来一些立竿见影的而且长久的好处，包括减轻牧羊人的劳动，防止冬季体质较弱的动物饿死，以及增加冬季资源。牧民们乐意为了围栏牧场，投入自身的资源，尤其是劳动。

牢记围栏不是一次性义务劳动是非常重要的。一个维护良好的栅栏表现出社群的承诺，表现了家庭对其效用的认识。在波龙乡和西藏自治区的其他牧区，栅栏将公共牧区圈定起来，至少每人都有相同的（如果使用不平等，由畜群规模决定）分享资源的机会。或许工作机制与牧区的集体所有权相似，包括面对面放牧劳动的经济规模和维护：集体的围栏牧场是一种低成本的制度安排，尤其是在放牧权和草场交易市场缺失的情况下。

西藏地区牧民们对围栏的欢迎和需要，看上去可以掩盖我们在土地管理中所观察到的"虚假意"这种简单的假设。基于以上这些，我们如何解释围栏的基层膨胀呢？或许我们正在观察的是一种从众效应，创新的词语在崎岖的乡镇中迅速蔓延开来。或者也可能围栏已成为一种象征，一种游牧社区的象征着发展的社会图腾？西藏人当然不能幸免被现代事物所吸引：

见证了像电视机、移动电话和摩托车等在草原上惊人的扩散。在中国，私有化可能是一个迅速扩散的概念，但是我们不应该将西藏牧民对栅栏的需求，等同于对私有化以及对高原草原的分配愿望。对于牧民来说，围栏是种创新，他们认为可以更可靠地帮助他们达到生活需要。是否如此则又是另外一个问题了。

围栏是否是对气候变化的反应？

一些中国和国际学者权衡了——并且毫无疑问地试图去建模和预测——世界气候变化对青藏高原的影响（Miehe，1996；Liu & Zhang，1998；Miehe & Miehe，2000）。Dawn Chatty（2005）观察到：

> 所有的人都需要去控制和适应变化，而且有些人做得比别人要好。由于与土地和牲畜健康之间的特殊关系，牧民们对变化的感觉细致入微并且知道如何去控制和适应。

如果西藏的草地干枯，保护关键的季节性牧区将会是一个务实的适应方式。更令人担忧的是，这将是牧民们维护其生活方式的最后一道防护。在生产系统基础的这种宏观尺度变化的背景下，西藏牧民们正在适应。他们用可以获取的有限的方式进行回应，这种方式就是栅栏。

围栏现象的另一种解释就是它是一种对边境消逝的反映——西藏开放空间的灭绝。当家庭和畜群进一步细分，我们可以认为西藏人已经意识到资源的限制和对草原争夺的加剧。或许我们可以将美国投资者在1929年股市崩盘后冲向银行这一行为与牧民对草原进行圈地进行比较。Roy Behnke（1988）以苏丹为例，其中的一个农牧组，将钻孔周围的土地圈起来，用来灌溉干草，以便在干燥季节进行放牧（相当于中亚地区为冬季和产羔牧场圈定牧场干草）：

> 每个人都很恐慌，预计会发生土地短缺，并且为将来使用而圈定更多广阔的区域。但是同到银行挤兑一样，惊恐是可以自我实现的。

那些没有对多余土地进行圈栏的人随后发现，他们被他人的栅栏所包围了，他们已经无法扩展他们的农场了。没有人计划去圈地，居民说，圈地自然而然就发生了，这是个体保护自身利益的意外结果。

栅栏的引力是否标志着财产关系，尤其是乡镇之间的财产关系，因为人口压力和行政的不公正划分而变得更具争议的时代已经来临？当标定新界线和裁定旧界线的时候，政府的行为可以加剧社区之间这种长期的历史紧张。或者更简单地说，是否可以因为在西藏栅栏可以适应牧区生产，就说它起了作用了呢？

2003年的10月，我们在拉萨北部的当雄区遇到一群牧民。当时他们正以28户集体成员的身份收集干草，这种规模在过去的50年已经重组了多次。他们正在将他们所保护的冬季干草周围的栅栏除去。以前，牧民将牲畜从这块区域迁到其他草原上，而这些草原现在已经属于其他行政村了。他们解释道，随着人和牲畜的增加，他们必须用围栏来保护这些草地。

传统的资源利用边界继续受到积极的监测。但是因为这些边界与栅栏相比不太明显，它们同样也更有可能受到更大的争议和/或者协商。因此，围栏的其中一个激励因素可能是它为边界提供了一个坚实的、不容置疑的标记，使牧场不具备谈判的可能性。将栅栏看做是对政府和其目前所废弃的共产化的一种反映，也可以说是富有成效的。在这种情况下，我们会说牧民们充分利用围栏，将它作为控制对经济生产和文化再生产至关重要的资源的方式。

围栏在有些地方对生产的实践模式进行重组，而在其他地方，仅仅是对现有资源管理的社会模式进行正规化和合法化，在这两种用途进行区别是非常重要的。举例来说，对一些牧区进行保护，以便实现秋季丰收，这种方式世世代代在西藏自治区采用。以前，牧区家庭通过流动性和社会制裁等方式集体认领并且保护牧区，现在都在使用铁丝网了。栅栏随后成为将牲畜饲养在同一牧区的一种机械手段，而不是传统的在特定季节对家畜进行放养。

栅栏是地位、所有权和控制权的物理和心理指标，我们或许可以看见旧形式所有权的新迭代。一位63岁的村长这样评价他看守的围栏区域：

第九章　西藏牧区自 20 世纪 80 年代以来的发展及围栏运动

这些地区都有旧名字，在以前禁止的时期，你是不能迈入这些区域的。之前这里没有围栏，但是这些草地却受到了保护；如果有别人的牲畜跨过我们的边界并且误入我们的（冬季）牧场，我们将会杀死他们的一只羊。随后我们将其内脏挂在边界上来警告他们，并且告知所有人这里是我们的土地。

因此，仔细考虑围栏是否确实产生了"地形变质的革命"是十分重要的，这革命指资源利用和景观特色的根本转变（Williams，2002）。在西藏自治区，被围栏围起来的牧区通常位于历史保护区内。游牧民想要继续守护这些区域，这是很常见的，并且他们热衷于使用节省劳力的放牧技术。

食羊肉者何去何从？

从这点来看，我们得到一种启发。我们将未来牧场管理问题放在人口、经济和社会变革中，尤其是在中国的"西部大开发"的背景下。建设一条从西藏到青海的铁路，从而将西藏与中国其他内陆地区联系到一起，以此来加速非西藏人的经济移民。正如我们所看见的，我们可以期望在西藏牧区使用的资源种类，将会受到政治、经济、社会组织和环境制约之间动态的、复杂的相互作用的影响。

非常感谢温纳格伦基金会和美国国家科学基金会对这项研究的资金支持。作者也同样感谢西藏社会科学院在实地考察中所提供的帮助。作者十分感谢 Carol Kerven，他给本章的几次易稿提供的编辑建议。

参考文献

Adams, V. 2001. "The Sacred in the Scientific: Ambiguous Practices of Science in Tibetan Medicine", Cultural Anthropology 16: 542-575.

Anderson, B. 1991. Imagined Communities: Reflections on the Origin and Spread of Nationalism. Verso, New York.

Baland, J.-M. and J.-P. Platteau 1996. Halting Degradation of Natural Resources: Is There a Role for Rural Communities? FAO and Clarendon Press, Oxford.

Banks, T. 2003. "Property Rights Reform in Rangeland China: Dilemmas on the Road to the Household Ranch", Development and Change 32: 717-740.

Banks, T., C. Richard, P. Li and Z. Yan 2003. "Community-based Grassland Management in Western China: Rationale, Pilot Project Experience, and Policy Implications", Mountain Research and Development 23: 132-140.

Bauer, K. 2004. High Frontiers: Dolpo and the Changing World of Himalayan Pastoralists. Columbia University Press, New York.

Behnke, R. 1988. "Range Enclosure in Central Somalia", Pastoral Development Network Paper 25b (March) Overseas Development Institute, London.

Behnke, R., I. Scoones and C. Kerven, eds. 1993. Range Ecology at Disequilibrium: New Models of Natural Variability and Pastoral Adaptation in African Savannas. Overseas Development Institute, London.

Blecher, M. and V. Shue 1996. Tethered Deer: Government and Economy in a Chinese County. Stanford University Press, Stanford, California.

Buffetrille, K. and H. Diemberger, eds. 2000. Proceedings of the Ninth Seminar of the International Association of Tibetan Studies. Brill, Leiden.

Chambers, R. 1994. Paradigm Shifts and the Practice of Participatory Research and Development. Institute of Development Studies, Brighton.

Chang, A., R. Madsen and J. Unger 1984. Chen Village: The Recent History of a Peasant Community in Mao's China. University of California Press, Berkeley.

Chang, A., R. Madsen and J. Unger 1992. Chen Village under Mao and Deng. University of California Press, Berkeley.

Chatty, D. 2005. Personal communication by email. 31 March.

Choedon, Y. 1992. "China's National Minorities Policy With Special Reference to Tibet", in Ethnicity and Politics in Central Asia, eds. Warikoo, K. and Dawa Norbu. South Asian Publishers, New Delhi, 87-203.

Clarke, G. 1986. "Tibet today: Propaganda, Record, and Policy", Himalayan Research Bulletin 8 (1): 32.

——1987. China's Reforms of Tibet, and Their Effects on Pastoralism. Report 237. Institute of Development Studies, University of Sussex, Brighton.

Clarke, G. ed. 1998. Development, Society, and Environment in Tibet. Verlag der Osterreichischen Akademie der Wissenschaften, Vienna.

Cooke, B. and U. Kothari, eds. 2001. Participation: The New Tyranny? Zed Books, London.

Croll, E. 1994. From Heaven to Earth: Images and Experiences of Development in China. Routledge, London.

Dahlman, Carl. 1980. The Open Field System and Beyond: A Property Rights Analysis of an Economic Institution. Cambridge University Press, Cambridge.

Dassu, M. and T. Saich, eds. 1992. The Reform Decade in China: From Hope to Dismay. Kegan Paul International, London.

Diemberger, H. 2000. "The People of Porong and Concepts of Territory", in Proceedings of the Ninth Seminar of the International Association of Tibetan Studies, eds. K. Buffetrille and H. Diemberger, 33-35.

Edstrom, J. 1993. "The Reform of Livestock Marketing in Mongolia: Problems for a Food Secure and Equitable Market Development", Nomadic Peoples 33: 137-152.

Ellis, J. ed. 1992. Grasslands and Grassland Sciences in Northern China. National Academy Press, Washington, DC.

Ellis, J., M. Coughenour and D. Swift 1993. "Climate Variability, Ecosystem Stability, and the Implications for Range and Livestock Development", in Range Ecology at Disequilibrium: New Models of Natural Variability and Pastoral Adaptation in African Savannas, in eds. R. Behnke, I. Scoones and C. Kerven. Overseas Development Institute, London.

Escobar, A. 1995. Encountering Development: The Making and Unmaking of the Third World. Princeton University Press.

Fairhead, M. and J. Leach 2003. Science, Society and Power: Environmental Knowledge and Policy in West Africa and the Caribbean. Cambridge University Press, Cambridge.

Ferguson, J. 1994. The Anti-politics Machine: "Development", Depoliticization, and Bureaucratic Power in Lesotho. University of Minnesota Press, Minneapolis: Fischer, A. 2005. State Growth and Social Exclusion in Tibet. Challenges of Recent Economic Growth. NIAS. Report Vol. 47. Copenhagen: Nordic Institute of Asian Studies.

Forbes, A. and C. McGranahan 1992. "Developing Tibet? A Survey of International Development Projects", Cultural Survival. Cambridge, Mass., USA.

Foucault, M. 1972. The Archaeology of Knowledge. Tavistock, London.

——1980. Power/knowledge: Selected Interviews and Other Writings, 1972 - 1977,

Harvester, Brighton.

　　Gefu, J. and J. Gilles 1990. "Pastoralists, Ranchers and the State in Nigeria and North America: A Comparative Analysis", Nomadic Peoples 25-27: 34-50.

　　Gelek, L. 1998. "The Development of Animal Husbandry on the Qinghai-Tibetan Plateau", in Development, Society, and Environment in Tiben, ed. G. Clarke. Verlag der Osterreichischen Akademie der Wissenschaften, Vienna.

　　Gellner, E. 1983. Nations and Nationalism. Cornell University Press, Ithaca, NY.

　　Goldstein, M. and C. Beall 1989. "The Impact of China's Reform Policy on the Nomads of Western Tibet", Asian Survey 29: 619-641.

　　——1990. Nomads of Western Tibet: The Survival of a Way of Life. University of California Press, Berkeley.

　　——1991. "Change and Continuity in Nomadic Pastoralism on the Western Tibetan Plateau", Nomadic People 28: 105-122.

　　——2002, "Changing Patterns of Tibetan Nomadic Pastoralism", in Human Biology of Pastoral Populations, eds. W. Leonard and M. Crawford. Cambridge University Press, Cambridge, 131-150.

　　Gruschke, A. 1997. "Demography and Ethnography of Tibet", Geographische Rundschau 49: 279-286.

　　Herberer, T. 1989. China and its National Minorities, Autonomy or Assimilation? Armonk, M. E. Sharpe, New York.

　　Ho, P. 2002. "The Clash Over State and Collective Property: The Making of the Rangeland Law", The China Quarterly 161: 227-250.

　　——2001. "Who Owns China's Land? Policies, Property Rights and Deliberate Institutional Ambiguity", The China Quarterly 166: 394-421.

　　Humphrey, C. 1995. "Introduction to Special Issue of Cambridge Anthropology on Development in Former Socialist Societies", Cambridge Anthropology 18: 2-13.

　　Humphrey, C. and D. Sneath 1999. The End of Nomadism? Society, State, and the Environment in Inner Asia. Duke University Press, Durham, N. C.

　　Illius, A. and T. O'Connor 1999. "On the Relevance of Nonequilibrium Concepts to Arid and Semiarid Grazing Systems", Ecological Applications 9 (3): 798-813.

　　Karan, P. 1976. The Changing Face of Tibet: The Impact of Chinese Communist Ideology on the Landscape. University Press of Kentucky, Lexington, KY, USA.

　　——1981. "Ideology on the Landscape: A Study of Tibet", Tibet Journal 6: 11-21.

Kerven, C. 2004. "The Influence of Cold Temperatures and Snowstorms on Rangelands and Livestock in Northern Asia", in Rangelands at Equilibrium and Non-equilibrium, VII International Rangelands Congress, ed. S. Vetter. Programme for Land and Agrarian Studies, University of Western Cape, South Africa.

Klein, J. 2003. Climate Warming and Pastoral Land Use Change: Implications for Carbon Cycling, Biodiversity and Rangeland quality on the Northeastern Tibetan Plateau. Ph. D. Thesis, University of California-Berkeley.

Leonard, W. and M. Crawford, eds. 2002. Human Biology of Pastoral Populations. Cambridge University Press, Cambridge.

Levine, N. 1999. "Cattle and the Cash Economy: Responses to Change Among Tibetan Nomadic Pastoralists in Sichuan, China", Human Organization 58: 161-172.

Liu, X. and M. Zhang 1998. "Contemporary Climatic Change over the Qinghai-Xizang Plateau and its Response to the Greenhouse Effect", Chinese Geographical Science 8: 289-98.

Longworth, J. and G. Williamson. 1993. China's Pastoral Region: Sheep and Wool, Minority Nationalities, Rangeland Degradation and Sustainable Development. CAB International in association with Australian Centre for International Agricultural Research, Wallingford, UK.

Mackerras, C. 2003. China's Ethnic Minorities and Globalisation. Routledge Curzon, London.

——1994. China's Minorities: Integration and Modernization in the Twentieth Century. Oxford University Press, Oxford.

Mandel, R. and C. Humphrey, eds. 2002. Markets and moralities: Ethnographies of Post Socialism. Berg, Oxford.

Manderschied, A. 2001. "Decline and Re-emergence of Nomadism: Tibetan Pastoralists Revive a Nomadic Way of Life and Production", Geo Journal 53: 173-82.

Masina, P., ed. 2002. Rethinking Development in East Asia: From Illusory Miracle to Economic Crisis. Curzon Press, Surrey, UK.

McDonald, J. 2002. "Workin' on the Railroad: China Expands Railways to Aid Poor, Unite Country", World Tibet News, Issue ID: 2002/12/30.

Miehe, G. 1996. "On the Connection of Vegetation Dynamics with Climatic Changes in High Asia", Palaeogeography, Palaeoclimatology, Palaeoecology 120: 5-24.

Miehe, G. and S. Miehe 2000. "Environmental Changes in the Pastures of Xizang", Marburger Geographische Schriften 135: 282-311.

Miller, D. 1998. "Tibetan Pastoralism: Hard Times on the Plateau", Tibetan Studies

Internet Newsletter. Center for Research on Tibet, Ohio. http: //www. cwru. edu/affil/tibet/papers/miller. htm.

——2001. Poverty Among Tibetan Nomads in Western China: Profiles of Poverty and Strategies for Poverty Reduction. Paper prepared for the Tibet Development Symposium. May 4-6, 2001. Brandeis University. http: //www. cwru. edu/affil/tibet/papers/miller2. htm.

Mosse, D. 1994. "Authority, Gender and Knowledge: Theoretical Reflections on the Practice of Participatory Rural Appraisal", Development and Change 25: 497-525.

Nader, L., ed. 1996. Naked Science: Anthropological Inquiry Into Boundaries, Power, and Knowledge. Routledge, New York.

Ning, W. and Y. Zhaoli 2002. "Climate Variability and Social Vulnerability on the Tibetan Plateau: Dilemmas on the Road to Pastoral Reform", Erdkunde 56: 2-14.

Nyelam County 1984. "Examples of the Nyelam County CCP Leading the Masses to Change from Poor to Rich". Government booklet published in Nyelam, Shigatse Prefecture (PRC).

Nyelam County Animal Husbandry Bureau (AHB) 2002. "Feasibility Report for the Construction OF Winter Shelters In the Pastoral Areas of Porong, Nyelam County".

——2003. Application for the Construction of Livestock Shelters in Porong Xiang, 28 November.

Oi, J. 1999. "Two Decades of Rural Reform in China: An Overview and Assessment", The China Quarterly. 159: 616-628.

Razac, O. 2002. Barbed Wire: A Political History. Profile, London.

Richard, C. 2005. Personal communication by email 18 April.

Roe, E., L. Huntsinger and K. Labnow 1998. "High Reliability Pastoralism", Journal of Arid Environments 39: 39-55.

Rowe, H., M. Shinderman andE. Bartlett 2001. "Change on the Range", Rangelands 23 (2): 6-10.

Salih, M. 1990. "Introduction. Perspectives on Pastoralists and the African States", Nomadic Peoples 25-27: 3-6.

Scott, J. 1985. Weapons of the Weak: Everyday Forms of Peasant Resistance. Yale University Press, New Haven.

——1998. Seeing Like a State: How Certain Schemes to Improve the Human Condition Have Failed. Yale University Press, New Haven.

Shakya, T. 1999. The Dragon in the Land of Snows: A History of Modern Tibet Since 1947. Columbia University Press, New York.

Shue, V. 1984. "The Fate of the Commune", Modern China 10: 259–284.

Smith, W. 1996. Tibetan Nation: A History of Tibetan Nationalism and Sino-Tibetan Relations. Westview Press, Boulder, Colorado.

Sneath, D. 2000. Changing Inner Mongolia: Pastoral Mongolian Society and the Chinese State. Oxford University Press, Oxford.

——2002. "Mongolia in the 'Age of the Market': Pastoral Land-use and the Development Discourse", in Markets and Moralities: Ethnogrophies of Postsocialism, eds R. Mandel and C. Humphrey. Berg, Oxford, 191–210.

Stevenson, G. 1991. Common Property Economics. Cambridge University Press, Cambridge.

Strathern, M., ed. 2000. Audit Cultures. Anthropological Studies in Accountability, Ethics and the Academy. Routledge, London.

Tibet Information Network (TIN) 1999. "Nomads Killed in Pasture Fights", http://www.tibetinfo.net/news-updates/nu210699.htm. 21 June.

——2004, "Tibetan Farmers' Income Grows Faster than National Average", China View. www.chinaview.cn, 14 April.

Torell, L. A., N. Rimbey, J. Tanaka and S. Bailey 2001. The Lack of a Profit Motive for Ranching: Implications for Policy Analysis. Paper presented at the Annual Meeting of the society for Range Management, Kailua-Kona, Hawaii, 17 – 23 February. http://www.publiclandsranching.org/htmlres/PDF/torell_lack_profit_motive.pdf

Tuoman, C. 1993. "The Current State of Grasslands, Causes of Degradation and Countermeasures in Xinjiang", Xinjiang Animal Husbandry Journal 2: 28–33.

Walker, B. and M. Janssen 2002. "Rangelands, Pastoralists, and Governments: Interlinked Systems of People and Nature", Philosophical Transcripts of the Royal Society of London. Series B Biological Sciences 357 (1421): 719–25.

Wang, R. 1995. "The Practice of Grassland Tenureship to Strengthen Management and Construction of Grassland Resources", Grasslands of China 4: 47–51.

Wang, S. and Y. Wang 1999. "Degradation Mechanism of Typical Grassland in Inner Mongolia", Chinese Journal of Applied Ecology 10: 437–41.

Warikoo, K. and D. Norbu, eds 1992. Ethnicity and Politics in Central Asia. South Asian Publishers, New Delhi.

Westoby, M., B. Walker andI. Noy-Meir 1989. "Opportunistic Management for Rangelands Not at Equilibrium", Journal of Range Management 42: 266–74.

Williams, D. M. 1996. "The Barbed Walls of China: A Contemporary Grassland Drama", Journal of Asian Studies 55: 665-91.

——2002. Beyond Great Walls: Environment, Identity, and Development on the Chinese Grasslands of Inner Mongolia. Stanford University Press, Stanford USA.

Yeh, E. 2003A. "Tibetan Range Wars: Spatial Politics and Authority on the Grasslands of Amdo", Development and Change 34 (3): 499-523.

——2003b. Taming the Tibetan Landscape: Chinese Development and the Transformation of Agriculture. Ph. D. thesis. University of California-Berkeley, Berkeley.

Yep, R. 1998. Rural Entrepreneurs and the Changing State-Society Relationship in China in the Reform Era. Ph. D. thesis. University of Oxford, Oxford.

（执笔人：肯尼思·鲍厄）

第十章
内蒙古锡林郭勒草原退化的
话语和绿色治理

牧场和水源的质量对于各地牧民的生计和游牧生活的可行性至关重要。在当代中国,牧场逐渐增加的压力也是政治议程上人们高度关注的话题。绝大多数研究者同意至少在中国某些地区,已开始出现草原退化的迹象。但所涉及的辽阔的地理范围及其生态的多样性,让人们难以对中国草原的退化程度给出概括性的结论,更不要说退化的原因。诸如是哪种因素造成了草原退化,这些因素之间的联系,以及造成草原退化及退化的"主要"或"关键性"因素是什么,引发了学者和实践者之间的争论。

许多草原退化的潜在因素已被认定,包括畜牧业的过度牧养和过度放牧、牧民最大化蓄养的"传统"观念、牧场和畜牧管理的各种方面、牧民知识匮乏(甚至"落后")、牧民不愿或是不能借鉴现代牧场和牲畜管理技术、天气条件恶劣(有时可认为是全球气候变化的结果)、大规模采矿活动和/或农业垦荒造成的畜牧地减少、啮齿动物(其实是小型哺乳动物,尤其是高原鼠兔)数目巨大造成的土壤和饲料枯竭。中国游牧政策研究提出围栏养殖(包括围栏养殖产生的"蹄病"或牲畜踩踏)的优(缺)点、定居造成的牧民流动性降低、草原退化的监督质量和程度、退化和放养率之间的联系(如 Banks,2001;Clarke,1987,1995;Davidson,Behnke & Kerven,2008;Goldstein & Beall,2002;Harris,2010;Longworth & Williamson,1993;Miller,2000;Perryman,2001;Taylor,2006;Williams,1996a,1996b;Zhang,1988)。此外,关于"最大化蓄养"还存在争论,这种争论主要存在于研究牧场生态系统的自然科学家和研究本地知识和牧民文化的社会科学家之间。

本章基于 2010 年在内蒙古自治区锡林郭勒盟的民族志田野调查[①]，旨在阐述一些将草原归类为"退化"的方法和机制，分析"退化"认定的背景，解释退化给牧民带来的后果，以及退化应对政策和措施的地方动态，而非确立退化的"科学事实"。简要回顾中国草原退化的学术争论，勾勒出中央政府的草原恢复政策，然后将这些政策置于更广阔的政府干预和治理的背景下。通过这种方法，权威不是被简单地定义为"国家权力"，而是"各地方机构和外部机构共同行使权力的结果"（Lund，2006：686）。当宏大的政府规划遭遇现实，国家干预策略内在的矛盾和冲突也显现出来。

利用发展中国家对退化话语和环境危机叙述（Ickowitz，2006；Fairhead & Leach，1999，2000；Roe，1999）的批判性写作，包括 Williams（1997，2000，2002）关于"沙漠话语"的作品和 Yeh（2005，2009）关于中国西部的"绿化问题"，本章描绘了锡林郭勒草原地区的利益者们关于"草原退化"及其原因的话语和叙述，并将其置于背景中。本章还研究了"退化"实践，即将政策实施作为权力的行使，将"退化"理解为作为当地关于资源、领导力和合法性的争论的棱镜。本章运用了 Yeh（2009）提出的"治理性方法"，目的不仅在于分析话语架构下的干预，更在于研究干预是如何"介入实践，向实践妥协的"（Yeh，2009：888）。因此，本章也将着重抓住各行动者的观点和立场，包括富有的畜群拥有者、"被雇佣"的破产的牧民、村干部、草原监管办公室的干部、当地政府部门负责执行中央草原政策和项目的官员。

大量的文献考察了中国草原退化的可能的原因（如 Chen，1996；Han 等，2008；Harris，2010；Ho，2000；Holzner & Kriechbaum，2001；Klein，Harte & Zhao，2004，2007；Ling，2000；Nyima，2003；Sheehy，2001；

[①] 本章为"中国的游牧业：政策与实践"项目的研究成果，该项目由挪威科研理事会（编号 184923）资助，由奥斯陆和平研究所（PRIO）、中国社会科学院（CASS）民族学和人类学研究所合作完成。野外调查在内蒙古自治区锡林郭勒盟进行（2010 年 6～8 月）。感谢中国社会科学院的同僚们的支持和帮助，尤其是阿拉腾嘎日嘎（Borjigid Altangarag），他在东乌珠穆沁旗研究期间让笔者加入了他的研究团队。

Sneath，1998；Taylor，2006；Thwaites 等，1998；Wu & Yan，2002；Yan 等，2005；Zhang 等，2007；Zhou 等，2005）。有关草原退化的学术辩论充满政治色彩，而学术研究的质量也遭到质疑。正如 Harris（2010：3）所说，许多中国牧场退化的原因分析依靠"逻辑捷径，选择性纳入现有数据，以及潜在偏见"。此外，研究结果往往会引发新的问题，而非产生结论性的答案。"×区域"内的牲畜数量是否真的增加？统计是否不准确？如果数字有所增加，在"×区域"内是否构成问题，如果是，这是否为"关键问题"？如果得出过度放牧是其中一个原因，新的结构性问题将会出现，特别是管理政策和方案、方案的实施和牧民以及地方当局的不同实践。至于所有权和使用权的结构，如果牧场仍作为村级公地（也许是 Hardin 描述的"公地悲剧"，1968，1977），过度放牧是否牲畜在 20 世纪 80 年代早期"去集体化"的结果，或受后来的牧场"私有化"和"封禁政策"禁止围栏家庭牧场的驱使？

虽然有关中国草原退化的学术争论通常被描述为客观的研究牧场生态和管理问题，但这其中仍有"退化论"的政治作怪，尤其是"科学"论证被决策议程控制，在媒体上重新出现。如 Williams（1997）所述，中国草原退化的争论焦点在于"谁的责任"，其中学者、官员和媒体定期将责任推到"另一方"身上。无论是在时间（对过去）还是在空间（从中心到外围）上，"另一方"可以是前一任政府政权和他们的政策，也可以是当地土地使用者（Williams，1997：334-345）。而本章则着重于此方程的空间部分，通过研究从"外围"观察到的退化政策，突出土地使用者和其他"本地人"的视角。

有中国特色的环境保护主义

中国从毛泽东时代到"环保"国家的转型（Yeh，2009），经历了经济自由化和私有化的过程。自 20 世纪 80 年代初，当公社和生产大队解散后，农村土地的所有制为家庭联产承包责任制，即耕地的使用权被分配到各个家庭。在牧区，牲畜最先分配给牧户，而后来按照《草原法》（1985）的规定，牧场使用权产生了，即"双承包"或"两权一制"（Banks，2003；

Banks 等，2003；Wilkes，2006）。到了 90 年代，按照《土地管理法》（1998），30 年使用权政策落实。

邓小平的"改革开放"政策使中国发生了重大转变，重点发展私有化和市场化，"致富光荣"口号的迅速传播和现代化建设齐头并进。在当时的激进年代，牧区主要引入"四配套"，禁止家庭草场围栏、建设动物庇护所、建设房屋和种植饲料作物。当时的目标在于提高畜牧业生产和人民生活水平，消除贫困，将牧民转变为"现代"农场主（Goldstein & Beall, 1990; Levine, 1995, 1999）。正如四川电视台记者1998年描述的那样，"有必要促使牧民学会将他们的资产变为市场商品"（Yeh, 2003: 499）。说服牧民接受"经济理性"，摒弃"传统思想"的"遗迹"仍可在牧民的家中见到，这些文物是对牧民"文明"、繁荣或"小康"的奖励。

自20世纪90年代后期以来，中国采取了另一轮官方话语与决策制定，此次则注重环保和生态保护。因此，"恢复"草原的项目大规模启动，主要措施包括限制放养、"禁止"放牧和将牧民迁出草原（围封转移）。虽然科学家们仍不清楚草原退化的程度和原因，但是政府还是认定牧民为草原环境的主要威胁。由中央政府资助，如"退牧还草"等方案启动，向签署"禁牧合同"的牧民提供现金补偿，并且大批牧户从牧场迁入附近城镇，在那里他们得到"生态移民"的政府资助房屋及其他福利。为证明这些干预措施的合法性，决策者不仅强调保护国家生态和资源基础的必要，还将中国西部的环境退化和下游地区乃至整个国家的"生态安全"联系起来，说明只有遏制西部的环境退化才能阻止沙尘暴等人为环境威胁（Yeh, 2009: 888-892）。

虽然间接造成牧民从"退化"环境中迁出，而且"生态移民"还需要进一步研究，这里的重点仍是政策措施和管理战略，针对的是仍旧居住在草原的牧民和当地政治主管者企业家的活动，包括负责政策实施的政府官员和村干部。为阐明中国成为"环保国家"的过程，下文将介绍内蒙古东乌珠穆沁旗田野调查的结果。[1] 东乌珠穆沁旗位于锡林郭勒牧区[2]，被牧场

---

[1] 内蒙古行政单位的术语不同于中国其他地区。州被称为"盟"，县被称为"旗"，乡被称为"苏木"，村被称为"嘎查"。东乌珠穆沁旗有8个苏木和57个嘎查。
[2] 东乌珠穆沁旗农牧局访谈记录，2010年7月。

专家誉为中国最"多产"的牧场之一。东乌珠穆沁旗也许在环境挑战方面不是最具代表性的，但它仍能说明在以畜牧为生计的区域，畜牧业是如何进行的，草原退化政策是如何实施的。

锡林郭勒盟东乌珠穆沁旗

东乌珠穆沁旗和其他牧区一样，农牧局在地方行政上起着重要作用。根据农牧局自己的记录，该旗的总土地面积为4.7万平方公里（7050万亩）①。草原覆盖率为98%，剩余地区则是城镇、湖泊、河流和沙漠。在总草原面积中，饲料作物占700万亩（10%），其中40万亩（0.6%）由合作社管理②。农牧局指定的草原"恢复"区域占5017万亩（占总面积的71.2%）。"恢复"中的草原面积，用于季节性放牧的围栏牧场面积为3151万亩（占总面积的45.5%），而"禁止放牧"的牧场面积为950万亩（占总数的13.5%）。草原恢复区域包括禁止放牧和用于季节性放牧的围栏面积（共计4101万亩），以及916万亩未指定"恢复"措施的牧场。在"禁止放牧"的面积中，全年禁止放牧的面积为450万亩（占总数的6.4%），而仅在春季禁止放牧的区域为500万亩（占总面积的7.1%）。据农牧局官员称，合同期限为3~5年，签署"禁止放牧"合同的牧户每年将得到现金补偿。

农牧局还有该旗牧民人口的记录。在总计7.1万人口（截至2010年）中，登记的牧民人数为3.2万。农牧局官员称，不超过2.5万已登记的牧民目前正在草原生活。干部们强调，迁移是在"尊重牧民意愿"③的基础上进行的。有趣的是，农牧局向锡林郭勒盟的访问团提交了不同的安置数字，声称该旗只有33.4%的牧民仍居住在草原上，而29.1%的牧民已按照政府计划迁移，37.5%的牧民通过其他方法迁移。但是，这些数据并没有基准年。据报道，过去六年（2004~2009）已迁移的牧民数量只有6028人。2010年的数据还显示，过去六年该旗牧民的年人均收入增长50%以上，而

---

① 亩是中国人用于土地测量的单位。1亩约等于667平方米，1平方公里等于1500亩。
② 所有数据截至2010年，源自农牧局。根据农牧局数据，该旗共有58家合作社，其中，16家为共同放牧，另16家为羊养殖，12家进行饲料生产，7家养牛，7家养马。
③ 东乌珠穆沁旗农牧局访谈记录，2010年7月。

同一时期牲畜数量（夏季计数）减少约25%。非农场收入仍占牧民收入的13%（见表10-1、表10-2、表10-3）。

表10-1 2004~2009年牲畜数：夏季和冬季计数

单位：头（只）

年 份	2004	2005	2006	2007	2008	2009
夏 季	3620000	3220000	3250000	3140000	2900000	2800000
冬 季	1770000	1670000	1600000	1410000	1520000	1480000

资料来源：东乌珠穆沁旗农牧局，2010。

表10-2 2004~2009年牧民年人均收入

单位：元

年 份	2004	2005	2006	2007	2008	2009
人均收入	6145	7110	7514	8575	9604	9997

资料来源：东乌珠穆沁旗农牧局，2010。

表10-3 2004~2009年每年迁移人数

年 份	2004	2005	2006	2007	2008	2009
迁移人数	322	377	357	2281	1177	1514

资料来源：东乌珠穆沁旗农牧局，2010。

虽然农牧局的安置数字可能并未经过认真审查，而来访的"高级"官员似乎对这样的结果很满意。除了公告牌上令人印象深刻的、展示"事实和数字"的海报，干部还在办公楼宽敞的后院精心准备了展览。院子里布置了许多农牧局本应用于提高畜牧生产力的设备，如自动注水机及高科技饲料作物播种机和收割机。展览似乎在暗示，农业机械化才是在牲畜数量下降的同时，提高牧民收入的原因。而展览中并未包括产生农牧局"机械化奇迹"的政府补贴和"农牧业项目投资"数额。

草原监管和管理的官员之间的相互作用，说明这些官员通过回应和再现"环保国家"的话语，扮演了草原"管理"的政治主管者企业家的角色，同时满足"上级"机关的信息需求，并解决来自"基层"的争议。面对多变、有时自相矛盾的政策目标和战略,当地政府官员将在各种要求和目标中纵横捭阖,如畜牧业机械化、增加牧区产量、扶持贫穷牧民、改良牧草和牲畜品种、安置迁移牧民、草原恢复等。干部们还擅长记录各旗的农牧数据,通过借鉴科学,将政策和方案合法化。这强调了考虑生产和使用科学知识的必要性,同时还需要考虑政府代表将草原退化政策付诸实践的政治结构、法律框架和调控机制的需要。

草原监测和"科学"管理

根据《草原法》(1985),农业部畜牧司负责全国草原管理,而地方政府的农牧局则负责各自行政区域内的草原管理。除集体所有的草原外,其他草原都为国家所有,而该集体则由村委会管辖。地方政府负责草原登记,并颁发草原使用权证。地方当局还负责除"害"(小型哺乳动物),防治牲畜传染病,开展草原资源调查,为畜牧业制定发展计划,"加强草原保护,促进草原发展,确保草原的合理使用,同时提高草原畜牧能力"(全国人民代表大会常务委员会,1985)。中央政府负责鼓励科研,"以提高草地和牲畜管理的科学技术水平"(同上)。法律还进一步规定,草原应"合理使用并防止过度放牧";"如果过度放牧造成干旱、退化和土壤侵蚀,草原使用者应减少放牧,重新播种饲草,以恢复植被"(同上,第十二条)。因此,草原使用者最终为过度放牧的后果负责。但是,草原和牲畜管理的主要责任在于地方政府,而中央机关则负责制定政策、干预纲要和项目融资,由国家机构提供科学投入。

畜牧业司下的草原管理中心利用卫星遥感(归一化植被指数),结合国家气候中心的气象资料,进行常规监测和中国草原植被评估。根据遥感图像,中心的月度报告分析了天气情况,包括降水、温度和土壤水分,以及植被生长。中心对数据进一步分析,并向地方草原管理当局提供建议,以应对各种风险和挑战。其中包括长期措施,如特定区域内的"啮齿动物"的数量控制,以及灾害预防措施,如抗旱期间饮用水的供应。

该司还颁发天然草原退化、沙漠化和盐碱化的国家分级标准。最新版本为 GB19377-2003(Su 等,2003),由中国科学院地理科学与资源研究所、甘肃草原生态研究所、中科院植物研究所、中国农业科学院和中国农业大学起草。作为评估基准的参考框架，该标准建议使用具有同一退化特征和表面土壤条件的自然保护区草原示范区，或20世纪80年代初在国家草原资源调查中归类为"非退化"区域，或在各省、自治区、直辖市编制的草原资源信息中被归为"非退化"的相似区域。草原退化的指标包括植物群落特性和组成、指示植物的生长、秧苗产量和土壤养分的测量、地表特征和土壤特性。草原被分为非退化、轻度退化、中度退化和重度退化。草原退化和荒漠化的标准也由内蒙古自治区发布，如《内蒙古自然草原退化标准》（2007）。正如国家标准一样，省级标准也分为轻度、中度和重度退化，并使用复杂的措施，包括利用指示植物确定退化程度。其主要区别仅在于内蒙古标准的基准更为"独创"。

在东乌珠穆沁旗，辨别草原退化并确定载畜量的关键科学投入来自于中国农业科学院草原研究所的客座研究员。这些研究人员进行了确定草原退化程度和范围的研究，其中截至2010年的最新研究是在2000年进行的[1]。研究所主任称该研究显示，3073.84万亩或51.42%的草原已退化。其中，36.18%为"轻度退化"，12.37%为"中度退化"，而2.87%为"重度退化"。该主任还表示，对退化的测量结果与全国草原退化标准（GB19377-2003）相符，这意味着他们已研究了植物的生长，各种植物物种的构成和数量，甚至是"啮齿动物"的数量。然而，由于这不是关于放牧和退化之间的相互关系的研究，因此并未考虑牲畜的数量。

1998年，全球定位系统遥感数据开始出现，而这些数据则是当前确定退化趋势的关键数据。此外，该研究在各旗还拥有一百多个"调查点"，并定期到调查点进行调研。自2001年以来，他们还接收各旗的植被覆盖（归一化植被指数）的MODIS图。这些图像使用不同配色方案，区分水、云（包括每亩少于5公斤植被覆盖的地区），以及每亩5～200公斤以上的其他9种程度的植被覆盖度。大多数研究人员的田野调查依靠植被更替技术发现退化迹象〔基于Frederick Clements的《植物演替：植被的发展分析》（1916）〕。目前，这些研究人员正对各旗的草原进行载畜量评

---

[1] 在2009年进行的研究结果还未经分析。

估,而研究所自己的工作人员则负责更为简单的任务,如试验新型草种、监测市场上的饲料质量并处理草原冲突。确定载畜量后,地方政府的草原监督管理部门监控牲畜和草场的情况,测量草高,检查草覆盖类型,计算牲畜数量。

据草原监理局的官员称,他们每月都会测量牧草生长的高度,但由于没有具体数据,尚不清楚有多少草地已退化[1]。他们共有7个测量点,在每个苏木1个[2],每个测量点有3个1平方米的样地,分别代表"良好、中等、较差的牧场"。尽管这些官员不会在房屋或水井附近选择牧场,但在某些地区,3个样地都在同一牧户的牧场内。据官员称,所有旗共55个村(嘎查)的载畜量都根据这7个测量点确定。每年进行两次牲畜计数,分别在6月和12月。草原监管办公室的官员并不自己进行计数,而是委托各嘎查代为进行。

官员解释说,他们仅照此测量产草量,因此每个样地都安装围栏,防止牲畜在该区域放牧。收集测量结果后,他们将数据提交"上一级政府"。干部称,降水量是影响草产量最大的因素。尽管如此,只有当地气象局采集降水和土壤水分的数据,官员却无法获得这些信息。2010年,气象局有9个气象站在运行中,却主要从位于各旗首府的主要站点获取数据。局长解释说,从东至西,年降水量从约108毫米变化至350毫米。在他看来,草原退化更多的与气温有关,而非降水量。局长还告诉我们,各旗年平均气温已从20世纪70年代的0.67~0摄氏度增至2010年的2.9摄氏度。虽然年降水量并没有太大的改变,但降水却变得更不稳定。自2005年以来,该局一直进行"生态气候和环境监督",包括每两月采集土壤样本并检测水分含量。此信息将交至"上一级政府"作进一步分析,但这些数据并不会与农牧局当地的草原管理者分享。

防止过度放牧的草原保护目标似乎与评估、监测草原退化使用的技术并不一致。虽然遥感测量和试点测量有益于监控"生产",即植被覆盖度和增长率,但这些测量结果都未能与牲畜数量的统计,甚至放养目标系统性

---

[1] 对东乌珠穆沁旗草原监管办公室官员的采访,2010年7月。
[2] 据报道,该旗的第8苏木受林业局管辖。

地结合起来。此外，地方所收集的信息仅供"上级"分析参考。不同机构（如气象局，农牧局）收集的数据并不彼此分享。负责草原监管的官员还承认，他们缺少各旗草原退化范围的信息，而这种信息可能有益于决策的制定。

根据遥感和试点测量获得的植被覆盖率和增长率，难以确定当地草原的载畜量，但牲畜和草场牧草之间的关系却不难确定。然而，各旗的草原管理者坚持认为，当地放养率的确定是建立在科学研究之上，在仔细监测后，进行调整。虽然无人质疑这种科学方法的使用，但往往牧民怀疑由此确定的放养限制。下文将描述牧民们对草原退化原因的不同意见。

退化"原因"：干旱、过度放牧和管理

据草原监管办公室的工作人员称，尽管天气情况可能加重草原退化，但退化主要由人类引起。然而，农牧局的官员却给出了不同的解释，称"天气干旱"才是草原退化的主要原因，而第二重要的原因则是"牲畜和人口数目过大"①。该局领导解释道，1984年前，草原上约有两万人，"土地太多以至于不知道如何将它们全使用完"。现在，人口与牲畜的数量都在增加，但草原仍是当时的草原。尽管他们对原因和过程的解释存在差异，但从两种说法中都能总结出干旱和过度放牧才是"退化原因"。

虽然多数受访者认同草原退化是由自然和社会因素共同造成的这样的观点，只有一部分人认为只是社会原因，其中之一便是草原研究所主任。他认为针对三种不同程度的退化，有三个不同的退化原因。如果只是轻度退化的草原，主要原因在于知识匮乏；中度退化则是过度牧养；重度退化为长期对轻度和中度退化的错误管理。稍后再次采访该研究所时，该主任向我展示了张贴在他办公室墙上的一张全旗的地图。该图制于1983年，主任指出其中两个重点着色的地区：西部"重度退化"的区域和东部"退化程度稍轻"的区域。主任进一步解释说，西部地区降水量更少，东部的山区则降水更多。过去30年来，这两个区域间的

---

① 东乌珠穆沁旗农牧局访谈记录，2010年7月。

"边界"逐渐向东移动,这也说明退化与降水、知识匮乏及其他人为因素有关。

一位牧民也认为知识匮乏是退化的关键原因。这位牧民的父亲是汉族,而此牧民也抱怨近些年,越来越多的汉族人收购此地的牧场,而"这些人几乎不懂畜牧"。他还说,新来的人为了短期利益开发牧场,造成草场退化。另一位汉族的移民者也给出了相似的解释,而他本身并未从事放牧。这位移民者认为,退化原因之一在于大量的汉族移民者,他们获得当地身份证后便可获得免费土地。蒙古族牧民称,自五年前设置围栏后,其牧场的退化程度逐渐降低。既然各家庭管理各自的牧场,退化程度也因此降低。一位农牧局的退休干部认为,草原退化应首先归责于"蝗虫问题",干旱带来的蝗虫在过去十年已成为严重问题,而政府却没有认识到该问题。该退休官员解释道,退化的最终原因则是土地分割。也就是说,如果一位牧民拥有超过一个儿子,则到下一代时牧场土地都将被划分,而土地围起来后,放牧面积过小,牧场就开始退化。牧民建造房子后,房子周围的退化就尤为明显。此外,由于女儿也开始从父母处继承牧场,"人们也开始调侃牧民女儿在汉族男性中非常受欢迎,因为他们可以通过婚姻获得牧场土地"。

就在镇外供游客住的"蒙古包"内,一队青年牧民给出了他们对于草原退化原因的看法。他们认为,退化更主要是由自然原因造成的,而不是社会原因,尤其是缺雨水。当被问及是否存在过度放牧时,他们坚持认为"牧民知道如何管理他们的牧场"。他们还认为,由于"外地人"的到来,牧场面积正在逐渐减少。在该旗的东部地区,我们采访了一位常年在简易蒙古包(蒙古语:ger)内生活的牧民。他放弃了在另一旗内分配给他的3000亩"不太好"的牧场,而作为雇佣工在2万亩最好的牧场内牧养他自己的380头羊和其雇主的1300头牲畜,雇主每月向他支付800元工资。在同一牧场待了八年之后,他确定没有退化的迹象。他知道应避免过度牧养,也知晓可持续放牧的重要性。但在他看来,这些牧场面积大,状态好,牧养限制也非常低。他认为,政府制定的牧养限制没有太多意义,因为该限制只针对羊,却忽略了牛和马。他还解释,他家乡的草原退化有三个原因:靠近沙漠、持续干旱和不断增加的人口压力。

在该旗的中部地区,我们走访了一户住在砖房中的牧民家庭。这个家庭拥有9000亩牧场，并在牧场牧养自己的牲畜。他们解释说，草原退化的主要原因是缺水。他们围栏了草场，偏好单独放牧，而非集体放牧。他们认为围栏有助于不让他人在自己的牧场内放牧。现在草原被分割，每个人都围圈土地，因此设置围栏非常必要。他们认为在理想的情况下，他们宁愿不要有任何围栏，但这不再是一种选择。在同一地区，我们还走访了一对受雇牧民夫妇，他们说他们也喜欢没有围栏的集体放牧，因为放牧地区更大，灵活性也更大。如果遭遇大雪等自然灾害，这将更易于相互协助。各牧户围栏牧场后，每头牲畜的放牧面积变小，而放牧压力变大。这些牧民坚持认为，草原退化的主要原因是天气，而管理实践的变化也很重要。

在离县城不远的地方，我们采访了另一户住在砖房内的牧民家庭，他们拥有土地和牲畜，并雇用其他牧民为其放牧，每月支付1000元人民币。该农牧家庭认为，在过去十年间，草原退化变得非常严重，这主要是由干旱引起的，但也由于铁路建设和煤矿开采，为此该家庭已失去了部分牧场。他们抱怨收入一直在不断减少，近几年蝗虫确实带来了极大的损失，尽管政府已用飞机对受灾最严重的地区喷洒农药。据近期迁至旗首府附近的"新镇"的牧民称，围栏设置、天气干燥和过度牧养都是造成草原退化的原因。用他们自己的话说，"也许天气是主要原因"。在旗首府南部、毗邻一个大型"湿地自然保护区"的牧场区域内，另一个牧民也解释说草原退化是由于干旱，而这样的问题已持续有12年。他还向我们展示了1998年沉积的泥沙，这也是该"湖"最后一次充满水。自然保护区占用了嘎查的集体土地。该保护区被围栏围住，但人们推倒了南侧围栏，以进入保护区内的牧场土地。他表示该区域存在草原退化，还指出植物种类在减少。他还说北风带来了沙尘暴，将盐吹向干涸湖泊的南侧。

几乎所有受访的相关牧民都认为草原退化的主要问题是干旱，无论他们是否相信自己的牧场已经退化。牧民们抱怨，强压在他们身上的牧养限制未能反映当地情况。他们还认为，限制过于死板，对天气变化（尤其是降水量）不敏感，而这恰恰对牧草生长至关重要。通过突出降水的重要性，牧民以及政府官员质疑草原退化的首要原因在于过度放牧的叙述。

政策的实施：挑战和应对机制

我们采访了该旗不同地区的牧民，草原土地持有不均的重要性也日益显著。农牧局前负责人解释，东旗本就天气寒冷，人口偏少，土地持有为平均每人 5000 亩，西旗则为平均每人 1000 亩。当公社在 20 世纪 80 年代初解散后，其土地转移到苏木（乡）管理。1983 年，政府将"去集体化"后的牲畜承包给个体牧户，并将土地重新分配给各嘎查（村），以前村里组织了"大队"。90 年代中期，土地重新分配给个体牧户，而一些草原牧场则由嘎查作为集体土地所有，用于牲畜饲养等。

这位前局领导说，过去草原有充足的河水，但现在水资源匮乏而牧民主要依靠井水。如果是深水井，他们要用泵抽出水；如果水不够，还需机器钻井。井水由于天气干燥越来越稀缺，而上游水库仍旧不放水。几十年前，解放军兴建水坝，最初是用于机械化耕作项目，而项目几年后却终止了。我们参观水库时，坝堤上正在建设泵站，大坝也在进行维修。在坝上，我们听说水库的水主要用于洗煤。煤炭公司与政府签订水库使用权和水库管理的合同，承诺在附近镇上建房。但是，他们从未建房，也不再维护大坝或向政府支付水资源使用权的费用。公司在煤矿附近钻了水井，也不再需要水库的水。现在，水库只用于捕鱼，而该公司也有商业捕鱼业务。农牧水利局的工作人员解释说，干旱期间不让水库的水进入下游区域，因为这样会损害渔业生产。

对牧民来说，水资源短缺比牧场草地短缺更为致命。草原去集体化期间，原先由集体拥有的水井被重新分配至个体牧户。在一个案例中我们得知，以前邻居可以自由地从这类水井中取水，但在过去三年间，他们需要按吨支付，因为该地区内有一个道路建设企业。在另一案例中，铁路建设企业获得了水资源使用权，每月支付人民币 800 元。政府已经赞助了多年的水井建设，目前已承担 70% 的钻井成本。中央政府为这项计划提供财政支持，每年拨款 200 万元人民币。水管局负责人称，自 1998 年以来旱灾频繁。自 2002 年起，牧民报告手挖水井（7~8 米深）内的水位逐渐下降，局负责人给出结论，地下水水位下降了约 20 厘米。在 100 米深处，机钻水井并没有受到影响。

　　公社时期,每个嘎查有一口井,但在将牧场分配给各牧户后,每家牧户都需要自己的水井。水管理局称,旗内6000户牧户中有5000户有手挖水井,只有830户拥有机钻水井（13.8%）[①]。钻井成本为人民币八九万元,而且还有可能根本钻不到水,或是钻到苦咸的水,牲畜拒绝饮用。水管理局领导举出了一家上海石油勘探公司的例子。该公司为工人喝上饮用水钻了6个眼,6口井无一例外全是苦咸的水,最终在第七次才采到饮用水[②]。但是,公司也许有能力承担钻井失败的费用,牧民却不能。一个被安置的牧民家庭刚好有这样的经历。尽管钻井深度已达到120米,但没有发现水源。钻井成本应为5万元人民币,但寻找水源失败后,价格却降至4万元人民币。水资源的缺失也是这个家庭决定迁至旗首府附近的"新镇"的原因之一。此外,另一原因是他们的女儿要上学,而在原来的地方根本没有学校。这个家庭将牲畜留给亲戚牧养,抱怨邻近的牧民侵占他们的牧场,但地方当局没有采取任何阻止措施。有趣的是,此家庭尽管已签署了"禁止放牧"合同,其牧场仍用于放牧,且仍拥有牲畜。

　　公社和集体放牧的消失,以及草场围栏增加了获得水资源的难度,造成移动性降低,使牧民更易受到极端天气的侵害。农牧局前负责人回忆道,在中华人民共和国成立前没有围栏,人们可以在任何地方放牧,没有任何诸如围栏的限制,河水所有人都可以使用。牧民可任意使用各种季节性牧场,也可随意走动,因此牧民可在大雪或干旱期间相互帮助。而如今情况则完全不同。

　　放牧限制是如今锡林郭勒牧民面对的重要限制之一。正如农牧局前负责人所言,每年土地—牲畜比例都根据由草原监管办公室测量的牧草生长情况进行调整。夏季和冬季分别有不同的比例,夏季低于冬季[③]。虽然比例在变化,但平均为每头羊30亩（或羊的同等量,1头牛等于4头羊）。如果饲料生长良好,该比例可能会下降到每头羊20亩。嘎查村领导在6月和12

[①] 东乌珠穆沁旗农牧局访谈记录,2010年7月。
[②] 另一问题则是水中氟过多。政府标准为1毫克/升,但在东乌珠穆沁旗测量的范围为3.8毫克/升至9.6毫克/升。
[③] 根据我们的采访,夏季每头羊的比例介于22~30亩,冬季则是30~40亩。

月每年两次计算牲畜数量。计算方法则是让牲畜从围栏的大门依次通过，并计数。局负责人解释，如果牧民有太多牲畜，首先他们将被告知出售一些。7月至12月是牧民出售牲畜的时间，或"进行安排"。如果一位牧民拥有过多的羊，另一位牧民拥有过多的牧场，则前者可向后者租赁牧场，最长为5年。如果仍存在过度牧养，则政府将执行"法律规定"的惩罚，而在某些情况下，牧民需支付超额罚款。

牧民称，20世纪70年代和80年代牲畜计数非常严格，政府官员会前来亲自计数。而目前，这种方法变得非正式，由嘎查村负责人承担这项工作，虽然有人说这应由苏木负责人承担。镇上的牧民称，会有官员前来仔细计数并进行罚款。在该旗其他地区，牧民说如果6月他们的牲畜数目过大，会受到警告，但在12月，"计数"则是通过电话进行。根据我们从牧民处收集到的牧场、牲畜数和政府设置的牧养限制来看，实际数目有时是牧养限制的3倍。一些地方的牧民承认，他们很少被罚款。受到警告的牧民可以选择租赁嘎查集体土地。我们甚至还听说在计数期间"隐藏羊群"的做法。由于嘎查领导人的连任需要依靠牧民，他们也有理由对旗政府隐瞒牲畜数量。如果牲畜数量的统计数据不准确，那么也难以研究牲畜放牧对草原退化的影响，从而给制定科学方法确定载畜量带来困难。

草原的绿色治理

毛泽东的"人定胜天"（Shapiro，2001）十多年前就结束了，中国随后转变为"绿色治理"（Rutherford，2007）中定义的环保国家。国家的观念及权威的性质因此发生转变，而如今正当法律已能保护环境，而不是征服它。作为一个概念，新的国家概念已从北京渗透到呼和浩特再到锡林郭勒，如今已覆盖了整个草原。锡林郭勒不同利益相关者对草原退化持不同观点，作为话语场域，环保国家的规定则是无所不包。但是，对治理实践的进一步考察，可将事态明确化。在Moore（1978）的术语中，当正规化程度已经大幅完成时，关键利益相关者在草原管理中的态势调整则愈加明显。

在锡林郭勒盟，政府项目似乎主要通过妥协和合作实施，使国家的关键代理人避免对抗性的执法，而同时又能达到他们的目标。此举有助于掩盖竞争和潜在（甚至公开）的、不同利益相关者之间的利益和议程的冲突。这种冲突有明显的理由，虽然争论的界限并非如人们所料的那样清晰。不仅是牧民和官员之间关系紧张，在防止土地被侵占，相互竞争土地权的牧民之间，以及不同政府部门的官员之间（如经济发展与环境保护官员），也存在冲突。

在草原"恢复"项目中，国家对牧民的补偿被视为一种生态系统服务补偿的形式，它成功地再次将牧民的利益与国家的利益统一起来（Shen，2004）。虽然 Yeh（2009）和其他人成功地驳回了隐含在"生态现代化"中有关牧民和牧养性质的假设，但随之而来的治理问题也值得更多的关注。草原管理不仅作为话语和法规理性嵌入治理之中，也是一种权威调节结构和知识生产机制的实践。正如本章所揭示的，中央政府政策从以增长为导向的牲畜生产工业化转为草原的生态恢复，确实产生重要影响，并从根本上改变了地方政府的游戏规则。至于草原退化的监测，知识生产还未与新的目标和方向相匹配。数据汇编的方法也无法匹配项目需要，而地方政府监测单位之间也缺少信息共享。更为根本的是，地方草原管理者仍依靠同样的机械化和市场化的基本工具，作为畜牧管理主要技巧。尽管已有大量的环境可持续性的话语，机械化和市场化的旧范式仍与新生态艰难地生存。

参考文献

Banks, T. 2001. Property rights and the environment in pastoral China: Evidence from the field, *Development and Change* 32 (4): 717-740.

Banks, T. 2003. Property rights reform in rangeland China: Dilemmas on the road to the household ranch, *World Development* 31 (12): 2129-2142.

Banks, T., C. Richard, P. Li and Z. Yan 2003. Community-based grassland management in Western China—Rationale, pilot project experience, and policy implications, *Mountain Research and Development* 23 (2): 132-140.

Chen, S. 1996. Inner Asian grassland degradation and plant transformation, in C. Humphrey and D. Sneath (eds.) *Cultural and Environment in Inner Asia*, vol. 1: *The Pastoral Economy and the Environment*, pp. 111-23. Cambridge: The White Horse Press.

Clarke, G. E. 1987. China's Reforms of Tibet, and Their Effects on Pastoralism? IDS Discussion Paper no. 237. Brighton: Institute of Development Studies.

Clarke, G. E. 1995. Socio-economic change and the environment in a pastoral area of Lhasa municipality? in G. E. Clarke (ed.) *Development, Society and Environment in Tibet*. Proceedings of the Seventh Seminar of the International Association for Tibetan Studies, pp. 97–119. Graz: Verlag der terreichischen Akademie der Wissenchasften, Vienna.

Clements, F. 1916. *Plant Succession: An Analysis of the Development of Vegetation*. Publication no. 242. Washington DC: Carnegie Institute of Washington.

Davidson, G., R. H. Behnke and C. Kerven 2008. *Implications of rangeland enclosure policy on the Tibetan plateau*, Update Magazine, No. 2, October 2008: 59–62. International Human Dimensions Programme on Global Environmental Change.

Fairhead, J. and M. Leach 1999. Reframing Deforestation. New York: Routledge.

Fairhead, J. and M. Leach 2000. Fashioned Forest Pasts, Occluded Histories? *Development and Change* 31 (1): 35–59.

Goldstein, M. C. and C. M. Beall 1990. *Nomads of Western Tibet: The Survival of a Way of Life*. Berkeley, CA: University of California Press.

Goldstein, M. C. and C. M. Beall 2002. *Changing patterns of Tibetan nomadic pastoralism*, in W. R. Leonard and M. H. Crawford (eds.) Human Biology of Pastoral Populations, pp. 131–50. Cambridge: Cambridge University Press.

Han, J. G., Y. J. Zhang, C. J. Wang, W. M. Bai, Y. R. Wang, G. D. Han and L. H. Li 2008. *Rangeland degradation and restoration management in China*, The Rangeland Journal 30 (2008): 233–39.

Hardin, G. 1968. The Tragedy of the Commons, *Science* 162 (1968): 1243–8.

Hardin, G. 1977. The Tragedy of the Commons, in G. Hardin and J. Baden (eds.) *Managing the Commons*, pp. 16–30. San Francisco, CA: W. H. Freeman.

Harris, R. B. 2010. Rangeland degradation on the Qinghai-Tibetan plateau: A review of the evidence of its magnitude and causes, *Journal of Arid Environments* 74 (2010): 1–12.

Ho, P. 2000. China's rangelands under stress: A comparative study of pasture commons in the Ningxia Hui Autonomous Region, *Development and Change* 31 (2000): 385–412.

Holzner, W. and M. Kriechbaum 2001. Pastures in South and Central Tibet (China) -II: Probable causes of pasture degradation, *Die Bodenkultur* 52 (1): 37–44.

Ickowitz, A. 2006. Shifting Cultivation and Deforestation in tropical Africa: Critical Reflections, *Development and Change* 37 (3): 599–626.

Klein, J. A., J. Harte and X. Q. Zhao 2004. Experimental warming causes large and rapid species loss, dampened by simulated grazing, on the Tibetan Plateau, *Ecology Letters* 7 (12): 1170-1179.

Klein, J. A., J. Harte and X. Q. Zhao 2007. Experimental warming, not grazing, decreases rangeland quality on the Tibetan plateau, *Ecological Applications* 17 (2): 541-557.

Levine, Nancy 1995. From nomads to ranchers: Managing pasture among ethnic Tibetans in Sichuan? in Graham E. Clarke, ed. *Development, Society and Environment in Tibet*. Proceedings of the Seventh Seminar of the International Association for Tibetan Studies, pp. 69-119. Graz: Verlag der österreichischen Akademie der Wissenchasften, Vienna.

Levine, Nancy 1999. Cattle and the cash economy: Responses to change among Tibetan nomadic pastoralists in Sichuan, China, *Human Organization* 58 (2): 161-172.

Longworth, J. W. and G. J. Williamson 1993. China's Pastoral Region. *Sheep and Wool, Minority Nationalities, Rangeland Degradation and Sustainable Development*. Wallingford: Cab International.

Ling, H. 2000. Status of grassland degradation in the major grazing areas of Tibet and measures of recovery, in N. Wu, D. Miller, Z. Lu and J. Springer (eds.) *Tibet's Biodiversity: Conservation and Management*, pp. 101-105. Beijing: China Forestry Press.

Lund, C. 2006. Twilight Institutions: Public Authority and Local Politics in Africa, *Development and Change* 37 (4): 685-705.

Miller, D. J. 2000. Tough Times for Tibetan Nomads in Western China: Snowstorms, Settling Down, Fences and the Demise of Traditional Nomadic Pastoralism, *Nomadic Peoples* 4 (1): 83-109.

Moore, S. F. 1978. *Law as Process*. London: Routledge and Kegan Paul.

Nyima, T. 2003. China case study 3: Pastoral systems, change, and the future of grazing lands in Tibet, in J. M. Suttie and S. B. Reynolds (eds.) *Transhumant Grazing Systems in Temperate Asia. Plant Production and Protection*, Series 31, pp. 151-187. Rome: Food and Agriculture Organization of the United Nations.

Perryman, A. 2001. Changes in a vegetation index, 1982-1999, in N. van Wageningen and W. J. Sa (eds.) *The Living Plateau; Changing Lives of Herders in Qinghai*. Concluding Seminar of the EU-China Qinghai Livestock Development Project, pp. 11-24. Kathmandu: International Centre for Integrated Mountain Development (ICIMOD).

Roe, E. 1999. *Except-Africa: Remaking Development, Rethinking Power*. New Brunswick, NJ: Transaction Publishers.

Rutherford, S. 2007. Green governmentality: Insights and opportunities in the study of nature rule, *Progress in Human Geography* 31: 291-307.

Shapiro, J. 2001. *Mao's War against Nature: Politics and the Environment in Revolutionary China*. Cambridge: Cambridge University Press.

Sheehy, D. 2001. The rangelands, land degradation and black beach, in N. van Wageningen and W. J. Sa (eds.) *The Living Plateau; Changing Lives of Herders in Qinghai*. Concluding Seminar of the EU-China Qinghai Livestock Development Project, pp. 5 – 9. Kathmandu: International Centre for Integrated Mountain Development (ICIMOD).

Shen, J. 2004. Population growth, ecological degradation and construction in the western region of China, Journal of Contemporary China 13 (41): 637-661.

Sneath, D. 1998. State pasture and pasture degradation in Inner Asia, *Science* 280 (5380): 1147-1148.

Standing Committee of the National People's Congress 1985. Grassland Law of the People's Republic of China.

Su D., Z. Zhang, Z. Chen and X. Hu 2003. Parameters for degradation, sandification and salification of rangelands. GB 19377-2003. Beijing: Standards Press of China.

Taylor, J. L. 2006. Negotiating the grassland: The policy of pasture enclosures and contested resource use in Inner Mongolia, *Human Organization* 65 (4): 374-386.

Thwaites, R., T. de Lacy, L. Y. Hong and L. X. Hua 1998. Property rights, social change, and grassland degradation in Xilingol Biosphere Reserve, Inner Mongolia, China, *Society & Natural Resources* 11 (4): 319-338.

Wilkes, A. 2006. Innovation to support agropastoralist livelihoods in northwest Yunnan, China, *Mountain Research and Development* 26 (3): 209-213.

Williams, D. M. 1996a. Grassland enclosures: Catalyst of land degradation in Inner Mongolia, *Human Organization* 55 (3): 307-313.

Williams, D. M. 1996b. The Barbed Walls of China: A Contemporary Grassland Drama, *The Journal of Asian Studies* 55 (3): 665-691.

Williams, D. M. 1997. The desert discourse of modern China, *Modern China* 23 (3): pp. 328-355.

Williams, D. M. 2000. Representations of Nature on the Mongolian Steppe: An Investigation of Scientific Knowledge Construction, *American Anthropologist*, New Series, 102 (3): 503-519.

Williams, D. M. 2002. *Beyond Great Walls: Environment, Identity, and Development on the Chinese Grasslands of Inner Mongolia*. Stanford, CA: Stanford University Press.

Wu, N. and Z. L. Yan 2002. Climate variability and social vulnerability on the Tibetan Plateau: Dilemmas on the road to pastoral reform, *Erdkunde* 56 (1): 2-14.

Yan, Z. L., N. Wu, Y. Dorji and J. Ru 2005. A review of rangeland privatization and its implications in the Tibetan Plateau, China, *Nomadic Peoples* 9 (1 & 2): 31-51.

Yeh, E. T. 2003. Tibetan range wars: Spatial politics and authority on the grasslands of Amdo, *Development and Change* 34 (3): 499-523.

Yeh, E. T. 2005. Green governmentality and pastoralism in Western China: Converting pastures to grasslands, *Nomadic Peoples* 9 (1 & 2): 9-30.

Yeh, E. T. 2009. Greening western China: A critical view, *Geoforum* 40 (2009): 884-894.

Zhang, J. H., F. M. Yao, L. Y. Zheng and L. M. Yang 2007. Evaluation of grassland dynamics in the northern Tibet Plateau of China using remote sensing and climate data, *Sensors* 7 (12): 3312-3328.

Zhang, R. 1988. A Case Study on Mountain Environmental Management: Nyemo County (Tibet), Occasional Paper no. 13. Kathmandu: International Centre for Integrated Mountain Development (ICIMOD).

Zhou, H. K., X. Q. Zhao, Y. H. Tang, S. Gu and L. Zhou 2005. Alpine grassland degradation and its control in the source region of the Yangtze and Yellow Rivers, China, *Grassland Science* 51 (3): 191-203.

（执笔人：奥塞·科拉斯）

第十一章
中国北方的限制行动，
圈栏和传统草原管理：关于
新生态学的人类学观点*

草原生态学的传统科学基础很少涉及放牧的人为/文化影响、人类活动对环境的影响，或者传统的放牧实践随时间和空间的变化；同时它也没有考虑人与牲畜究竟在何种程度上成为退化的原因。作为与传统观念中的"现代"草原管理科学不同的基于人类学、历史和社区的视角，本章指出反叙述可能的方向。Roe（1991：288）指出作为必要的政策"蓝图"，这样的发展叙述是如何创建和"操作"而成为管理委员会的标准做法的。

在本章中，笔者尝试了对"后传统"① 游牧民的一个反叙述。本研究是基于笔者作为中国和澳大利亚在内蒙古东部草原管理项目的首席顾问时的两次田野调查经验（2002~2004年以及2006年和2010年的后续再访）。草原管理的现代科学话语的问题假设过去的特定观点和对当代景观的误读（倒读历史）（Fairhead & Leach, 1996：3）。这些都是基于环境变化的有说服力的叙述，为科学和环境政策提供信息（Mearns & Leach, 1996）。

---

* 在此笔者感谢匿名评审专家对本章做出的评论，笔者已在修订稿中充分考虑了他们的意见。本章的早期版本于2011年6月27日在北京召开的"今日中国畜牧业"会议上发表，本次会议由奥斯陆和平研究所（PRIO）和中国社会科学院民族学与人类学研究所主办。

① 使用这个词时，笔者遵循 Shmuel N. Eisenstadt（1973）的早期逻辑，避免"传统""现代性"词语中出现二元论和历史化，同时在使用它时警惕假设的累加。笔者假设的社会是一个有特定的、整套的持续信仰和文化实践的社会，并正处在社会和经济转型（往往是通过外部政治经济力量实现的），在活的传统、记忆中保持一定的恢复力和文化完整性。

在探索该领域的一些经验的过程中，放牧区生态或草原生态和牧场以社区为基础的管理的跨科学方法，在过去十年的争论中已相当突出，笔者就是采纳了这样的争论。1990年年底，人类学家Caroline Humphrey和David Sneath（1999）指出亚洲内陆的"流动牧民"的区域适应方案，以及这些社区在面临常常不适当的外源性政策和实践时遇到的问题。这些问题往往破坏了流动性/生计和自然/本土资源基础[1]。他们认为，如果游牧生活想要作为一种文化和经济实践，在草原环境中做到成功和可持续，保持流动性和和谐的地区层面的管理形式仍然是十分重要的（Sneath，1998）。

在内蒙古东北部的早期（2006）工作中[2]，笔者注意到倾向于家庭圈栏的政策形势，及其对自然资源基础的一些负面影响，这样的政策增加了社会不平等和家庭内关于土地使用的冲突。过去二十多年向家庭圈栏的转变，仍然是传统草原管理的基石。在现代性、理性和经济发展的主导话语框架中[3]，它强调对作为"制度盲区"的稳定性和均匀性的分析测量（Krätli，2010a），它低估了习惯性流动的放牧实践的重要性[4]。在这项工作中，笔者还讨论了为什么有必要尽早扭转项目方向，使其成为社区驱动的而不是完全由外部政策驱动的，尽管有体制和项目管理的阻力。在此，笔者并不认为应该将草原上以社区为基础的方法和国家的政策措施一分为二。在某些情况下，国家政策可以很好地配合对公地的可持续的社区管理。

内蒙古牧区的问题在于，国家政策始终没有得到很好的考虑，或在上下文中得到解释。各级行动者也不能在各级草原政策的解释上达成一致意

---

[1] 在他的原型历史研究中，Michael Franchetti（2008）强调牧民流动的重要性，他们在该地区独特的生活方式一直是十分关键的。

[2] 在该文章中，项目的化名为"安心"，这是出于写作时商业保密规定的原因，但实际上它现在是"完成了"的"中国—澳大利亚内蒙古草原管理二期项目"，项目基地设在内蒙古兴安盟乌兰浩特市。

[3] 一个单独的问题，本章不进行深入的讨论，涉及基于计划型国内迁移的政治历史因素上的解决环境退化问题的政府政策的有效性。笔者只想说自1949年以来，由于汉族移民（在20世纪50年代愈加明显）内蒙古的人口已增加了4倍。再加上在边疆地区所采取的不恰当的种植制度，加剧了荒漠化问题。

[4] 有些学者喜欢"半私有财产权"这个词。该制度首次在锡林郭勒盟启动，该盟有着中国最大的牧场（见Wen Jun Li，Saleem H Ali和Qian Zhang，2007）。像过去十年中许多学者一样，这些作者认为家庭承包责任制并没有防止草原环境退化，主张实行以社区为基础的承包制。

第十一章　中国北方的限制行动，圈栏和传统草原管理：关于新生态学的人类学观点

见。本章中提出的修改后的方法需要引入新的社区发展过程，这是基于现有国家政策的灵活性。这些会使放牧社区成为活跃的利益相关者；这也是许多放牧社区第一次参与到各种咨询发展活动中。在项目村的一个小型研讨会上，一位与会者告诉项目促进者，他们不知道如何反映和作出新的决定，因为按传统这应该由提名的党干部和地方官员来执行。

兴安盟蒙古族游牧民传统的基本社会单元同其他地方一样，是以父系亲属（即"艾利"）为中心的"流动帐篷放牧模式"。它通常由 2 ~ 6 个家庭组成，它作为一个单一的整合经济单元共同管理他们的牛群羊群。在集体化中，20 世纪 60 年代至 70 年代汉族从吉林、辽宁等省大量移民，还有小商户从该地区的其他苏木移民至此，导致这样的放牧模式受到破坏。然而，艾利对传统习俗的偏好仍然是畜牧业生产的基本单位，也有维护公共草原的概念。在兴安盟，艾利即是自然村，近几十年来并未发生行政上的变化。即使在近期家庭圈栏的压力下，对传统的维持仍是十分明显的，虽然整体上较贫困的牧民（有很少或没有牲畜）似乎不情愿接受他们的分地，因为较富裕的邻居用扩张的圈栏强迫他们的邻居。

兴安盟项目：利用政策解决方案

1992 年，中国首次提出内蒙古草原管理项目，1996 ~ 2001 年是第一阶段。在该项目并入农牧局（AAHB）之后，政府的合作伙伴是兴安盟农牧局。在项目区，畜牧局的首要任务是管理和确保项目的执行。它旨在通过政策，在公共草原上，保护畜牧资本和生产力的私人价值。政府的措施旨在通过畜牧局强调公共投资优先支持私人利益（而不是公共利益）。

第二阶段是修改第一阶段自上而下的技术方针，于 2002 年开始，并于 2006 年完成。项目区面积达 59000 平方公里（8840 万亩），包括兴安盟的中旗（科尔沁右翼中旗）和前旗（科尔沁右翼前旗）的 4 个苏木。该地区有一望无际的大草原，连绵起伏的山丘和山谷，其面积占项目区总面积的 57%。前旗和中旗分别拥有大约 8666 平方公里和 13000 平方公里的草原。这是科尔沁草原的最北端，有轻质的沙质土壤。该地区的地质变化多样，中蒙边境附近兴安盟西北部高海拔地区为火成岩，东部为沉积土壤。大多

数居民是汉族移民（54%）；大约40%是蒙古族和其他少数民族，如达斡尔族、鄂伦春族、满族、鄂温克族、回族、锡伯族、朝鲜族等。由于有外来移民，蒙古族人仅占到内蒙古总人口的18%左右（约2470万人，截至2010年）。

设计文件（"中国—澳大利亚"，2002）中指出，该项目的目标是"改善当前的政策和法规的分析和实施，促进草地资源的可持续和经济利用"。如设计文件中所述，项目有问题的假设是，随着时间的推移，公共放牧的影响和牲畜数量的增加将导致更严重的草原退化。区域草原专家在给草原退化下定义时，将退化分为正常（潜在）、轻度、中度、重度、"非常重度"（即大部分为一年生牧草和非禾本生草，很少有多年生植物；由于风或水侵蚀形成的高度裸露的土壤），尽管没有标准的分类方法，草原科学家谈论"退化系列"，认为它表示了某个生态环境由于过度放牧发生退化时所经历的植被阶段。在评估退化阶段时，需要进行植被的采样工作。

该项目针对的是使用权，或所谓的"两权一制"① 引发的问题。该制度自20世纪80年代初开始，作为"实现可持续的草原管理，引入有利条件的手段"而实施。制定了许多法规以支持使用权政策，特别是关于使用权的转让（第99号令，未标日期），并通过引入过度放牧处罚机制，鼓励在饲料和家畜生产之间保持平衡（第104号令，2000年8月1日起生效）。还制定了关于过度放牧的法规草案。使用权最初的期限为30年期，之后考虑到家庭结构的变化，在理论上可以重新分配。这一切只需在合同上签名，签名的通常是家庭的男性户主。孩子可以从父母那里继承使用权。项目的第一阶段向牧民们发放使用权证书和合同，其中包括标识分配土地的地图；

---

① 所谓"两权一制"，两权，指所有权（国家和/或集体持有，在内蒙古自治区，所有权只被集体或行政村一级拥有）和使用权；一制，指家庭承包责任制。使用权家庭承包制是20世纪70年代借用耕地的"家庭承包责任制"。这种体制于1983年引入内蒙古，政策的进一步细化是在1997年。使用权家庭承包制体现在1985年《中华人民共和国草原法》——关于草原使用权和管理的唯一的全国性法律之中。根据中华人民共和国鼓励个人生产的激励制度，该法律涉及重新分配牧场的30年使用证书的发放问题。引起高度争议的问题是，草原使用权的问题在政治上受到当地利益和去集体化历史的羁绊。就政策的价值而言，人们可能会认为，草原的使用权迄今尚未产生任何真正的公平利益，有必要展示政策对当地环境的适应性。对于合法性的讨论，参见Rebecca Nelson. 2006。

第十一章 中国北方的限制行动，圈栏和传统草原管理：关于新生态学的人类学观点

基于可持续承载能力（SCC，稍后讨论）的科学计算，牧民们可以在该承载能力的范围内在指定区域放牧；使用权证书标明了可持续承载能力。政府给大户牧民发放贷款或补助金，帮助他们从艾利村迁移走，因为政府认为这样可以减少公地的放牧压力。但这种举措并不成功，因为富裕的家庭同时利用政府给他们的优待和对公地的传统权利，包括干草地。

自 1996 年以来，有人试图通过畜牧统计信息系统（LSIS）对农业生产和收入进行详细的基线研究，监测使用权分配及其影响，这就是使用权信息系统（使用权 I）。其目的在于在引入使用权时，提供评估变化影响的基础。它为使用权引入后对变化影响的分析提供了依据。该项目还收集分析了在每个项目苏木中与农业企业有关的经济信息。结合关于牛群、羊群组成和草地类型的技术信息，此信息为评估干预措施的有效性和提高农业生产力提供了参考基准。在第一阶段收集所有数据的方法并不成功，农民没有参与收集和共享信息，当地干部和草原监测站官员热衷于展示畜牧业生产力的提高，并从自治区首府呼和浩特的草原科学家那里得到研究的任务。这个逻辑之下的叙述仅是简单化的概念，即通过将使用权分配到家庭，对公地进行部分私有化，就能解决退化问题。

对于项目区的牧民来说，沙漠的扩张是由于政策和气候的共同影响，导致家畜数量增加而造成的。农牧局鼓励增加家畜生产，因受到财政诱导，从而实现政策结果，甚至是夸大了的数字。2006 年，较贫困的中旗设定目标，要在五年内进一步提高 50%。事实上，农牧局深受两种矛盾的折磨，即畜牧业的扩张和保护草原之间的矛盾。除了农牧局外，没有任何政府机构致力于整合农村和社区发展规划，以及草原生态管理。人们也意识到山羊放牧的问题。许多人说，尽管羊绒比羊毛价格高，他们不得不卖掉许多山羊而养绵羊，以防止草原变成沙漠。

从本质上说，项目设计（因为它被认为是不可行和不合逻辑，2002 年后笔者的团队对其进行了修正）认为，虽然私有化在 4 个苏木取得了"一些进展"，但牧民的"态度和行为"存在问题。简单地说：牧民也不想要这个外生的"自私"政策（牧民告诉笔者的）；但没有人愿意谈谈他们想要怎样。作为发展心理学和现代性的叙述，很明显这是一个长期"问题"：如何改变牧民的"顽固思维"和"抵抗"（一个澳大利亚顾问将牧民戏称为

"自大的",也就是"自大的农民或以家庭为中心的小农")。团队首先进行的工作是修改原始的项目设计文件,即与当地利益相关者一起立即开始修订。这是为了以放牧社区为中心,使用一个社区驱动的学习进程而不是强制执行政策命令,或是依靠基于草畜平衡、有问题的牧区统计数据和管理系统。

虽然我们学到了宝贵的经验,即如何在没有放牧者协商或参与机制的情况下,不去设计一个项目,但是项目已经没有时间了,这也是国际发展项目通常遇到的情况。项目无法在各种水平上改变现行制度,特别是无法将我们新发现的成群放牧的好处付诸实践。虽然勉强赞成这些激进的修正,将新的参与形式纳入进来,但是我们是通过对已被接受的项目设计进行修改做到这一点的,而这样的项目设计使用的是自上而下的强制性管理方式,澳大利亚项目管理顾问开始感到越来越不舒服。设计文件是基于明确的时间安排、步骤和成本—效益分析,限制了实施中的灵活性(Taylor,1999)。在本次修订中,选定嘎查(行政村)中的牧民将通过一系列地方层级的研讨会,积极参与政策制定,例如,季节性放牧安排。最初他们象征性地接受了放牧权从政策性/科学管理到更加灵活的社区驱动方式的转变。然而,由于时间太短,这样的转变无法通过反馈机制进入上层管理部门,因此无法维持和放大。

实际上,自20世纪90年代末以来,中国已经进行了相当数量的工作,许多是人类学研究(参见 Williams,1996、2002;Sneath,2000;Ma Rong,2003)。研究表明自20世纪80年代初开始的"使用权政策"之下的私有化并没有成功,甚至加剧了贫穷和环境恶化。换句话说,草原使用权和家庭联产承包,除了对于贫困和没有良好社会关系的牧民并不适用外,还在加剧环境恶化(Li & Huntsinger,2011;Wu & Du,2008;Ellis & Swift,1988)。在20世纪80年代初公社解散以后,所有家畜经私有化分配到村民手中(Wang,2007:7),从此出现了新问题。的确,自1983年以来,大约70%的牧场被承包到各家各户(Suttie & Reynolds,2003:15),各家牧场的圈栏以及家庭责任制的实行,并未带来生态稳定或显著改善农牧民的生活。

内蒙古自治区政府发布了《关于进一步履行和完善"一制两权"的相关规定》,他们认为在履行草原承包责任制的同时,应通过确定家畜承载量

(CC) 防止过度放牧。实质上，政策划分了牧场，制约自由放养，鼓励圈养，并控制家畜载畜量①。这项政策最重大的变化是它"将草原生态系统的保护放在比家畜产量和收入增长更重要的位置。而且，根据这项政策，各级当地政府投入了大量劳力、金钱和物资帮助放牧者修造家畜棚和栅栏，并改良品种"（Wu & Du，2008：18）。

环境退化的"问题"

"退化"这一困境实际上是一种现代现象，这一现象的产生很大程度上是由于 20 世纪 80 年代以来的私有化限制了放牧活动，特别是影响了贫困的放牧家庭（Humphrey & Sneath，1999：276）②。环境退化，作为一种客观的科学价值，定义为"由于土地受到不能独立恢复的干扰，导致的长期丧失生态系统功能和生产力"（Bai 等，2008：223）。Roy Behnke 和 Ian Scoones（1993：24）特别注意确认家畜产量的"永久性"（而不是季节性）损失，他们认为应超出简单的植被指标，综合利用生物和物理指标定义退化。这些包括土壤、植被、家畜条件和产出的变化。这里还有尺度的问题，在使用微观水平数据和载畜量标准（SRS）模型估计更加容易接近的地点上不同类型草原的可持续承载能力，以及在整个项目区作评价时，它假设空间的同质性（Stocking，1996）。在制定政策时，多数草原科学家的"一刀切"思维也意味着，将全部 4 个苏木中的牧民看作积极的"教唆者"或退化的原因（参见 Sandford，1983）。

2000~2005 年，从北美洲（加拿大—中国可持续农业发展项目）和内蒙古农业大学的专家共同建立"草场情况和载畜量框架"（Houston 等，2004），它将使草原管理实践成为一个体系。框架定量地估计放牧对草原的影响，用于确立适当的放养水平。然后提出载畜量指南，将草原情况分类

---

① 载畜量是指在规定的时间段内（1998 年草场管理协会）、一定区域内的牲畜单位数量。
② 他们指出，牧民将"退化"看作草的生长逐年地显著减少（那里多年生和一年生草一直是草原的优势品种，构成典型的草原景观，Bai 等，2004）；草地物种多样性的退化；难吃的生物质的增加，这种现象与过度放牧有关；植被密度和分布的下降；河流水位下降，沙地和沙丘面积的扩大（Caroline Humphrey & David Sneath，1999：48）。

标准化；建立了生态点，其中包括关于优势植物种类、关键土地特征、土壤类型、土壤水分状况和潜在植物群落的信息。然后收集植被确定牧草、莎、灌木和一年生植物的重量增加或减少百分率。然后，根据季节和地点退化水平，确定大概的载畜量。然而，需要考虑到定期评价气候变化的需要以及草原条件的变化。实际上，它提出的问题比它能回答的问题更多，且未得到管理机构的采纳，也未曾让牧民参与对生态和家畜管理的地方或文化理解。

在兴安盟项目地区我们可以说，由于自然资源基础面临的压力和相应的生产力下降，导致环境发生变化。然而，真正构成或定义土地退化的因素是各资源使用者争论的焦点（参见 Ho. 2001；Miller, 1999）。正如所料，多数牧民往往会责怪国家政策没有照顾他们的利益，而是更多地照顾大的、有较好社会关系的（对于党）牧民。由于过度放牧造成的永久退化不常见，如同 Behnke 和 Scoones（1993）在他们早期的非洲研究中注意到的，更有可能是由于国家干预，例如围栏而造成的（Williams, 2002；Taylor, 2006）。

在历史上，有些学者注意到，早在20世纪50年代末，由于牲畜数量的增加，内蒙古草原已经开始发生退化，尽管"以粮为纲"的运动一直持续到20世纪80年代。人们对牲畜增加的程度存在争论（Ma & Li, 1993；Ho, 2003：48-49）。此种现象的原因是强调资源开采的增长和满足日益增长的人口对食物的需要。20世纪80年代的政策压力没有扭转这种情况，反而继续强调增产，恶化了已经存在的"草原和牲畜之间的"不平衡，加剧了资源好处向较大的、具有较好社会关系的牧民倾斜。Wu Zhizhong 和 Du Wen（2008）注意到在锡林郭勒盟中部（内蒙古第一个实行家庭合同承包制的盟），当1996年家畜数量达到1000万头（只、匹）时，这项政策达到顶点。作家与许多批判学者一起，揭示国家政策怎样忽略草原的可持续性，最终将会导致普遍的环境退化、生产力损失和整体牧民收入的下降。他们建议拿掉栅栏和家庭圈栏。同样，Wen Jun Li 等（2007）认为，在这个模范游牧盟中私有化绝对没有正面的结果。现在多数正式国家牲畜计划往往强调增强系统可以降低放牧压力，恢复"草原和牲畜之间的"平衡（Waldron, 2008：4）。

莱顿的 Peter · Ho（1996）也在毗邻的宁夏回族自治区注意到这一情

况。在那里，管理不善和过度放牧导致侵蚀、牧场退化和相关困难日益加剧。一个强加的管理"责任制"本来希冀说服牧民正确管理他们的牧场，但在解决这些复杂环境问题或改善民生方面没有真正的价值。自 1979 年以来，粮食生产的增加，以及利用地下水贮藏量满足灌溉需要，影响了草原生产力。由于土壤高度蒸发和植物蒸腾作用，该地区的土壤总是缺水（Ren 等，2011）。

从基层文化评价政策

很明显，草原政策不够有效，当生计受到影响时，需要从基层对草原政策进行评价。新草原生态学强调运动和流动，强调人为和气候因素，它挑战了作为常规草原管理基础的承载能力的静态概念和顶极植被。最近出现的动力系统分析与植被改变的状态和转变模型相关；空间上各异的草原类型的主要资源或焦点管理，以及作为机会主义放牧战略中的一个元素的牲畜流动性（Scoones，1999：483）。问题一直是缺乏对可持续的草原管理或产生共有知识的参与方法及对集体行动的理解的跨学科关注。关于退化原因、运动、维护种类多样性和集体管理策略方面，在项目现场接受采访的许多牧民都能很好地理解新生态学的关键问题。

过度放牧的内涵常常来源于一种特定的生态的观点，存在于特定人群的构造中——他们被看做问题。换句话说，被看做环境退化的原因。基于这些假设制定的干预措施，有时对地方资源使用者有消极后果。因此项目早期的目的在于寻找牧民"态度"和"行为"的变化。蒙古族牧民根据直接经验将风景转换为居住空间，这是具体的居住实践。因而我们需要优待这些牧民在对风景的干预中，从他们居住世界中获得的理解（Ingold，1993：152）。有必要认识到社会生态体系的复杂性和不确定性，认识到科学预测、管理和控制也是不确定的（Scoones，1999：490）。在某种意义上，当地参与者在参考文化框架下对自然/风景的认知方式，对居民和旁观者（他可能由于理性和经济利益，以不同的方式理解风景）在这个风景中的行动方式有重要的环境后果（Hong，2005；Humphrey & Sneath，1996）。

虽然由于许多因素，传统放牧方式已经发生了改变，但是文化总是富有适应性和创造性的；对问题的解决方案需要来自草原，而不是相反。"最佳的（可能的）放牧管理实践"的概念，必须在草原上同牧民一起建立，而不应在科研机关建立。牧民们通过"关注教育"，最了解当地的情况（Ingold，1993：153），但是这需要涉及许多利益相关者。许多通过国家计划安置到城市周围的蒙古族人，可能已经同草原居住和具体实践（对自然看法）失去了联系，而这些被认为是牧民文化的核心。然而，他们认为自己同其前辈一样仍然是地地道道的"蒙古人"；他们的祖先穿越大草原，不断地参考草原的生活型文化，参考在艺术、歌曲和故事中反映的游牧形象。草原的核心是社区。

在大多数项目村，许多家庭通过男系亲属或婚姻相互联系。典型的村子里有30~50个家庭。在科尔沁右翼中旗①刚甘（音译）村进行的案例研究中，通常两个到三个有权势的家族控制着大多数决策权。这两个或三个重要的政治上有权势的家庭，也同不那么有权势的家庭联姻。通过婚姻的纽带，村里面所有的家庭结成一个血缘网络，即"艾利"构成当地文化生活和社会秩序的基础。在这些艾利中，家庭之间往往会相互支持，支持较贫困的亲戚，特别是那些没有牲畜的亲戚，尽管实施了家庭承包制。举行社区/村子的仪式可以加强血缘纽带。任何一个家庭宰杀绵羊时，都会邀请近亲一起吃饭。新年到来会宰猪，这是全村的宴会，每家都会派出一个代表参加这个宴会。婚礼，满月，考入大学，49岁、61岁和73岁生日，葬礼，葬礼后的仪式和对敖包和诸神的祈福，以上这些仪式大都在农历的五月至八月举行，全村人都会参加。通过这些互惠互利的日常交流和仪式庆典的集体参与，社区的凝聚力得到了很好的展示、维护和加强。

大多数牧民经常将他们自己的"文化"窘境、环境恶化和传统放牧实践的丧失归咎于现行政策。大多数人现在放弃了游牧生活，改为定居。他们认为国家支持保护地上生物量和牧草改善是有必要的。但是，大多数牧民认为，这些必须按照他们的文化传统和参照系进行，而不是参照局外人的标准。局外人的科学与当地牧民之间的新生态学语言可能有所不同。但

---

① 笔者对朱晓阳（音译）教授（北京大学社会学与人类学研究院）表示真诚感谢，她在2004年民族志调查中给予了笔者很大的帮助。

是从当地的研讨会上我们发现,基本的问题还是得到了很好理解的。"专家"经常是牧民自己,尽管存在文化、历史和政治环境的差异。这些包括重新安置在传统亲族关系基础上形成的游牧团体、萎缩的土地资源、农牧政策和汉族农民的迁入。后者通常还涉及从牧场土地到依靠降水的定居农业的转化。

关于草原使用权的一些问题

如前所述,原项目设计已提出要改变4个苏木牧民的"态度和行为",并将牧民的态度和行为视为"现代"有效管理和草原可持续发展的障碍。与此同时,对于政府制定的规章制度能否执行,特别是那些为达到减少牲畜数量而制定的过度放牧的处罚规定是否能够执行,还有许多人持怀疑态度。项目经理认为,放牧费本来很容易落实,但在嘎查却很难收上来。因天气干旱,内蒙古自治区政府于2001年暂停收取放牧费。该项目经理表示在4个阶段的第一阶段,在示范嘎查村实施的使用权制度是全面的、有教育功能的,旨在达到关于过度放牧和承诺减少牲畜数量的利益相关者责任的理解。

原设计原则在2002年进行了修订,修订内容包括中间级(苏木、旗和地区)和地方级的利益相关者(牧民和当地干部,包括男性和女性参加者)参加的管理政策问题和利益的思考/学习研讨会。在第一阶段推动使用权制的过程中,出现了以下方面的问题。

第一,使用和平等。

第二,动物和种群动态之间的关系。

第三,放牧压力加剧和自然资源下降。

在使用权的语境下,假定草原承包/私有化将导致放牧压力减小。尽管这个管理策略受到项目设计者、顾问和国家政府部门的支持,但这个设想也正受到新生态学的挑战。将牧场分配到家庭,之前在亚洲内陆牧区的任何地方从未有过,它限制动物群体活动,造成了草场退化的严重后果。最关键的问题在于它是基于政府国家的一种假设,即草原被滥用和浪费,土地改革应向更有效的经济利用和私有化方向发展(Bauer,2005:61)。从业人员常常利用现行政策处理各种后果，而不是应对土地退化和生产率低下等问题的根本原因，如土地使用权不清、家庭界限模糊、平衡牲畜数量和饲料供应/营养需求等问题的模糊政策（Squires 等，2010：32）。

自从该项目第一阶段起，就产生了一种叙事方式，作为福柯式的制度化"真理"（1991），这个"真理"来源于权力，建立在科学应用的基础上。例如，利用地理信息系统图像（不使用重要的参与式工具；见 Hessel 等，2009；Chambers，2006）定义使用权家庭分配之间的界限，从而划分专属区，确定牧场状态的检测过程。然而，与此相对的说法则是以社区为中心的版本，这种说法转向"参与式土地利用规划"和牧场的本地测绘，转向基于横断面的地图和艾利/嘎查村级别的牧民参与式会议。这是比较耗时的建立使用权的方法，得不到项目经理和国家部门的青睐，因为它揭示了严重的边界问题和需要解决的社区冲突。

很明显，使用权的建立需要一个灵活的、地方化的方法，并结合社区（和能力）的发展（CD）过程，恢复社会资本，确定定期的、可用市场，向着基于更大群体的独立自主的方向前进。如果没有社区发展过程（正如兴安盟项目），地方精英和权力部门会利用政策为自身谋利。在过去，经常有这种情况发生。

在许多嘎查项目点，畜牧大户（通常但不总是当地干部）要么忽略政策指令（如果该政策指令不符合他们的利益），要么基于家庭牲畜数量的比例（Taylor，2006：376），重新解释政策指令为压倒一切的放牧禁令，操纵使用权租赁制度（1996 年颁布）。这需要认真分析，在解决土地退化的综合性和复杂性原因时，常常击败政府政策的真正意图。此外，在使用权认证方面，国家政策方针在项目的早期阶段没有考虑确保妇女的使用权利（在父系家庭出生的妇女和生活在丈夫家庭的妻子）。

在项目嘎查村里，一些贫穷的女户主家庭被拒绝加入正式的使用权工作组、会议以及获得信息来源。特别是在较贫穷的艾利，结核病发病率很高；一些家庭由妇女负责所有的放牧活动，妇女承受着更多的艰难困苦。在大多数村庄，妇女很少参加正式会议或仪式，不能及时获得信息，除非后来从他们丈夫的口中得知，没有掌管钱财的权利，承担做饭、放牧、看管家庭牧场、照料家人的工作。她们说，她们很少有时间彼此来往、交际。

正如一名妇女说的："我们女人都太忙了……男人们参加家庭仪式，在那里与别人谈天。我们白天忙我们的活，所以我们互不走访。总有干不完的活，所以我们没有时间。"[1]

现在需要站在一个批判的角度来理解在（旱地）非平衡环境下圈栏的影响及其对资源使用者生活的影响。国家解决问题的办法是采用"工程"的办法，着手解决以下问题，如牲畜—饲料比、引进新的遗传物种（虽然牧民喜欢蒙古肥尾羊，但为了提高羊毛产量，引进美利奴羊）、全年圈养（导致动物健康恶化，增加传染性呼吸系统疾病的机会，这些同样与营养不良和家养牲畜管理有关）、推迟春季放牧的时间（两三个月时间，4月至6月）、青贮玉米栽培品种和苜蓿（虽然后来承认，在中旗和前旗栽种"苜蓿"是一件很困难的事，因为土壤的pH值高达7.5~8.5）。科学家奔走在牧场多个项目区，坐在外国贷款或项目资助的四轮车里，试图解决与广泛的放牧体制有关的一些棘手问题。在2002年公布的项目规划修订本中，对模范（富有）牧民和难以到达（对小牧民而言）的示范研究站进行了重新评估，并且盖起了嘎查级农民田间学校，以便贴近牧民，充分利用本地现有的生态知识使小牧民获益[2]。

通过草地工程化解决问题

国家认为草原管理是一个"工程"问题，仅需要应用科学。这就是说，草原需要"保护"（周围围栅栏）和"建设"（种植苜蓿草和杨树）[3]。因此

---

[1] 在2004年对中旗芒来嘎查党委书记的妻子，46岁的白莲花（音译）女士进行的采访。
[2] 参见由著名科学家 Robert May（1989）提供的理论基础。简言之，根据干旱地区牧民的民族志经验的承载能力和 Clementsian 植被演替之间，在非均衡草原生态环境下是有矛盾的。这表明，降水量变化大的生态环境主要由气候决定，而不是由牲畜放牧决定的。此外有人认为，过度放牧本身不会造成荒漠化或草地退化。相反，这些可能是因为降水导致的植被衰退和增长的自然过程的一部分。植物的生产率必须考虑季节性植物生长的变化等问题；必须考虑当地的实践（不同物种的放牧方式，一个特定牧场上牲畜的演替）；在一个充满变数的景观中利用"数学推断"；考虑长周期的生态特点；以及基于牲畜—植被均衡的假设（"没有这样的均衡的存在"）（Caroline Humphrey & David Sneath. 1996, *op. cit.* p. 9n）。
[3] 关于生态"建设"政策的负面影响讨论，见 Hong Jiang（2006）。

如前所述，草原科学家和顾问像传教士一样遍访了中国主要的大草原，企图解决这个问题。甚至在2008年北京奥运会前，为了防止细沙刮到北京，科学家们感到在内蒙古东部解决这个问题的紧迫性。对计划资源的转型和动物驯化、土地复垦和社会资源顺序的态度，在毛泽东时代就有了现代雏形。因此，把草原看作一个历史范畴，对理解这些问题的背景是有益的，国家对草原的规划自1949年以来已随着国家的政治—经济命运而发生改变了（见Shapiro，2001）。本章将不再赘述这些因素。国家的"中国2001~2010年草原生态，环境保护和发展计划"具有革命性的科学热情，提到沙漠化的解决方案非常简单，即"集生态、工程和农业方法于一体"。

中国草原管理科学界就导致环境问题的实际原因和可能的解决方案达成一致意见：放牧牲畜太多，需要减少放养。但是牧民知道，最关键的考虑不是牲畜的数量，而是季节性变化（尤其是在中国北方）、可用资源和时间性（如关键的喂养时间）。因此，我们应该标记牧草产量的年际变动，以评估草原动态的真正本质。

令人惊讶的是，由于对草原"退化问题"的广泛认可，已经很少有人注意草原居民的文化习俗和人的动机了。土地退化不是由于那些拥有牧群而不拥有土地的草原牧民，出于"不负责任"和"自私"的想法（像一些科学家声称的那样），毫无顾忌地开发草原所导致的。人们已经发现，在很好地理解了社区使用和管理规则的情况下[①]，公地能得到很好的保护。很显然，在下列条件下，公共资源能够以可持续的方式得到管理[②]：

第一，如果一个小的放牧组里几乎没有明显的社会和经济分化。

第二，如果有类似的生产制度。

第三，除了与生产有关的好处外，小组成员还具有其他重要的好处。

第四，如果放牧小组能够有效地执行控制资源使用的规则。

最近在内蒙古进行的人种志学、社会和生态学研究（例如，见Ho，2001；Williams，2002；Taylor，2006；Banks，2003）显示，与Hardin

---

① 换句话说，将自然资源理解为"公共池塘资源"，正如政治学家Elinor Ostrom（2002）及其他人之前主张的；参见Roy Gardner等，1990。

② Arun Agrawal（2001）认为，我们需要更富有系统性和综合性的手段，了解与公地的可持续性研究相关的各种因素。

(1968) 的简单化的和历史上错误的 "公地悲剧"（见 Bromley & Cernea 1989：6-7）比喻相反的是①，自 1983 年以来，个人圈栏和家庭责任承包制没有（根据事实）改善生态系统的稳定性或生活质量。

在兴安盟，人们发现除了外来的富裕的牧民外，私人圈栏不是首选方案。就合理性和规模经济而言，许多人表示对小的、轮换型小组放牧模式感兴趣。Tony Banks 等（2003）在中国西北部进行的研究支持了这种发现，说明对草原政策的执行需要鼓励更大的灵活性和参与式方法。事实上，Banks（2001；2003）指出，"小组使用"下的草原合同从社会方面（比如，担心产生家庭冲突不愿细分牧场）、环保方面（比如，考虑季节性零散资源）和经济方面（比如，实现必要的规模经济）来说都是比较合适的。当地居民似乎明白"小组"的概念并不是早期国家集体概念下的合作方式，而是基于系统的亲属关系。同样，在半干旱/干旱生态系统中需要通过保证贫穷牧民和新的放牧家庭能够使用牧场，维持社会安定。Banks 同样注意到基于社区的管理是如何实现更大的灵活性和流动性的，这是应对极端气候变化的一个重要因素。然而问题是，以社区为基础的管理并不完全受到当前的法律、法规和制度的支持，因为强调的是终身家庭圈栏。社区还要依赖地区和国家机制，比如，依赖畜牧局解决冲突和载畜量调控等。

在项目区，位于半荒漠化科尔沁草原的牧民参加创新参与式田间讲习班，他们表示喜欢没有围栏的放牧方式或家庭分配制度（亲属和非亲属家庭之间发生冲突的原因）；他们偏好由 4 个到 10 个父系家庭组成的轮换小组，实施限制范围的季节性放牧制度。这有利于共同使用牧场、公平使用自然资源，特别是使用边缘和季节性的零散的自然资源，这些资源在家庭之间是不容易进行细分的（在人口较稠密的半牧区，这很重要）。利用 PRA 视觉方法和"农民田间学校"（FFS），在牧民中产生共享的环境管理知识，

---

① Hardin 有影响力的"公地悲剧"基于"开放进入"或"搭便车"理论。在公共财产资源管理系统中，这个理论起了误导作用。在这个系统中，个人的消费与剥夺他人相关。Hardin 认为，防止公共资源的掠夺可以通过外部政策或私有化的方式强制执行。在多数情况下，这两种方法都没能显示出可以确保可持续性或预防"公地悲剧"的发生，相反，倒是自发组织和自治公地系统效果显著（de Young, 1999）。Dee Mack Williams 还提供了一个与牧民相关的讨论（2002：74-77）。见 Ian Scoones（1996），Daniel Bromley & Michael Cernea（1989）。

这在兴安盟中是创新的做法；2002年第一次开展这样的活动。未来的工作将考察这种做法的意义。

可持续承载能力（SCC）与新生态学：重新思考草原

很显然，科学技术应当与当地的农业生态知识相结合。如果不能遵循二者相结合的原则，在社区将会产生阻力，阻碍"可持续承载能力科学"的发展[①]。各盟、旗的农牧局对地上生物量生产率进行了有限的评估，以估算可持续放牧的草原初级生产力的最大吨位（单位面积的承载能力）。可持续承载能力能够体现一个特定的放牧点的土地生产力和气候变化，这一意义明确的概念是传统草原科学的基础：这是一个不容置疑的事实陈述或肯定叙述。可持续承载能力表示单位面积能够持续承载的最多牲畜的数量，该估计基于牲畜对植物和植物演替的影响的假设[②]。可持续承载能力已被视为一项重要的管理工具，特别是在通过调控牲畜数量控制草原退化方面更是如此。人们认为，只有政府和国家专业机构可以解决资源退化问题（Bromley & Cernea, 1989: 8）。承载能力的传统概念是假设牲畜数量和放牧面积之间有直接关系，并且牧民对放牧权利有完全的控制。

但这个概念对于牧民放牧公地来说，几乎没有什么用（Hocking & Mattick, 1993）。在非洲的研究中，Abel & Blaikie（1990）提出了一个新概念，即"跟踪战略"，替代承载能力的概念。在这种概念下，当涉及关于管理策略的问题时，载畜量更紧密地反映降水量的变化，从而优化资源利用。但在内蒙古却不是这样的情况[③]。Abel（Hocking & Mattick, 1993）指出咨询资源使用的重要性，"他们关于生产环境的技术知识已经超越了科学家"。

因此，承载能力在环境恶劣的内蒙古旱地又有多少实际意义和相关性

[①] 可持续承载能力/公顷=净供应/畜牧单位的摄入量——基于总草本饲料生产力（总干物质 TDM）。假设牲畜每日需要的干物质摄入量相当于其体重的3.0%至2.5%。

[②] 基于遥感数据〔归一化差异植被指数（NDVI）〕的科学分析和对人为因素引起退化的态度的例子，见Kensuke Kawamura等，2003；Liang E. Y. 等人，2005。

[③] 《天然草地的载畜能力标准》（1990年内蒙古测量与标准局）给出根据牧草产量估算载畜量的方法。

呢？例如，研究该项目的澳大利亚农场管理专家指出，如果每公顷留下500公斤的干物质作为地被（将降水和承载能力计算在内），那么过度放牧问题和随之而来的草原退化就可以得到解决。说起来简单——但对"地表"很难进行有意义的解释，因为科学估计涉及不同的参与者，对于退化的定义和资源的可持续利用，这些人都有他们自己的理解。事实上，过度放牧被认为是造成草原环境退化的原因，因此采取某种方式减少或消除放牧压力被认为是植被演替可使草原得以恢复的方法。

科学比知识的地方/内源形式更具优越性的概念（Howes & Chambers, 1979; Agrawal, 1995）是牧场管理（Hesse, 1978）① 的焦点问题。结合平衡管理的概念，即假定植被状态和牲畜数量之间存在着直接的反馈关系，使得可持续承载能力和载畜量成为可行的工具（Behnke & Scoones, 1993）。很明显计算可持续承载能力存在技术的复杂性。它最多提供的只是一个静态的评估。牧民认为要考虑空间和时间的变化，包括维护本地定义的公共牧场的载畜量（虽然远低于一个高度变化的生态承载能力）。可持续承载能力假设植物生长条件保持不变，这种假设是基于某类牲畜被养在一个固定的区域里（不包括重要的生态位资源），并且处在同一个管理模式下（不包括可能使用的饲料副产品）。

内蒙古载畜量的确定依赖于长期的载畜量记录和监测信息（这是农业畜牧局草原监测站的职责）。由于长期的载畜量记录不会总有，因此测量每年放牧区域的牧草产量被当做是第二个最佳的方法。然而，由于气候变化，牧草产量每年明显不同，最好测量多年的牧草产量，以得出一个长期的载畜量。年牧草产量是这样测定的：在管理单位内选择一系列有代表性的样本，在夏末对牧草进行裁剪。剪切下的草料，风干并称重，然后计算样本内草料的平均值。草料的平均重量用亩产干饲料的公斤数表示（Houston 等，2004：19）。因此，载畜量可表示为 6.8 亩/羊单位（温暖的季节）、15.9 亩/羊单位（寒冷季节）和全年 22.8。

正如我们所知，根据新生态学而不是演替学说，较复杂的物种、动物

---

① Elisabeth Croll（1993）讨论了中国"外部"知识（国家管理层、干部）意识形态、统治和特权的职能。

和人类（社会的和文化的）构成一个相互依存的系统，彼此之间相互作用。这就需要一个更全面、跨越多学科的草原管理方法。因此，可持续承载能力必须与实际的生产目标相联系，生产目标决定了特定的营养水平。出于这个原因，以及过度强调干物质采食量和地上生物量的季节和年产量，新生态学家认为，除了考虑干物质总量（TDM）外，也应该考虑粗蛋白含量、能量和矿物质含量。Hocking 和 Mattick（1993）解释说草的营养价值当然随生长季节变化，即穗头出现后，氮含量、消化率会下降。

游牧"后传统"的放牧制度需要灵活的牧场安排，以便让社会规范如互惠传统继续起作用。这可能会给小组的放牧资源、地方管理和公共资源的监控带来压力。这样的管理系统需要能够控制与载畜量、季节性初级生产水平（最严重的是"寒冷季节"草原和通过该地区的春秋牧场）相关的生态资源的使用，并就使用权的实施达成了共识。比起当前的制定放牧限制和从外部计算可持续承载能力，以降低载畜量的做法，这种做法更具有可持续性，从文化上更易被接受。

在早期项目中，发放家庭使用权证和围栏，对畜群流动/生产力都有负面影响。畜群对生态异质性有很好的反应。同样，因为在一个给定的区域有各种物种存在，所以可以很好地利用这些生态系统。管理策略应考虑有限的季节性牲畜活动，在一个给定的季节或年份里最大限度地利用绿色物质。牧民认为牧场有特殊的季节性价值；如果有雪，冬季牧场就不需要水，但需要一个良好的防风墙；春季牧场需要一个朝南的位置，在那里冰雪更易融化、草长得快；而夏季牧场必须容易获得水和适当的牧草；秋季牧场则需要促进泌乳和脂肪积累的特定草种（Szynciewkicz, Williams, 2002：181）。

其实当地的放牧小组按季节迁移牲畜，从而能充分利用各类生态位资源。同样，在对尼日尔沃达贝部落的研究中，Krätli 和 Schareika（2010：606）指出，这主要是一个利用不稳定的营养物质浓度的"非均匀"或"非对称分布"的方法。出于喂养质量最大化的务实的态度，连续利用各类生态位资源是通过牲畜某种程度的迁徙来实现的。牧民考虑环境的变化（尤其是绿色植物和土壤的性质）对生产来说具有重要意义，而在列维—施特劳斯意义上〔1996（1962）〕草"想起来很好"（在集体意义和身份的符号系统中),对于牲畜来说,肯定是"很好吃"。事实上,牲畜在一年的不同时间里都需要防风、防湿,需要饲料、遮阳,并接触到各种季节性牧草(Wiiliams,2002:181)。这是应对严酷的自然环境的不确定性,提高土地生产力的有效方法。

家庭使用权体制应考虑公共资源是不仅仅依赖于个别家庭,重要的是它们取决于小组/社区的决定(在一些与父系相关的自然村/艾利)。草地根本上是社区的资产。在项目区,除了个别家庭有分配的圈地以外,可持续承载能力无法考虑有效的决策者是谁的。决策往往由当地放牧社区外的人员制定。

另一个问题是,虽然在野外调查后,该项目必须展示如何公平地贯彻执行国家的使用权政策,但是这时人们发现大部分草原(97%),已经在多年前由于分配的仓促和草地界线不清,以机会主义的方式分配出去了。虽然使用权证书分发到各户,但并没有明确的界线;也很少经过社区咨询或使用本地地图;畜牧局和苏木的官员缺乏专业训练,同时也存在盟政府施加的政治压力。因此,出现了许多家庭内部、家庭之间和范围更广的社区矛盾。如前所述,使用权分配一般按照家庭—牲畜数(通常比例为6:4)进行,尽管有时为了惠及精英人物,这个数字常常被地方一级虚报。在兴安盟就是这种情况,使用权分配是根据家庭—牲畜数量执行的,这会使牲畜大户受益。与此相反的是,其邻近锡林郭勒盟的镶黄旗,当第一次引入使用权时,只是简单地按照家庭人口进行土地分配。

但是项目经理发现,家庭组成(牲畜数量)随时间而变化,亲属群体之间会出现冲突,有时甚至发生暴力。这是草原使用权强化和由此造成的土地破碎的结果。在以男方为主的居住方式中,儿子最终要建立自己新的核心家庭,要求在现有的父母家庭的使用权范围内进行单独分配。而使用权最初的分配是根据分配时的家庭情况进行的。有必要确定土地使用权的安排是怎样进一步加剧土地分割,改变土地使用模式,以及如何将这方面的知识更好地融入政策应用。

兴安盟项目设计中使用的标准承载能力模型来自西方温带国家,比如,北美(Dijkman,1999),处在平衡高降水量多年生牧场和资本密集型管理下。与之相反,内蒙古专家忽视了这一事实,即仍有相当大片的公用牧场在使用中。确实,草原科学使用源于西方的"牧场"管理/经营的广泛系统的承载能力估计值,是基于一个封闭的围栏面积内单一的牲畜品种,旨在生产高品质的肉类,使每头牲畜的生产收益和单位劳动的收益最大化。因此,我们首先需要确定它的应用是否适合当地情况。在内蒙古东部地区,牧民经常经营混种牧群,他们的生产结果与世界各地的流动牧民类似,均为保证人类生存,牛奶、羊毛、资本的积累和风险规避,在一般情况下,即为实现每公顷生产收益的最大化。居住在非平衡生态环境中的牧民需要承载能力估计值,由于牲畜能实现许多目标,这样的估计值能使他们充分利用灵活的、机会主义安排。

不理解这些系统的性质已经导致了政府政策的不恰当使用,而这些政策最初是为了解决严重的环境退化问题而制定的。减少载畜量的建议也与牧民的目标相左,因为这意味着降低每公顷的生产率。人们现在认为,比起草场本身的载畜量来说,草场退化可能与不切实际的政策、农业—放牧实践和限制牧区的流动性/灵活性有更大的关系。这也反映了对待退化问题,需要从一个参与者的角度出发(Long,2001)。

是否有其他基于证据的方法替代传统的"均衡"草原管理呢?在非均衡环境中,我们知道比起载畜量[①],植物的生长和草地生产力在更大程度上取决于气候。在非平衡动态中,随机变化是一个重要的因素,而植物的生物量受非生物因素如气温、降水量和风力的影响(Behnke & Scoones,1993;Fernandez-Gimenez & Allen-Diaz,1999)。事实上,正如 Fernandez-Gimenez & Allen-Diaz(1999)所指出的那样,在干旱大草原,植被动态受气候的控制,而不是受放牧压力控制,表现出非均衡动态。在西藏西北部进行的研究发现,流动性受限的牧民使用"机会主义"策略,而不是使用一成不变的承载能力估计。这些策略适合于每年都有变化的植被生产,而且人们发现这些策略是管理牲畜及其与生物多样性价值的关系的最佳手段(Tsechoe Dorji 等,2010)。在兴安盟项目中,越来越多的证据表明,在强调更大流动性的艾利小组中出现了可供选择的管理实践,这些实践遵循早期的流动牧民实

[①] 地理学家 Troy Sternberg 试图搞清楚干旱对内蒙古的影响。在其作品中指出气候、物理或环境因素对牧民生计的重要性(Sternberg 等,2009;2010)。

第十一章　中国北方的限制行动，圈栏和传统草原管理：关于新生态学的人类学观点

践，存在于政策制约的夹缝中。牧民认为这些实践对灵活管理和保护来说非常重要；同时这种做法也被认为是牧民应对不可预知的气候所采取的适当的方法（Da Lintai & Wang, 2007：1）。科尔沁右翼中旗艾利组的一位牧民指出，草的高度在20世纪60年代是100厘米，但现在只有16～20厘米。他们又评论说，这种现象是由于两种原因造成的，一个是气候变化，一个是国家的草原政策，尤其是圈栏和缺乏相应的灵活、流动的放牧管理制度。

有许多当地的参与者参加了一系列的参与式田间讲习班。通过贫困排名确定的较贫穷的牧民在一年的不同时间内都能受到指导，以确定优先的草原管理策略。这些讲习班认识到牧民中间存在着经济分化，作为主要的利益相关者，他们的关注点非常不同。多数嘎查最富有的家庭往往是村长，他们可能有成千上万头的绵羊和山羊，以及数百头牛。最贫穷的家庭往往没有任何牲畜，靠给富裕的牧民打工生活。但是我们发现，特别富裕家庭相对较少，同时非常贫困的家庭也较少。在一个有50户牧民（平均每户4人）的村子里，有3户没有任何牲畜（往往是由于生活危机、医疗费用、牲畜得病、赌博或其他原因造成的）。大多数家庭的富裕程度处在平均水平，甚至在这个村的党支书的家中，也只拥有约300只羊和10头牛。

通过建立一个季节性的没有围栏的轮换制度（不包括当地的公地），可以解决放牧压力和生物量的严重损失。这些在嘎查内都要受到社区规章的制约，涉及少数有亲属关系（和/或非亲属关系）的家庭小组。在项目区中，艾利村包括20～50户以男系为基础的家庭，有2～4个村庄，包括一个正式的行政单位（嘎查）。确实，如果考虑生物量的分散和低质量，以及有限的水源，在许多地方，分组放牧可能是唯一可行的选择办法。在资源稀缺的情况下，围栏只会加剧这些父系亲属群体和非亲属近邻牧民之间的冲突。放牧对草场植被的影响是分散的、零星的，而不是连续的。在干旱的生态系统中，应该确定基于气候（降水）变化的载畜量，确保现有资源的优化利用。

例如，在项目区的一个村子里，家庭承包制于1988年开始。使用权分配是指放牧的权利占总社区放牧的比例，以及春季和冬季饲料干草地的份额。干草地根据人和牲畜数量的变化，于1983年至1988年进行了相应的调整。比例确定为7:3（家庭人口/牲畜数量）。与此同时，利用相同的测量办法，在家庭之间划分放牧草场，并规定此次分配30年不变，无论人口或

牲畜数量发生了什么样的变化。然而，尽管有这样的规定，但是社区牧民仍按照非正式规则自由放养他们的牲畜，因为村民认为牧场是集体的。虽然在传统上，村民集体在公地放牧，但有具体的地方规定，以保护牧场。例如，要把全村的牛划成群在不同的区域放牧。这是为了避免过度放牧、踩踏（村附近的草场）和侵蚀的发生。每年春天，各个家庭会派一名成员出席会议，讨论来年的放牧分配、轮换和方向等问题。这在关系良好的亲属之间非常常见，他们在同一地点或方向放牧，以方便合作。这种做法在家庭使用权规定的背景下一直延续到今天。村民确定具体的放牧区，而不是交叉放牧。家庭间存在非正式的监督。没有必要进行外部监控，人们对外部监控存在异议。

适当的载畜量需要制定管理制度（至少要考虑畜牧业生产和植被状况目标）。在非平衡生态系统中，草原管理中正确的可持续承载能力的概念是有限制性的。在牲畜数量和可用的饲料之间维持稳定的平衡，不是资源使用者最希望达到的目标。因此，我们需要对环境的差异性和"营养的不均衡分布"采取更加灵活和短期的应对措施（Mandelbrot, Krätli & Schareika, 2010：607）。我们需要基于当地的取向、可用的生态位资源和对载畜量的快速调整（文化上首选），利用一个动态的可持续承载能力。这意味着草原管理权的有效下放，更倾向于当地嘎查级放牧群体和社区一级的责任体系（Jesse Ribot, Wang, 2007：2）。

新法规在2005年年底实行，允许地方当局根据2004年内蒙古自治区草原管理规则，规定和调控载畜量。这是通过一个备受争议的科学的牲畜—饲料平衡方法，以及征收过牧罚款实施的。该项目于2000年评估了科尔沁右翼中旗的55个艾利，约89%艾利的载畜量超出了名义上的可持续承载能力，一些富有的牧民甚至超出了500%。这表明在罚款的压力下，牲畜数量的监管存在外部执法的问题（Banks, 2001）[1]，更不用说由于旗草原监测站过度透支资源而造成的牧民阻力、能力缺乏或资金不足的问题了。项目区的牧民表示，他们希望看到草原上惯常的控制和管理措施，不希望外部管

---

[1] Tony Banks 指出在由社区持有小组土地所有权的情况下，公地界线是最好的，即凭借它，社会契约下的每个人都可以对"治安"做出贡献。

理。艾利/嘎查/苏木级的社区发展，是进一步开展多方利益相关者对话的开始，尊重当地的观点（而非科学），确定什么最适合放牧社区，以及这种专门知识怎么能够反馈到地区政策框架上。

结　　论

综上，利用可持续承载能力控制载畜量，实施成本太高，而且在旱地系统下，其技术的有效性越来越受到人们的质疑。同时，现在栅栏经常被牧民所不齿，由此产生的问题比能解决的问题还要多。自2002年起，国家下拨了大量资金到旗政府，用于设置围栏，但是这些资金并没有被全部地合理使用。笔者认为，草原管理应归为家庭和当地政府责任，也应该归为社区责任。这意味着"包产到户"体制需要一个根本性转变。在引入一个新的参与式社区发展的过程中，将涉及确认所有的利益相关者、开展反思研讨会、举办农民田间学校等类似的活动。但所有这一切只是工作的开始，未来还需要人们投入更大的精力、热情以及更多的资金下拨。内蒙古草原的退化"问题"不一定是科学所能回答的，也不一定能够依靠外部技术所能解决的，它涉及的最重要的一点是人为因素的考虑。在资源越来越短缺的条件下，它关系到人、当地的放牧传统，以及不断变化的文化习俗等许多方面。对话必须包括嘎查/艾利级别的较小的（放牧）团体，如父系亲属、地方干部甚至包括被日益边缘化的非放牧的前放牧家庭。

最后，还需要在外来者的可持续承载能力估计和见多识广的资源使用者的本地定义之间，达到一个合理的平衡。否则，农村开发专家、外部出资者和国家政府所希望的，对草地资源的参与式监测和管理承担长期的、被社区认同的责任就无法实现。

参考文献

Abel, N. O. J., and P. M. Blaikie 1990. Land degradation, stocking rates and conservation policies in the communal rangelands of Botswana and Zimbabwe. Pastoral

Development Network Paper 29a, ODI, London.

Agrawal, A. 2001. "Common property institutions and sustainable governance of resources", World Development 29: 1949-1672.

——1995. "Dismantling the divide between Indigenous and Scientific Knowledge", Development and Change 26 (3): 413-439.

Bai, Z. G., D L Dent, L Olsson, and ME Schaepman 2008. "Proxy global assessment of land degradation", Soil Use and Management 24: 223-234.

Banks, T. 2001. "Grassland tenure in China: an economic analysis", paper presented at the Second International Convention of Asia Scholars, Free University, Berlin (9-12 August).

——2001a. "Property rights and the environment in pastoral China: Evidence from the field". Development and Change 32 (4): 717-740.

——with Richard, C., Li Ping, and Yan Zhaoli 2003. "Community-Based Grassland Management inWestern China Rationale, Pilot Project Experience, and Policy Implications", Mountain Research and Development 23: 132-140.

Bauer, K. 2005. "Development and the enclosure movement in pastoral Tibet since the 1980s", Nomadic Peoples 9: 53-81.

Behnke, R., andI. Scoones 1993. "Rethinking range ecology, implications for rangeland management in Africa". In: R. Behnke, I. Scoones, and C. Kerven (eds.). Range ecology at disequilibrium: new models of natural variability and pastoral adaptation in African savannas. London, United Kingdom: IIED/ODI/Commonwealth Secretariat. pp. 1-30.

Bromley, D. W and M. M. Cernea, 1989. The management of common property resources: Some conceptual and operational fallacies, Washington, D. C.: World Bank.

Chambers, R. 2006. "Participatory Mapping and Geographic Information Systems: Whose Map? Who is Empowered and Who Disempowered? Who Gains and Who Loses?", The Electronic Journal of Information Systems in Developing Countries 25 (2): 1-11.

China-Australia, "Inner Mongolia Grasslands Management Project", Design Document, Phase II, 10 April 2002.

Croll, E. 1993. "the negotiation of knowledge and ignorance in China's development strategy". In: M. Hobart (ed.) An Anthropological critique of development: the growth of ignorance, Routledge (161-179).

de Young, R., 1999. "Tragedy of the commons". In: Encyclopedia of Environmental Science, D. E. Alexander and Fairbridge R. W. (eds.), Hingham, Mass.: Kluwer Academic Publishers.

第十一章 中国北方的限制行动，圈栏和传统草原管理：关于新生态学的人类学观点

Dijkman J. T., 1999. "Carrying capacity: outdated concept or useful livestock management tool". Pastoral Development Network Paper, ODI, London.

Eisenstadt, S. N., 1973. "post-traditional societies and the Continuity and Reconstruction of Tradition", Daedalus 102 (1): 1-27.

Ellis, J. E. and D. M. Swift 1988. "Stability of African pastoral ecosystems: alternate paradigms and implications for development", Journal of Range Management 41 (6): 450-459.

Fairhead, J. and M. Leach 1996. Misreading the African landscape: society and ecology in a forest-savanna mosaic, Cambridge University Press.

Fernandez-Gimenez, M. E. and B. Allen-Diaz, 1999. "Testing a non-equilibrium model of rangeland vegetation dynamics in Mongolia". Journal of Applied Ecology 36: 871-885.

Foucault, M. 1991. Discipline and Punish: the birth of a prison, London: Penguin.

Franchetti, M. 2008. Pastoralist landscapes and social interaction in bronze age Eurasia, University of California Press.

Gardner, R., E. Ostrom and J. Walker, 1990. "The Nature of Common-Pool Resource Problems", Rationality and Society 2: 335-358.

Hardin, G. 1968. "The Tragedy of the Commons", Science 162: 1243-1248.

Hesse, M. 1978. "Theory and Value in the Social Sciences". In: Action and Interpretation: Studies in the Philosophy of the Social Sciences (eds. Christopher Hookway and Philip Pettit), Cambridge: Cambridge University Press (1-16).

Hessel, R., J. van den Berg, O. Kaboré, A. van Kekem, S. Verzandvoort, J. M. Dipama and B. Diallo 2009. "Linking participatory and GIS-based land use planning methods: A case study from Burkina Faso", Land-use Policy 26 (4): 1162-1172.

Ho, P. 1996. "ownership and control in Chinese rangeland management since Mao: the case of free-riding in Ningxia", http://www.odi.org.uk/work/projects/pdn/papers/39c.pdf.

——2001. "Rangeland degradation in China revisited?", Journal of Development Studies 37: 99-132.

——2003. Mao's War against Nature? The Environmental Impact of the Grain-First Campaign in China, The China Journal 50: 37-59.

Hocking D. and A. Mattick 1993. Dynamic Carrying Capacity Analysis As Tool for Conceptualising and Planning Range Management Improvements, with A Case Study From India. Pastoral Development Network Paper 34c, ODI, London.

Hong Jiang 2006. "Decentralization, Ecological Construction, and the Environment in

Post-Reform China: Case Study from Uxin Banner, Inner Mongolia", World Development, 34 (11): 1907-1921.

——2005. "grassland management and views of nature in China since 1949: regional policies and local changes in Uxin Ju, Inner Mongolia", Geoforum 36: 641-653.

Houston, Bill, Jeff Thorpe, Han Guodong, Zhao Mengli, Li Qingfeng, and Wang Qingguo 2004. Framework for a range condition and stocking rate guide: Grassland areas of Inner Mongolia Autonomous Region (project document) Canada-China Sustainable Agriculture Development Project.

Howes, M. and R. Chambers 1979. "Indigenous Technical Knowledge: Analysis, Implications and Issues", IDS Bulletin 10 (2).

Humphrey, C. and D. Sneath 1999. The End of Nomadism?: Society, State, and the Environment in Inner Asia, Duke University Press.

Culture and environment in Inner Asia, (Vol 1, Economy and Environment; Vol 2, Society and Culture), Cambridge: White Horse Press, 1996.

Ingold, T. 1993. "The temporality of landscape", World Archaeology 25 (2): 152-174.

Inner Mongolia Grasslands Management Project Policy Issue Discussion Papers No. 2, 2006 "Policy-driven rapid desertification of Middle Banner sandy grasslands: key problems and a basis for a better future", Inner Mongolia Grassland Management Project, Cardno ACIL, Australia.

Kensuke Kawamura, Tsuyoshi Akiyama, Osamu Watanabe, Hisahito Hasegawa, Fu Ping Zhang, Hiro-omi Yokota and Shiping Wang 2003. "estimation of aboveground biomass in Xilingol Steppe, Inner Mongolia using NOAA/NDVI", Grassland science 49: 1-9.

Krätli, S. 2010a. "Karamoja with the rest of 'the rest of Uganda'", Nomadic Peoples 14 (2): 3-24.

Krätli, S. and N. Schareika 2010. "Living Off uncertainty: the intelligent animal production of dryland pastoralists", European Journal of Development Research 22 (5): 605-622.

Leach, M. and R. Mearns 1996. The lie of the land: challenging received wisdom on the African environment, International African Institute in association with James Currey.

Li, Wenjun and L. Huntsinger 2011. "China's Grassland Contract Policy and its Impacts on Herder Ability to Benefit in Inner Mongolia: Tragic Feedbacks", Ecology and Society 16 (2): URL http://www.ecologyandsociety.org/vol16/iss2/art1/.

Liang E. Y., M. Shao and J. C. He 2005. Relationships between tree growth and NDVI of grassland in the semiarid grassland of north China', International Journal of Remote Sensing 26 (13): 2901-2908.

Long, N. 2001. Development Sociology: Actor Perspectives, Routledge May, R. 1989. "The chaotic rhythms of life", New Scientist 124: 37-41

Miller, D. J. 1999. "Nomads of the Tibetan Plateau rangelands in western China—part three: Pastoral development and future challenges", Rangelands 21: 17-20.

Nelson, R. 2006. "Regulating Grassland Degradation in China: Shallow-Rooted Laws?" Asian-Pacific Law and Policy Journal 7: 385-417.

Ostrom, E. (ed.) 2002. The drama of the commons, Washington: National Academies Press.

Ren, Xiaolong, Zhikuan Jia, Sumei Wan, Qingfang Han and Xiaoli Chen 2011, "The long-term effects of alfalfa on soil water content in the Loess Plateau of northwest China", African Journal of Biotechnology 10 (21): 4420-4427.

Roe, E. 1991. "Development narratives, or making the best of blueprint development", World development 19 (4): 287-300.

Sandford, S. 1983. Management of Pastoral Development in the Third World, Chichester: Wiley.

Scoones, I. 1999. "New ecology and the social sciences", Annual Review of Anthropology 28: 479-507.

——1996. "Range management science and policy: Politics, polemics, and pastures in Southern Africa". In: The Lie of the land: Challenging received wisdom on the Africa environment, M. L. Mearns and R. Mearns (eds.), Oxford: The International African Institute/James Curry.

Shapiro, J. 2001. Mao's war against nature: politics and the environment in Revolutionary China, Cambridge University Press.

Sneath, D. 2000. Changing Inner Mongolia: Pastoral Mongolian Society and the Chinese State, Oxford: Oxford University Press.

1998. "State Policy and Pasture Degradation in Inner Asia", Science 21 (281): 1147-1148.

Society for Range Management 1998. Glossary of terms used in range management (fourth edition) Denver Colorado: Edison Press.

Squires, V., Limin Hua, Goulin Li and Degang Zhang (eds.) 2010. Towards

Sustainable Use of Rangelands in North-West China, Springer.

Sternberg, T. 2010. "Unravelling Mongolia's extreme Winter disaster of 2010", Nomadic Peoples 14 (1): 72-86.

N. Middleton and D. Thomas, "Pressurised pastoralism in South Gobi, Mongolia: What is the role of Drought?", Transactions of the Institute of British Geographers 34: 364-377. 2009.

Stocking, M. "Soil erosion: breaking new ground". In: Leach M. and Mearns R. (eds), *The Lie of the Land: Challenging Received Wisdom on the African Environment*, London: James Currey. 1996. pp. 140-54.

Levi-Strauss, C. *The Savage Mind (la pensée sauvage)*, Oxford University Press. 1996.

Suttie, J. M. and S. G. Reynolds (eds.) 2003. Transhumant Grazing Systems in Temperate Asia, Rome: FAO.

Taylor, J. "Negotiating the Grassland: The Policy of Pasture Enclosures and Contested Resource Use in Inner Mongolia". 2006. Human Organization 65 (4): 374-386.

"Local autonomy and the privileging of knowledge and space in western development practice: A case study in Northeast Thailand". In: Toussaint S. and J. L. Taylor (eds.), *Applied Anthropology in Australasia*. Western Australia: UWA Press. 1999.

Tsechoe Dorji, J. L. Fox, C. Richard, and Kelsang Dhondup 2010. "An Assessment of Nonequilibrium Dynamics in Rangelands of the Aru Basin, Northwest Tibet, China", Rangeland Ecology & Management 63 (4): 426-434.

Ma Rong 2003. "Changes in Local Administration and their Impact on Community Life in Grasslands of Inner Mongolia, China", China Report 39: 459-475.

Ma Rong and Li Qu 1993. "The impact of system reform on pasture use and environment in Inner Mongolia: A case study", paper presented at Conference on the grassland ecosystem of the Mongolian Steppe, Racine WI, USA.

Wang Xiaoyi 2007. "Undermining grassland management through centralized environmental policies in Inner Mongolia", Representations, Equity and Environment, Working Paper 29, World Resources Institute, Washington.

Waldron, S., C. Brown and J. Longworth 2008. "An assessment of China's approach to grassland degradation and livelihood problems in the pastoral region", paper presented at 5th Annual Conference of the Consortium for Western China Development Studies, Xi'an, July 22-24.

Wang Xiaoyi 2007. "Undermining grassland management through centralized environmental policies in Inner Mongolia", Representations, Equity and Environment, Working Paper 29, Washington: World Resources Institute, Wen, Jun Li, Saleem H Ali, Qian Zhang 2007. "Property rights and grassland degradation: A study of the Xilingol Pasture, Inner Mongolia, China", Journal of Environmental Management 85: 461-470.

Williams, D. M. 1996. Grassland Enclosures: Catalyst of Land Degradation in Inner Mongolia, Human Organisation 55: 307-313.

（执笔人：詹姆斯·泰勒）

第十二章
内蒙古草原退化成因分析
——以东乌珠穆沁旗蹄灾为例

　　蒙古高原游牧环境史研究是近十余年来笔者一直深究的课题，曾对 20 世纪前半期内蒙古东部地区，即大兴安岭东南麓的游牧环境的消失问题进行研究，提出了内蒙古东部地区游牧环境消失的要因是牧业生产方式向农耕生产方式转化所致的观点（阿拉腾嘎日嘎，2011）。目前，笔者正在专注 21 世纪初期大兴安岭西麓和北麓草原环境的退化问题。2010 年笔者主持了以"近年内蒙古游牧环境实态调研"为题目的中国社会科学院国情调研重点项目。课题组在东乌珠穆沁旗（以下简称东乌旗）进行了实地调查，初步完成了搜集资料工作，并在国内、国际研讨会上发表了几次研究报告。我们在实地调研中发现，近年来东乌旗的草原环境的退化比较明显，其原因并非单一的。有干旱少雨、水系枯竭、厂矿污染、铁路工程、蹄灾等诸多因素所致，需要逐一深究。本章从环境史学的视角就蹄灾起因进行讨论，论及游牧生产方式的转变对草原环境带来的影响。

东乌旗概况

（一）史地沿革

　　东乌旗历史地理相关文献资料甚少。除汉文纪行《东四盟蒙古实纪》① 中有一些简略记载外，日文资料《蒙古地誌》②《蒙古事情概要》③ 中散见片言只语。2001 年和 2003 年相继问世的蒙文地方志《东乌珠穆沁旗志》、蒙文畜牧志《东乌珠穆沁旗畜牧业志》才有了较为详细的描述。

"乌珠穆沁"一名，由"üjüm（葡萄）+沁čin（名词词缀）"而成。乌珠穆沁地区民间传说中称，古时该部曾在阿尔泰山脉的叫做乌珠穆山（长有葡萄树的山）附近游牧，故取山名作该部落名称。今蒙古国西部靠近乌珠穆山的巴音乌鲁贵盟蒙萨格赛苏木牧民的姓氏及乳制品加工法和绵羊的体形酷似于乌珠穆沁地区（东乌珠穆沁志编委会，2001）。对此，16 世纪该部曾在阿尔泰山脉东麓驻牧的文献记载也是有力佐证。

1637 年，乌珠穆沁部归顺清朝，按照盟旗制被改编为左右翼二旗，左翼旗建于 1646 年，属下有 9 个苏木（满语称佐领），是今东乌珠穆沁旗的前身，其地理位置和游牧范围与今大致相同。

《蒙古游牧记》④ 中有详述：

> 乌珠穆沁部在古北口东北九百二十三里。至京师千一百六十三里。东西距三百六十里。南北距四百二十五里。西至浩齐特界。冬至索伦界。南至巴林界。北至瀚海。辽上京道北境。金属北京路。元属上都路。明入于蒙古。元太祖十六世孙图鲁博罗特，由杭爱山徙牧瀚海南。子博第阿喇克继之。其弟翁衮都拉尔。号所部曰乌珠穆沁。（中略）札萨克多罗额尔德尼贝勒游牧。多尔济从子色棱父绰克图。号巴图尔诺颜。翁衮都喇尔之长子也。色棱号额尔德尼台吉。崇德二年来归。顺治三年封札萨克多罗贝勒。留额尔德尼号。世袭罔替。佐领九。牧地。当索岳尔济山之西。有鄂尔虎河绕其游牧。汇于合里图诺尔。水道提纲。芦河土名乌尔虎河。源出索岳尔济山。南流。随山麓曲曲而西南

---

① 吴禄贞（1880~1911），湖北人，曾赴日留学。1906 年 4~7 月理藩院尚书和硕肃亲王善耆奉旨率员赴内蒙古东四盟（即哲里木盟、昭乌达盟、卓索图盟、锡林郭勒盟）"考查蒙古事宜"，以制定经营内蒙古之策，吴氏奉命随行。《东四盟蒙古实纪》即此行之产物。
② 柏原孝久他著《蒙古地誌》，1919。
③ 西藤辰雄编《蒙古事情概要》，满洲事情案内所，昭和十六（1941）年。
④ 张穆编撰《蒙古游牧记》，1981，第 79~82 页。

三百里许。经乌珠穆沁左翼东六十里。折而西流。北合色野尔济河。南合音札哈河、贺尔贡河。（中略）乌尔虎。图作吴儿灰。（中略）东至霍尼雅哈赖图。六十一里接索伦界。五十里有哈尔站乌兰峰。南至库冽图。六十三里接扎鲁特界。西至达赖苏图。一百十五里接右翼界。北至额里引什里。（中略）东南至博罗霍吉尔。百五十里接巴林界。西南至乌兰哈达。七十三里接右翼界。东北至苏鲁博罗台。西北至温都陀罗海。札萨克驻鄂尔虎河之侧奎苏陀罗海。

上述山、河名称均在今该旗境内得到确认，游牧范围大致在瀚海（今蒙古戈壁沙漠）以南，兴安岭西麓，巴林部（今赤峰市克什克腾旗、巴林左右二旗）以北，阿巴嘎旗、阿巴哈纳尔旗（今锡林浩特市）以东北一带。以乌拉盖河、乌拉盖戈壁（湖或湿地）为中心游牧。旗界基本以山、敖包、庙宇、戈壁、湖泊、河标记[①]。其中有"ulqui"河，《蒙古游牧记》中有乌尔虎河或鄂尔虎河，是今乌拉盖河，蒙语叫"ulaγai"河。而有些地图资料[②]中标为"uluγai"河。在20世纪初期该地区依然保持以传统游牧为生业的特点。吴禄贞在其纪行中对乌珠穆沁地区的气候及牧业进行了以下详述：

气候不齐，离海较远之区，早晚极寒，中午骤热，崇山阴暗，日光不照，四月始解冻，八月即雨雪，则绝无农业，纯以牧业为生矣……早晚与正午相差四五十度，平时西北风较多，地气寒冷，全恃日力，入冬井水亦冻，春间尚以雪充饮料，取水之难，概可想见……草地不事耕种，则无疆界之分，任意游牧，择水草之肥，支棚以居，持竿而逐，一二日察视一度，清查数目。且牧畜均恋群，无奔逸。且按户有家畜，无攘窃之患；即有攘窃，亦一索而得；牧马之法，常在马上执长竿牧杖，以驱逐群畜。其距离稍远，或险峻不能到之处，则

[①] 光绪三十三年绘制的乌珠穆沁部左右二旗地图。
[②] 内蒙古革命委员会测绘局编辑出版的《中华人民共和国内蒙自治区地图集（秘密）》（蒙文版），1973。

第十二章 内蒙古草原退化成因分析

于杖端曲处置小石抛放之，以制群畜之纵逸，故一人能牧数百头。如至傍晚，或雷雨时，妇女亦如男子驰骋而往，以助其夫之不及云。牧畜之盛，推乌珠穆沁为巨擘，牛最肥特，马亦善奔驰，羊则供食品，驼则供营运。冬亦宰食，性最御寒。其富者牛马均三千头，羊万余头，驼五百余匹。贫者为人牧，不给工价，阖家食其㨰乳，亦可宰食其少数。蒙古之马以阿鲁科尔沁、乌珠穆沁、喀尔喀左翼为上，其所以然者，厥有三端：一泉源　饮水之优劣，与体质之大小又有差异，故乏水源之处，马匹往往瘦劣，不仅有碍卫生。盖水浊则地瘠，地瘠则草不茂也。一草　马匹生在蒙古，他无喂养，四季皆纵放山中，以草为养命之源。冬令草枯则马瘠，夏季草盛则马肥。然草之多少优劣，亦因气候而异；若寒暑不时，荣枯无定，马乃受直接之影响。一地气　地气良否，又随经纬度数而有区别，然亦可转移。故山环水绕之区，气候常顺，地质亦常厚焉。（忒莫勒，2010）

1907年所述的传统游牧盛况直至1956年基本无任何变化。然而，人民公社的成立打破了游牧社会传统的内部社团组织，即以族缘为基础的移动组织转变为地缘组织。虽然以牧业生产队为单位整合了牧场，牧民共同分工放牧，但保留了季节性移动放牧方式使游牧经济得以空前的发展。1983年，随着人民公社的解体，内蒙古自治区政府全面引进了农村土地"承包制"。按人口分配了家畜、牧场，出现了以牧户为单位的固定放牧范围，即每个牧户有了固定的小努图克①。随之，形成了在固定的小范围牧场上进行定居放牧的新方式，终结了传统的移动式转场放牧。

东乌珠穆沁旗历史隶属脉络较复杂。如表12-1所示，该旗在近现代历史上曾经历过几次大的行政隶属沿革。从清代至中华民国成立隶属锡林郭勒盟的一旗。之后的40余年的历史时期因国内政局不稳定而其隶属也有几次大的变动。然而，政局的不稳定因素并没有影响游牧生产方式，牧业极为稳定。在内蒙古乃至整个蒙古高原上享有名马产地之盛名。

---

① 努图克，蒙古语叫 Nuty，指游牧范围，并非单一的牧场之意，牧场叫做 Belčger。

表 12-1 东乌珠穆沁旗隶属沿革概略

历　代	年　间	隶　属
大清帝国	1646～1912 年	锡林郭勒盟
中华民国北洋军阀政府	1912 年 3 月至 1914 年 8 月	察哈尔特别行政区
中华民国国民党统治	1928 年 9 月至 1933 年 4 月	察哈尔省
蒙古地方自治政务委员会	1933 年 4 月至 1936 年 5 月	锡林郭勒盟
蒙古军政府	1936 年 5 月至 1937 年 10 月	锡林郭勒盟
蒙古联盟自治政府	1937 年 10 月至 1939 年 9 月	锡林郭勒盟
蒙古联合自治政府	1939 年 9 月至 1941 年 8 月	锡林郭勒盟
蒙古自治邦政府	1941 年 8 月至 1945 年 8 月	锡林郭勒盟
内蒙古人民共和国临时政府	1945 年 9 月至 1946 年 8 月	锡林郭勒盟
察哈尔省	1945 年 8 月至 11 月	锡林郭勒盟
内蒙古自治政府	1947 年 5 月至 1949 年 3 月	锡林郭勒盟
内蒙古自治区锡林郭勒盟	1949 年 3 月至 1956 年 10 月	锡林郭勒盟东部联合旗

资料来源：周清澍主编《内蒙古历史地理》，内蒙古大学出版社，1994；东乌珠穆沁旗志编委会编《东乌珠穆沁旗志》（蒙古文），内蒙古人民出版社，2001。

（二）人畜草相关信息

东乌珠穆沁位于东经 115°10′～120°07′，北纬 44°57′～46°40′（参照图 12-1）。

总面积为 47328 平方公里。地处兴安岭西麓海拔 830～1500 米，自东向西倾斜。东端的宝格达山林地带是国营林场范围，中部乌拉盖流域平原地带现为盟直属开发区。而西部戈壁地带退化严重，北部和东北部靠国境线一带的草原较好，是内蒙古保留较好的三大草原之一。①

该旗 20 世纪以前的人口、家畜数量无明确统计。清代旗所辖有 9 个苏木，如果将 1 个苏木 150 户、平均每户 5 口人推算，全旗至少有 1 万余人

---

① 大兴安岭北麓呼伦贝尔草原、大兴安岭东南麓克什克腾草原、大兴安岭西麓乌珠穆沁草原是目前保存较好的三大草原。

第十二章 内蒙古草原退化成因分析

图 12-1 东乌珠穆沁旗地理位置

（包括喇嘛以及其他官吏和流动人口）。1945 年左翼旗扎萨克敏朱日道尔吉率所辖 6 个苏木部分牧民迁移到蒙古人民共和国境内，越境迁徙至蒙古国的人口总数不清。1999 年全旗人口有 51463 人，蒙古族 37738 人，汉族 13167 人。牧户有 5708 户，牧民 26077 人，占总人口的 50.68%。2001 年全旗有 15 个苏木、62 个嘎查、1 个镇。旗境内设有宝格达山国营林场、乌拉盖开发区、军马场等三个辖外国营区域。

2010 年合并苏木建镇工作完成，现有 6 个镇 12 个苏木（参照图 12-2）。

1959 年家畜统计为 100 万头、1966 年为 178 万头、1988 年为 184 万头、1990 年为 200 万头、1998 年为 300 万头、2000 年为 3667207 头（马 84886 头、牛 202940 头、绵羊 2798410 只、山羊 580971 只）（东乌珠穆沁旗畜牧志编委会，2003）、2006 年为 3222983 头（只、匹）、2008 年为 3137914 头（只、匹）、2009 年为 2903465 头（只、匹）（东乌珠穆沁旗统计局，2009）。2006~2009 年家畜数量逐年下降。旗政府按照自治区的草畜平衡值规定将家畜数量控制在 300 万头（只、匹）以内，因此，目前家畜总量统计在 300 万头（只、匹）。

东乌珠穆沁旗西部有著名的"额吉淖尔"（母亲湖），即盐池。是蒙古

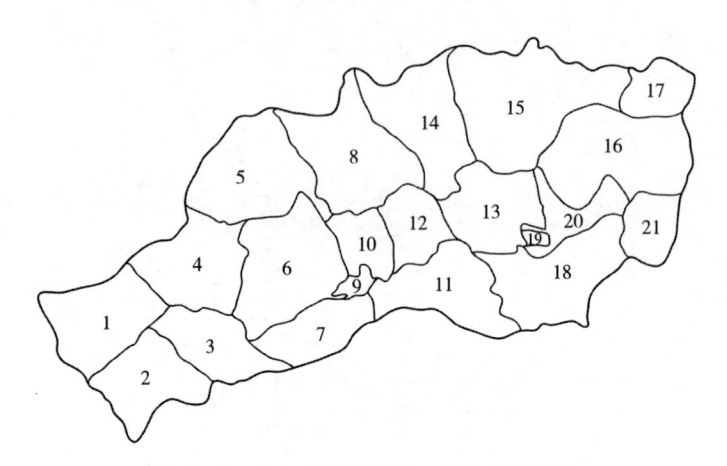

图 12-2 东乌珠穆沁旗镇、苏木行政区域

1. 阿拉坦合力苏木；2. 额和宝拉格苏木；3. 额吉淖尔苏木（额吉淖尔镇）；4. 呼布钦高毕苏木（嘎达布其镇）；5. 萨麦苏木；6. 敦达高毕苏木；7. 翁图苏木（乌里雅斯太镇）；8. 巴彦霍布尔苏木；9. 乌拉盖湿地；10. 宝拉格苏木；11. 翁根苏木；12. 道特淖尔苏木；13. 乌拉盖苏木（道特淖尔镇）；14. 额仁高毕苏木；15. 满都胡宝拉格苏木（满都胡宝拉格镇）；16. 贺斯格乌拉牧场；17. 宝格达乌拉林场；18. 呼热图淖尔苏木；19. 巴彦胡硕镇；20. 哈拉盖图农牧场（乌拉盖开发区）；21. 军马场

高原最大的盐池之一。中华人民共和国成立以前，兴安岭东南麓三盟的蒙古族牧民的盐征队，蒙古语称"dabusun ayan"每年一次云集于此，购买食盐进行交易。新中国建立初期，内蒙古自治区政府成立了内蒙古国营额吉淖尔盐场，盐湖总面积为 25 平方公里，石盐储量为 2300 万吨，芒硝储量为 3700 万吨（年产量 10 万吨），畅销国内市场。

旗最大的水系是乌拉盖水系。乌拉盖河流长 320 公里，流域面积达 11077 平方公里，覆盖面积占全旗草原的 23.4%。20 世纪 70 年代，北京军区内蒙古建设兵团在乌拉盖河上游截流建立了乌拉盖水库，后来兵团在其下游河床地开垦耕种水稻，导致下游断流，河床两岸草原便逐渐退化。其下游的乌拉盖湿地芦苇面积曾是 10 万亩，年产 2 万吨芦苇。20 世纪末期，一家内地污染造纸厂转移到该旗，将乌拉盖湿地的芦苇取尽。目前，该湿地已变成了荒凉的沙地（参照图 12-3、12-4）。

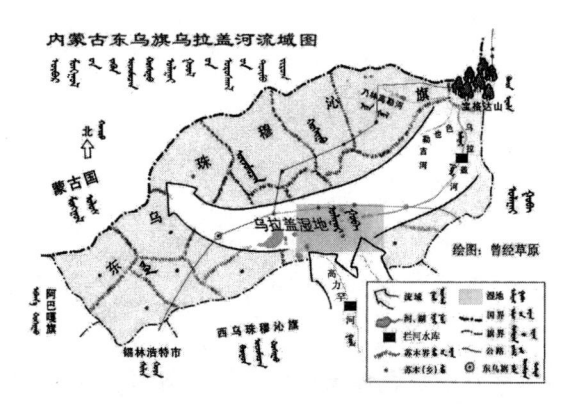

图 12-3 乌拉盖水系

图 12-4 乌拉盖水库及乌拉盖湿地

据该旗气象局统计，自 2005～2009 年的年降水量为 160～300 毫米，平均气温 2～4℃，仍然属于典型的干旱内陆草原气温。

表 12-2 东乌旗年降水量

单位：毫米，℃

年份	年降水量	年降雪量	最高气温	最低气温	平均气温
2005	160	7.5	36.8	-33.7	2.3
2006	132	8.4	35.8	-35.7	2.5
2007	143.2	5.3	38.7	-32.8	4.2
2008	293.7	9.8	39.6	-35.1	3.2
2009	245.5	10.4	36.1	-31.0	2.2

（三）历年天灾

在 20 世纪，东乌珠穆沁旗的畜牧业曾遭受的大灾有 8 次。其中，灾情最为严重的是 1977 年的雪灾，牲畜死亡 35 万头（只、匹），牧业损失较大。在 20 世纪，雪灾是威胁人畜生命安全及牧业生产的天灾，但对草原本身并没有负面影响（参照表 12-3）。而进入 21 世纪以来旱灾、蹄灾则替代了雪灾。

当下，东乌旗草原正面临修筑铁路、开矿等开发带来的灰尘污染等诸多问题。对此，笔者将在另文中论及，本章不作讨论。

表 12-3　东乌珠穆沁旗八次大灾*

史　称	时间	灾　　情
丁未旱雪灾	1907	春夏大旱，冬初大雪夹大雨，全旗范围受灾
戊辰雪灾	1928	秋末大雪灾，持续 160 天，除马其他牲畜多死
庚辰水灾	1940	秋末雨夹雪，发生口蹄疫，牛羊多死
丁亥雪灾	1947	秋末大雪灾，牲畜多死。因牲畜过于集中冬营地，成蹄灾，2 月牲畜多死
甲寅冷雨灾	1974	6 月 24 日冷雨袭击萨麦公社、宝拉格公社，2000 多头牛羊死，3 人死
乙卯黑灾	1975	冬季无雪，牲畜多死
丁巳铁灾	1977	秋末雨夹雪 170 天。雪深 30~40 毫米，35 万头牲畜死
辛酉风雪灾	1981	5 月 10 日暴风雪突袭东部 8 苏木，34 小时连续 10 级风，死 13 人、7 万多头牲畜死

*东乌珠穆沁畜牧志编委会，2003。

蹄　灾

（一）何谓蹄灾

有史以来在蒙古高原常遇白灾（雪灾）、黑灾（冬季无雪）、旱灾（暖季无雨）等自然灾害。其中白灾、黑灾对人畜的威胁巨大，对牧业生产的打击较重，而旱灾对草原牧草的破坏甚大，是影响牧草生长、退化的要因之一。牧民称以上灾害为天灾。牧民偶遇天灾，靠抗灾能力较强的骆驼和马以移动放牧方式进行减灾自救行动，很快能恢复元气保持再生产能力。东乌旗的牧民也不例外，他们在千百年的游牧实践中积累了很多外人不知晓的防灾经验，有进行互助自救的传统。然而进入20世纪末期以来，在东乌旗出现了另一种新的灾害，牧民称之为蹄灾。

蹄灾是牧民的喻述，指家畜四蹄所致的灾害。牧民认为，畜群在围栏内固定而有限的范围内，一年四季不停地反复采食、踩踏牧草及表土，导致牧草得不到喘息之机。加之干旱天气草地表层土壤逐渐外露失去养分，使牧草失去生长所需营养而枯萎。而围栏外的为各户的畜群移动而未分给个体的共用草场因畜群、车轮反复踩踏导致寸草不长，很容易沙漠化。

从牧民的视角看蹄灾貌似是新现象，其实早在20世纪末有学者曾提出"过度放牧"。"过度放牧"是从政策实施方的视角得出的结论。两种视角所看的是同一种表象。"过度放牧"论认为牧民的家畜头数过剩，放牧时间过长，超乎草场承载力，草畜失去平衡，导致草原退化。而牧民认为，自从分草畜到户、建围栏以来才发生了蹄灾。如果牧场没有固定化就不会出现蹄灾。

众所周知，20世纪90年代沙尘暴袭击北京等北方城市以来，内蒙古草原退化、沙漠化问题引起了国内外相关学者的关注。随之科尔沁沙地、察哈尔沙地、阿拉善沙漠的研究有了空前的进展。而当初尚未退化、沙漠化的大兴安岭北麓、西麓地区草原退化问题的研究相对滞后。目前，国内外学者基本将草原退化的原因归结为"三论"，即"干旱少雨论""滥开滥垦论""过度放牧论"，俗称"天灾人祸论"。其中"人祸"因素所占比例较大。从环境学的角度而言，所谓人祸便是人类的行为。它体现在某个社会当局的经济政策、生产方式导致破坏其生存的物质环境，招致危害环境的行为。显然，蹄灾属于人祸，需要深究。

（二）蹄灾对策

2001年，内蒙古自治区政府相关部门在"过度放牧论"的指导下，为了防止蹄灾（过度放牧），减缓草原退化、沙漠化推出了"禁牧、休牧、轮牧"政策（简称"三牧"政策）、生态移民政策，向内蒙古牧区和半农半牧区竭力推广。

"三牧"政策在不同地区有不同的尺度。有些地方已实行"全面禁牧",意味着全面进行舍饲养殖。如在东乌旗额吉淖尔苏木哈日根土嘎查每年4月1日至5月25日实施"禁牧",在此期间按照政府的指令牧民不能在草场上放牧,要进行舍饲。旗政府以补给饲料帮助度过禁牧期。1亩牧场7两饲料(磨碎的玉米碴)。牧民巴根那家有1640亩牧场,得到政府发放的1184斤饲料补助。有20亩饲料田,曾种植过玉米,然而缺乏灌溉水源,现在已经停止种植饲料。据说2011年起实施全面禁牧,他从邻近嘎查承租了4000亩牧场准备转牧。可见,在"三牧"期间,牧民租赁尚未实施"三牧"政策的其他嘎查的牧场放牧,或者处理掉家畜,外出打工。为了保持家畜肥力防治体力低下,以夜间放牧的对策来应付禁牧政策的牧民也不少①。

"三牧"政策忽视了牧民的根本利益,因此,政策出台不久牧民便自发组织了"牧民协会"进行自救。2003年,东乌旗第一个牧民协会——额吉诺尔镇哈日高壁嘎查牧民协会成立。牧民协会会长关于组建协会目的称述道出几条重要信息:

> 在牧区实施草畜承包制,使牧户变为孤立的生产单位,导致抗灾自救能力减退。如2001年遭遇罕见白灾(雪灾),全嘎查牧场被厚雪淹没,人畜被困。牧民以租赁外苏木的牧场,转移了畜群。但移动距离较长,途中家畜损失惨重。在这次雪灾中有牧户失去了全部家畜,很多牧户借高利贷购买饲料进行自救,导致更加贫困。牧民贫困的一个重要原因在于单干生产方式。因此牧民需要合作,共同抵御天灾。

> 孤立的牧户面对突如其来的市场经济非常被动,无力对抗外来商贩对畜产品与市场之间的控制,被商贩剥取差价利润。购买饲料、兽药等环节上都显得势单力薄。

> 人们变得自私自利。父子之间、兄弟之间、亲属之间、邻里之间

---

① 访谈对象:额吉诺尔镇(原额吉诺尔苏木)哈日根土嘎查牧民阿拉坦巴根,男,蒙古族,32岁。访谈地点:牧民阿拉坦巴根夏营牧点蒙古包。访谈时间:2010年7月6日。访谈笔录:阿拉腾嘎日嘎、杨春宇、彭学芳、周旭芳等。

不断发生利益冲突和纠纷，牧区社会传统的协作精神随之消失，道德观衰退。

牧场的固定化，迫使牧民放弃传统的移动轮牧，草场压力无法得到缓解而出现退化。对于移动范围较大的马群而言是前所未有的灾难。牧区的马群属于半野生家畜，需要足够的移动范围。失去移动范围的马群很快减少，蒙古高原传统马文化濒临灭绝。

牧场网围栏建设浪费牧户的人力、物力、财力。一捆铁丝网长200米，400～600元。每户需要几万元现金购买几十捆铁丝网，需要几年时间方能完成围栏建设。不但建设围栏购买铁丝网花钱，而且对交通带来了不便，很多通道、路段被围栏隔开，车辆需要绕道而行，烧掉不必要的油钱。如此固定化的草场，一年四季受畜群的踩踏，容易引发蹄灾。

人畜草失去了平衡。1983年，嘎查有85户475人，120万亩草场，3万余头家畜。2000年，家畜头数增加到7.5万余头，人口增长到160户700多人。在17年间，草场面积没有增加，而人口和家畜则增加了一倍。

鉴于以上原因，嘎查由8户牧民组建了牧民协会（蒙古语称 malčid-un qolbuγ-a）。起初组建目的很简单，就是进行合作生产，增加收入，减少支出，对付外地商贩诈取牧民畜产品。参加协会的牧户将牧场（蒙古语叫做努图克 Nutuγ）合并成较大牧场进行轮牧。这种轮牧与传统的季节性移动放牧的性质相同，具有缓解草场重负的益处。虽然没有以往的大移动范围，但在一定程度上可防止固定牧场上"过度放牧"而引发的蹄灾。嘎查牧民协会的会员户已拆掉围栏，尝到了合作放牧的甜头。随之牧民的思想意识也发生了变化，社会效益非常好。另外，批发购买饲料、兽药等再以低价向牧户转让，节省零售价差额。

今年参加协会的牧户已达65户，占全嘎查牧户的40%。其中，44户是出资2500元加入了牧民协会的。目前，牧民协会的流动资金已达10万元。协会饲养乌珠穆沁品种种羊，将以500元收集的会员户的种羊承包给种畜专业会员户管理。并向会员户提供廉价乌珠穆沁绵羊配种服务。协会有理事会、监督会、财会，有严格的财会、人事制度。2008年以来协会尝试向股份制合作社转型。现在有20户已入股，1股1万元，已有20万元的股份。①

十余年来，东乌旗牧民曾组建了百余家协会。政府出台了5户以上牧户方可成立"牧业专业合作社"的规定。它对于劳动力、牧场、基础设施、家畜等4个要素的整合及第三产业的发展提供了空间。但在旗民政局、人大、农牧局等相关单位的严格管理下解散了部分协会，也有的改称为牧民合作社。目前，该旗牧民合作社为数不多，只有15家。

牧民组建牧民协会的一个重要原因是为了防止蹄灾。牧民认为整合草场扩大放牧范围，便于轮牧，能够防止蹄灾，利于保护草原。然而，目前东乌旗牧民协会提倡的整合草场这一新的举措尚未得到有关部门的关注与支持。有关部门仍然在加大"三牧"政策的实施力度，着手落实禁牧。

《内蒙古草业可持续发展战略》（刘永志，2006）是从施政方的视角归纳出的内蒙古草原牧区的现行政策与未来发展规划。内蒙古自治政府有关部门认为内蒙古的生态环境由过去的"整体恶化，局部控制"转向"整体遏制，局部好转"。因此，2006年内蒙古自治区党委、政府把"大力发展草产业、沙产业"列入全区国民经济和社会发展第十一个五年规划纲要（刘永志，2006）。将工作重点向"三化"（工业化、城镇化、农牧业产业化）转移。该著认为内蒙古草业发展的政策法规保障体系基本建立，"双权一制"是全国第一个保护、建设、管理草原的成文法；草业发展的组织管理机构日趋完善；畜牧业生产经营方式取得重大转变；推广先进的饲草料种植和饲养管理技术、改良家畜品种、调整家畜结构。推行牲畜舍饲半舍饲、加快出栏周转，实行草畜平衡，禁牧、休牧、划区轮牧制度。畜牧业生产方式为牧区繁育、农区育肥等科学方式。退耕还草、引草入田、草田轮作、种植青贮（刘永志，2006）。

---

① 访谈对象：额吉诺尔镇（原额吉诺尔苏木）哈日高毕嘎查牧民协会会长好比斯嘎拉图，男，蒙古族，45岁。访谈地点：东乌旗农机招待所。访谈时间：2010年7月17日。访谈笔录：阿拉腾嘎日嘎、杨春宇、周旭芳、彭学芳等。

对于存在的问题，该著称草业在国民经济中的地位没有得到充分体现，轻草贱草、重农轻牧、重林轻草、重畜轻草，草业始终依附于农业存在；草业的多种功能没有得到充分发挥：单纯把草原当做发展畜牧业的基地，简单地从天然草原索取畜产品；盲目开发、破毁多、保护建设培育少、没有种植优质草、没有饲养优质畜种；草业发展中的基本矛盾没有解决：草畜平衡制度没有完全实施、落实禁牧休牧制度不平衡，违法占用草原、开垦草原、滥采滥挖草原野生植物、无序开采草原矿藏的现象时有发生。合理利用草原资源的方式有待完善，草原保护与利用之间的矛盾依然存在。草原建设速度缓慢质量低，优质高产人工草地建设面积不足，牧区人口生态负荷依然沉重（刘永志，2006）等等。

有关部门在此思路上提出了 2011~2020 年的中期目标。将全面推行草原各项保护制度，实现草畜动态平衡。草原围栏面积 4000 万公顷，改良草地 2000 万公顷，人工种草保护面积 600 万公顷，种子基地 15 万公顷，新建草原自然保护区 10 处，植被覆盖率提高 15 个百分点，牧草生物量提高 40%，建立较发达的草业产业体系、发展保障体系（刘永志，2006），等等宏伟目标。

以上是内蒙古自治区政府所制定的牧业地区相关政策思路。然而，实践证明草原现状不容乐观（参照表 12-4）。

表 12-4　内蒙古草原分布及退化状况*

单位：万亩，%

	草原面积	轻度退化面积/比例	中度退化面积/比例	重度退化面积/比例
锡林郭勒盟	1766.09	347.25/47.6	299.43/41.1	81.91/11.2
阿拉善盟	978.57	82.78/53	70.33/45.0	3.00/1.9
呼伦贝尔市	998.05	118.65/56.6	71.85/34.3	19.20/9.2
乌兰察布市	508.44	151.57/57.9	62.59/23.9	47.34/18.1
鄂尔多斯市	478.92	114.83/37.2	130.81/42.4	62.54/20.2
赤峰市	464.13	98.03/33.4	110.39/37.6	84.77/28.9
巴彦诺尔市	462.44	138.05/73.9	42.03/22.5	6.63/3.5
通辽市	371.36	80.75/33.4	67.31/27.8	93.35/38.6
兴安盟	261.22	30.56/40.3	19.47/25.7	25.8/34.0

续表

	草原面积	轻度退化面积/比例	中度退化面积/比例	重度退化面积/比例
包头市	42.44	13.62/53.9	3.87/15.3	7.73/30.7
呼和浩特市	14.93	2.74/30.0	2.99/32.7	3.93/37.2
乌海市	12.51	4.80/60.0	3.20/40.0	
全 区	6359.01	1183.62/47.2	884.27/35.3	436.20/17.4

注：参照《内蒙古畜牧志》第157页表4-3"天然草原退化状况表"和《内蒙古草业可持续发展战略》第28页表1-2"全区12盟市草原资源面积现状"作成。

各盟市现存草原面积中三度退化的草原面积及其所占比例之大令人担忧。1987年以来已经消失的草原面积不得而知，但是不同程度退化的草原所占比例已近50%。两大草原牧区之一的锡林郭勒盟的草原退化程度最为严重。

（三）蹄灾分布及动向

在东乌旗西部和南部地区实施禁牧政策之后，为了减轻经济负担，以承租牧场来增加家畜头数或出租牧场放弃放牧外出打工者有所增加。与旗农牧局干部的访谈中了解到，其实禁牧政策的效果不佳。不但没有遏制禁牧地区的草场退化，反而导致人畜向非禁牧地区转移，在非禁牧地区也引发蹄灾，很可能陷入人草畜失衡的无法自救的恶性循环。在靠近中蒙边境线的萨麦和满都宝拉格等苏木，60%以上的牧户均出租牧场或者雇佣牧工。其中有该旗南部和西部的牧民，也有西乌珠穆沁旗、巴林旗等禁牧区转移而至的牧民，另有外地汉族非牧户。这些外来人，尤其外来汉族非牧户没有在草原放牧的经验及技术，肆意驱赶畜群导致承租的草场几年之内便发生蹄灾，使草场严重退化。可见，东乌旗的蹄灾正在自西向东逐渐向非禁牧区域转移，其分布及动向如图12-5所示。

21世纪初叶，蹄灾首先袭击旗南部和西部地区，之后慢慢向东蔓延。其原因是禁牧政策所致。因禁牧区域的牧民向东部、北部转移当雇佣牧人来维持禁牧期间的生计或扩大再生产。东部几个苏木人稀地广，是因为二战结束时跟随旗末代札萨克放弃草场移民至蒙古国的牧民较多。所以留在原苏木的牧民们1982年分得的牧场比其他苏木多几倍。

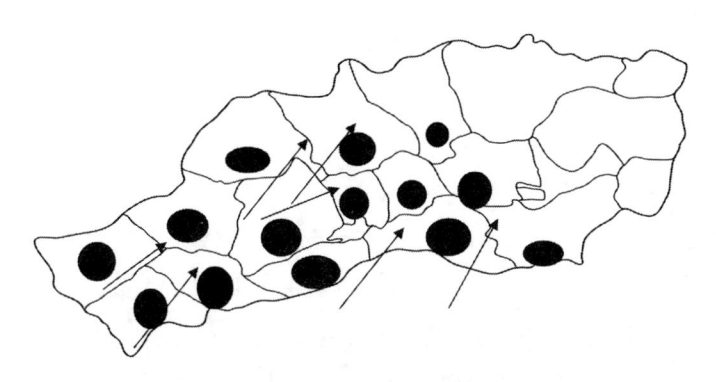

图 12-5　东乌珠穆沁旗蹄灾分布及动向

牧民从禁牧区转移的方式有几种，出租牧场、承租牧场、当雇佣牧人等三种形式是主要渠道。从区域范围来看，东乌旗出租牧场的比例分别为东北部90%、中部40%、西部10%；承租牧场（带家畜）比例分别为东北部10%、中部50%、西部70%；雇佣牧民（不带家畜）比例分别为东部90%、中部10%、西部5%。东部属于乌拉盖开发区和国营林场范围，课题组未得到相关资料。如图12-6所示，通过以上形式外旗和本旗外苏木的人畜向禁牧区转移的势头比较大。

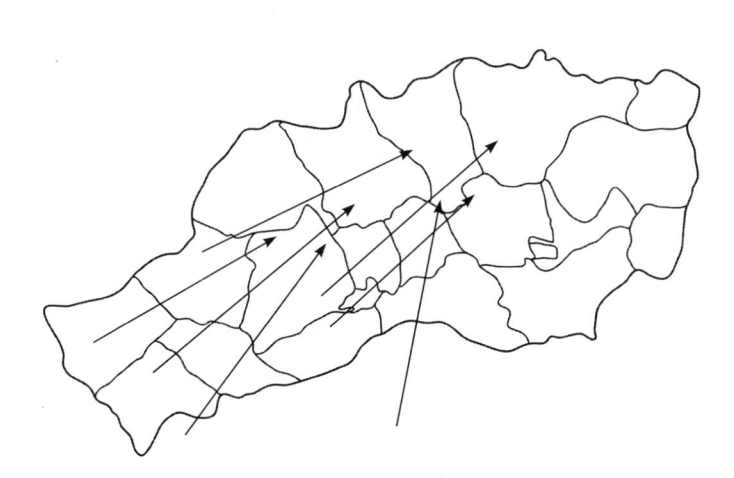

图 12-6　禁牧区人口转移动向

引发蹄灾的根本原因

很显然，东乌旗草地退化的原因是天灾人祸。然而，天灾原指人类无法抗拒的地震、台风、瘟疫、洪水、大旱、雪灾等罕见的自然灾害。众所周知，如果根据温室效应理论分析，近年的干旱等异常气候并非是天灾而是"人祸"。人祸仍然是内蒙古草原退化的重要原因。人祸是指人类生产活动与周围的物质环境发生关系的过程中酿成的潜在灾害。人为灾害的轻重取决于生产方式对自然环境的改造程度。游牧业、农业、工业三种产业中，游牧业对周围物质环境的改造或介入甚少。如此进行推论，游牧地区不应该发生蹄灾，那么为何发生蹄灾，牧民认定引发蹄灾的原因为20世纪80年代的改革，到底有无道理，需要详细分析。

1949年初期至"文革"期间，内蒙古自治区牧业地区的产业方针是一贯坚持"以牧为主，禁止滥垦"的方针。因此，此期间在东乌旗没有引进农业，草原未遭破坏。然而"文革"时期，在"农业学大寨、工业学大庆"的大背景下，一度高寒牧区也要贯彻"以粮为纲"，也要"粮食自给"的方针。在这特殊的历史时期，北京军区内蒙古建设兵团在东乌旗的乌拉盖河上游修建了水库，建立农场。可想而知，水库的出现与下游草原的退化及湿地的消失是有关联的。

1981年，确定了"林牧为主，多种经营"的八字方针。1986年，提出"念草木经，兴畜牧业"方针。1987年，国务院召开牧区工作会议，提出"坚持以畜牧业为主，草业先行、多种经营、全面发展"的牧区经济方针。1996年，提出"增草增畜，提高质量，提高效益"方针。我们不难看出1981年以后的20年间，牧业优先方针虽然没有变化，但兼顾其他经营、依靠种植发展草业的观点逐渐定型。这种来源于农业的思路想把东乌旗的草原牧业向舍饲业改变。

虽然改革思路定型，但是全区草原不同程度的退化、沙漠化依然严峻。因此，自治区政府2001年起实施了"退牧还林，圈牧还草""围封转移"和"禁牧休牧"政策。每个历史时期的方针似乎徘徊于解决前行政策所造成的短期难题上。政策的预见性及科学性不断面临新的挑战。

内蒙古牧区产权制度经历了几次改革。其中，空前的改革便是1983年起全面推行的"牲畜作价、户有户养"生产责任制、"畜草双承包"责任制。先将草场所有权划归嘎查所有，然后推行"双权一制"，把草场所有权、使用权限期承包给牧户，通过订立合同把建设牧场的责任转移给了牧户。从而以嘎查为单位的草场被分割成以人口平分的以户为单位的固定小板块。图12-7是该旗西南部的恩和吉日嘎朗嘎查的牧场分布状况。该嘎查有143户，每户人口不等所得的牧场也不等，因此143个面积不等的小草场网络更替了原有的大块草原。

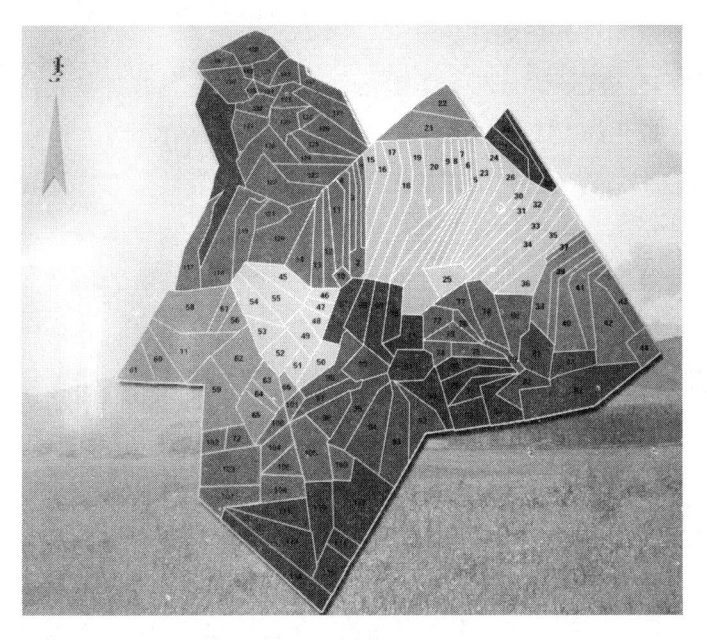

图12-7　恩和吉日嘎朗嘎查牧场分配图

而二十余年后的今天随着每户的家庭结构的变化其牧场也发生了变化。子女较多的牧户的牧场进而变为用铁丝网分割的若干个小范围。上述一个嘎查的牧场范围内由当初的143块如今已翻了至少一倍。固定的小范围内种类单一的牧草一年四季反复被畜群采撷或踩踏，因而失去了足够的生长空间。传统的游牧是在频繁的移动中完成四季牧场的轮牧，不仅给牧草留有生长成熟的机会，还应合气候的季节性变化调整家畜的体力、肥力。然而，在分牧场时除了东部满都宝拉格等苏木均分得冬季牧场和暖季牧场以外，南部、西部几乎没有分得季节性牧场。显然，年降水量不及300毫米的草原地区，不宜灌溉种植的内陆干旱地带，被固定化的牧场很容易引发蹄灾。我们可以断定，引发蹄灾的根本在于牧场的固定化、围栏化。

在中国农村，"承包制"的确获得了巨大成功。然而，这种农村式改革模式不适合于干旱草原地带。其实，产权制度的改革是在牧区推行农业化管理模式的过程，目前，正在推行草原产业化管理模式。牧区的改革重点已转向优化配置资金、技术、人才、劳力等生产要素。提出将个体分散经营组织化、规模化、产业化。为抵御市场风险，建立增收长效机制提供保证，推进"新型合作经济组织"。

据上所述，我们认为蹄灾是因在牧区套用农业化管理模式而引发的人祸，使草原退化的重要原因之一。内蒙古自治区政府在牧区全面推进"双权一制"以来，牧民已经由传统游牧过渡到定居放牧，并已完成草场网围栏建设。这是内蒙古传统牧业乃至蒙古高原牧业历史上革命性的转变。产权制度的改革导致牧业生产方式的改变。改变了传统游牧的共同所有和共同使用草原牧场，随气候变化以大族群小家族为单位进行移动轮牧的放牧方式，建立了以户为单位分牲畜以人为单位分牧场，在固定牧场上定居放牧的模式。在新模式运行三十年后，草原牧区却面临退化，甚至被迫逼近沙灾的边缘，随之而来的牧民生活两极分化。自2001年起，自治区政府实施"三牧"政策，以发放一定补助来保障牧民生计，控制家畜数量保持草畜平衡，清理非牧业人口等一系列应急措施，但效果均不佳。这些补救措施只能加重国家财政支出，对于草原牧场生态造血能力的培育意义不大。

内蒙古政府实施的草业可持续发展的理论支撑主要来自于钱学森院士的"立草为业""发展草业系统工程"等理论初探[1]。然而，这些观点能否切合内蒙古草原牧区的实际，有待于进行科学实验，不能忙于推行。

---

[1] 钱学森：《草原、草业和新技术革命》（《内蒙古日报》1984年6月28日，第4版）；《创建农业型的知识密集型产业——农业、林业、草业、海业和沙业》（内蒙古自治区党委内参《调研信息》），1985；钱学森在《给自治区领导的信》（2002年12月18日）中称："内蒙古的优势产业是什么？我认为就是沙产业和草产业，这是内蒙古新的经济增长点。只要真正建成知识密集型的沙产业和草产业，内蒙古的社会主义现代化建设就会迈上一个新的台阶，内蒙古的生态环境就会得到改善。"（参见《内蒙古草可持续发展战略》）

结　语

　　内蒙古自治区成立以来，对传统游牧业的科学研究甚少，而改革游牧的观点居多。在以传统游牧社团为单位的共同所有、共同使用的草原牧场上，随气候变化根据五畜习性而择水草、以地形调整温寒进行移动放牧。这是传统游牧中使人草畜平衡，保持草原具可持续能力的最佳生产方式。但学界几乎未进行深究，研究积累甚少，导致出现盲目模仿西方畜牧业，改革游牧的倾向。

　　根据饲养牲畜的方式，将畜牧业大致可分为舍饲养畜业、草原畜牧业、冻土畜牧业等三种。舍饲养畜业是从农业分支而出的养殖业，发源于17世纪的欧洲。殖民时代，欧洲人将其带到了美国、新西兰、澳大利亚等地区。目前，上述地区的畜牧业便是它的延续和发展。其特点是需要靠种植业的支撑。而草原畜牧业是靠天然草原支撑的独立系统，与种植业丝毫无关，蒙古高原的游牧业属于这个系统。挪威、西伯利亚等地区的驯鹿业属于冻土畜牧业。三种畜牧业都有其地域性，不得随意替换。内蒙古牧区的牧业逐渐放弃传统的移动放牧方式，向舍饲养畜业靠拢。生产方式作用于环境，环境反作用于生产方式。因此，依赖饲料、干草料，换句话说依靠种植业的程度越来越高。可是在牧区尚不具备，也不可能具备这种种植业的水利条件。套用农业的理论模式，草原环境必然会出问题。

　　草原生态是人草畜的生态平衡。但是，在草原退化危机面前将牧民视为过度放牧的主体、草原的破坏者，将他们转移到别处，而不控制外来的非牧业人口，导致破坏草原人口平衡，违背了生态学规律。千百年以来，为何游牧地区的草原保持良好状态，是人口少、放牧范围广、家畜结构和数量合理。如果没有生态学意义的牧区人口转移，将破坏草原人口平衡。

　　传统的季节性移动式放牧是经验科学，是在千百年的实践中提炼出的适应于干旱内陆草原生态的生产方式，使"人畜草"（人口、家畜、草场）等三要素能够保持平衡的合理模式。因此，在充分摄取其精髓——移动轮牧方式的基础上，利用现代科技、法律手段管理草原牧区，制定出适合于当地地理、生态的可行性政策，建立一套内蒙古草原科学发展模式，草原才会有造血能力，定有健康可持续的未来。

目前，我们在东乌旗所见到的"牧民合作社"正在蹒跚起步。如果在草牧场整合利用上获得成功，并采取移动轮牧放牧方式，将会逐渐缓解单位草牧场的负重，减轻蹄灾，使草原得到慢慢恢复元气的时机。"牧民合作社"的做法应该受到政府的支持和扶持，它或许是内蒙古草原牧区乃至中国高寒、干旱草原牧区合理利用草原的科学方向。为此，我们将继续关注"牧民合作社"的发展动向。

参考文献

内蒙古自治区志编委会：《内蒙古自治区志·畜牧志》，内蒙古人民出版社，1999。
东乌珠穆沁旗畜牧志编委会：《东乌珠穆沁旗畜牧志》，内蒙古教育出版社，2003。
东乌珠穆沁旗志编委会：《东乌珠穆沁旗旗志》，内蒙古人民出版社，2001。
东乌珠穆沁旗教育局：《东乌旗教育发展概况》，东乌珠穆沁旗教育局，2009。
东乌珠穆沁旗统计局：《东乌珠穆沁旗统计局2009年年鉴》，2009。
刘永志主编《内蒙古草业可持续发展战略》，内蒙古人民出版社，2006。
吉田顺一、阿拉腾嘎日嘎：《游牧及其改革》，《内蒙古师范大学学报》2004年第6期。
阿拉腾嘎日嘎：《20世纪内蒙古游牧变迁研究——以扎赉特旗为例》，辽宁民族出版社，2011。
吴禄贞：《东四盟蒙古实纪》。
柏原孝久他：《蒙古地誌》，1919。
西藤辰雄编《蒙古事情概要》，满洲事情案内所，昭和十六（1941）年。
张穆编撰《蒙古游牧记》，台北"蒙藏委员会"，1981。
忒莫勒：《吴禄贞东四盟蒙古实纪朱本》，2010。
周清澍主编《内蒙古历史地理》，内蒙古大学出版社，1994。
钱学森：《草原、草业和新技术革命》，《内蒙古日报》1984年6月28日，第4版；
——《创建农业型的知识密集型产业——农业、林业、草业、海业和沙业》（内蒙古自治区党委内参《调研信息》），1985。

（执笔人：阿拉腾嘎日嘎）

第十三章
牧区环境：西藏中部牧民资源利用形式的地理信息系统个案分析

牧民是主要依赖牲畜来维持生计的，他们经常把空间移动作为一种生存策略（Dyson-Hudson, N. and Dyson-Hudson, R., 1980），以及一种用来应付环境风险的机制（Paine, R., 1972、1994）。畜牧业作为西藏人民的经济支柱已经有4000多年的历史了，现在，西藏自治区内大片的土地继续被用来发展畜牧生产，牧场面积占自治区土地总面积的比例大于50%（Gustafsson, J., 1993）。

藏族游牧民所处的环境具有一个特征，即资源基础既不可调，又有季节性变化，除了湿地和青藏高原气候更加温和的地区之外，其他地区的初级生产力很低；生产力较高的地区也主要位于西藏自治区以外。饲料生产随季节和逐年的变化性很强，加之偶尔会有大雪降落，导致了牲畜产量很难预测，并且有可能遭受严重而不可预知的损失（Walker, J., 1977; Li, C., and Wiener, G., 1995; Kreutzmann, H., 1996; Jianlin, H., 2000; Sheehy, D., 2000; Xue, B., Zhao, X. and Zhang, Y., 2005）。气候条件和海拔高度限制了植被生长的上限，植被也由于各种因素如坡度、湿度、坡向、暴露程度、土壤腐蚀、降水量、冻土层深度以及其他因素而有所不同（Walker, J., 1977; Netting, R., 1981）。研究表明，高度、气候和土壤肥力之间的相互作用会限制那些能够在像青藏高原那样的高海拔环境中生存繁衍的家畜的种类（Guillet, D., 1983）。尽管西藏中部（如波龙地区）牧场植被稀疏，但在一些地下水位较高的地区，牧草的产量颇丰。尽管有诸多限制，西藏地区的牧场仍是多产的，几千年来，这里存活着世界上最大的野生和家养有蹄类动物（Schaller, G., 1998）。这篇文章综合使用卫星图像，全球定位系统测量位置，参与性制图以及地理信息系统空间分析来调查波龙乡地区资源使用模式。文章使人们对高地牧区生产系统和这一区域的牧民所要应对的地理环境限制有了更多的认识。尽管这篇文章并没有做出任何预测，但是它使人们对牧区系统的类型有了更加明确的认识，这种认识在人们评估未来气候、政治和经济的改变对牧民生活的影响时起着至关重要的作用。

方　　法

（一）研究地域

本章研究的地域是位于中国—尼泊尔边界以北的波龙镇（28°47′N，85°45′E，如图13-1所示），该镇位于西藏自治区首府拉萨以西七百多公里处。波龙位于可居住环境的上限；历史时期和现今居民定居点（n = 33）的平均海拔为4690米。该地区有水排至佩枯措湖，主要地形为砾石覆盖的平坦地表，这些地表都是曾经有过的浅水湖的遗迹。波龙镇包括9个行政村，有360户人家，总人口仅为两千余人。波龙是聂拉木县最大的畜牧生产区域，据政府报告统计，2003年该地区的牲畜总数为54065头（只、匹）（6643头牦牛，37789只绵羊，9157只山羊，476匹马）；人均年收入为228美元（聂拉木县农牧局，2003）。

（二）实地绘图

2003~2004年，笔者多次来到波龙镇，用 eTrex ® Garmin（Garmin, Olathe, KS, USA）全球定位系统对波龙镇的历史时期和现今的草场界线进行了地理坐标参考。其他信息是通过参与性制图获得的，参与性制图过程涉及的人员为个人和社区成员小组。参与者被要求去绘制他们认为重要的地貌特征，并且用文字、线条和象征物说明牧场的季节性利用和迁移路线。小组中公认的文化程度最高的成员负责记录地区名的拼写。随后，人们会建立起一个空间数据库,并将信息添加到地理信息系统中。

(三) GIS 分析

2000 年执行的航天飞机雷达地形绘测任务提供了该地的海拔数据(美国宇航局,2006)。空间像素分辨率为 87 米。分离文档被合并起来,以覆盖整个研究地区,漏测值由于超过了植被和牧业活动的上限,不用来做进一步的分析。

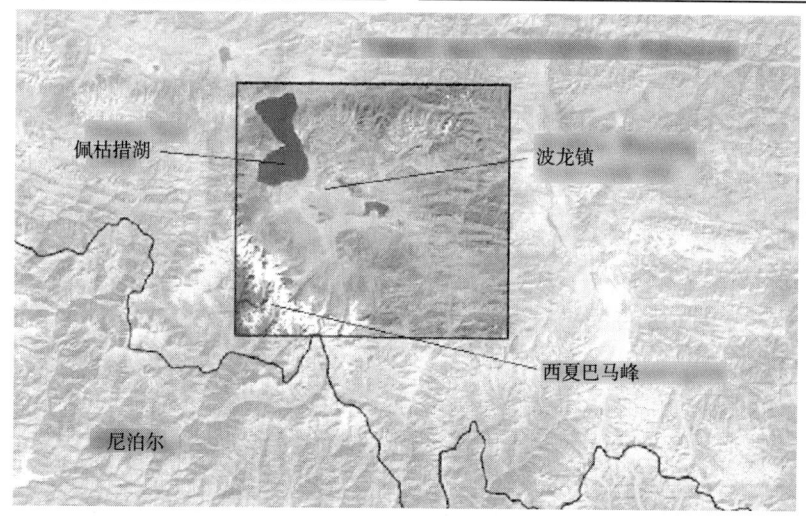

图 13-1 波龙镇研究区域在中华人民共和国西藏自治区南部的位置

经 ArcGIS 9.1(ESRI,雷德兰兹,CA,美国)处理,数字海拔模型得出研究区域的坡度和坡向(朝北倾斜)网络。

为得出植被的生长期，研究人员制作出 2000 年 2 月 24 日至 2006 年 6 月 9 日期间的 MODIS Terra 植被指数合成图像（MODIS Terra 版 2004，LP DAAC 2006）。选择这段时间是基于该时间段波龙地区图像的可使用性，其时间跨度足以说明并确定所研究地区植被的季节和年变化。每张图像都是每隔 16 天连续测得的所有归一化植被指数值的一个合成值。经 MODIS 二次投影工具处理，图像被剪切投影到 UTM 区域 45N（与其他空间数据比对）。

我们的研究目标是调查季节性资源的利用，所以 NDVI 图像分类的时间需尽可能与藏历一致。藏历将一年分为四个主要的季节，每个季节又分为两个次季节，各 45 天，分别用"上"和"下"表示一季中的两个次季节（见表 13-1）。图像的分组是根据图像的拍摄日期完成的，具体做法是选取那些起止或结束日期处在从每个次季节的起始或结束日期算起的±7 天范围内的图像作为一组。多数情况下，每个次季节有 3 张图像。为了确保数据不被重复使用，每张图像只使用一次。

表 13-1　西藏季节

季节	藏语	季节	标志	格里高利日期
冬季	dgun	上 下	A1 A2	12.1～1.15 1.16～3.1
春季	dpyid	上 下	B1 B2	3.2～4.15 4.16～5.31
夏季	dbyar	上 下	C1 C2	6.1～7.15 7.16～8.31
秋季	stom	上 下	D1 D2	9.1～10.15 10.16～10.30

通过取小组内每一像素的最大值，对组图进行压缩，为每个次季节生成一张新的图像。取最大像素值是为了减小低质量像素对最终成像的影响。对坏像素（因为云层遮盖，其他气象情况和太阳角度低引起）的研究表明，图像内像素值很少低于平均值。需特别注意的是，有些次季节显示的植被

第十三章 牧区环境：西藏中部牧民资源利用形式的地理信息系统个案分析

覆盖很少，或者植被稀疏，这多数是由雪覆盖造成的。

NDVI 值在 -1 到 +1 间变化，正值表示该地区有植物生长，NDVI 值高意味着地区植物光合作用活跃（Lillesand, T. and Keifer, R., 2000）。MODIS 图像地面像素尺寸是 250m×250m。NDVI 值高（接近 +1）说明该地植被生长茂盛，光合作用活跃，正值偏低表明该地植被较稀疏或者光合作用偏弱。地表土壤暴露和植被死亡时，NDVI 值接近 0。阴天，下雪以及无植被覆盖区光线过强都会导致 NDVI 值呈负数。为简化分析，研究人员将 NDVI 值归类为如表 13-2 所示。

表 13-2 植被等级

NDVI 值			解 释
从 小	到 大	植被等级	
-1.0	0.05	0	无植被
0.05	0.2	1	植被稀疏——光合作用相对较弱
0.2	0.4	2	中低级植被
0.4	0.6	3	中级植被
0.6	0.8	4	中高级植被
0.8	1.0	5	植被茂盛——光合作用强

注：NDVI 值的分类是基于 NDVI 正值的 5 个等级别的，截断值为 0.05（作为裸露土壤反射率的上限）。

卫星成像和 GPS 点位置（共计 500 点）直接收入 GIS。以 2000 年绘制成的 Landsat7 ETM+地图作为基本图像，研究人员将参与性地图中所含的信息数字化。参与性地图中描述的，未经地理坐标参考标志的畜栏也根据其与山脉、河流和湖泊的相对位置得以数字化。根据牧民确认的次季节畜栏使用情况，畜栏位置分别归类为 8 种，每个次季节一类（季节 A1 19 个，A2 26 个；B1 32 个，B2 44 个；C1 47 个，C2 27 个；D1 19 个，D2 8 个）。

为了找出波龙地区牧民利用地形和植被的特点，研究人员在每个畜栏周围设了 50 米和 3000 米的缓冲区域，较小值表示与畜栏最接近区域范围，较大值则说明周围地貌中可利用的植被资源。通过走访牧民和野外观测绘制的 3000 米缓冲区域的建设是基于一个假设,即哺乳牲畜和小型牲畜每天行走 3~6 公里,牲畜们会在天黑前回到畜栏产奶、躲避风雪以及肉食动物,如狼和雪豹的袭击。各个季节牲畜日行走距离值设为 3000 米;虽然该数值可能由于冬季积雪覆盖和夏季更高的海拔而有所变化。然而据我们分析,牲畜每天离开畜栏的时间随季节不同而变化,这也是牧民用来寻找和管理在研究区域内的植被的一种机制。

缓冲地区每季和每年地形及植被特点由 ArcG2s9.1 的分区数据功能总结得出,研究人员通过总结 2000~2006 年数据特性,得出整个研究区域(镇区草场边界确定的界线)的平均海拔、坡度、坡向和植被等级值。

(四) 参与性制图

参与性制图既得出了研究区域有价值的地形信息,也增加了人们对波龙人文生态的认识。地图中最常见的有山脊、山脉、河流、河床、平原以及草场。畜栏和人类住所也是参与性地图中典型的地貌特点。数据库将手绘地图的信息整合,其中包含了各种地理点的名称,环境特征,还有与地理位置相关联的社会历史和文化仪式。复合地理指数还包括相关语言学(例如,定义和替换拼写),生态数据(如现有植被种类)和管理数据(如使用季节)。累计结果是一本波龙地区(4034 平方公里)的地名录,其中包含了 1400 多种有趣的特征。

结果和讨论

(一) 植被资源的季节和年间变化

针对波龙草场植被增长的季节和年际变化,NDVI 指数值提供了空间感清晰、时间充足的数据。计算得出了 2000 年至 2006 年每季的平均 NDVI 级数(在视频资料 NDVI and Corrals Video 中有详细说明,网址 http://dx.doi.org/10.1080/1747423X.2010.500682)。这为说明该研究区域自然资源当前的分配情况,以及作物生产的季节性变动提供了尺度,如表 13-3 所示。

表 13-3　植被等级平均面积覆盖范围

植被等级	季节							
	冬季		春季，夏季		秋季		
	A1	A2	B1	B2 C1	C2	D1	D2
	研究面积百分比						
0	3.30	10.70	12.12	4.85 2.03	1.75	1.59	2.63
1	95.68	89.11	87.26	93.22 83.99	41.33	56.53	93.74
2	1.02	0.19	0.61	1.93 13.31	53.22	39.74	3.55
3			0.01	0.65	3.07	1.68	0.08
4				0.03	0.61	0.45	
5					0.02	0.01	

首先，这些结果证明了即使在高海拔和环境恶劣地区，研究地域也有植被生长。只有大约2%的地区归类为裸露土壤或岩石（见季节C1～D2），在其他季节（A1～B2），无植被区域的比例会因积雪覆盖而上升。其次，尽管大多数研究领域生长着一级植被，它们光合作用弱，密度稀疏，但夏末和初秋植物生长最旺盛时，植被生长类型会向更高级变化。Jun，Zhongbo 和 Yaoming（2004）；Immerzeel，Quiroz 和 De Jong（2005）研究发现属于青藏高原的该研究区域在8月到9月间草场NDVI值达到最高。该多产性时期与牲畜营养需求和乳品生产的高峰期一致。一些地区的长期植被用来作冬季储备，波龙现有少量牧草，如甘草，可供储备。在季节C2和D1，位于研究区域主要湿地有一些面积很小的地区（占研究区域的0.01%），其植物类型可达到5级，意味着那里植被生长茂密且十分旺盛。相反，冬季和早春时多数植被属于1级，有一小部分区域植被属于2级，用来饲养牲畜。野外观测和牧民的反馈证实，这期间由于植被稀缺，牲畜会减少1/3的体重。

牲畜养殖由牧草的分布、数量以及种类决定，反过来，这些因素又受积雪、降水量和其他气候因素影响。图13-2说明了研究地区植被等级的季节和年间变化。最高级的植被（5级）主要生长于夏季，虽然这些植物生长于其他季节的偏离事件也时有发生；不过，每年夏季出现的高级植被并不是始终如一的。2000年B2～C2季节生长的植被属于5级，但2005年仅仅归类为4级。另一个植被生长年际变化的例子是2000年C1季节平均植被等级比2004年同季节平均植被等级高0.3%。

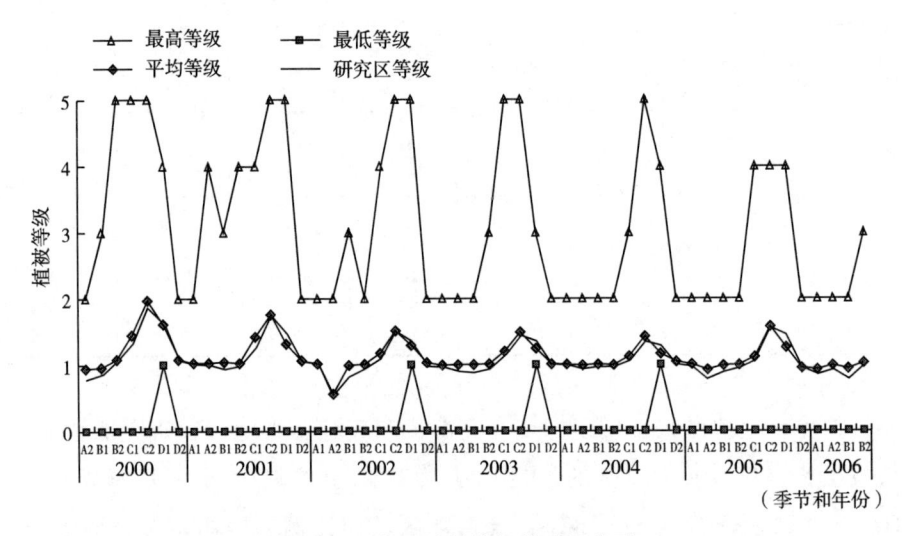

图13-2 牧区植被等级的时间序列

注：牧区植被平均等级指牧区（以畜栏位置为中心的3000米缓冲区）植被平均等级。研究区域avg.指整个波龙地区的植被平均等级。由于牧区并没有覆盖各季节波龙镇的各个区域，这些时间序列有一些微小的差异。

植被光合作用活动的改变说明了可供放牧的植被的季节变化。春季（B1，B2）的变化性最程高可能是由于雪堆和随后的雪融化的共同作用，积雪融化为植物生长提供了适宜的土壤湿度。根据走访牧民以及表13-2所提供的信息可以判断，春季在畜牧业年生产链中是关键瓶颈。植被生长旺盛的年份里（在2000年和2001年），牲畜后代存活的更多，牧民力争扩大牲畜养殖的规模。

尽管NDVI数据选取的时间段还有局限，但可以清楚地证明连续季节间植物生长有很大的变化，说明波龙地区不仅一年中大多数时候环境恶劣，而且也需要牧民适应年与年之间的变化。夏季和早春植物生长缓慢可能会对之后几年的动物生存和牲畜规模有很大的影响。考虑到以上情况还有牧民生存对牲畜的依赖程度（尤其是波龙地区对绵羊的依赖），该系统对气候条件和外部经济变化都具有潜在的价值。畜牧系统中缺少类似干草的饲草储备意味着当地牧民完全依赖气候以及在一定区域内寻找饲草放牧，当地人描述，这些地方草都已经开始变干。一位牧民说：

> 牦牛没有足够的饲草。几年前我们就把牦牛都卖了。尽管草场开始变干，但绵羊还可以存活。我们还可以把山羊和绵羊卖到尼泊尔去。
> （鲍尔未出版笔记，2004）

另一个当务之急是植被的变化：

沙子慢慢变多。近些年，尤其是干旱的年份，出现了大量的沙子。然后，在接下来的冬天，沙子被风吹得到处都是。草的高度和种类都在减少。像 sran rdzi ma（黄芪属）这种有毒的草增长速度惊人，不管下不下雨都肆无忌惮地生长。

这些担心说明了波龙牧业系统的脆弱性，也强调了可能会显著地影响系统生存能力的种种趋势。

（二）植被等级和海拔、坡度、坡向之间的一般关系

每种植被等级的海拔、坡度和坡向的总结如图13-3a和13-3b（海拔），图13-4a和13-4b（坡度）和图13-5（坡向）所示。在图13-3a和13-3b中说明了1级和2级植被生长于各个季节，其生长地区为高海拔区域，平均超过5000米，在一些季节最大值会超过6000米。3、4、5级植被多生长于夏季低海拔地区。位于城镇中心的主要湿地其生长植物归类为5级，海拔4650米。

坡度分析显示相同的模式：1级和2级植被生长坡度较陡峭（平均值达到10%，最大坡度超过50%）。相反，4级和5级植被生长坡度平缓（平均值1%），与波龙镇中心盆地坡度一致（见图13-4a和13-4b）。

由于波龙镇边界沿着被山环绕的盆地外围，所以植被等级的平均坡向

(a) 平均海拔和植被生长的关系

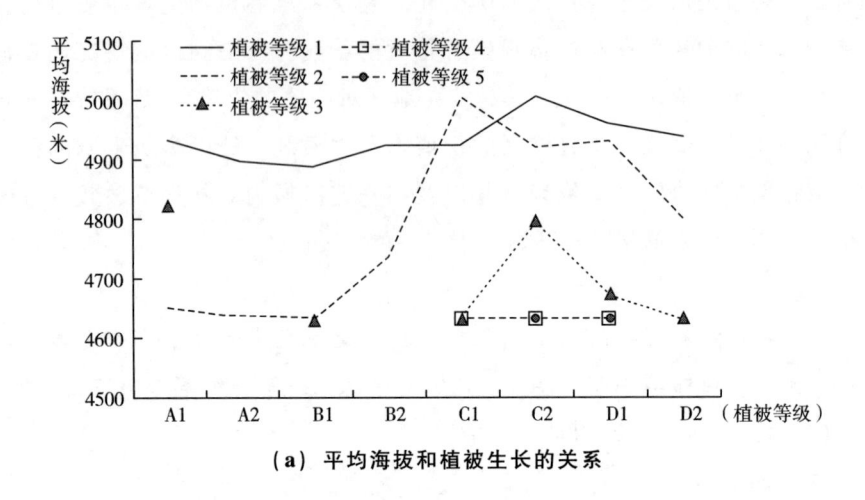

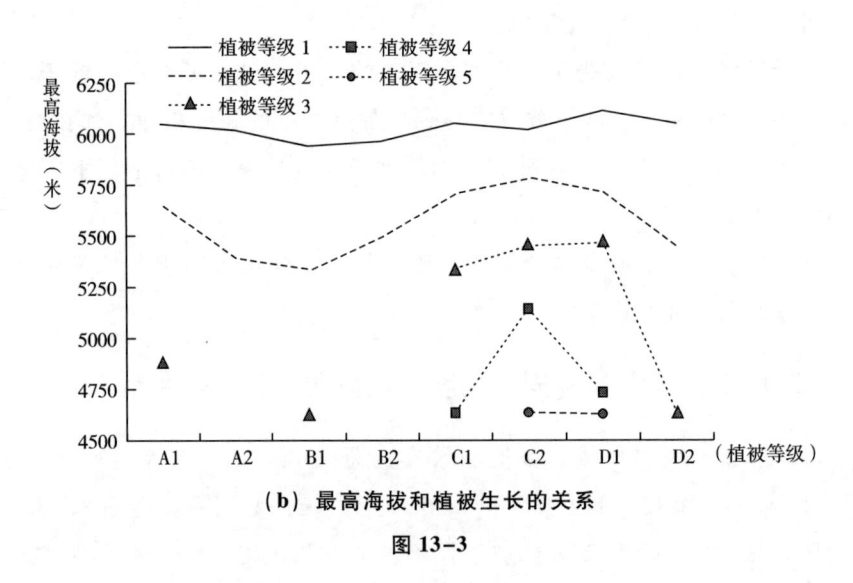

(b) 最高海拔和植被生长的关系

图 13-3

约为180°。这说明植被可以生长于各个坡向（0°~360°），没有明显的优势现象，这可以从 NDVI 值和畜栏位置得到证明，畜栏位置跨越了整个盆地（如附随的视频所示的那样）。5 级植被由于覆盖区域小，其坡向值比其他等级植被的坡向值变化更大（见图 13-5）。

第十三章 牧区环境：西藏中部牧民资源利用形式的地理信息系统个案分析

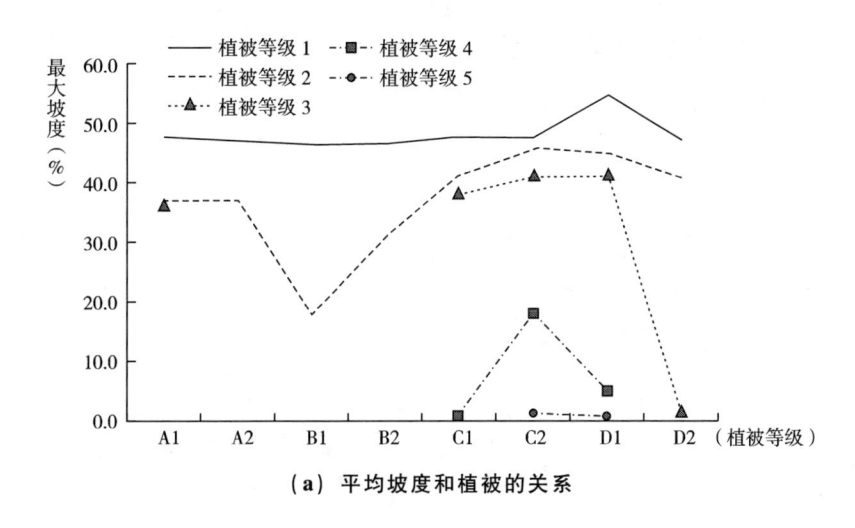

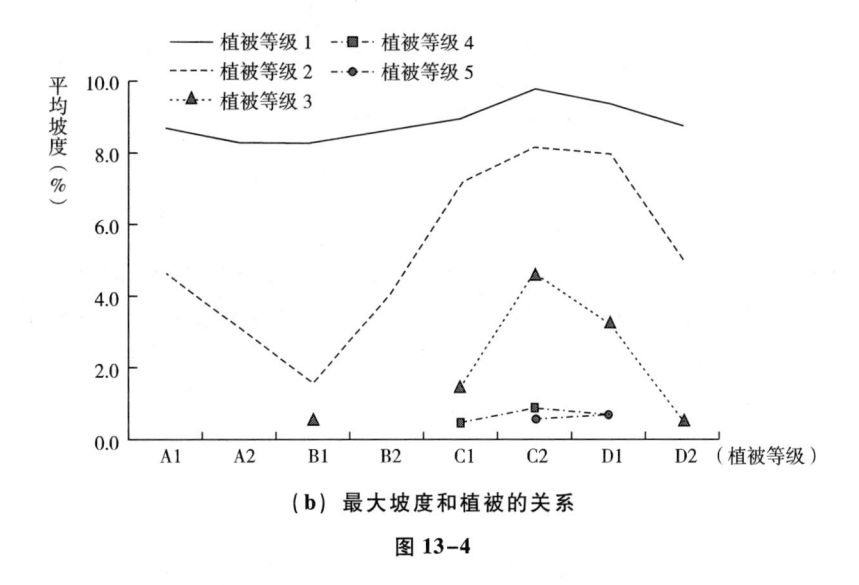

（a）平均坡度和植被的关系

（b）最大坡度和植被的关系

图 13-4

（三）畜栏位置和季节性草场区域的环境特征

在青藏高原，人们主要依靠高度预测牧业或者农业生产（还有农牧混合）（Ekvall, R., 1974; Ryavec, K., 2001）。季节间或者季节内决定牧民迁移的因素有海拔、地形以及其他因素，如风、日晒、住所还有水源。如

图 13-5 所示，波龙地区牲畜栏的海拔在秋末和冬季时（D2，A1）较低，直到盛暑期牧民向更高地区迁移，牲畜栏海拔才会上升。冬季过后牧草区迅速扩大，春末和夏季时牧区海拔会达到 5700 米以上，雪融化提供了这些区域二级植被生长的水分。

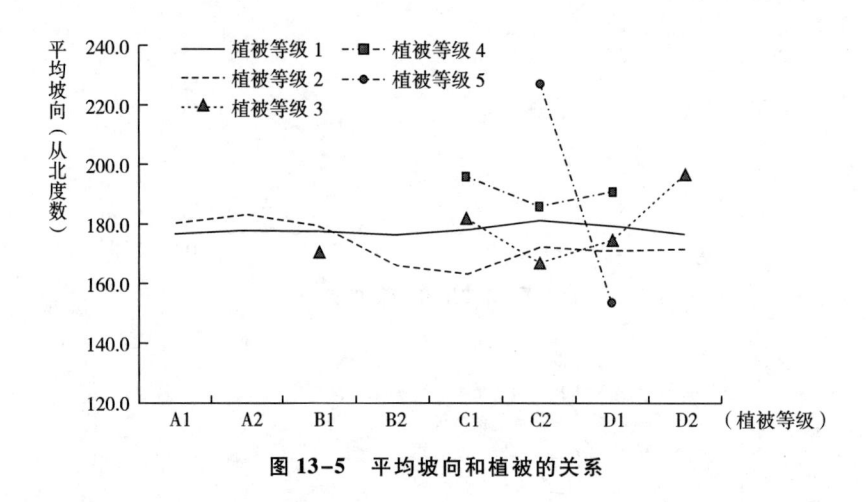

图 13-5 平均坡向和植被的关系

夏季使用高海拔地区牧草有助于低海拔植被的恢复，附近村庄也可以为更寒冷的季节储备牧草。春末，牧民将牲畜迁往离住所更近的低海拔地区以便于牲畜产仔，这时牲畜栏平均海拔高度下降。牲畜产仔期是牧业生产中最关键的时期。

尽管畜牧活动地域的坡度值范围很广，畜牧活动多发生在坡度小于 10° 的较平坦地域（见表 13-7）。例如，有记录的牧区坡度最大值为 44°，很少有牧人会选择在这种坡度的地方长时间地放牧，然而牦牛却能在这些区域茁壮成长，有代表性的是这种坡度的区域有野牦牛出没。倾斜值高可能反映出地区畜栏对于多变的山脊的接近性，牧民和牲畜们常常会在这些山脊旁边寻求庇护，尤其在多风的地区。

坡向对于植被覆盖和植被种类意义重大，它决定了植被被风吹和太阳暴晒的程度，有利于保护地区环境变化和物种规模。坡向变化也可能导致可用草料的不同，从而影响该区域放牧牲畜的种类。季节性草场平均坡向值的范围相对较小，在 154°~175° 之间，这意味着牧区主要集中在朝向为

第十三章 牧区环境：西藏中部牧民资源利用形式的地理信息系统个案分析

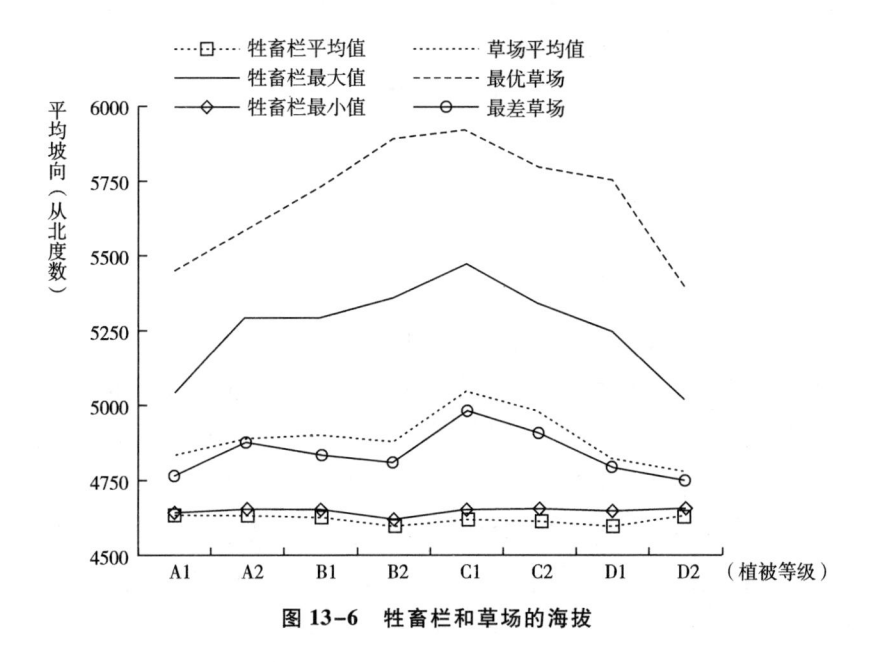

图 13-6 牲畜栏和草场的海拔

东南到南的斜坡上。这些坡向适合人居住，朝阳，总体比较温暖。但是，每个季节的坡向值有很大变化，说明研究区域植被生长区的坡度变化大，地形是由北到南被群山环绕的巨大多变的盆地。

表 13-7 草场坡度和坡向

季 节	最小坡度	最大坡度	平均坡度	平均坡向
A1	0	38	5	154
A2	0	37	6	166
B1	0	44	7	165
B2	0	39	6	162
C1	0	39	7	168
C2	0	38	6	165
D1	0	37	5	175
D2	0	35	7	159

注：（1）水平方向（0°到90°）表示坡度；（2）以正北作为基准方向表示坡向（0°＝正北，90°＝正东，180°＝正南，270°＝正西）。

279

结　论

　　游牧民的决策制定过程复杂，且必须与巨大的环境变化相适应。同时，通过定量和定性两种方法，该生产系统获得了卓有成效的检验。事实上，对个例的分析得出一个结论，由复杂现象如资源使用和土地管理产生的生产模式能够通过观察社会和环境现象得到更清晰的认识。

　　文章从定性的角度阐释了牧业生产系统中，如波龙地区，影响生计策略和资源使用决策的生态因素特征。空间技术将路上采访，野外调研和遥感探测搜集的数据融合，为发展计划提供了有潜在价值的方法。通过卫星图像归类植被的方法快速，适用性广，这种方法可以监测牧区状况尤其是一定时期内植被的产量。在相关研究里，鲍尔（2004）用实地访问来鉴定自然资源的占用状况（家庭的或者集体的），季节性使用，以及其他有关自然资源管理的随时信息。

　　地理信息系统在跨学科研究领域的运用可能促进青藏高原现存的实践发展取得更大的进步。拥有了更准确，更详尽的本土信息，决策者和管理者能够制定出更合理的土地利用政策。地区实践发展的水平可能会随着人们对政策改变带来的影响的预测能力的提高而上升，如优化对大规模区域牲畜承载力起着标准化作用的畜栏围墙或者固定承载能力政策，这些政策变动会影响地区牧业生产系统的变化。通过使用空间感明确的方法学，上述采用的方法提供了将定量数据和定性数据融合的机制。

参考文献

　　Dyson-Hudson, N., and Dyson-Hudson, R. (1980), "Nomadic Pastoralism," Annual Review of Anthropology, 9, 15–61.

　　Ekvall, R. (1974), "Tibetan Nomadic Pastoralists: Environments, Personality, and Ethos," Proceedings of the American Philosophical Society, 118, 519–537.

　　Global Land Cover Facility (2006), Earth Science Data Interface. http://

glcfapp. umiacs. umd. edu：8080/esdi/index. jsp

Guillet, D. （1983）, "Toward a Cultural Ecology of Mountains：The Central Andes and the Himalayas Compared," Current Anthropology, 24, 561-574.

Gustafsson, J. （1993）, "Land and Water Management in Tibet," Geografiska Annaler, 75B, 19-29.

Immerzeel, W., Quiroz, R., and De Jong, S. （2005）, "Understanding Precipitation Patterns and Land Use Interaction in Tibet Using Harmonic Analysis of SPOT VGT-S10 NDVI Time Series," International Journal of Remote Sensing, 26, 2281-2296.

Jianlin, H. （2000）, "Yak Production in Central Asian Highlands," in Third International Congress on Yak, Lhasa, P. R. China, Nairobi：International Livestock Research Institute, p. 572.

Jun, W., Zhongbo, S., and Yaoming, M. （2004）, "Reconstruction of a Cloud-Free Vegetation Index Time Series for the Tibetan Plateau," Mountain Research and Development, 24, 348-353.

Kreutzmann, H. （1996）, "Yak-Keeping in High Asia," Kailash Journal of Himalayan Studies, 18 （1-2）, 16-38.

Land Process Distributed Active Archive Center （LP DAAC） （2006）, "MODIS Reprojection Tool Release 3. 3a. " http：//edcdaac. usgs. gov/landdaac/tools/modis/index. asp

Li, C., and Wiener, G. （1995）, The Yak, Bangkok：United Nations Food and Agriculture Organization.

Lillesand, T., and Keifer, R. （2000）, Remote Sensing and Image Interpretation （4th ed. ）, New York：John Wiley and Sons, Inc.

Miller, D. （1999）, "Nomads of the Tibetan Plateau Rangelands in Western China. Part Two：Pastoral Production Practices," Rangelands, 21 （1）, 16-19.

NASA （2006）, "Shuttle Radar Topography Mission. Data Version 2. " http：//www2. jpl. nasa. gov/srtm/ Netting, R. （1981）, Balancing on an Alp：Ecological Change and Continuity in a Swiss Mountain Community, Cambridge：Cambridge University Press.

Nyelam County Animal Husbandry Bureau （Nyelam AHB） （2003）, "Application for the Construction of Livestock Shelters in Porong Xiang," Nyelam, Shigatse Prefecture, TAR, PRC.

Paine, R. （1972）, "The Herd Management of Lapp Reindeer Pastoralists," in Perspectives on Nomadism, eds. W. Irons and N. Dyson-Hudson, Leiden：E. J. Brill. （1994）, Herds of the Tundra：A Portrait of Saami Reindeer Pastoralism, Washington, DC：

Smithsonian.

Ryavec, K. (2001), "Land Use/Cover Change in Central Tibet, c. 1830 – 1990: Devising a GIS Methodology to Study a Historical Tibetan Land Decree," The Geographical Journal, 167, 342–357.

Schaller, G. (1998), Wildlife of the Tibetan Steppe, Chicago: University of Chicago Press.

Sheehy, D. (2000), "Sustaining Livelihoods with Livestock on the Pastoral Commons of Mongolia," Presented at "Constituting the Commons: Crafting Sustainable Commons in the New Millennium," the Eighth Conference of the International Association for the Study of Common Property, Bloomington, Indiana, USA, May 31–June 4.

Walker, J. (1977), "On the Weather and Climate of Tibet," The Tibet Journal, 2, 44–61.

Xue, B., Zhao, X., and Zhang, Y. (2005), "Seasonal Changes in Weight and Body Composition of Yak Grazing on Alpine-Meadow Grassland in the Qinghai-Tibetan Plateau of China," Journal of Animal Sciences, 83, 1908–1913.

(执笔人：肯尼思·鲍厄　安东尼·马格瑞)

第十四章
藏北高原地区野生动物资源保护与利用的可持续发展战略

按照科学发展观的要求，在生态保护和西藏经济社会发展之间的关系问题上，需要坚持以人为本，树立全面、协调、可持续的发展观，统筹人与自然和谐发展。西藏的野生动物资源在中国乃至在全球都属于最丰富的地区之一，通过近20年的努力，西藏在野生动物保护方面已经取得了重大的成就，现有的野生动物资源不仅在种类上具有丰富的多样性，而且每个种群的数量也相当庞大。依据这种情况，目前在藏北高原（旧称羌塘）等地已经完全具备了合理利用野生动物资源以促进当地经济社会发展的现实条件，合理利用不仅会更有效地保护资源，并能在生态保护与当地经济社会发展之间达到一种科学化的平衡与协调。

藏北高原地区野生动物资源现状

藏北高原北部的大片地区一直被视为"无人区"或"生命禁区"，这里高寒缺氧、交通不便，不适合人类生存。然而，人类的"生命禁区"却成为全世界最大的天然的野生动物乐园。远离人类的骚扰，野生动物是这里真正的"主人"，经过数百万年的自然选择过程，它们完全适应了这里的生存环境。生活在藏北高原的动物大多为青藏高原所独有的濒危野生动物，包括藏野驴、野牦牛、藏原羚、西藏棕熊、黑颈鹤、藏羚羊等，它们是青藏高原带给人类的最好礼物和财富。

近年来，通过建立保护区、实施反偷猎斗争以及开展相关的国际合作项目，西藏在野生动物保护方面取得了显著的成绩。自然保护区内野生动物大量繁衍，保护区内及周围附近地区群众的环保意识逐步提升并开始积极投入野生动物保护和生态环境建设的事业。例如，在藏北高原自然保护区，许多牧民义务承担看管野生动物的责任，确保野生动物的交配、产羔、迁徙等重要活动的顺利开展；有的牧民不辞辛劳地主动巡逻，甚至不惧威胁阻止盗猎者的非法行径。美国动物学家乔治·夏勒多次与国内专家共同在藏北高原、阿尔金山等地深入考察高原野生动物，他根据自己考察和研究的成果出版了《青藏高原上的生灵》一书，在书中如实地阐述了西藏保护野生动物的显著成就："我惊喜地发现，原本令人担忧的情况完全改变了。在双湖、绒玛（尼玛县北部）、嘎尔措（双湖西南地区）、萨桑和其他一些我们所经地区，在西藏林业局和地方政府孜孜不倦的努力下，野生动物得到了很好的保护。"

藏北高原地区的野生动物资源相当丰富，下面通过对几个物种的种群状况来说明这个问题。

西藏野驴的分布比较广，由于人类对它们的干扰和伤害减少了，大批藏野驴生活在牧场周围，有些地方时常可以看到野驴几乎混在家畜当中。由于保护措施得当，藏野驴的种群数量逐年增加，仅在藏北高原就有近7万头以上。根据刘务林等人的估计，1989年西藏野驴的数量在5.6万头左右（刘务林和尹秉高，1993），1998年的总数接近8万头（夏勒，2003）。另外，根据世界自然基金会的调查统计，在阿里地区改则县察布乡北部和那曲地区尼玛县西北部的局部地区有数量庞大的野驴群，有些群体的数量达到500头以上。目前，还没有相对全面和权威的种群数量统计，但依据1989年和1998年的平均增长率来推算，藏野驴每年以至少3800头的数量增长，至2011年年底，种群数量可以估算为129400头。

野牦牛的分布区域相对较小，只在藏北高原的北部和中部能发现野牦牛。20世纪80年代末，野牦牛的数量只有7000多头，但自90年代以来，由于自然保护区的建立和加大对盗猎分子的打击，野牦牛的数量不断增加（达瓦次仁和丹增朗杰，2004），到90年代末野牦牛的种群数量超过万头。夏勒博士认为野牦牛的总数约在12000～13000头（夏勒，2003），如今，这个数字至少在2万头以上。当然，这只是一个粗略的估计，目前还没有确切的科学数据。

藏原羚是最容易见到，也最容易接近的野生动物。藏原羚在藏北高原全境都有分布，只要进入保护区，就能见到它们的踪影，常常发现小群的藏原羚几乎与羊群和牛群一同觅食，它们对牧民和行驶的车辆不太畏惧。由于天敌的减少以及禁止打猎，藏原羚的种群数量迅速增加。10多年前在藏北高原保护区内的种群数量只有两万只左右（夏勒，2003），目前藏北高原的藏原羚已经超过10万只，而保护区内数量约有5万只左右（达瓦次仁，2010）。

藏羚羊是青藏高原特有的动物，每年的11月底到12月初，各个地区的藏羚羊全部集中在固定的交配场所，在一些交配场所汇集几千只藏羚羊，此时的大小交配场所几乎成了藏羚羊的海洋。每年的6、7月是藏羚羊的产羔季节，成群的藏羚羊从藏北高原的南部地区迁徙到北部无人区产羔。迁徙路途超过300公里，到7月下旬开始返回到藏北高原南部和北部地区（达瓦次仁和丹增朗杰，2004）。根据1989年的估算，藏羚羊的种群数量只有5万只，到1998年时藏羚羊的数量增加到了7.5万只左右（夏勒，2003），2004年这个数字已经达到了或超过10万只（达瓦次仁和丹增朗杰，2004），最近的统计表明藏羚羊的数量已经超过15万只（西藏林业局，2006）[①]。

藏北高原也是众多高原鸟类的栖息地。这里有棕头鸥、斑头雁、赤麻鸭、黑颈鹤、高山秃鹫、猎隼、藏雪鸡、西藏毛腿沙鸡等，其中黑颈鹤是国家一级重点保护鸟类。藏北高原的湿地成为了黑颈鹤的最大栖息地和繁殖地，几千只黑颈鹤从藏南河谷地带来到海拔4000米以上的藏北高原中部、南部和西部地带。虽然它们在藏南河谷地区结成大群活动，但在藏北高原它们的活动方式是成双结对，因为在这里它们要筑巢、繁殖后代。幼鸟的

[①] 西藏自治区林业局经过十多年的努力，于2006年完成《西藏藏羚羊生物生态学研究报告》，研究内容包括：西藏藏羚羊生存环境、藏羚羊的价值、分布、天敌、食物与食性、种群数量（含密度）、种群结构、迁徙规律、繁殖、增长率等。《报告》发现，西藏境内现有藏羚羊总数为149930只左右，分布区面积为69.8万平方公里，涉及18个县（区）103个乡。1999年至2005年，藏羚羊每年平均增长率为7.9%。这是笔者从西藏自治区林业局林业调查规划研究院获取的信息。

存活率比较低,能够存活的幼鸟随同成年鹤一起到藏南河谷地带越冬。据初步考察,目前黑颈鹤的数量有所增加,总数在4000只左右。

当今生态环境保护最大的挑战之一是如何保护濒危野生动物及其栖息地,许多物种一旦濒危就很难稳定和发展其种群数量,野生虎即如此。然而,青藏高原能够在不到20年时间里把野生动物的种群数量发展得如此庞大和迅速,可以算是当今生态保护领域的一个具有世界意义的奇迹。

藏北高原的畜牧业

20世纪下半叶以前,藏北高原北部地区从未有人类永久定居,因而这片广大高原地带作为世界上最后的、大型的、相对未受人类影响的草原生态系统被保存下来。尽管纬度高、气候恶劣、草料匮乏,这个地区依然养育了独特的大型野生哺乳动物群落,这里有成千上万的藏羚羊、藏原羚、藏野驴以及野牦牛和岩羊,其中藏羚羊、藏野驴和野牦牛是青藏高原的特有物种。

但是,20世纪下半叶之后,畜牧业和其他人类活动打破了这里的宁静。长期以来,藏北高原为生活在周边地区的牧民提供了生存和发展所需的丰富资源。20世纪的60年代至80年代,为了发展畜牧业、扩大牧民的草场,许多牧民搬迁到北部无人区。现在的噶尔错乡、北错折乡、绒玛乡都是相继从藏北高原南部的文布、班戈以及申扎等地搬迁后建立的新乡、新村。这些地区的牧户理所当然地占领了最好的草场,因而野生动物的栖息地也就逐渐缩小。

藏北高原国家级自然保护区的面积为29.8万平方公里,但是野生动物的主要栖息地分布在保护区中部、南部以及周边地区,而这些地区就是动物和牧民交错生存的空间。不仅在保护区内牧民占领了最好的草场,而且在保护区周边地区牧民人口和牲畜数量也在逐年增加。藏北高原自然保护区周边的六个县、区(日土县、革吉县、改则县、申扎县、尼玛县、双湖特别区)在最近20年内的畜牧业发展非常迅速,几乎每个县的牲畜总数都超过50万只(头、匹),有的超过百万只(头、匹)(见表14-1)。由于许多牧民受传统观念影响,想尽办法增加牲畜数量,壮大畜群,不考虑草场的供养能力和可持续利用,更不愿把合理的出栏作为增加现金和其他收入的途径(很多牧民把数量和畜群大小作为衡量贫富的标准)。这种做法在草场资源匮乏、自然灾害频繁的今天造成很高的风险,例如,2009年的春雪期间,很多牧民的羊群损失了一半以上,其中,双湖特别区雅曲乡一村牧民仁增南加的1200多头的羊群变成了420只的羊群,一次雪灾就损失了780只羊。

表14-1 藏北高原自然保护区周边六县的牲畜统计(2008年年末)

单位:头(只、匹)

县	户数	人数	绵羊	山羊	牦牛	马	合计	人均牲畜①
申扎县	3203	19033	422842	170150	78047	3764	674803	48.35
安多县	7310	36497	622628	163665	226621	12500	1025414	47.75
日土县	1696	9199	94774	307095	6717	2695	411281	47.78
双湖特别区	2100	10564	238266	173373	26465	5883	443987	51.21
革吉县	3218	13924	不详	不详	不详	不详	645363	不详
改则县	5322	21414	不详	不详	不详	不详	811267	不详
合 计	22849	110631	1378510	814283	337850	24842	4012115	

在过去的40多年的时间中,藏北高原地区的人口和牲畜数量几乎翻了两番以上,甚至有些地方达到了翻三番,尤其是藏北高原自然保护区周边地区的人口和牲畜总量的增长率非常高。根据当地政府部门的统计,双湖特别区噶尔错乡的户数从1961年32户增加到2003年的94户,人口从297人增加到514人;牲畜总数从1961年的17231头(只、匹)增加到50699头(只、匹)(见表14-2)。图14-1和14-2明确显示,人口增长比较均匀,然而牲畜的数量在20世纪60~70年代经历了第一次快速的增长之后80年代有一个相对平稳的发展,到了90年代中期以后又出现了第二次快速增长。双湖噶尔错乡的案例说明,藏北高原牧区的人口和牲畜正在持续不

---

① 人均牲畜以羊为单位,大畜折4个羊单位。

断地增长,促进当地牧区发展和提高牧民生活质量正面临严峻的环境挑战。因此,我们必须寻找新的途径和办法来阻止这种恶性循环。

表 14-2 双湖特别区噶尔错乡人口和牲畜数量(1961~2003年)

单位:头(只、匹)

年份	户数	人口	绵羊	山羊	牦牛	马	牲畜总数	人均牲畜
1961	32	297	9708	3480	3000	43	17231	85.39
1976	55	356	22878	6790	3569	75	33238	123.44
1986	73	379	24449	7247	2508	67	34271	110.81
1996	82	470	28647	6804	1844	84	37479	91.84
2003	94	514	39235	8607	2731	126	50699	115.31

图 14-1 人口增长曲线图

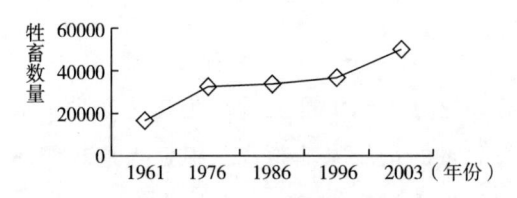

图 14-2 牲畜总数增长曲线图

由于野生动物的种群数量和家畜的规模同时在增加,给草场资源带来了极大的压力和破坏。如今藏北高原自然保护区内和周边地区的牲畜总数超过400万头(只、匹),而这个庞大数字只能供养10万人。如果单一依靠畜牧业来脱贫致富,那么就需要随着人口的增加继续壮大畜群,目前的情况是人均40头(只、匹),如果人均要达到50头(只、匹),那么就要多养上百万头(只、匹)的牲畜。然而,这种做法既不现实,也必将造成

第十四章 藏北高原地区野生动物资源保护与利用的可持续发展战略

生态灾害。另外，藏北高原牧民始终保留大量的马匹，虽然马匹几乎失去了它原有的交通工具的功能，成千上万的马匹与藏野驴争夺草场，且马匹对草场造成更严重的破坏。因此，我们必须要找到既能保障人的生存，又能保护环境的科学发展的新路子。

新的困扰

庞大的野生动物数量标志着我国在环境生态保护方面所取得的辉煌成就，但同时它也成为如何合理利用资源和保持资源平衡的新课题。目前，在藏北高原地区比较突出的问题或矛盾主要包括野生动物与家畜之间的争草、棕熊和野牦牛袭击牧民、食肉动物（棕熊、雪豹、狼、猞猁）猎杀家畜、牧民非法猎杀食肉动物、草场承包责任制和围栏项目对野生动物的负面影响等（达瓦次仁等，2007）。

笔者在藏北高原开展了旨在保护和发展野生动物种群数量的项目，其中包括野生动物与当地群众关系研究。通过研究发现，上述这些问题归根结底就是存在于发展与保护之间的张力，是比较典型的矛盾关系。藏北高原虽然是西藏自治区最大的草原，但是藏北高原草场的产草量很低，这里的草不仅长得稀疏，而且矮小，大片的草场只能供养少量的动物。例如，双湖特别区的面积约为10万平方公里，2008年这里的牲畜总数为44万头（只、匹）左右，平均1平方公里供养4~5个牲畜，而且很多地区明显出现了超载和过度放牧的情况。因此，草场资源和动物（包括野生和家养的）资源之间的矛盾是上述问题的核心，也是发展和保护所面临的最大困扰。也就是说，草场的面积和产出在不断地减少，而牲畜和野生动物的数量不断地增加。因此，彻底丧失了草场资源和动物资源间的合理平衡，直接导致了家畜与野生动物之间争草、驱赶野生动物、草地退化、过度放牧等问题。

笔者于2006年4月在那曲地区的申扎、双湖、尼玛县对300户牧民家庭进行了关于人与野生动物冲突的调查。调查结果显示，87%的家庭自1990年以来经历过某种形式的此类冲突。西藏棕熊是最大的人与野生动物冲突的来源，49%的被调查家庭都受到其影响，另外是野生动物与家畜争夺草场的冲突（见图14-3）。然而，最近两年来，争夺草场的冲突愈发突出，其原因有三点：第一，家畜和野生动物的数量不断增加，而很多地区的草场迅速退化；第二，草场承包责任制的实施进一步激化了牲畜与野生动物之间的矛盾，几乎所有的草场都被分给了牧户，许多牧民利用牧羊狗和摩托车来驱赶野生动物；第三，大面积的围栏建设严重破坏了野生动物的栖息地，也损害了自然保护区的自然景观。

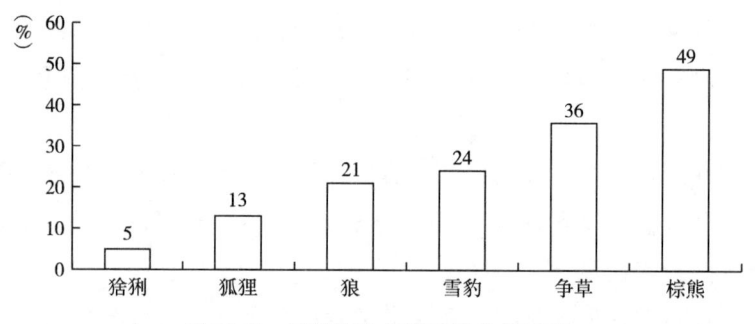

物种	猞猁	狐狸	狼	雪豹	争草	棕熊
%	5	13	21	24	36	49

图14-3 不同物种与当地群众的冲突

人类为了发展畜牧业，增加经济收入，在藏北高原实施了一系列的发展政策。20世纪六七十年代扩大放牧范围，壮大畜群，这一时期许多牧民从藏北高原南部搬迁到如今尼玛县的北部地区和双湖特别区所在地的周围；八九十年代牲畜私有化，该政策的实施进一步促进了整体畜群的扩大；如今则把草场分给牧户，并用铁丝建围栏；这两项政策的实施都迅速激化了野生动物与家畜在吃草上的竞争和冲突。然而，从总体上说，上述这些政策的实施似乎只是加剧了草畜矛盾和动物之间争夺草场的矛盾，并没有能够解决该地区长远发展的实质性问题。

另外，随着野生动物和家畜争草的压力与日俱增，除了建立围栏之外，牧民开始用摩托车和牧羊狗来驱赶野生动物。基于这种情况，一方面，有些牧民和当地干部提出要求，希望政府每年淘汰部分野生动物来减轻对草场的压力。另一方面，自然保护区管理部门则始终积极地开展保护工作，极力创造野生动物生存空间，并要求牧民不得驱赶野生动物。这种争夺表明在藏北高原草地资源和动物资源间出现了严重的供需矛盾，一旦在两者

第十四章 藏北高原地区野生动物资源保护与利用的可持续发展战略

之间的平衡出现失衡状态,这将带来生态和经济两方面的巨大损失,是一个双输的结果。

总之,如今藏北高原自然保护区以及周边地区的食草野生动物和家畜的数量非常庞大,使得现有草场资源无法满足如此众多的动物的食物需要,而且由于动物数量的增加和气候变化等自然因素,草场的面积和质量正在不断下降。实践证明,仅仅依靠草场资源和扩大畜群来实现长期发展是行不通的,必须寻找新的路子来同时实现牧民的增收和生态环境的保护。同时,对于野生动物的保护不能局限于为了保护而保护,更要明确地认识到保护与合理利用相结合的重要意义。假如我们把野生动物保护仅仅局限于保护,那么,将会出现两个无法解决的重大问题:第一,野生动物和草场资源之间必将失去平衡,有限的草场资源无法满足众多野生动物的需求,即便我们严格控制家畜的数量也无法供养数量庞大的野生动物,家畜和野生动物间争草的矛盾将越来越突出;第二,保护将成为政府和当地群众的沉重包袱,无法实现保护与合理利用间的良性循环,也势必直接影响到群众对环境保护的支持态度和实际参与。

新的思路

如何实现和保持资源之间的平衡?如何实现对野生动物资源的保护和合理利用的良性循环?如何实现牧民增收和环境保护的双丰收?显然,科学地解决这些现实问题,是建设生态、和谐、富饶、美丽的藏北高原的重要前提。

半个世纪的政策实践证明,仅仅单纯依靠畜牧业来实现长远的发展是行不通的。无限发展牲畜数量的先决条件是充足的草场资源,而如今草场已经无法满足如此众多的牲畜和野生动物的生存需要,许多地方的草场出现沙化、退化,草场的整体供养能力和产草能力每况愈下,草场资源和动物资源间已达到失衡状态,长此以往,草原生态的维护、野生动物的保护和当地畜牧业发展将毁于一旦。

要解决上述矛盾,在保持资源间平衡的前提下,必须充分利用优势资源和资源价值。在藏北高原,草原是人类和动物生存的最基本的资源,在保护和建设方面需要优先考虑草场资源，草场资源的好坏对该地区的牧业发展和保护事业起着决定性作用。然而，如何利用这有限的草场资源来同时实现经济发展和动物保护的双重目标是问题的根本所在。目前，家畜的市场价值比较低，例如，在当地一头牦牛的平均市场价是3000元，一只羊的价值是300元。相反，如果在条件成熟的地方开展适当的狩猎活动，那么，个体野生动物的价值远远超过牲畜的个体价值。目前，根据我国开展的国际狩猎来估计和推算，野牦牛4万美元、藏野驴2万美元、藏羚羊3600美元、盘羊2万美元、藏原羚1000美元、岩羊2000美元，这样的价格并不算高（Harris & Pletscher, 2002；暨诚欣, 2007）。按个体来论，家畜和野生动物消费的草场资源是相等的，可是它们的个体价值相差巨大。如果能够利用少量野生动物资源，适度开展商业性狩猎，将会大大降低对草场资源的压力，从而实现当地群众收入的增加和资源间的平衡。同时，野生动物狩猎权向国际猎人拍卖，明码实价且价格不菲，这些拍卖所得将大部分投入野生动物保护，能够有效弥补保护经费的不足。显然，这将是一个平衡资源保护与当地发展的双赢战略。

因此，笔者建议，在藏北高原野生动物资源丰富而草地资源紧张的地区，在政府科学有效的管理之下，合理开展适当的体育狩猎活动以推动当地经济，改善保护事业，减缓人畜冲突，减缓草场退化。

体育狩猎（Sport Hunting 或 Sport Game）是许多国家合法开展的一项体育运动和休闲活动，起源于传统的狩猎活动。这种狩猎在国际贸易公约里通称为"狩猎纪念物"（Hunting Trophy），以将其区别于非法的和其他目的的贸易。目前，国际上比较流行的狩猎包括体育狩猎（Sport Hunting）、休闲狩猎（Game Hunting）、猎物狩猎（Trophy Hunting）、管理性狩猎（Management Hunting）等。除了管理性狩猎之外，其他狩猎的目的和内容都很相近，即通过合法手续来达到狩猎的目的；管理性狩猎的主要目的是保持某个动物种群的数量或减轻栖息地的压力。

体育狩猎不同于传统狩猎，传统狩猎是获取肉、皮、毛等为目的的生产性猎捕。体育狩猎的主要目的是休闲，猎人追求大猎物，而不是幼兽和母兽，更不追求数量。另外，体育狩猎必须具备法律手续，既要符合狩猎地国家的法律，又要取得进出口的法律手续。

第十四章 藏北高原地区野生动物资源保护与利用的可持续发展战略

狩猎运动在我国通常使用的名称是"国际狩猎",这是因为我国刚开展体育狩猎时,主要是针对国际人士开放狩猎项目。目前我国的一些狩猎场都带有"国际"的名称,如"青海都兰国际狩猎场"等。当然,随着我国经济的发展,如今有相当规模的国内人士已经具备了参与体育狩猎的经济能力,其先例就是西藏登山运动的发展。因此,体育狩猎不一定完全针对国际人士。许多国家开展体育狩猎时,区别对待"当地人""非当地人""国际人",在价格和数量上都有所区别。就国际惯例而言,在类似狩猎这样的高端体育运动的商业性项目上采取某种"内外有别"的做法,既能限制对有限资源的利用,亦可增进国民对国家的认同。

表 14-3 体育狩猎与传统狩猎的不同

	传统狩猎	现代狩猎
动 机	吃肉、出售	娱乐、收藏、运动、不出售
季 节	无限制	严格限制
数 量	无限制	严格限制
对 象	无限制	指定物种、性别甚至个体
地 点	无限制	指定区域
工 具	任何(军用自动武器、陷阱、套、毒药等)	猎枪、弓箭、弩等限定的工具
手 段	任何	禁止在围栏内射杀、乘坐现代交通工具(直升机、汽车等现代交通工具追赶或射击动物),禁止灯照
人 员	无限制	必须事先许可
计划管理	无	必须有计划
保护物种	破坏	不能威胁种群生存
当地经济	无贡献	必须有贡献
缴 费	无	必须缴费

体育狩猎或猎物狩猎最简易的解释是,猎人通过缴费来获取狩猎经历和猎物的狩猎形式。体育狩猎不仅仅是简单的狩猎活动,在管理和政策健全的地区把体育狩猎作为野生动物保护和管理的措施来对待。通过狩猎来实现种群大小的合理性,通过狩猎来实现栖息地的保护,通过狩猎来弥补保护经费不足的缺陷,通过狩猎来降低当地群众与动物间的矛盾,通过狩

猎来促进当地的生态旅游和经济发展。因此，从这个意义上说，狩猎是一种保护措施，而不是出售动物为目的的简单交易。当然，如果管理不善，体育狩猎可能对野生动物产生严重的影响。

实施体育狩猎项目，首先必须完成下列工作。

1. 普查资源和确定场所

藏北高原自然保护区及其周边地区的野生动物资源非常丰富，少量的体育狩猎将不会影响动物的种群发展。相反，适当的体育狩猎将改善野生动物保护资金不足的缺陷，从而更好地开展保护工作。另外，由于天敌雪豹、狼等食肉动物的减少，食草动物的种群发展过快。如果把食草动物的平均寿命定为12岁，那么，藏北高原每年有上万只动物自然死亡。从动物发展规律来看，当某一个动物的种群数量达到一定程度时，总有天灾或疾病来淘汰大量的动物。因此，少量的体育狩猎不仅不影响种群的发展，而且是必要的。基于这种情况，需要在藏北高原开展一次科学规范的动物资源普查，根据普查的结果、草场退化以及草场冲突的情况等因素来确定体育狩猎场所。

2. 根据当地群众和野生动物保护的长远利益需求，以国内外专家学者的研究结果和建议为依据，政府出台和实施体育狩猎项目的管理规定

笔者在藏北高原从事野生动物保护和自然保护区管理相关的工作已经十多年，对藏北高原的牧业和保护工作比较熟悉，在过去的20年中野生动物的数量有了明显的增加，很多牧民和当地官员经常提出淘汰野生动物的请求，有的请求甚至提交到人大和政协。其实，这些要求是合理的。另外，笔者经常与一些国内外的专家学者讨论这个问题，许多专家认为，适当的利用是必要的，否则草场资源将无法承受来自众多野生动物和家畜的压力。因此，实施体育狩猎必须以野生动物资源丰富和当地群众的需求为前提，以专家和学者的研究发现和建议为依据，以解决当前群众与动物之间的矛盾和建立长期可持续保护和利用为目标来开展。

3. 当地牧民必须直接参与保护事业

一旦实施体育狩猎，即需要扩大野生保护人员的数量，让更多的牧民参与动物保护和自然保护区的管理工作，提高自然保护区的保护力度和管理能力。目前，自然保护区的野生动物保护人员主要是自愿行为，在没有

合理的补贴和工资的条件下，有些野生动物保护人员承担了上万平方公里的巡逻和保护任务。实施体育狩猎，不仅可以使野保工作在一定程度上职业化，更好地实现工作目标，更可以解决当地牧民的就业和促进当地的经济发展，同时有利于解决发展和保护两方面所遇到的现实困难。

4. 开展体育狩猎，将受到社会和舆论的密切关注，甚至可能是质疑和反对。因此，必须建立一个公开透明的管理体系

传统的单纯由行政部门实施管理的方式可能造成以管理部门和官员的意志为中心的机制，从而导致因追求部门利益而出现各种背离体育狩猎原则与宗旨的现象。因此，必须出台一个公开、透明的管理体系。该管理体系应该包括开展狩猎的场所、狩猎对象（物种名单）、狩猎数量、出售狩猎权的条例、猎人的条件、猎物价目、狩猎时间（季节）、枪支管理和提供、狩猎收入的管理条例和分配原则，等等。狩猎收入的管理和分配是最重要的一环，也是当地百姓最关心的事情。因此，必须出台一个公开透明的办法。笔者建议，至少收入的50%落实在当地群众的利益上，其余的50%用于管理费和保护经费。落实给群众的资金应主要用于当地的教育、医疗、扶贫和补偿资金，需要避免大量的现金直接兑现给当地群众，保障当地经济与社会的可持续发展。其核心在于增加教育投入，事实上，只有教育水平提高了，才能让更多的人摆脱单纯依附于草场生存的窘境。

人类的态度和举止决定了野生动物生存的命运。发展和壮大野生动物的种群是人类生存和发展的必要条件，保护野生动物的本质是为了人类社会的发展。因此，人类与野生动物和谐共存是当今建构和谐社会与和谐生态的重要组成部分之一，也是衡量生态保护水平的标准之一。从科学发展观的立场出发，一方面，我们要切实保护环境与生态，避免人类过度获取野生动物资源或严重破坏、占用野生动物生存的空间；另一方面，我们也需要维持野生动物与人类生存的关系平衡，实现双赢。目前，藏北高原地区已经完全具备开展体育狩猎的条件，这个项目的实施必将解决保护与发展之间的矛盾，必将调整资源之间的不平衡，必将为野生动物的长期保护和动物资源的合理利用创造出新的途径。

参考文献

刘务林、尹秉高:《西藏珍稀野生动物与保护》,中国林业出版社,1993。

夏勒、乔治:《青藏高原上的生灵》,康蔼黎翻译,华东师范大学出版社,2003。

达瓦次仁、丹增朗杰:《藏族传统文化与环境保护》,民族出版社,2004。

达瓦次仁(2010):高原生态新景象,西藏社科院网站,http://192.168.7.101/html/news1130.html。

西藏林业局:《西藏藏羚羊生物生态学研究》(内部报告),2006。

达瓦次仁、约翰·福林顿、格桑诺布:《冲突与和谐——羌塘地区人与野生动物生存研究》,西藏人民出版社,2007。

Harris, R. and Pletscher, D., *Incentives Toward Conservation of Argali Ovis Ammyon: A Case Study of Trophy Hunting in Western China*, Oryx Vol 36, No. 4, October, 2002.

暨诚欣:《中国运动狩猎业可行性研究》,东北林业大学硕士学位论文,2007。

(执笔人:达瓦次仁)

第四部分
"生态移民"政策

第十五章
后畜牧业：生态移民下的牧民

牧民生活在改变和过渡的恒定状态（Galvin，2009）。目前在世界范围内存在一些改变牧民社区的驱动力。当代历史表明近十年来牧区社会的改变很大程度上是受到国家及国际的政策的影响。自20世纪60年代开始，在非洲和亚洲腹地使牧民"定居化"和"农业化"的尝试就一直在进行。除了为控制人口流动、征税和提供社会服务以外，牧民定居还与严重的环境问题有关，比如在干旱地区的土地退化和荒漠化。将沙漠化归咎于牧民开放自由的"公地悲剧"，形成了对于牧民政策的主要科学依据（Fraklin，1997）。通过许多大规模的开发项目，整个非洲实行土地私有化。在中国，已经实行了土地承包制，而且以土地所有制的形式正在逐渐制度化，这是在家庭经营承包责任制结构下全国经济改革的一部分（Banks，2001；Williams，2002；Zhang，2006）[①]。土地分割及所有权相应地促进了游牧民的定居。除了土地承包制以外，承载能力也常常被用来作为控制牲畜数量、

[①] 在中国牧场管理有很大差别，从20世纪80年代改革开始时牧场和牲畜一起被分配给家庭，直到1993年才开始土地使用权形式，一开始土地使用权期限由15年扩大到30年。对承包草场比例的公布数字是：新疆95%、甘肃90%、四川80%、内蒙古80%（Schwarzwalder，2001：5）。并非中国所有的牧区都实行家庭经营承包责任制，有些一直作为共同资源（Banks，2001），或只在书面上划分家庭牧场（Thwaites et al.，1998），或只有部分围起来的草场作为牧场（Williams，2002）。很大的不同是由先省（自治区）而后当地政府优先排序，负责改革政策的具体实际实施。Ho, Peter（2001）表示当问起当地官员，他们会说在家庭承包责任制度下所有的土地都被分配了。如果再进一步询问他们会说这是发送给内蒙古地区办公室的一项很好的书面数据，作为政策决策者的草场规划。事实上，大部分的官员都知道以村为单位的草场管理的现实，用于分配的资源没有正式的安排。土地承包化的影响将在之后特定情况的研究中被讨论。

防止过度放牧和土地退化的关键措施（Behnke and Scoones, 1993; Turner, 2003）。强调了承载能力的均衡模型的理论构想与技术，自1990年起被非均衡思想的范式挑战（Ellis and Swift, 1988; Behnke and Scoones, 1993; Dahlberg, 1994）。

新的范式提供了一种重新思考草地退化的相异的构想，但是它是在制定政策的最开始的时候。尽管以前的畜牧业发展项目面临着关于消极结果的巨大的批判（Sullivan and Homewood, 2003; Homewood, 2004），但是，传统观点（公地悲剧+均衡理论）无论在国际还是国内仍然在政策制定和操作实施中占主导地位。在中国，非均衡理论在最近才刚刚被引进（王晓毅、张倩、荀丽丽等，2010），在中国干旱地区被实证材料验证（达林太，2003；Xiong et al., 2005; Zhang, 2008; 李文军、张倩，2009）。无论如何，目前的草场管理制度是由土地所有制和承载能力所构成的，尽管自从20世纪90年代以来草场退化的原因及现状就被激烈地争论。主要的草场管理政策的一个消极的结果是迁移的减少，然而这种政策被发现在干旱地区是最切实可行的管理政策，也同样适用于撒哈拉以南非洲（Niamir-Fuller, 1999）以及亚洲腹地（Humphrey and Sneath, 1999），或者在澳大利亚。有越来越多的情况，关于牲畜迁移的合法的社会的障碍。

在过去的20年里，许多形式的政策和制度都支持可持续发展的优先权（Mearns, 2000）。自20世纪90年代以来中国的一项重要的变化是畜牧业发展被社会环境目标所推进，而不是生产或产量的主导目标（Mearns, 2000）。关于牧区的政策，主要集中在中国西部，通常是在环境恢复和区域性发展差距的基础上（建立的）区域发展战略的框架下构建的，这不仅由未达到生态发展所积累的环境问题（Economy, 2004; Smil, 1993; Warburton and Horn-Phathanothai, 2007），还由在20世纪90年代末连续的自然灾害所驱动的。环境保护和扶贫这样一来就在一个可持续发展规模中被对待，参与其中的人们要更为广泛。除了常规的管理工具之外，还采取了一些新的政策，生态移民就是其中之一。生态移民是在以上情况下被采取的环境政策之一。

本章揭示了生态移民如何从理论到实践，讨论了它的影响以及在实证材料基础上的畜牧业的含义。莫斯（Mosse, 2005）认为工具论和批判论

(Escobar, 1995; Ferguson, 1994) 都无法使政策制定的复杂性和其与实践的关系合理化，或者是谈判的创造性和技巧。这就是笔者研究生态移民的精确定位。情境化是解除复杂性的一种方法。在下文，将要通过阐明其背景、政策目标和定义，使生态移民情境化。其目的具有双重性。第一是整理出共同影响生态移民的相关威胁是什么，以便"以小见大"。第二是使生态移民的水平情境化，以便建立本地进程的宏观背景，这会在实证部分进行展示。在学术界对于生态移民有不同的理解。在生态移民相关的有限的西方出版物上，其范围从生态移民的术语解释[①]到论题的分类都是不同的。罗杰和马克（Roger and Mark，2006）与迪金森和韦伯（Dickinson and Webber，2007）使其与非自愿移民的发展模式相联系；包智明和荀丽丽（2007）、荀丽丽（2009）和叶（Yeh，2009）将它作为现代化政策的类型，而在气候变化的两项欧洲项目，《适应与缓解战略中：支持欧洲气候政策（2006—2009）》[②] 和《环境变化与强迫迁移方案（2007—2009）》[③]，认为它是气候适应与环境移民的潜在联系。这些区别确实反映了计划和在实施上的不同目标。它们将在下一章节关于生态移民情境化和实证研究中被进一步探讨。

本章集中研究了在中国内蒙古，锡林郭勒盟（辖区）中包含 4 个嘎查（牧区村）和一个苏木（牧区镇）实施的生态移民。实证材料的搜集是通过查阅官方文件以及 2008 年 4～7 月、2009 年 1 月和 2009 年 6～7 月的实地考察得到的。通过实地考察，本章旨在研究牧区社区的生态移民的影响，目的不在于概括和代表所有的牧区的进程。取而代之的是，它重点探讨了如何（再）出现了什么样的实地现象，以及畜牧业的含义是什么。从理论的视角来看，本章将根据社会学理论在生态移民的概念化方式上做出贡献，这已经超出了对生态移民计划利弊的讨论。

为了理解处于过渡期中的畜牧业，自然环境和情境化的社会文化都值得深入研究。对生态移民的研究沿着两条线发展，其中一条是通过审议其

[①] Dickinson and Webber（2007）和 Roger and Mark（2006）使用"环境移民"。包智明和荀丽丽（2007）、West（2009）、荀丽丽（2009）和叶（2009）使用"生态移民"。

[②] 项目网站，http://www.adamproject.eu/。

[③] 项目网站，http://www.each-for.eu/index.php?module=main。

生态假设与目标质疑该措施的有效性（Harris，2010；Yeh，2010），另一条是在话语实例分析的基础上揭示国家及其他行为者的角色（Yeh，2009），同时在实施生态移民上交织的权力关系（包智明和荀丽丽，2007；荀丽丽，2009）。在可持续的前提下，许多研究把关注的重点放在自然环境上，很少关注人。在面向角色的方法的激发下（Long，2001），本章着重探讨生态移民中居民的反应。诺曼龙（Norman Long，2001）认为采取面向角色的观点是为了探讨社会主体（包括"本地"和"外部"特定领域）进行的一系列关于资源、意义和体制合法性的控制的错综复杂的特征。尽管生态移民显得规模很大，速度很快，执法强硬，但是通过实证研究发现广泛出现了未曾预料的结果（葛根高娃，2006；Taogesi，2007；荀丽丽，2006；Yan，2005；Zhao，2006），提供了来自蓝图所经历的多种过程的精炼的证据。本章讨论了一个必须要提出来的一个重要方面，即人民的机构。在中国的农村许多实证表明人民不仅仅是政策的受害者和被动接受者（王晓毅，2009；王晓毅、渠敬东，2009）。人民机构值得被关注的原因是它们"（正在）居住、（正在）经历、并且（正在）改变社会景观的轮廓和细节"（Long，2001：4）。本章研究的是围绕牧场使用人民对生态移民的反应。生态移民主要涉及两个方面的变化：减少土地使用和人员流动。这两点在畜牧业的持续性上都具有重要意义。

以往的实证研究表明，生态移民采取不同的方案在不同的范围内使用（Dickinson and Webber，2007；Roger and Mark，2006；West，2009）。对于非自愿移民的研究表明，移民及移民后的过程经历了一系列的社会经济压力（Cernea，1993，1997），这是相互交织的，表明从个人家庭到群体层面的资源使用、生活关系的改变。牧民与牧区群体可能和农民及农业群体对以上的看法反应有所不同。除此之外，在空间和地域方面，大多数以往的生态移民研究都关注新建的移民安置区域，几乎不涉及家庭区域。在家庭与目的区域之间发生了什么几乎都不得而知。

在此，畜牧业的概念是指一种生活方式，这不是一种生产方式，而是"在天然草地上放牧，指的是放牧在经济和文化中占主导地位"（Galaty and Johnston，1990：2）。回顾本章的开头部分，各种干扰因素已经威胁了这种生活方式。生态移民，作为最近的政策干预，并不是独立的而是建立在各种先前的政策之上。通过地形景观留下的痕迹，共同构成了土地使用的历史轨迹。

在政府报告中生态移民一直被认为是成功的。据预测，"在接下来的15至20年里，中国将继续将生态移民作为宏观实现扶贫和生态环境保护的双赢政策"（宋建军等，2009：10），鉴于其对中国农村未来所具有的意义，这个话题将值得进一步研究。本章是笔者博士研究项目总意图的一部分，用来对生态移民做情境化调查。

情境化生态移民

当走在开阔、平坦的草原上，人们的注意力时不时地被高速公路沿线和城镇中心附近的新的定居点所吸引。定居点的结构相当统一，都是一排排的房屋。正如以下摘自谷歌地图的图片（见图15-1）所显现的，这些（定居点）的结构由俯视角度看起来更加清晰。

这些定居点被称为"移民村"（汉语是"移民村"），这些移民村都是通过生态移民项目建设的。农民被迁移到新的移民村，同时采取农业生产集约化模式。在最初的阶段，饲养奶牛是移民村的典型（生产）模式。到了21世纪初，另一种生态移民模式，即将农民迁移至城区也变得普遍。这两种模式都将在以下进行实例研究。

在针对牧民社区生态移民效果进行研究之前，笔者想解释以下本研究中的一个重要概念：生态移民。在英文论著中，这个术语被至少翻译成三种：环境定居（environmental resettlement）（Roger and Mark，2006；Dickinson and Webber，2007），生态移民（ecological migration）（包智明和荀丽丽，2007；West，2009；荀丽丽，2009；Yeh，2009），生态定居（ecological resettlement）（Du，2009；Zhang，2006）。汉语中的"移民"与"定居"并没有（严格的）区分，然而，这两个词在相关的英语中却有天壤之别。本章中使用"定居"（resettlement）一词取代了"移民"（migration）来强调（该移民）方案的政策驱动性。另一个关键的术语"生态"字面上翻译为ecology，该词语是环境（environment）的一部分。使用"生态"而不用"环境"是为了重点强调政策制定的观点和理由，这与国家在治理环

当代中国游牧业

图 15-1　从天空和地面（分别拍摄的）移民村照片

注：上面的两个图像是谷歌地图的两个移民安置村，这表明在一些结构上的共同特点。移民村都是统一的结构，一排排房屋和奶牛棚。在村庄附近的土地被分给家庭作为饲料种植，这可以从左上图清晰地看出。根据小镇发展的标准，移民村将有"五条通道"，电、自来水、高速公路、电话和邮政服务。地点选择在靠近主要交通和城市区域。

境上的更广泛的观点有关。因此，笔者使用 ecological resettlement 作为生态移民的英语相应的术语。

尽管生态移民是一项政府制定的政策，但是在政策文件上（却）很难找到该术语的来源以及定义。新吉乐图（2005）认为该术语出自于1992年极端贫困的山区居民的移民活动。他认为，在学术刊物中，该术语的首次使用是在 1993 年一篇研究三峡大坝项目移民的论文中（任跃武、袁宝国、季凤瑚，1993）。在那篇论文中，生态移民作为恢复脆弱的生态系统和缓解人口压力的一个解决方法。该术语在 21 世纪初被广泛使用，当时在中国西部地区部分省份，尤其是内蒙古地区，正系统地进行大规模的生态移民项目，以恢复生态。

一些研究者（包智明，2006；葛根高娃、乌云巴图，2003）中，对于生态移民的定义没有达成共识，但是，他们却在范围以及种类方面发展了对生态移民的理解。一般情况，生态移民安置的实践经验的研究都是在自己的环境下进行的。例如，迪金森和韦伯（Dickinson and Webber，2007）将生态移民定义为在中国西部地区，由政府授权，地方政府实施的政策，该政策用于解决与土地退化和荒漠化相关的不断恶化的生态问题和社会条件。综合以上便是本章的生态移民安置工作的定义。

（这项）政府主导的项目将依靠资源为生的农村人群，包括农民和牧民，从环境退化、脆弱的地区中搬离至新建的居民点，这些居民点位于小镇、大城市或是他们自己选择的其他地区。移民们签订合同承诺在家庭承包的草场上不进行放牧活动，同时可以获得赔偿、补贴或加入开发项目。总的蓝图预计，若没有耕种或放牧活动，同时移民在目的地生活富裕，那么土地将会得到恢复。在生态移民术语中隐含着一对关系，即移民的原因是生态问题，而相反移民也是为了生态。这种关系具有很重要的空间维度。移民可能是原地区生态恢复的解决方法，但是对于移民目的地的生态影响也同样重要。然而，本章只探讨生态移民对于原地区的影响。

进行移民的主要环境正如引言中所提及的，在西部大开发战略[1]中，环境恢复是支柱政策之一。这使得该政策区别于其他形式的移民，例如，大坝建设和保护的移民，生态移民与环境恶化的关系更加密切。生态移民被认为是九大环保工程的一项常见的方式。[2] 然而，环境并不是生态移民的唯一目标。在关于生态移民文章的主要书籍篇章中，宋建军[3]等《生态移民环

---

[1] 西部大开发战略由 2001 年开始实施，这试图缩小中国西部地区和沿海地区的差距。"可持续发展"被写入了西部大开发战略，这也符合 1994 年《中国环境保护 21 世纪议程》，其目的是"建立一个可持续发展的战略目标，能促进经济、社会、资源、环境的协调发展"。

[2] 在 1998 至 2008 年总额为 371 亿元的资金投入到九大项目，其中包括林业退耕还林，京津沙源代码管理，禁止放牧（退牧还草），天然森林保护，林业工程住房，水和水土保持，生态环境，综合治理，天然草原保护，参见 http://finance.cctv.com/20091207/101949.shtml。

[3] 宋建军，国土开发与地区经济研究所，国家发展和改革委员会副研究员。

境社会学研究》（2009），认为生态移民是扶贫搬迁的扩展形式。扶贫（或发展），从一开始就是（生态移民的）另一个重要的目标。政府文件通常将其设想为环境—发展的双赢局面。特定的生态移民计划构建在发展小城镇、城市化、农业部门工业化和农村经济结构升级的发展理念之下。

生态移民计划于 1998 年为试验阶段，自 2001 年起在内蒙古加快实施。在试验阶段（1998~2001）有超过 6000 人进行移民，根据计划，2002 年至 2008 年将有 650000 左右的农村居民进行移民，这将需要超过 1 亿元人民币的财政预算（Chu & Meng, 2005）。一项最近的调查报告（2009）显示，有 40130 户家庭和 109536 名牧民已经移民，同时直到 2008 年，有 69373 平方公里草场被封闭。① 内蒙古在历史上由不同的少数民族所占据，但是所有的都是游牧或是畜牧（民族），但是就在最近的百年来，内蒙古发生了巨大的变化。内蒙古很长一段时间都作为中国畜牧业的基础。然而，自 20 世纪 80 年代开始，工业化和畜牧集约化使得该地区占全国产量的份额急剧减少。另外，自 20 世纪 80 年代至 90 年代中期的快速增长之后，在 90 年代后期，牧区（人民）收入处于停滞不前，低于全国平均水平，尤其是经历了连续几年的自然灾害。在所有的自然灾害中，沙尘暴是土地退化和荒漠化扩大的表现形式，影响了中国北方甚至再往南。国家迅速作出反应以应对环境问题，高层领导实地考察②并在内蒙古实施了大规模的环保项目。③ 在内蒙古实施西部大开发战略的区域纲要中④，内蒙古在西部大开发战略中处于首要位置，因为内蒙古是一道重要的生态屏障，其土地荒漠化不仅威胁当地

---

① 数据来源：《牧区生态移民和小城镇建设的调查报告》（2009），http：//blog. sina. com. cn/s/blog_ 5f150d030100gvt9. html accessed November 5。

② 在 2000 年春天，朱镕基实地访问北京邻近省份确定的严重沙尘暴的源头，并强调了控制荒漠化和土地退化的优先级。他表示过度放牧是导致沙漠化的主要原因，应在承载能力内采取措施。他还指出，生态利益和农村人民的经济利益，应与生态建设工程结合起来。参见 http：//news. xinhuanet. com/misc/2000-12/03/content_ 506996. htm，新华网，2000 年 5 月 14 日。

③ 中央政府投资 69 亿元用于内蒙古 4 个生态工程建设，包括天然草原植被恢复，草原围栏，京津沙源控制和禁止放牧。另一个来源说有 65.2 亿元投入到保护草场中。http：//www. imgsi. com/newsfb/sylist. asp? tbid=3318。

④ 见《内蒙古自治区西部大开发战略实施大纲》，www. nmgfgw. gov. cn/attachment/2008111016034. doc。

牧民的生活，同时也会威胁到北京以及中国南部地区的生态安全。因此，牧区在区域甚至全国范围中所扮演的角色，在世纪之交由生产转向了生态功能特定的生态移民项目应被理解为在区域或全国范围内发展范式、论述、理念和行动的转变。

实证研究结果

1. 研究区域

进行生态移民的尝试是很复杂的，在不同层次中进行情境化（分析）。案例研究方法在过程和动态上采取特定的和情境化的理解十分丰富。本章实证研究基于内蒙古锡林郭勒盟的一个苏木。锡林郭勒草原是内蒙古主要的天然草场之一，同时也是传统蒙古族畜牧业的代表地区。它也具有大量的蒙古族人群。[①] 锡林郭勒盟是第一批主要实施生态移民的地级市之一。它与北京的接近使它扮演了重要的环境（保护的）角色。就在2000年严重沙尘暴袭击北京，（朱）总理亲自考察了该地级市之后，该市就采取了一个全面的战略，叫做：围封转移（战略）[②]。该战略的主要目标是通过系统的土地管理和生产模式以及经济结构的转变，从而达到控制土地退化和荒漠化的目的。其核心内容是："封闭草场、禁止放牧、合同承包和（从农业经济之中）转移，集约经营。"

锡林郭勒盟的行政版图规划为四区、四带（区域）和十二基点，以实施不同生态保护措施。[③] 在（草场）封闭区和禁止放牧区，生态移民作为措施实行，这些区域都是生态极度恶化的沙漠或半沙漠草场。按照计划，不

[①] 人口为1016800人（占内蒙古的4.23%），其中蒙古族297600人（占蒙古族内蒙古人口的6.92%和区域总人口的29.27%），2007年统计。数据来源：锡林郭勒盟的统计是来自锡林郭勒盟经济和社会发展2007年的锡林郭勒盟统计局发布的，2008年4月11日。http://tjj.xlgl.gov.cn/ywxg/tjgb/200804/t20080411_123341.htm。内蒙古统计公报是由内蒙古经济和社会发展2007年的内蒙古自治区统计局发布的，2008年8月13日，http://www.nmgtj.gov.cn/Html/jjshfztjgb/2009-7/0/2385.shtml。

[②] 据锡林郭勒盟委的关于实施围封转移战略的决定［锡党发（2001）第2号］，http://xlgl.nmgnews.com.cn/article/20061220/123657_1.html。

[③] "四区"，即围封禁牧区、沙地治理区、围栏轮牧区和退耕还林还草区。

能进行基于饲料种植基础上的谷仓喂养方式的地区，实行生态移民，将人们转移至具备"五通"条件的建制镇周围地区，发展舍饲养殖或者从事第二、三产业。此地带面积为3557万亩（占该盟总面积的11.7%），涉及5个旗（县）和14个苏木，总人口涵盖1.16万户家庭，4.73万人［占全盟农（牧）业人口的9.4%］。根据县政府统计，到2006年通过生态移民计划安置的居民达到9227户家庭，41081人。其中，7927户家庭和37172人为牧民。[①]

实地考察区苏木M[②]，位于锡林郭勒盟的中心地区，是一个海拔高度约为1000米的典型的荒漠草原。该镇由4个嘎查和一个生态移民村组成。该镇由附近的城市Q管辖。在世纪之交，该地区连续遭到自然灾害的袭击，1999年的雪灾，2000年和2001年的干旱，2000～2002年的沙尘暴。该地区成为沙尘暴的主要监测点，由北京—天津一带沙尘暴控制项目管理。在2001年和2006年分别有两个时间跨度为5年的生态移民项目开始实施。第一个项目是将牧民迁移至新建的移民村庄，采取奶牛集约式谷仓喂养的牧民得到了补贴。2006年的第二次生态移民原计划将所有牧民在5年内迁移至城市Q。值得一提的是，2004年苏木M改变了其行政辖区和属区，这就影响了接下来的生态移民。

该行政辖区为3848.3平方公里，2649户家庭，1828人（其中，男性916人，女性912人），所有人都在M镇定居，其中有519户家庭，1543人为牧民。[③] 在牧区，人烟稀少（每平方公里0.14户，约0.46人），关于土地的一些基本信息和研究地区的人口列于表15-1。在土地和村一级人口方面的一些模式为：(1) 嘎查D比其他三个嘎查大得多；(2) 嘎查D承包草场的比例非常低，换句话说，仍然有大面积的集体牧场；(3) 家庭的平均规模为3人，比嘎查C要大一些；(4) 嘎查B和D的家庭户平均牧场承包面积规模较小，但每人平均承包草场面积规模较小的是嘎查B和C。这些模

---

① 数据来自锡林郭勒盟生态建设和农村的人口迁移网站，http://wzb.xlgl.gov.cn/921/986321/200706/t20070615_21941.htm，2007年11月23日。
② 乡镇和村庄的名称匿名。
③ 数字来自市政府网站，2007年总数和牧区之间的数字差异代表非牧区家庭和个人。他们通常是非本地人不享有承包牧场。

式可以解释为生态移民的影响,将在以下进行分析。

表 15-1 研究区域的土地及人口

	嘎查 A	嘎查 B	嘎查 C	嘎查 D	苏木 M
总面积（公里²）	766.67	807.33	912.67	1361.33	3848.3
承包面积（公里²）	566.67	653.9	820	784.67	2825.23
承包面积占总面积的百分比	73.91	80.99	89.85	57.63	73.42
总人口（人）	236	323	405	351	1315
总家庭户数量（户）	75	96	109	114	394
每家庭户平均人口（人）	3.14	3.36	3.72	3.07	3.34
承包面积/家庭户（公里²/家庭户）	7.56	6.8	7.5	6.88	7.17
承包面积/人口（公里²/人）	2.4	2.02	2.02	2.23	2.15

2. 牲畜、草场、水、居住区：在地面上放牧的背景情况

直到现在，牲畜如果不是唯一，也已经是苏木 M 牧民的主要收入来源。同样重要的是，事实上，畜牧业是内蒙古象征性的生活方式。由于该地区降水量大小的不同以及植物生长周期短，尽管困难重重，但是依靠粗犷型放牧活动的畜牧业在该地区仍然持续。为了研究在牧民社区生态移民的影响，笔者用情境化的方法来看看先前的因素和畜牧业活动是如何共同发生作用的。因此，本章的目的在于从牲畜、草场、水以及定居点三个方面来使苏木 M 的畜牧业情境化。

像内蒙古其他牧区一样，苏木 M 已经经历了在当代历史上，政治经济发生巨大、重要变化的两个阶段：在 20 世纪 70 年代的人民公社时期和 20 世纪 80 年代以来的产业化改革时期。第一阶段的变化发生在 20 世纪 60 年代末，当时牲畜和牧场被集体化，生产和消费均在公社、大队和生产队的层次结构管理下。在 20 世纪 90 年代，作为国家经济改革的一部分，人民公社制度被废除，正如中国其他农村地区开展家庭联产承包责任制一样，牲畜和草场也实行了承包制。区政府发布家庭联产承包责任制的指导纲要，而下级政府开展实行的具体方法。村委会的负责人都进行具体分配规则和实施。老村干部，包括村委会主任、村支书、村会计，是村里土地分配的主要决策者。在 1982 年 3 月 22 日，牲畜被

重新分配给了4个嘎查的个体家庭户。① 受访者大多认为是公平的分配，每户分得相等，除了少数汉族受访者抱怨由于他们没有本地背景，所以分得的较少。

土地被承包给个体农户通过两轮分配。1984年进行第一轮分配。在一些嘎查，草场主要分配给浩特②以及周边邻近住户。在其他地方，草场主要分配给住户。根据土地面积，家庭户被分配，但是并没有对家庭草场的具体位置作出规定。草场仍然像在人民公社时期一样被使用。然而和生产队主要的区别在于，家庭户个体决定在哪里放牧，什么时候迁移。1996年，第二轮土地分配目的在于重新确定并保证了30年的土地使用权。这是第二次将土地分配给各个家庭，同时土地的边界也被书面形式划定。家庭是对草场承包的主要单位。第一次（土地）分配有两个原则。一是尊重土地使用的历史。首先分配到最近的家庭牧场和那些以前住在牧场的牧民。另一个是尽可能给每家每户钻井。然而由于在很多地区缺少地下水，第二个原则很难实现。关于接入水的部分将在接下来的部分进行阐述。还有4个在土地分配过程中的明显变化。例如，在嘎查D家庭承包的土地范围40%由牲畜的重量决定，60%由家庭人口数量决定，而在嘎查A只考虑家庭人口数量。

2003年发放了土地所有权证书，这使每户家庭都对土地有了合法的所有权。③ 证书表明了签合同之时的家庭人口和合同有效期限。有附加的地图，标明的面积，相对位置，有时还标明家庭牧场的地形。在处置土地的基本法律权利也表示在其中。基本规则是，土地不能买卖，但使用权可以继承和转让。该土地使用仅用于畜牧业的目的。然而，在该土地证书上表明的土地权利情况并不明确。

尽管土地在书面上被划定，但是笔者现场发现很多人都不知道家庭

---

① 家庭人口、民族、劳动力组成和孩子、对生产队原先的牲畜贡献，工作报酬都会被考虑在内。在第一年，家庭仍然需要返回一些牲畜或收入来自畜牧业的村集体，因为分发一些牲畜被算为集体的财产。

② 一种蒙古族形式的生产协作单位，在人民公社时期就被持续使用。它通常由3~4个家庭组成。它不是一个固定的单位，随着迁移和不同的季节而改变。

③ 值得注意的是，合同期为1996年至2026年，但该证书确认承包权直到2003年才发放。

（承包的）牧场的确切位置，只用标志性的景观，如斜坡，作为边界的标志。人们还没有一个对自己的牧场的清晰的概念。然而，人们对于土地权的概念正在转变。对（承包）牧场的大小和边界的争议案件如今也出现了。越来越多的围墙被竖立起来，首先是支付得起高昂费用的富裕家庭，逐渐就有由政府发展项目帮助的其他家庭（也开始竖立围墙）。另外，在第二次的土地分配中，一些家庭被界定的土地和第一次的有区别。现在，这也是土地纠纷的一个原因。

土地承包制的平行过程是不变的。嘎查 D 村委会主任告诉笔者，尽管 20 世纪 70 年代定居政策鼓励牧民定居下来，从蒙古包搬到房子里，但是个别住户直到 20 世纪 80 年代中期才开始建造房屋，大部分都是到 20 世纪 90 年代才开始建造房屋。自 2000 年以来，发展项目每年提供资金（支持）。现如今几乎所有牧民都有房子，但是大部分也同时住在蒙古包里。当他们放牧牛羊至离房屋较远的地方时，许多人仍然在蒙古包里过夏天。定居的生活帮助实现土地承包制，同时土地承包制又加强了定居生活。

在 4 个嘎查的土地分配，是一个渐进的、复杂的、模糊的过程。土地分配的结果由市草原检测站制作的地图（见图 15-2）很好地说明了，这就形成了在生态移民之后的牧场管理计划的基础。① 用线条标明了家庭户草场。图 15-2 很好地指出了在上文提到的人口和土地的空间维度特征。嘎查 B 和嘎查 C 的牧场被分割成更小的区域。主要的解释是，比起草场家庭户的数量更多。更深层次的解释是与不同土地分配方法有关。嘎查 B 的家庭，在 20 世纪 90 年代被分配了第一块草场，在 2003 年被分配了第二块（草场）。第二块草场的面积通常比较小②，而且离第一块草场距离较远。这是因为，第二块草场是从一块集体牧场中分割出来的。对于一些家庭来说，他们能在不同的季节使用这两块不同的牧场，一块用于夏季，一块用于冬季。但是，对于大多数人来说，他们一年四季都待在一块草场

---

① 这张照片是在该市移民区宣传栏中拍摄的。这是展示 2006 年生态移民安置规划信息的一部分。
② 大部分土地面积是 1000 亩。

上，而不去使用另外那一块。下面的关于草场使用的部分将会解释这些区别的主要原因。

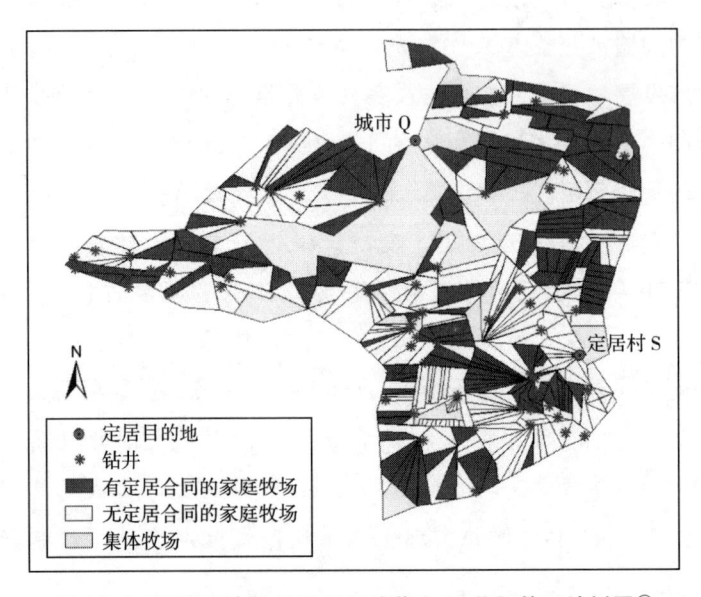

图 15-2　基于家庭牧场承包制的苏木 M 牧场管理计划图①

嘎查 D 有相当大的集体牧场。前嘎查 D 村委会秘书告诉笔者，嘎查 D 领导小组决定要保留一大片集体牧场，来减轻牧民家庭的财政负担，因为家庭户要承担牧区草场使用费。然而，牧场使用费从 2006 年就已经被取消了，而且对于集体草场的划分也有了更高的要求。压力还来自于由于妇女结婚嫁入嘎查 D 以及新生儿出生带来的人口结构的变化。

畜牧业的关键资源是植物和水。自集体经济时期留下的最重要的剩余物就是现在还在使用的人民公社时期的水井。尽管土地分配在很大程度上考虑了水井的空间分布，但是有相当数量的家庭能够在自己承包的牧场上钻井，他们不得不驱使自己的牲畜穿越别人的草场到达水井。然而，实地考察中得知，这样的行为已经越来越难了。

---

① 根据官方地图重新绘制。

第十五章　后畜牧业：生态移民下的牧民

生态移民计划

在苏木 M 实行了两个生态移民计划。第一个生态移民计划是在 2001 年连续的自然灾害之后立即组织的。第二个计划在 2006 年被实行。这两个项目几乎有相同的政策依据来使牧民搬迁：签订 5 年移民安置合同[①]的家庭有义务在合同期间不使用其牧场，作为回报，他们将获得货币补偿、补贴和已经从政府获得的优惠政策和支持。移民安置计划和管理基本上都是以家庭草场合同为基础的。只有持分配证书的家庭才能签订移民安置合同。这一重要的条件决定了家庭户是否可以在第一时间进行搬迁，因为持有分配证书的许多家庭随着第二代结婚而形成了一个附属家庭。任何单身的附属家庭都不能参加生态移民计划。此外，由于补偿标准是以家庭牧场大小为基础的，不论是家庭规模还是土地面积都会影响该户家庭得到的货币补偿。虽然没有具体的数据支持，但是大部分的受访者都认为，大家庭、少牲畜和少劳动力选择加入第二个生态移民计划。

1. 第一个生态移民计划——让生态移民村富起来

2001 年第一个生态移民计划开始将牧区家庭迁移至一个小镇附近的村庄的定居点。158 户家庭，526 人用了一年多的时间逐渐搬离苏木 M 的 4 个嘎查，还有约 20 户家庭来自于另一个相邻的嘎查。这个计划是锡林郭勒盟一个典型的第一阶段生态移民模式。[②] 这是根据"五步骤"小镇发展的标准进行建造的。每户家庭被分配了一幢约 30 米^2 的房屋或半独立的砖房，一个温暖的谷仓，一个饲料窖和一块 20 亩的土地用于种植饲料。迁入家庭被支持进行集约化生产谷物喂养牲畜。他们通常被资助贷款购买牲畜。家庭一般要支付 20%，剩下的由贷款支付。第一年由政府提供免费饲料。

[①] 安置合同由四方共同签署，牧区家庭、村委会、镇政府和市监察局，草原牧场的名义使用权保留到家庭。

[②] 第一阶段大致是在 2001 年至 2005 年。

一位 2003 年搬迁的受访者①，她是直到笔者 2009 年最后一次访问在养奶牛方面最成功的牧民之一，她认为移民村在两年的时间里发生了巨大的变化。她告诉我，2000 年首先建立了 20 幢房屋，一些家庭迁进去饲养了不同种类的家畜，如兔子、羊和牛。然而，有一些家庭立即去了 Q 市开始做生意谋生。剩下的房子是在 2001 年建造的，大部分的家庭是在 2002 年迁入。直到现在，奶牛都是该村主要饲养的牲畜。移民的计划者认为奶牛养殖是一种高级的集约型农业模式，这可以加快现金收入，而且谷仓喂养不会影响到邻近的土地。"公司+农户"的模式②曾一度被当地政府大力推广，主要是通过将小规模的奶牛养殖户加入到大型奶业公司的供应链中，比如蒙牛、伊利。在这个移民村，有一个从其他县来的汉族商人私有的奶站。人们一天两次将他们的奶牛迁到奶站挤奶，同时在一张卡片上记录奶量。除此之外，他们还从奶站通过书面记录领取饲料。在每月月底，他们都能领到相应的钱款。然而，人们无法按时拿到钱的现象也时有发生。当离开了政府的支持，如一年后免费饲料就不提供了，自 2003 年起，很多牧民都无法再继续养殖。受访者还将原因归结为养殖奶牛的重重困难，如奶牛质量低，奶牛养殖的高成本和风险，牛奶价格低，奶牛养殖技术匮乏以及缺乏饲料种植技术。

很多牧民都重新回到自己的草场开始放牧。尽管回归迁徙生活，又开始使用他们的草场明显是与之前签订的移民合同相违背的，但是并没有人因此受到惩处。在该嘎查的一些受访者回到了放牧（生活）。他们说，由于行政隶属于苏木 M 的变化，让他们被政府遗忘了。到目前为止，贷款买奶牛的钱也并没有要求偿还。一些受访者从奶牛村回到了原先的牧区村。其中有一些人在奶牛村养殖奶牛的同时还在牧区的家里放牧。通过朋友和亲戚之间的协调合作来获取劳动力。关于第一次生态移民的最普遍的抱怨是，他们并没有像政府当初在移民时告诉他们的那样变得富裕起来。在搬入这个村的牧民中，确实有一些人在连续几年的自然灾害中失去了所有的牲畜；也有一些人因为遭受到了自然灾害，对于畜牧业前景变得不确定，想要开

---

① 受访者是一位 50 岁左右女性和丈夫一起，有 3 个孩子。她分别在 2007 年 5 月、2009 年 1 月和 7 月被访问。
② 包智明和荀丽丽（2007）给出了这样一个奶牛村的实证研究的基础模型的具体调查。

始准备一个不一样的未来；还有一些是想在这个村庄里变得富裕。移民可能混合了各种刺激因素和原因，但是那些以前就饲养牲畜的牧民，他们通常继续保留他们的牲畜，承包给那些还待在牧区的朋友和亲戚。这就解释了为什么当村企业破产后，牧民很容易再回到牧区放牧。

尽管政府不得不对村里的支柱产业进行支持，但是由当地政府实施的奶牛村移民模式还是失败了。失败是由于村领导缺乏现代管理（能力），操作规模小，在市场体系中脆弱的家庭企业模式。在2008～2009年的奶粉丑闻被曝光后，对于奶农的责怪使得这种脆弱性更加明显。

奶牛村的家庭数量已经降至94户，其中有74户为奶牛养殖户。在94户家庭中，有39户签订了第二轮的移民合同，这就要求他们再封闭5年草场，作为回报，他们可以获得住房、饲料窖和谷仓的所有权。如果他们按照第二次移民计划搬到Q市，他们将获得同等的赔偿。

2. 第二个移民计划——城市一样的生活

当地政府从第一次生态移民得到的重要的教训是："生态移民不能在第一（农业）产业从一种形式转到另一种形式"和"一次性移民到城市"，因此，2006年第二次生态移民计划将牧民安置到城市Q。与周围的广阔的牧区相比，第二次生态移民的目的地——Q市，相对较小，但是在最近的15年里由于内蒙古以及中国其他省份的移民的迁入，当地的经济得到快速的发展。大部分的移民从事第二产业和第三产业的工作。

移民的家庭根据家庭牧场的大小每月获得补偿。安置移民户的住房为单独的五层楼房。每户家庭分得约70米^2，两卧室一客厅的房子。鼓励移居牧民开始新的城市生活。他们会被帮助进行职业培训，职业介绍和开展小型的生意。移民家庭的孩子直到高中都免除学费，同时在寄宿制学校上学还可以免费住宿并获得每月补贴。除此之外，移民家庭还能将农业户口迁为城市户口[①]，作为条件是他们要放弃承包牧场的使用权。

在现场中调查发现196户家庭中只有30户签订了搬迁至市郊的合同，30户中的一些家庭将他们的公寓转租出去。大多数的移民家庭选择租住在

[①] 户口是中国的人口户籍制度。这项政策的背景是，户籍制度仍然是区分中国农村和城市居民的主要结构。城市户口给予了更多的在社会福利和服务方面的权利。

私人多层的房屋里。受访者表示这主要是由于补偿的区别。[①] 大部分的移民住户不愿意住在单元公寓里，以便获得更高的赔偿。除此之外，移民受访者还抱怨了住在单元公寓的高昂生活费用，如冬天的取暖费用。

牧民同样从第一次移民计划中学到了经验。几乎所有留在牧民村的受访者都将此归结为第一次移民计划的失败和他们第二次移民不愿意搬至城市的原因。加入第二次移民计划的城市移民搬迁有不同的原因。政府的规划理念是将他们转变为新城市居民，使他们能够享受更好的生活条件，可以使用自来水、电，以及在第二产业和服务型行业工作。无论如何，受访者似乎更加现实，对于目标的关注度很小。在短期内补贴是很重要的经济因素，但是同时，大部分的受访者在5年之后都准备回到牧区的家。通过深入和后续的采访，大部分的牧民都将小部分的牲畜[②]保存在亲戚或朋友家里，这成为他们以后回到牧区放牧的基础。例如，教育、医疗这些社会因素在依据家庭人口结构的移民家庭中扮演了重要的角色。有一些从牧区移民来的成功的移民者，他们经营了一些小生意，如餐馆和商店，但是他们都是在生态移民（计划）之前就来到城市的。工作难找，而且大多数工作是临时的、短期的、季节性的，这就增加了每日支出的生活压力。

为了将更多的牧场加入到牧场封闭计划，政府鼓励已加入移民计划的家庭户自行更早地搬至城市。这种类型的移民称为"第二、第三部分移民"，在签订安置移民合同的基础上给予每人4000元的补偿。还有一种持续每月按每亩补偿0.8元，直接打至他们的账户。笔者采访了迁徙的3户家庭，自然灾害和草场退化是他们放弃畜牧业并迁移至城市的重要原因。然而有一个有趣的对比是，大部分两次移民受访者认为，草场退化并不是迁移的主要原因，但是他们认为他们的搬离对于他们的草场来说是一次很好的休息。

3. 目前的情况

表15-2列出了两次移民计划的条件和权利。根据移民计划，自2005年开始的5年内，所有的牧民都将进行迁移。然而，到目前为止，大部分的牧

---

① 对于有单位公寓的补偿标准是每亩0.80元，而其他是每亩1.20元。
② 他们通常保留50只羊和1~2头牛。

区牧民都还在牧区。当地政府指出了政策的几点问题。主要的两个问题是补偿的标准低和闲置房。在笔者调查结束的2009年,单元公寓家庭的补偿款没有减少。据说,补偿款将会增加至每亩每年4.95元。

表15-2 两次生态移民计划的条件和权利

至移民村（2001）	至Q市（2006）
·签订5年禁止在家庭牧场放牧的合同 ·一次性补偿5000元 ·补贴购买奶牛的贷款 ·每户20亩土地用于种植饲料,享受政府给予第一年的免费饲料（2004年后低价购买） ·奶牛饲养的技术培训 签订移民安置合同（2006） ·签订第二轮合同,即拥有半独立的房子以及温暖的仓库的所有权 ·每亩每年0.8元的补偿	·签订5年禁止在家庭牧场放牧的合同 ·70米^{2}公寓 ·每亩每年0.8元补偿（若没有公寓则为1.2元） ·工作介绍 ·开始私人生意免除行政费用 ·上学学生直到高中免除学费 ·城市户口的草场证书

根据市政府的统计,直到2007年,有180户家庭（占总数的46%）,580人（占总数的44%）,签订了移民合同,占总数47%的草场被封闭。图15-3显示了苏木M和根据政府划分的4个嘎查的移民分布和未移民家庭：留守家庭,至移民村移民,城市Q周边的移民,第二、第三部分和至其他部分的移民。图中表明了在嘎查D的留守家庭最多,在嘎查A最少。来自嘎查B和D至移民村和来自嘎查A迁移至Q市,尤其是移民Q市周围的比例较高,迁至其他地区的移民类别,包括迁至Q市的移民,而不是住在移民周围的人。在2009年政策发生巨大变化之后,这种情况也随之改变。4个村落不同的移动模式的原因是笔者博士论文研究的一部分。总的结论是,在移民安置计划中有不同刺激和可能性,这比项目的目标更加复杂,也有区别,而且移民的过程充满了谈判和妥协。

生态安置对草原社区的影响

本节内容旨在探讨：生态安置项目的实施对草原社区的影响。图15-3显示了牧民习惯住在同一个村落或乡镇中,经营草原畜牧业的牧民们是如何被安置在不同地点，以不同的方式谋生。人们常认为游牧村落的直接结果，就是居民或家畜将变得更少，而这也恰恰符合决策者们的初衷。然而，如果将人群与场所之间的联系纳入考虑范围，很可能是不正确的。存在于安置活动、人口减少与畜养量缩减之间的逻辑关系，并不如我们所设想的那样直接。本节稍后的段落，将对该影响的三个不同方面进行分析，并强调空间扩张的集中性，以及不同地域场所之间的联系。

1. 改变土地使用模式

牧场管理计划（见图15-2）说明当地政府将如何管理牧场，它主要基于承包的家庭牧场的边界划分。深色的地块代表2006年已得到安置的家庭。本人走访了4个嘎查，竭力了解受访家庭的空间分布。通过对42个家庭进行访问，笔者获得了详实的资料，内容涉及他们对牧场的日常使用方式，以及在生态安置项目实施后，是否发生了相应变化。同时，笔者还通过参与考察，掌握了牧民是如何放牧的，以及牧场的使用方式——即畜群在哪里放牧，在哪里饮水。

根据安置规定，得到安置的家庭，其牧场会被围栏用于植被恢复。直到2009年最近的一次走访我们才发现，仅有少数被安置的家庭的牧场用栅栏进行了围栏，这意味着他们的牧场将不受到牛羊的啃食。但是对多数已得到安置的家庭而言，他们的牧场仍是敞开式的。到2009年7月，当笔者第三次进行实地考察的时候，有更多已安置家庭的牧场得到了围栏。留守的那些家庭通常会坦陈，他们的畜群会跑到已迁走的邻居们的牧场内进食牧草。"动物都长着四条腿，我们又能怎样控制它们往哪儿走呢？莫非要把它们的四肢砍掉不成？"当笔者问他们是否会使用移居者的牧场的时候，他们通常这样回答。同时他们也会觉得，对于自己的"偶尔借用"，那些移居者也不会介意的。但是与此同时，多数受访者也都强调了一点，即他们的畜群在多数时间里，还是在自己的牧场内进食的。此外，也有另一些人表示，在已被围栏的牧场内进行放牧，也是不可避免的；其原因在于：例如，牧场的狭小，或者牧场在通往井眼的路上。

然而，移居者们并不像他们所想的那样慷慨。针对自家的牧场被邻居使用的事实，Q市一位接受采访的移居者就明显地表示出不满，尽管那位借用者还是他的姐姐。他们的关系由此变得紧张，因为姐姐无视弟弟的警告

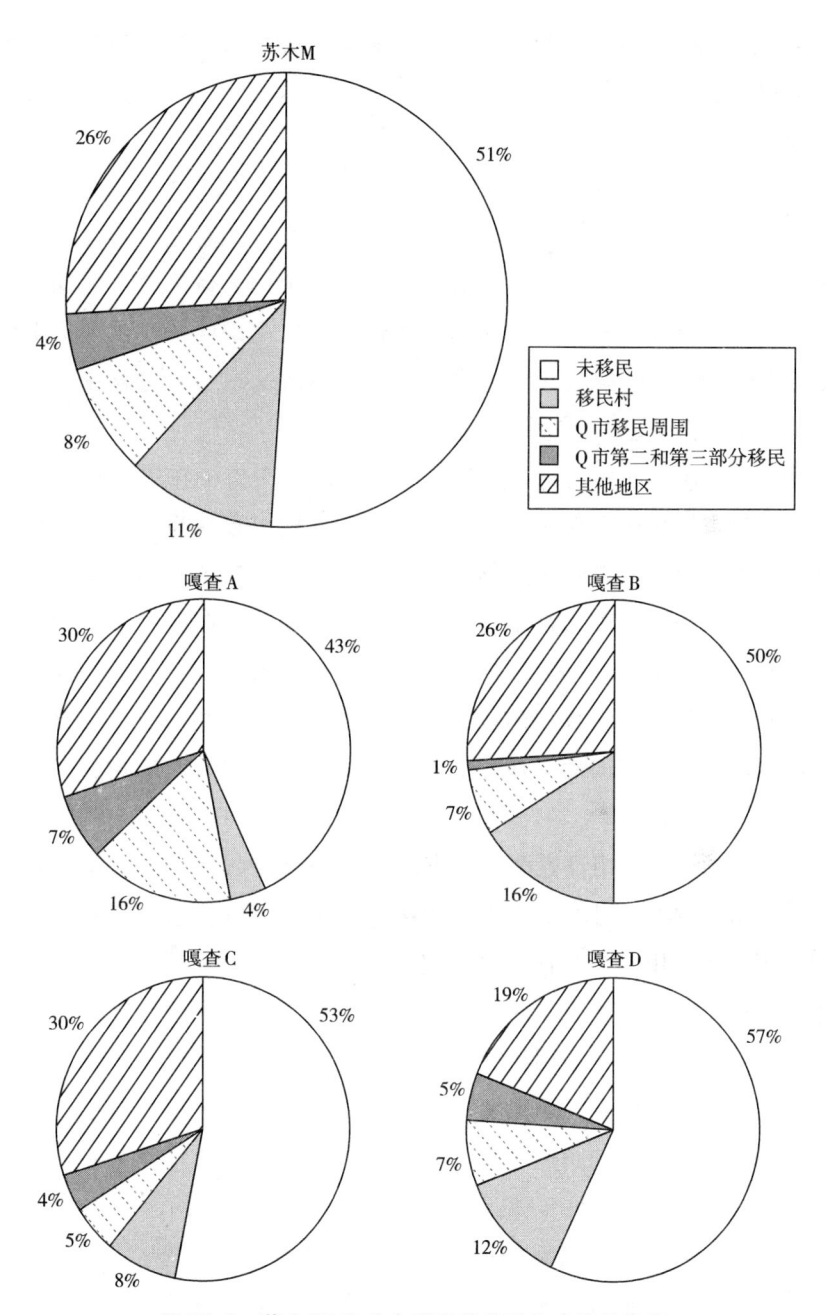

图 15-3 苏木 M 和 4 个嘎查的移民和未移民家庭

资料来源：根据 2007 官方统计。

而擅自闯入牧场。同时,他还试图将当地草场监测站牵扯进来,但监测站的官员更愿意选择不介入的方式,而建议他与姐姐进行协商。"生态安置的目的何在?国家说这是为了促进牧场的恢复。我问了那个官员,他们到底管不管(我姐姐牲畜的侵占行为)?"[1] 另一位牧民的家庭已经签订了安置协议,但仍然待在其牧场内,且没有在其中饲养牲畜。他告诉笔者自己是如何一次又一次将其他牧民的畜群赶出自己的土地的。他谈到,这是怎样一种窘境,因为所有村子里的人都相互熟识,而且在某种程度上还是亲属关系。他并不希望自己给人一种吝啬的印象,因为这是与蒙古族牧民的形象背道而驰的;但他也不愿意忍受这种频繁的侵扰。

如今,有关土地使用问题的争端,并不仅仅产生于移居者与非移民之间;它也越来越多地出现在牧民之间。设置围栏多数是为了解决家庭牧场边界划分的问题。栅栏越来越多地被用于牧场内,安置它们的目的,也不仅限于政府用于实施围栏措施,还有牧民为了满足自己的种种目的。对于栅栏本身,多数受访者都表现出一种非常矛盾的看法。一方面,他们认为设置围栏,会使对自家牧场的监控与保护变得更为容易;而另一方面,这种措施也限制了牧草的动态使用,对自家牧场产生了不利影响,尤其增加了在荒年的风险。

在许多地方,采用设置围栏的方式来保护自家牧场的专属使用权,都是一件难事。例如,对于上文提到的第二块牧场,由于它的面积太小,不足以实现专属使用。在其他某些情况下,牧场的形状或地点,会使得安置栅栏的难度非常大。然而,同样需要阐明的是,除了划分边界,栅栏还有其他的功用。有些家庭会用栅栏在自家牧场隔离出一块草皮,以便冬天使用。有些受访者还提到,用设置围栏的方式管理畜群会更加简单,因为他们缺乏劳动力。不论其功能为何,设置栅栏的结果都会体现为:牧场变得更为碎片化,其动态性也会降低为家用地块。

在对牧场系统的关键理解中,有一项诞生于20世纪90年代的实证研究,即撒哈拉以南非洲(Niamir-Fuller, 1999)及亚洲腹地(Humphrey and

---

[1] 受访者为一位40多岁男性。引证内容摘自与他进行的第二次采访,时间为2009年1月13日。

Sneath，1999）牲畜流动性的持续重要性。在世界范围内，要求划清边界范围，并依赖更为个体化的牧场使用的压力越来越大（Glavin，2009）。牧场的私有化已经被公共与差异性力量所推动，但最为明显的共同后果是土地的碎裂化，这威胁着流动性畜牧业的可持续性实践（Galvin，2008）。对于维持畜牧业而言，土地的可使用性已经成为核心议题。通过对游牧治理以及牧区管理体系的研究，已逐步得出结论，即有关土地使用的统辖通常具有流动性。

作为对社会、政治、经济及生态条件方面的反应，对相关规定的协商在不断进行中，特别是在那些气候条件具有较小可预测性与多变性的区域内（Behnke，1995）。对邻居牧场的日常相互使用曾经很平常，但生态安置活动对这种互惠性产生了挑战。移居者不希望自己的牧场被他人饲养的畜群自由使用；而非移民则觉得移居者已经从自己的牧场中获得了补偿收益，而对旧式做法的沿袭也不会对牧场造成任何影响。对非移民的理由的背后，是对打破承包牧场边界限制的需要。

水源的分配也深深影响着当前的土地使用模式。自20世纪70年代建成的主要水利基础设施，即井眼，对个体家庭的日常用水与放牧距离起着相当关键的作用。在实现生态安置之后，更多的围栏被设立起来，这直接阻碍了牧区与井眼之间的通道，使得这段路径变得更遥远，或是使畜群根本无法抵达水源处。由此，一些能支付得起的家庭选择了用交通工具取水的方式，以避开去往井眼的阻碍，并节省了驱赶牲畜方面的人力成本。虽然该地区的地表水逐渐枯竭，在春夏两季仍然会在雨后出现一些季节性的水洼。很多牧民都习惯于架起帐篷，待在距离水洼较近的地方，并停留数日，让畜群在水洼中饱饮，并在四周吃草。但是，自生态安置落实以来，却只有很少的家庭采用了这种方式。

实证研究显示：当环境变得碎片化，且获取水源与草料的迁移受到限制时，对牧民及其牲畜起到支持作用的唯一方式，就是增加经济与政策方面的投入（Galvin，2008），这也正是在本研究区域内的又一发现。自21世纪以来，对于过冬与春季草料的储备，已经成为必需。驻留在游牧村庄的受访者们清楚地意识到，他们在面对气候变化时的脆弱性，典型例子就是干旱。为了躲避严重灾害而采取的长途迁徙，即"go Aoter"，作为内蒙古流动畜牧业的应对策略，其成本已经变得越来越昂贵，原因是它的经济价值已经逐渐取代了以互惠性为基础的社会价值。

总之，牧民在日常生计中面临着一种两难处境，即既需要更大的畜群迁徙空间，又不愿开放自己的草场供他人自由放牧。另外，牧民仍然接受了某些旧的行为方式。例如，大型的牧场（包括饲养马匹与骆驼的场地）通常允许自由放牧，因其具有较高的流动性。畜牧业常常会欣然接受"无边界、无孔隙、无时限，及持续的社会/政治再协商"（Turner，1999：122）。

一些家庭随安置项目而迁徙，而另一些则留守原地，土地使用进入了再谈判阶段，但基本原则似乎在不断发生变化。交互性仍然重要，但其他的价值也在过程中发挥了作用。相较牧民家庭的日常管理而言，无论政府机构还是草原监测站，都应该在牧区管辖中起到更为首要的作用，但正如上文所述，在实践中对土地使用的协调，其实与社会关系之间产生了交集。

在空间分配方面的某些特点，是由安置项目促成的，它们对土地使用造成了重要影响。研究表明，当地存在着若干移民与非移民的草场集群。同时，在嘎查 B 中也存在着一个返迁集群。因此，某些地区比其他地区的放牧情况更为严重。另一个发现是，在嘎查 B，在夏季有更多的相关家庭迁至集体牧场。在嘎查 B 的集体牧场中，有一部分已经被划分完毕，并分配给个体家庭留作第二块牧场；但是，正如上文提到的，可供每个家庭使用的牧场面积太小，且缺少水井眼，以至于若干家庭无法使用自己被分得的牧场。但是某些具有亲戚关系的家庭，却会更多地一起使用自己分得的及相邻的集体牧场。

在移民与非移民的牲畜饲养方面，由于采用不同的安置方式，土地使用模式也在不断地发生变化。研究表明，迁徙牧民在其牧区内有三种放牧方法：将畜群承包给非移民家庭；驻留在相邻的朋友或亲戚的牧场，并在自己的牧场中放牧；租用非移民的牧场，或是将自己的畜群与非移民的畜群混合饲牧。

2. 提升空间流动性，拓展生活空间

在两个安置项目实施完毕后，牧民目前基本居留在三个地方：游牧村庄、安置村及 Q 市。笔者在刚开始对这三个地区进行研究时，将着眼点放在三个不同类别的人群身上。但是笔者发现，这几个不同区域内的人群之间，具有越来越多的联系与相关性。与城镇、公路及铁路之间的距离，曾经是决定市场通达性与牧民生活的限制因素（Humphrey and Sneath，1999）。但是在过去的10年间，公路基础设施已经得到了很大的改善，多数家庭已经享受到了更好的交通出行方式。研究表明，城乡之间的牧民流动性已经得到了提高。

特别是在夏季，牧民们有更多的闲暇时间，就会更为频繁地来到Q市。购买食品及日用品，曾经是牧民们去往该市的主要目的；但如今，他们造访Q市的原因，还有到学校看望子女或是就医。迁徙牧民的安家落户，使他们的来访变得更为频繁，在该市停留的时间也更长。相比女性而言，男性的流动性更高，但女人出于探望子女的目的，却更经常地光临该市。年轻人的流动性要高于老年人。这种流动的方向，不仅限于从农村到城市，也从城市到农村。

研究表明，流动性与生计的相关性更为密切。年轻人通常在城镇接受教育，并经常会在那里交朋友，也比较习惯在城市居住。许多青年人在高中毕业后，如果没能在城镇找到固定工作，便会返回游牧村庄。虽然他们当中的一些人说，他们更喜欢在游牧村庄中的自由生活，但他们却几乎都不会选择成为一名真正的牧民；但是他们会在农忙或父母生病的时候帮忙做一些活。他们经常返回城市会友社交，朋友中包括那些已经随家庭移民了的人。

一位20多岁的青年告诉笔者，他们这个年龄的人很容易在贸易市场中找到类似翻译的临时工作。双语，即汉语普通话与蒙古语赋予他们一种优势，即在促进汉蒙贸易方面发挥作用。但是，由于这种工作性质并不稳定，年轻人很少选择在城市落户。在迁移牧民中，无论对年轻的男性或女性而言，翻译都是一种常见的工作。男性，特别是那些30岁以上的，在找工作的时候会面临更大的困难，除非他们愿意从事建筑业中的那部分肮脏、辛劳的工作。

常会听到移民的牧民们抱怨补偿金不足以维持城市生活，而不稳定的、受限制的工作也无法满足开销所需。但是，通过深入探访与研究，发现收入来源事实上并不限于补偿金与城市里的工作。对多数移民家庭而言，在游牧村庄圈养的畜群,是一项重要的食品、收入与储蓄来源。虽然移民鲜有选择长期回乡留居的,但如果有工作机会,他们还是会选择回去的。例如,当剪羊毛的忙季到来时,移民的牧民会去帮助亲友,并根据工作量领取一定的报酬。偶尔会有工作机会,而且工作机会牢牢植根于社会关系中,我们将在下节对此进行探讨。

多数研究(参考文献)显示:留居在安置村内的,主要为老年人与儿童,这与此项研究中存在的情况相同。但是,在之前的研究中鲜有提及的是,一项不同的发现为:安置村中的许多留守家庭,都同时在村庄与家庭放牧区域中谋生。根据乡镇政府的统计数字,安置村中有几乎95%的家庭在游牧村庄中拥有畜群。[①]受访家庭在两个区域对劳力与资源进行了整合,目的是实现收入的最大化,并减少两地的经营风险。由此,安置村庄与游牧村庄之间出现了每日、连续的流动性,且组织多半是限于家庭本身或是大家庭范围内。谋生的拓展区域,对于家庭劳力组织与各家庭之间的合作的研究,具有非常重要的影响,它对内蒙古的畜牧业曾起到关键性的作用。

在中国,牧民之间迅速的经济分化,自20世纪80年代已经开始呈现。Humphrey与Sneath(1999)认为,这是因为某些人能够使用市场机遇为自己谋利,而其他人只能被动地忍受市场的变化,所以在很大程度上依赖衣食的生产。这种过程逐渐加剧,并通过生态安置项目的经济补偿、土地商品化,以及谋生模式的变化得到加强。从决策者(政治)的角度出发,谋生被假定为在固定场所,而且人群也是不流动的。然而,实证研究显示,场所、流动性,以及人口迁移性之间的关系,对后安置阶段生活的塑造至关重要。

作为一项谋生手段而言,畜牧业在实施生态安置后并未被放弃,但的确变成了一种对其他新的谋生手段的补充。然而,另一个趋势也在逐渐形成:作为一种生活方式,越来越少的人群或家庭还在从事畜牧业,且其方式也发生了变化。将生态安置之后发生的情况推而广之,还存在着许多具有可比性的类似的趋势。在世界其他国家进行的、有关游牧社会的研究显示:牧民正在对社会、政治、经济方面的挑战和愈演愈烈的经济多样化做

---

① 2007年的数字。

出回应,其中包括农牧业、雇佣劳动,以及不断增强的市场整合(Fratkin, 2001)。生态安置项目并不只是当前游牧社区转型的诱因,还理所应当地对某些机制——例如谋生策略——起到了强化作用,改变了畜牧业在牧民生活中的地位。

3. 社会关系的空间性转变

生态安置所带来的另一重要影响,与不断变化的社会关系相关,且这种变化具有某种重要的空间维度。在构建家庭与家庭之间的关系中,亲属关系起到了核心作用,但当每个家庭或多或少地因为亲属关系而彼此相连时,它的这种重要性就发生了削弱。乡镇发生的正是这种情况。小镇之中以及相邻的小镇之间的婚姻很常见。对于某些牧民而言,就提供支持、整合资源与建立合作关系方面,友谊甚至与亲属关系同样重要。

土地使用是社会关系的表现之一。正如在前文中探讨过的,在实施私有化之后,研究区域内的牧民拥有的牧场,长期处于边界严重模糊的境地。但是生态安置的实施,加速了边界清晰化的趋势,并产生了两种共生的结果。一方面,更多的争端与潜在的冲突,甚至产生于亲属之间。另一方面,在畜群饲牧和土地租用方面,对移民与非移民实施了不同的安置方式。这两种对立的结果类型,均是由社会关系的变化导致的。根据权利理论(Leach and Mearns, 1999),对资源的享有权不只可以由个体私有财产确立,也可通过对广泛社会关系与"道德"经济网络的诉求与投资而得到维系,同时受到惯例法体系的支持。

此外,植根于社会的诉求所起到的作用,在理解贫民的环境权利方面更为重要。在游牧村庄中,生态安置项目挑战了资源使用规则,并且新的制度措施处于再配置过程中。受访牧民广泛反映的一个问题是,村民的理念已经发生了变化,而对经济方面的考虑一直处于首要位置。互惠社会关系的衰落,也与社区层面的集体活动的解体有关。由于各个村落分散在不同地域,因此该地所组织的集体活动便减少了;而一些受访对象称,没有集体活动,人与人之间、家庭与家庭之间的关系便弱化了。

在采访过程中我们发现:在移民与非移民之间,社会关系在空间上得到了重新配置,其基础就是已通过边界划分范围内的资源。例如,一位受访者将自己的家庭牧场留给了一位非移民朋友,并负责在Q市照顾那位朋友上小学的女儿。另一个实例是笔者在Q市走访一位移民的时候获得的。这位移民在游牧村庄的邻居前来拜访他，并将大批被屠宰的羊存放在这位受访者的冰箱里，因为这位邻居的家里没有稳定的电源。作为回报，邻居会帮受访者饲牧他家的牲畜。这两个例子并非旨在辩称：牧民之间的社会关系是基于明确的同等互换基础上的，但关键点在于，社会关系促生了牧民如今所面临的更为复杂多变的环境，同时也为这些环境所激发。

虽然Q市的移民受访者并不认为，在安置地区与私有住宅中，迁移牧民的住宅分区会对其在城市中的日常生活有所帮助，但根据观察，这种接近性的确对人们彼此之间的日常交往与互动产生了帮助。迁移牧民之间的社会关系在城市中得到了复制。此外，受访者还说，他们与不同村落中的村民变得愈发熟识起来。

迁移受访者还在城市中开发新的社会网络，他们多数是为了寻求更多的就业机会，即使他们不约而同地对融入城市产生抵触情绪。我们听到了对于在城市中生活以及变成城市人时，他们所做的矛盾的反思。一方面，所有的受访者都认为，虽然他们已经迁入城市，但骨子里依然是牧民。他们在归属感与认同感方面的想法，并未因其生活在哪里或是从事哪种职业而发生任何改变。另一方面，他们大多意识到了融入城市生活的必要性——为了得到更好的待遇，而且考虑到从事游牧业未来的不确定性。但是，受访的非迁移牧民觉得，迁移牧民的生活方式与城市人相似。即使他们无法变成真正的城市人，他们也再也无法成为游牧村庄中的牧民了。

反　思

作为正在进行的工作中的一部分，本篇论文并非旨在给出结论，而是在结束部分进行本人的反思。本章的研究重点在于，探究生态安置项目对游牧社区的影响。对畜牧业最为关键的影响，主要体现在不断变化的土地使用模式中。总的来说，生态安置已经变成对土地所有权进一步制度化与商业化的方式之一，因为对土地所有权的掌握是参与安置项目及获得相关补偿的首要条件。

在变卖所有的牲畜之后，对于移民家庭而言，土地所有权成为最有价值的财产。牧场承受着被进一步划分为在空间上独立的区块。正如 Schwarzwalder 指出的一样，在近 20 年里，对家庭生产责任系统改革的制度化，仍然是中国农村土地法规与政策所秉承的重要原则（Schwarzwalder, 2001：1）。即使执行松散，这个框架依然通过各种机制得到强化。

Ho（2001）在 21 世纪初提出的观点是，土地保有权只是一种"空洞的制度"，它在牧区是受到质疑的。纵然实施方式松散、模棱两可，且在形式上多样化与非正式，它们还是在牧区的转变过程中产生了影响，这不仅体现在物质方面，还体现在心理方面。正是通过将非正式与本地安置措施纳入考虑范围，才得以搞清，哪类灵活性存在于社会水平，当地社会如何应对上级发布的政策，以及具有适应性的非正式策略如何随着时间而发生进化。

如果我们看到土地承包制将巨大的挑战抛给 20 世纪 90 年代的传统价值观念、习俗与关系，那么笔者认为人们可以发现，土地保有权是如何在这 20 年中使它们发生转变的，特别是这个过程通过生态安置项目的实施得到促进。牧区当前的情况呈现一种混合的态势。一方面，阐明历史上的土地分配的模糊性，并对此予以解决，这已成为一种强烈的要求。另一方面，牧民对在自家牧场外实现更广泛的土地使用（特别是在荒年），抱有强烈的需求。

第二种需求不仅是由家庭之间的特殊安置方式满足的，还越来越多地通过牧场租借得以满足。虽然国家通过环境管理对土地实施的管辖看似力度强劲，但牧民们才是土地的真正经营者，他们每天都在使用着牧场。实证研究阐释了牧民是如何援引不同种类的策略，来应对生态安置政策的。

历史上曾经颁布的相关政策的成果，由于政策与实践，仍然构建着当前状况与生态安置工程。当生态安置构成了一种新的力量，推动着土地破碎化时，它便会通过若干机制得以体现；在解读它对土地使用产生的影响时，应与土地划分过程及自然条件的变化联系起来。虽然牧场使用的当前状况也是与其他类型的问题相结合的，例如工业化与城市扩张，但研究表明，在牧民迁入不同地区后，他们是如何继续与牧区生活保持着联系，或是将生活部分地基于牧区之上。

空间，是对生态安置的影响进行概念化的核心所在。牧民在三个地域内的松散分布，对影响力的研究给予了更为宽广的空间。研究并非仅在一个区域对人群进行探究，而是在各个地域中找到了更多的联系、相关性与流动性。这种发现成果凸显了流动性、谋生以及社会关系在形成生态安置成果中发挥的作用。它提供了一种不同的、更为动态化的方式，来思考我们是如何根据补偿金的类别对牧区家庭进行划分的。

在不同类别人群之间发生的情况，为我们探究日常谋生的组织、家庭内部与家庭之间的相互协作提供了见解。生态安置工程，作为一种结构，改变了城乡人群的空间分布与流动性。然而，值得注意的是，其中的某些趋势是生态安置项目的直接结果，但另一些则与重要的社会变化（例如教育与医疗）背景更为相关。

让我们继续思考游牧业的未来，生态安置是否正在走向后游牧业的未来？至少在当前，答案是不确定的。本章的目的并非在于预测城市化是一种趋势与未来，而是旨在揭示对资源的使用与谋生是如何植根于日常生活的。牧民的谋生得到进一步拓展，从而囊括更为多样化的选择，而游牧业本身作为一种谋生手段，对蒙古族牧民们不仅仅意味着生计。

年轻一代对未来的观点不尽相同。有些人在游牧业中窥见了更光明的经济成果，而其他人则在城市中看到了更多未来。Humphrey 与 Sneath（1999）指出，在亚洲腹地的某些国家，游牧业看似可以与一种现代化的、甚至是城市化的生活方式兼容。但是，真正的挑战源自为游牧业的流动性创造空间。在牧民的城乡迁徙以及集体团结逐渐衰落的过程中，当地实施的牧场使用方面的制度化安排，需要更富开创性的解决方式。

参考文献

包智明：《关于生态移民的定义、分类及若干问题》，《中央民族大学学报》（哲学社会科学版）2006 年第 1 期。

荀丽丽、包智明：《政府动员型环境政策及其地方实践——关于内蒙古 S 旗生态移民的社会学分析》，《中国社会科学》2007 年第 5 期。

达林太：《内蒙古草原非平衡生态系统和"围封转移"所带来的问题》，2003。

葛根高娃、乌云巴图：《内蒙古牧区生态移民的概念、问题与对策》，《内蒙古社会科学（汉文版）》2003年第2期。

葛根高娃：《关于内蒙古牧区生态移民政策的探讨：以锡林郭勒盟苏尼特右旗生态移民为例》，《学习与探索》2006年第3期（总第164期）。

李文军、张倩：《解读草原困境：对于干旱半干旱草原利用和管理若干问题的认识》，经济科学出版社，2009。

任跃武、袁宝国、季凤珊：《试论三峡库区生态移民》，《农业现代化研究》1993年第14卷第1期。

陶格斯：《生态移民的社会适应研究——以呼和浩特市蒙古族生态移民为例》，中央民族大学硕士学位论文，2007。

王晓毅、张倩、荀丽丽编译《非平衡、共有和地方性：草原管理的新思考》，中国社会科学出版社，2010。

王晓毅：《环境压力下的草原社区，内蒙古六个嘎查村的调查》，社会科学文献出版社，2009。

王晓毅：《从承包到"再集中"——北方草原环境保护政策的分析》，载《环境压力下的草原社区——内蒙古六个嘎查村的调查》，中国社会科学出版社，2010。

王晓毅、渠敬东：《斯科特和中国乡村：研究与对话》，人民出版社，2009。

新吉乐图主编《中国环境政策报告生态移民——来自中、日两国学者对中国生态环境的考察》，内蒙古大学出版社，2005。

荀丽丽：《"绿色"的权威及其实践》，中央民族大学硕士学位论文，2006。

张倩：《畜草双承包责任制的政策有效性研究：基于资源时空异质性的分析》，北京大学博士学位论文，2007。

Zhao, B. (2006). The Designed Life—An example of ecological resettlement in Erjina, Inner Mongolia. Master dissertation. Beijing: Central University of Nationalitie.

Banks, Tony, 2001, Property rights and environment in pastoral China: Evidence from the field. Development and Change 32: 717-740.

Behnke R. 1995. Natural resource management in pastoral Africa. In Social Aspects of Sustainable Dryland Management, ed. D Stiles, pp. 145-52. West Sussex, UK: Wiley.

Behnke, R. H. and Scoones, I. 1993. Rethinking range ecology: Implications for rangeland management in Africa. In: *Range Ecology at Disequilibrium, new models of natural variability and pastoral adaptation in African savannas* (Eds. Behnke, R. H., Scoones, I. and Kerven, C.). pp. 1-30. ODI, London.

BurnSilver SB, Worden J, Boone RB, 2008. Processes of fragmentation in the Amboseli ecosystem, southern Kajiado District, Kenya. See Galvin et al., 2008, pp. 225-53.

Cernea, M. M. (1997). The risks and reconstruction model for resettling displaced populations, World Development, 25 (10), pp. 1569-88.

Dahlberg, A., 1994: Contesting views and changing paradigms. The land degradation debate in Southern Africa. Discussion Paper No 6. The Scandinavian Institute of African Studies, Uppsala, 59p.

Dekker M. 2004, Sustainability and resourcefulness: support networks during periods of stress. World Development, 32: 1735-51.

Dickinson, D. and Webber, M. (2007). Environmental resettlement and development on the steppes of Inner Mongolia, PRC. The Journal of Development Studies. 43 (3): 537-561.

Economy, Elizabeth (2004). The river runs black: the environmental challenge to China's future. Ithaca, N. Y.: Cornell University Press.

Ellis & Swift 1988: Stability of African pastoral ecosystems: Alternate paradigms and implications of development, Journal of Rangeland Management, Vol 41: 450-459.

Escobar, Arturo, 1995 Encountering Development: The Making and Unmaking of theThird World. Princeton, N. J.: Princeton University Press.

Ferguson, James, 1994 The Anti-Politics Machine. Development, Depoliticization and Bureaucratic Power in Lesotho. Minneapolis: University of Minnesota Press.

Fraktin, Elliot, 2001, East African Pastoralism in Transition: Maasai, Boran, and Rendille Cases, African Studies Review, Vol. 44, No. 3, pp. 1-25.

——1997. "Pastoralism: Governance and Development Issues" in Annual Review of Anthropology. 26: 235-261.

Galaty, John G. & Johnson, Douglas L. (red.) (1990). The world of pastoralism: herding systems in comparative perspective. New York: Guilford Press.

Galvin, Kathleen A., 2009, Transitions: Pastoralists Living with Change, Annual Review Anthropology, 38: 185-98.

Galvin KA, 2008. Responses of pastoralists to land fragmentation: Social capital, connectivity and resilience, see Galvin et al., 2008, Fragmentation of Semi-Arid and Arid Landscapes. Consequences for Human and Natural Systems. Dordrecht, The Netherland: Springer, pp. 369-89.

Humphrey, Caroline & Sneath, David (1999). The End of Nomadism?: Society, state, and the environment in Inner Asia, Duke University Press.

Ho, Peter, 2001. "Who owns China's land? Policies, property rights and deliberate institutional ambiguity." The China Quarterly 166: 394-421.

Homewood, Katherine M., 2004, Policy, environment and development in African rangelands, Environmental Science & Policy 7, 125-143.

Leach M. and Mearns R., 1991, Poverty and environment in developing countries: an overview study. Swindon, Economic and Socal Research Council, Global Environmental Change Programme, p. 83.

Little PD, Smith K, Cellarius BA, Coppock DL, Barrett C., 2001, Avoiding disaster: diversification and risk management among East African Herders. Development Chang 32 (3): 401-33.

McPeak J, Little PH, 2005, Cursed if you do, cursed if you don't: the contradictory processes of pastoral sedentarization in northern Kenya. In As Pastoralists Settle: Health and Economic Consequences of Pastoral Sedentarization in Marsabit District, Kenya, ed. E Fratkin, EA Roth, pp. 87-104. New York: Kluwer Acad.

Mearns, R., 2000, Contextual Factors in the Management of Common Grazing Lands: Lessons from Mongolia and Northwestern China, http://www.internationalgrasslands.org/publications/pdfs/tema29_2.pdf.

Mosse, David (2005). Cultivating development: an ethnography of aid policy and practice. London: Pluto Press.

Niamir-Fuller, M. (Ed.), 1999. Managing Mobility in African Rangelands: The Legitimization of Transhumance. IT Publications, London and FAO, Rome.

Schwarzwalder, Brian, Li Ping, Zheng Baohua, Su Yufang and Zhang Lichang, 2001, Tenure and Management Arrangements for China's Forestland and Gralssland Resources: Fieldwork Findings and Policy Recommendations, Rural Development Institute, p. 83, http://www.rdiland.org/PDF/Grass&ForestlandTenure.pdf.

Song, Jianjun, Zhang, Qingjie, and Zhao, Xiaoying, 2009, The origin and development of Spencer, P., 2004. Keeping tradition in good repair: the evolution of indigenous knowledge and the dilemma of development among pastoralists. In Development and Local Knowledge: New Approaches to Issues in Natural Resources Management, ed. by A Bicker, P Sillitoe, J Pottier, pp. 202-17. London: Routledge.

Smil, Vaclav (1993). *China's environmental crisis: an inquiry into the limits of national development*. Armonk, N. Y.: Sharpe.

Sullivan, Sian and K Homewood, 2003, On non-equilibrium and nomadism: Knowledge, diversity and global modernity in drylands (and beyond...), CSGR Working paper no. 122/03, 60p., http://www2.warwick.ac.uk/fac/soc/csgr/research/workingpapers/2003/wp12203.pdf.

Thornton PK, Boone RB, Galvin KA, Bursilver SB, Waithaka MM, et al., 2007, Coping strategies in livestock-dependent households in east and southern Africa: a synthesis of four case studies. Human Ecology. 35 (4): 461-76.

Thwaites, R., 1998. Property rights, social changes, and grassland degradation in Xilingol Biosphere Reserve, Inner Mongolia, China. Society and Natural Resources 11 (4), 319-338.

Turner, M. (2003), Environmental science and social causation in the analysis of Sahelian pastoralism, in K. S. Zimmerer and T. J. Bassett (eds.), *Political ecology: An Integrative Approach to Geography and Environment-Development Studies*, The Guilford Press, New York, London, pp. 159-78.

Turner MD. 1999. The role of social networks, indefinite boundaries and political bargaining in maintaining the ecological and economic resilience of the transhumance systems of Sudan-Sahelian West Africa. In *Managing Mobility in African Rangelands*, ed. M. Niamir-Fuller, pp. 97. 123. London: Food Agric. Organ. United Nations, Beijer Inst. Inst. Ecol. Econ.

West, Jennifer, 2009, Perceptions of ecological migration in Inner Mongolia, China: summary of fieldwork and relevance for climate adaptation, CICERO Report 05.

Warburton, John and Horn-Phathanothai, Leo, 2007. China's crisis: a development perspective (part one), on China Dialogue, http://www.chinadialogue.net/article/show/single/en/1418-China-s-crisis-a-development-perspective-part-one-, last accessed on October 11, 2010.

Xiong, xiaogang, Han, Xingguo, Zhou, Caiping, Grazing system management based on equil ibrium and non-equil ibrium ecology Yan, Q. (2005). Ecological resettlement and community construction from an environmental sociology perspective—An example from Qipanjing resettlement village, Etuoke banner, Inner Mongolia. Master dissertation. Beijing: Central University of Nationalities.

Yeh, Emily T., 2009, Greening western China: A critical view. *Geoforum*, doi: 10.1016/j. geoforum. 2009. 06. 004.

Zhang, Qian (2006). *May they live with Herds—Transformation of Mongolian pastoralism in Inner Mongolia of China*. Master dissertation. Tromso: University of Tromso.

（执笔人：张　倩）

第十六章
定居化进程中的中国牧区教育发展
——基于青海省称多县的考察

青海省是中国四大牧区之一，全省牧区面积占总土地面积的94.76%，有可利用的草场3100多万公顷，约占全省总土地面积的43.76%，当地牧民绝大部分为藏族。

青海牧区大多处于青藏高原腹地，海拔为3500~4500米，具有高寒缺氧、地广人稀、山高谷深、交通不便、自然灾害频繁，牧民居住地特别分散、生产生活流动性大等特点。特别是地处三江源（长江、黄河、澜沧江发源地）的玉树藏族自治州、果洛藏族自治州、黄南藏族自治州和海南藏族自治州等地牧区，生态环境趋于恶化，经济社会发展滞后，地方财政困难，人民生活贫困。从20世纪80年代开始，就逐渐有牧民到城镇定居或半定居。2000年，中国政府批准成立三江源自然保护区；2005年，总投入达75亿元人民币的中国三江源自然保护区生态保护和建设工程正式启动。自此，政府主导下的生态移民活动大规模展开，至2010年将有约8万牧民实行定居。在这种背景之下，与生态移民和游牧民定居相关的研究成为学界关注的热点。

2007年1月、2009年9月和2011年8月，我们先后三次到三江源地区进行学术调研。基于这些实地调查，本章试图以玉树藏族自治州称多县为个案，对青海省游牧民定居化进程中的教育发展及其相关问题进行探讨。文中引用的材料，除了学界的研究成果，还包括课题组对牧民、乡村干部、教师学生等调查对象的访谈，以及调研地政府办公室、教育局及相关学校提供的各类文件、数据等。对此，我们向所有接受访谈及提供帮助的单位、机构和个人表示衷心的谢意。

称多县教育发展状况

称多县地处青藏高原中东部三江源自然保护区通天河谷核心区，为青海省玉树藏族自治州辖地，县域总面积约1.53万平方公里。地貌以高山为主，间有滩地，地势高亢，地形复杂，平均海拔4500米。县内高寒缺氧，气候恶劣，气温日较差大、年较差小，一年只有冷暖之分，无四季之别，年均气温-4.9℃，极端最低气温曾达-42.9℃。县境辖称文、歇武、珍秦、清水河、扎朵五镇和尕朵、拉布二乡及赛河工作站，共有57个村、251个生产合作社。截至2010年底，全县总人口为5.7万，其中藏族人口占98%以上。

称多县是一个以草原畜牧业为主，兼有小块种植业的农牧结合的地区，全县有可利用草场1584万亩，牧草60余种，畜产品资源较为丰富。称多县属于省定贫困帮扶县，但经济发展水平和社会发育程度仍处在其他国定贫困县的水平上，2010年农牧民人均纯收入仅为2174元，县财政收入只有300多万元。截至2011年8月底，全县享受农村最低生活保障待遇的人数为10250人，约占总人口的18%。县内藏族信仰藏传佛教，全县有佛教寺院24座，入寺僧侣千余人。历史上，当地民众以寺院教育为主，学校教育直至20世纪50年代以后才逐步发展起来。但是，由于多种因素的影响，长期以来适龄儿童入学率、巩固率和升学率都很低。

进入21世纪以后，随着西部大开发的实施以及三江源地区生态移民和游牧民定居工程的开展，中国政府对青海牧区的经济社会发展给予了多方面的扶持，出台了一系列促进当地教育事业发展的政策与措施。其中，《国家西部地区"两基"攻坚计划（2004—2007年）》及义务教育经费保障新机制的全面实施，成为推动青海牧区教育迅速发展的巨大合力。"两基"是指基本普及九年义务教育和基本扫除青壮年文盲。这个计划的制定是为了贯彻2003年《国务院关于进一步加强农村教育工作的决定》，进一步推进西部大开发，实现西部地区基本普及九年义务教育、基本扫除青壮年文盲的目标。为了解决广大农村及少数民族地区教育财政困难的问题，2005年国务院发出《关于深化农村义务教育经费保障机制改革的通知》，拉开了中国农村免费义务教育改革的序幕，并首先在西部地区全面实施。2006年6月，新修订的《义务教育法》出台，将义务教育经费保障新机制以法律的形式固定下来。这个新机制改变了以往"以县为主"的义务教育财政投资模式，规定了不同地区政府间的分担比例，中央、省级财政投资在义务教育经费中占了主导地位，一定程度上缓解了地方义务教育经费不足的情况。

2005~2010年，青海省教育经费从28.73亿元增加到94.92亿元，成为青海历史上投资最多、力度最大的一个重要时期。[①] 通过国家贫困地区义务教育工程、危房改造工程、寄宿制学校建设工程、中小学校舍安全工程等项目的实施，青海牧区的办学条件明显改善，进一步推进了当地义务教育均衡发展。根据称多县教育部门提供的数据，称多县近年用于义务教育的财政拨款以高于财政经常性收入增长两个百分点的比例逐年增长。到2009年年底，地方财政预算内教育事业费已占财政总支出的35%。同时，县政府和教育部门多方努力筹措教育经费，改善办学条件。2005~2010年，全县共实施教育基础建设项目35项，总投资达0.4亿元，完成总建筑面积4.3万平方米；共实施中小学远程教育项目学校41所，信息技术教育基本覆盖全县中小学。

此外，中国政府还实行免除农业税、生态移民按户发放建房补助、按人发放生活补助等政策，这些政策与义务教育经费保障新机制相结合，解决了学龄儿童因家庭经济困难而上不起学的问题，青海牧区适龄儿童入学率和巩固率逐年提高。尤其是随着国家"两基"攻坚力度加大，"寄宿制学校建设工程"实施和寄宿制学校条件不断改善，大量学生陆续由走读转为寄宿，边远乡、村小学的学生大量向县镇和交通沿线的乡镇流动，初中生95%以上集中在县城，使这些地区城镇和乡级寄宿制学校的在校生成倍增加，学校规模不断扩大，青海牧区适龄儿童入学率低的状况得到根本性改变。根据称多县教育局统计，截止到2010年10月底，全县有各级各类中小

---

① 顾玲：《三江源头谱写教育新篇章》，新华网，http://news.xinhuanet.com/edu/2011-10/21/c_111113564.htm。

学35所,其中县级完全中学1所;县级完全小学2所;乡镇九年一贯制学校5所;乡镇中心寄宿小学2所;村级小学25所;县级幼儿园1所。全县各级各类中小学实有在校生10808人,适龄儿童入学率、初中阶段入学率分别为99.73%、95.95%。

[访谈个案] 珍秦镇中心寄宿制小学目前有800多名学生,寄宿的学生超过50%。镇上的灾后重建项目中,有1180户移民定居的新房,冬季来临之前就可以入住了。届时,该小学寄宿的学生可能超过千人。学校教务主任介绍,目前80%左右定居牧民家庭子女入学是较为稳定的,因为现在上学不仅不用交学杂费,还可以包吃包住。部分定居在镇上的牧民也愿意让孩子在学校住宿,如果不能住宿,起码也要让孩子在学校吃饭,这不仅是因为可以省去家庭对孩子伙食费的开支,也是因为学校的饭菜很好。

(访谈日期:2011年8月26日)

2011年10月20日,教育部部长袁贵仁在西宁郑重宣布:"青海省实现了'两基'目标。"[①] 虽然数字的大幅增长不能说明教育质量的同步增长,但近年来青海牧区学校教育的迅速发展的确有目共睹。为进一步巩固青海牧区义务教育的成果,青海省政府采取了更加有力的财政扶持政策,于2011年5月出台了《三江源地区"1+9+3"教育经费保障补偿机制实施办法》和《三江源地区异地办学奖补机制实施办法》,规定从2011年秋季起对三江源地区教育实施补偿机制。其中,《三江源地区"1+9+3"教育经费保障补偿机制实施办法》规定:对学前一年在校(园)就读幼儿免除保育教育费,同时给予生活费补助。每生每学年补偿3700元;在现行义务教育经费保障机制补助标准基础上,将初中和小学生均公用经费补助标准统一提高200元,将寄宿生生活补助再提高100元。义务教育阶段公用经费补助标准提高后,学生课堂作业本费由学校公用经费支出,不得再向学生收取;

---

① 顾玲:《三江源头谱写教育新篇章》,新华网,http://news.xinhuanet.com/edu/2011-10/21/c_111113564.htm。

对中等职业学校就读学生,免除学费、住宿费、课本费和取暖费等费用,并给予生活费补助。《三江源地区异地办学奖补机制实施办法》则规定,对教育部门统一组织初中和高中(含中职)学生以及自行考录的中职学生到三江源地区以外学校就读的,给予办学办班学校一定的经费奖励补助。[①] 这两个政策的出台,使三江源地区牧民子女的教育得到了更大程度的经费保障,进一步减轻当地农牧民家庭的经济负担。

称多县政府利用玉树灾后重建契机,制定了新的教育发展规划。全县5个乡镇3年内要累计完成总投资近4亿元的教育建设项目,努力推进学校标准化、规范化建设,全面提升教学质量,促进城乡义务教育均衡发展。

定居化与教育发展的关系

自2004年起,称多县在全县范围内相继实施了三江源生态保护与建设生态移民工程,同时在清水河、扎朵、珍秦、歇武四镇实施了退牧还草工程,数千户牧民家庭由游牧向定居或半定居转变。由于实行定居的牧民大多是贫困绝畜的无房户和危房户,他们为了便于劳务输出多半要求将定居房屋建在乡镇附近和国道沿线,因此近年来称多县的移民定居工程按照"因地制宜、合理布局、宜聚则聚、宜散则散、尽量集中"的原则和"坚持统筹安排、先易后难,坚持科学规划、整体推进"的原则,来确定各乡镇的建设村社与建设户数,形成了集中建设的模式。

青海牧区的生态移民和游牧民定居工程,主要是在政府的推动下进行的,不排除行政强力的因素,也不排除部分牧民的无从选择。早期的移民则大多是一种主动性迁移。通过访谈,可以初步推断,在主动迁移的牧民中,其定居的因素包含教育、养老、医疗、生计、宗教活动等几大方面。

[访谈个案] 称多县歇武镇牧业村是一个自发定居与教育相关的典型。该牧业村有9个社,533户,2070人,为称多县最大的牧业村。

---

① 韩萍:《青海将对三江源教育实施补偿》,法制网,http://www.legaldaily.com.cn/bm/content/2011-05/19/content_ 2666128. htm? node=20734。

近30年来，牧民陆续搬到镇上定居，或是二元化模式（青壮年放牧，老人孩子定居），或是卖掉牛羊完全定居。灾后重建后，所有村民都将在镇上有房了。

歇武镇政府所在地是交通要道，离玉树州政府所在地结古镇只有40多公里，海拔较低，气候较好，有几个大寺院，是一个较为繁盛的镇子。镇上有一个教学质量优良的称多县第二民族中学（九年一贯制学校，有学前班），该镇重视教育的风气备受赞誉。据牧业村支部书记说，牧业村牧民主动定居的原因，部分是为了孩子的教育，因为牧场没有学校；部分是因为无畜或少畜，要到镇上打工；部分是实行退牧还草和游牧民定居工程后有了钱，出于上述几种原因搬来镇上。现在，牧业村的孩子入学率可以达到80%以上，主要是实行义务教育以前，许多家庭无力承担学习费用，孩子读一两年书就去做阿卡（僧人）或尼姑了，实行义务教育以后情况好多了。

现年27岁的藏族小伙子更嘎昂布及其三个妹妹是一个例子。2000年更嘎读高三时父亲去世，家中缺乏劳动力，母亲不愿子女辍学，于是将100多头牛羊卖掉搬到镇上定居，依靠这些积蓄以及每年挖虫草的收入含辛茹苦培养子女。更嘎昂布2006年毕业于青海省警官学校法律专业（大专），大妹妹2006年毕业于武汉工程技术学院计算机专业，二妹妹2007年毕业于青海师范大学藏语专业，小妹妹正在青海大学就读计算机专业二年级（本科）。由于子女全部上了大学，更嘎昂布的母亲因此很受村民敬佩。

（访谈日期：2011年8月30日）

[**访谈个案**]　秀玛村定居点的形成是自发移民与养老、宗教、教育等因素密切结合的例子。秀玛寺离珍秦镇只有7公里，是该镇第七、八、九、十一村供奉的寺院。大概在10年前，寺院周围慢慢形成了定居点，主要是那些年老体弱的牧民居住，既可以养老，又能到寺院转经。灾后重建在此地又建了一批新房，但是还没有入住。村中有秀玛小学。

曲加是一个11岁的藏族男孩，与爷爷奶奶在村中居住，读二年级，明年就到镇上小学寄宿了。他父母希望他今年就去镇上寄宿，但爷爷奶奶不同意，认为他年纪还小不放心。曲加家的牧场在清水河那边，海拔较高，10年前爷爷奶奶就在秀玛寺附近盖房定居了，如今他们看起来有七八十岁的样子。曲加的父母和妹妹还在牧场，妹妹可以帮助父母干活，不过明年她也要来念书了。曲加的爷爷说，很希望孙子能好好念书，虽然不指望他能够成为"干部"，但是能学到一些知识，将来出去打工也有用处，而且学了藏文后还可以念经。

（访谈日期：2011年8月28日）

在政策性迁移的牧民中，其定居的因素则以生计、教育、养老、医疗、宗教活动为主，各户情况差异较大。

[**访谈个案**] 宫保（41岁）、普布（34岁）兄弟，藏族，珍秦镇八村人。普布约在七八年以前投奔珍秦镇上的亲戚，学习裁缝，4年前加入游牧民定居工程，在镇上移民区有了住房。兄弟俩没有上过学，也不懂藏文。普布会说一些汉语，他唱民歌非常好，曾经到兰州、成都、炉霍（四川甘孜）参加演出，得到过一些纪念奖。他的裁缝手艺不错，以做藏装为主，夫妻俩月收入3000元左右，加上定居补助的3000元/年，日子还可以。他有2个儿子，均在珍秦中心寄宿制小学学前班读书。

宫保仍然住在与清水河接壤的老家，但是家中只有20多头牛，生活较为困难。他妹妹有40多头牛，一个人照顾不了，因为附近的清水河小偷很多，宫保就帮助妹妹放牧。有时候也打零工。目前他是低保户，每年的低保补助大约是六七千元。宫保有4个孩子，老大在县民族中学读初二，小学是在珍秦中心寄宿制小学读的；以下的1女2男均在珍秦中心寄宿制小学上学，全部寄宿。宫保十分愿意让孩子到镇上读书，认为这里的老师好，同时弟弟可以帮助照顾，比较放心。他说如果弟弟没有在镇上定居的话，为了孩子他一定会移民。

由于兄弟俩都没有上过学，所以他们发誓要让孩子努力学习，虽然平时不能辅导孩子，但他们时常进行鼓励，希望孩子能读就读，会想尽办法支持。宫保说以后孩子升学需要钱就卖牛和打工。希望孩子通过读书走出草原，到外面发展。对于双语教学，兄弟俩认为懂汉语能学到更多的文化和技能，以后容易适应社会发展，当然学习藏文也好，可以到寺院念经。宫保也说，如果孩子成绩不好又不想读了，就征求孩子意见是否愿入寺做和尚。因为家中牛羊少，做和尚既是信仰也是出路之一。他们的亲戚中有6个和尚，不过亲兄弟中没有。

（访谈日期：2011年8月26日）

[访谈个案]　巴措（女，37岁），藏族，珍秦镇二村人，丈夫（汉族）因犯法被判刑12年，已服刑6年。全家由政府安排于2004年移民到镇上定居，原先村子离镇上约60公里，是无畜户。到镇上后生活困难，每年都享受农村低保待遇。巴措有3个孩子，老大三年级，老二学前班，老小刚4岁。巴措认为定居比在牧场好，很愿意移民。因为孩子能上学，儿子去学前班就是他自己要求的。去年她去西宁治病时，因为不会普通话觉得很不方便，希望孩子好好学习，汉语和藏文都要学，将来走出去读大学，否则就和自己一样了。即使生活困难，也会全力支持孩子读书。大女儿以前成绩还不错，2010年巴措手术，儿子也患了胃病，女儿的学习受到影响，三年级时复读，数学、藏文成绩还行，汉语文较差，这是巴措去问班主任的时候得知的，说明她很关心孩子的学习。

（访谈日期：2011年8月26日）

[访谈个案]　卓玛拉毛（女，47岁），藏族，珍秦镇四村人。卓玛一家定居5年了，来之前仅有的十几只牛羊死了。目前享受低保，丈夫在镇上打零工。父亲和哥哥仍然在清水河那边。卓玛有3个孩子，大儿子13岁，智障，仍在读二年级；二女儿一年级，小儿子在学前班。卓玛希望孩子能学点知识，但觉得孩子不听话，不爱看书。认为如果孩子愿意，去做和尚也行，但要做有点知识的和尚，要会念经。去年学校里有几个孩子做了僧人，三、四、六年级的都有。

（访谈日期：2011年8月27日）

[访谈个案]　昂加（男，35岁）、洛日（女，40岁）夫妇，珍秦十村人。昂加家原来有30多只牛羊，征求意见时他们自愿移民，因为那年雪灾严重，他家牛羊死亡较多，家庭也有一些变故，即父亲和

一个孩子先后去世，家人悲痛之下选择搬迁。昂加一家定居5年，平时在镇上打零工，但活不多。洛日母亲和他们住在一起。昂加夫妇认为，如果有牛羊还是住在牧场好，没有牛羊则是住在镇上好。

昂加现有5个孩子，大儿子15岁，只读到四年级，去康南寺做和尚已4个月。最小的孩子刚6岁。昂加认为大儿子性格调皮，入寺可能会受一些管束，而且那儿有亲戚（洛日的两个哥哥），可以照顾他。现在孩子在寺里很习惯，没有回来的想法。昂加说即使他学习好，也会送去做和尚。其余4个孩子中，有两个寄宿，即使离家近也住宿。因为学校条件比家里好，饮食好，暖和，孩子也愿意住校。

（访谈日期：2011年8月27日）

这些访谈个案传达了一些信息，即无论是主动性迁移还是政策性迁移，教育都可能是牧民考虑定居的重要因素，其排序大体为：（1）主动性迁移——教育、养老、医疗、生计；（2）政策性迁移——生计（贫困）、教育、养老、医疗。当然，这也与我们的访谈对象家中大多有学龄儿童有关。此外，政策性迁移中生计的因素排在首位，则与定居的牧民多为无畜户或少畜户有关。当然，各种因素的结合是十分重要的。例如，牧场和牲畜的减少使得定居家庭另寻其他经济门路，希望孩子不再从事畜牧业，也不需要牧童放牧。反之，我们在调查中也了解到有一些仍在牧场的家庭因牲畜较多，当孩子八九岁时就将其召回牧场放牧而导致其辍学。又如，各种补贴和免费政策的相继实施，可以减轻贫困牧民家庭抚育孩子的负担，等等。

定居给牧民子女的入学提供了更加便利的条件，也可能在一定程度上改变了牧民的教育观念。从前游牧的生产生活方式，使人们看不到学校教育的必要性和重要性，儿童入学读书也不方便。我们在称多县对牧民进行入户访谈时，发现30岁以上的受访者中，接受过学校教育的人数极少，绝大多数不识汉字。说明至少在20年以前，青海牧区基础教育的发展是相当迟滞的，大多数牧民的子女没有进入学校读书。表16-1是2011年8月对珍秦镇30岁以上定居牧民受访者学校教育程度的统计。

表16-1　珍秦镇30岁以上定居牧民受访者学校教育
程度统计（截至2011年8月）

编号	定居地	性别	年龄	民族	学校教育程度	备注
1	称多县珍秦镇	男	41	藏族	无	与2号为兄弟
2	称多县珍秦镇	男	34	藏族	无	
3	称多县珍秦镇	女	37	藏族	无	
4	称多县珍秦镇	男	41	藏族	无	与5号为夫妻
5	称多县珍秦镇	女	48	藏族	无	
6	称多县珍秦镇	男	48	藏族	无	与7号为夫妻
7	称多县珍秦镇	女	47	藏族	无	
8	称多县珍秦镇	男	35	藏族	无	与9号为夫妻
9	称多县珍秦镇	女	40	藏族	无	
10	称多县珍秦镇	男	69	藏族	无	2子1女未上过学
11	称多县珍秦镇	女	43	藏族	无	

现在，人们的教育观念有了彻底的改变。当我们行走在青海牧区以及各个定居点时，通过与牧民们真诚的交流，都会真切地感觉到，无论是六七十岁的老人，还是三四十岁的青壮年，都普遍重视子孙的教育问题，而且是现代学校教育。相当一部分受访者认为，即使是仍然从事畜牧业，接受学校教育也是必要的。换言之，在这些绝大多数没有进入过学校的牧民中，他们已经了解到时代发展对于知识培养和素质提高的要求及其重要意义。这既是时代发展的必然，也与政府开展青壮年的扫盲、培训有极大关系，从而在一定程度上引发他们对孩子教育观念的变化。从访谈中可以得知，定居家庭绝大部分都鼓励和支持孩子读书，认为教育是家庭的头等大事及希望所在。不仅如此，随着教育观念的变化，亲友间也力所能及地互相帮助，共同担负培养下一代的责任。许多没有定居的牧民将孩子寄居在学校附近的亲戚家，或是让孩子在学校吃饭，晚上回到亲戚家住宿。从某种程度上来说，有没有定居的亲朋帮衬，也是牧民子女得以安心求学的一个关键因素。

因此说，定居化对于巩固适龄儿童入学率所起的作用是巨大的。定居后，不仅老人可以养老，还可帮助照顾孩子，甚至是亲戚朋友的孩子，可以说是一举两得乃至一举多得。而且，集中定居的地方也是教育资源集中的地方，特别是随着学校布局的大力调整，乡镇定居点学校的基础设施条件、师资力量和管理水平越发受到牧民的信赖和向往。

根据称多县地方干部及教师的介绍，定居牧民家庭与牧区家庭在子女教育观念上存在较为明显的差异，定居牧民子女入学巩固率较高，家长们大多很关心子女的学习成绩和升学问题；牧区家庭学龄儿童辍学率相对较高，家长们对于子女学习的关注程度相对较低，不少人认为能读书写字念经就可以了，当然也有人仍然认为读书无用。县境农区学龄儿童入学率、巩固率和升学率则一直比较稳固，显示农民家庭对学校教育普遍重视。

总的说来，青海牧民定居化可以说是一种强制性变迁，带来的影响是多层面的，需要具体分析。目前定居牧民所面临的最大问题是生计问题——即后续产业问题，而这一问题放在青海这样一个特殊的环境中又极难以解决，因此，关于生态移民和游牧民定居的效果引起了相当一部分学者的质疑。即使如此，通过实地调查，我们认为定居化对于青海牧区教育发展所产生的积极意义是无法否认的，牧民在教育观念上自然而然的变化是不可忽视的。

问题和讨论

青海牧区适龄儿童入学率的快速发展突出地反映了"两基"攻坚的成绩，也体现出农牧民定居化工程的优点。但是，随着时间的推移，牧区教育的各种问题也不断暴露出来。如教学条件有待改善（基础设施建设投入仍然不足，部分学校校舍紧张、教学设备落后，等等）；双语教学面临困难和困境（突出表现在"双语"教学整体质量较低、学生汉语水平不高、升学渠道狭窄、就业门路不宽和自身适应性不强等方面。我们在调查中也了解到，在汉语教学方面，师资力量不足严重影响到教学质量的提高，同时，教材的适用性也存在较大问题。例如，许多老师反映语文教材的编写强调对话，而且是浅显对话，缺乏中心思想，不利于学生阅读写作能力的提高)，等等。下面重点谈两个问题。

第一，中小学专任教师编制严重不足，成为教师队伍建设的最大难题。

自从开展"两基"攻坚以来,青海牧区师资队伍就远远跟不上办学规模发展的速度,中小学教师缺编、师生比例严重失调的矛盾日益突出,严重影响着当地教育事业的发展和成效。截止到2010年10月底,称多县中小学有各类教师、职工820人,其中在编专任教师413人,特岗教师96人,县政府统一聘用"两基"代课教师116人,合同制工人5人,临时工勤人员77人,行政事业单位招聘的临时工14人,零就业工作人员99人。根据当年全县教育事业统计报表和"两基"档案中牧区初中1:10、小学1:13.5的省定师生比测算,则需要824个专任教师编制,其中县镇高中19个、初中54个、小学60个,农牧区初中216个、小学475个。这个数字相对于2005年省州核定的435个编制,缺401个,现有的413名专任教师、96名特岗教师,共509人,相对于应有的824人,缺315人。形成一个庞大的教师缺编数。

教师严重缺编导致的师生比例严重超标,不仅直接影响到教学、管理需求和学校建设的目标,而且使已经实现的适龄儿童入学率难以巩固及实现教育目的、要求和质量。首先,教师工作量大,任务重,普遍处于超负荷工作状态。我们调查的学校,教师周课时量普遍在20节以上,而且,由于牧区绝大部分是寄宿制学校,教师们在授课之外还要带班或值周,负责检查学生的饮食卫生和宿舍安全等等,非常辛苦。其次,缺乏专职教师、特教教师和幼儿教师。绝大多数中小学都缺乏专职教师,特别是双语理科、英语、计算机、体育、音乐、美术等学科教师。各校都没有特教教师,残疾儿童和少年入学难、管理难。再次,绝大部分教师无法脱岗进行专业知识再培训。最后,教师队伍不稳定,待遇低、流动性大,不能适应和满足生态移民定居后的教学需求。

第二,家庭教育和社会教育逐渐缺失,影响到"三位一体"教育体系的建设。近年来,青海省按照"集中、寄宿、规模、效益"的办学思路,开展学校布局调整工作,优化资源配置,至2010年年底称多县共撤并生源不足、办学效益较差的村小和教学点13所,对生源和师资队伍进行了重新组合和调整。有的村小是全部撤销,如歇武镇的上下赛巴两所村小;有的是将高年级撤并到乡镇上,如秀玛小学将三年级合并到珍秦中心寄宿制小学,只保留学前班和一、二年级。集中办学确实是节约办学成本,解决师资紧缺矛盾,推进学校标准化、规范化建设,优化义务教育资源配置,规

第十六章 定居化进程中的中国牧区教育发展

范办学行为，缩小区域间、校际间、群体间教育差距，全面提升教育教学质量，促进城乡义务教育均衡发展的一条途径。但是，布局调整工作必须要根据地方实际来开展，一味地强调集中和规模，就有可能带来种种困扰和弊端。如随着学校布局调整的深入开展，青海牧区乡村小学大量撤并，相当数量的中小学生（包括部分学前班）在离家十几公里以上的学校寄宿，只有周末或是假期才能与父母团聚，导致家庭教育和社会教育逐渐缺失。长此以往，将会对青少年的心理成长造成不利的影响，家庭中的代际关系及社区里的人际关系也有可能趋于淡薄。此外，传统教育的延续也有可能出现断裂，至少在目前畜牧等劳动技能的传承就遭遇了困境。

另外，寄宿制也使得牧民家庭的教育成本增加。对于贫困地区的学龄儿童来说，中央政府和地方政府已经承担了其义务教育的全部费用，不仅免除了学杂费和其他学习费用，还在一定程度上减轻了其家庭抚育子女的生活费。但是学生寄宿后，牧民家庭就会失去牧童这样一种劳动力，使得家庭生产能力下降而影响收入。家长到学校探视孩子，也会影响放牧和其他生产，还要付出交通、饮食等方面的开支；学生周末回家同样要支付交通费用。特别是一些年龄幼小的孩子寄宿，很让家长牵肠挂肚，担心其生活自立能力不足和身体健康状况不佳。实际上，一些牧民请定居的亲朋帮助照顾上学的孩子，不仅仅是从生活方面考虑，也是为了使孩子感受到家庭的温暖。加上传统观念的影响，如认为牧民的孩子也是牧民，不需要上学读书；或是认为牧民的孩子读了大学也很难去做"干部"（公务员），担心子女学业完成后既学无所长又不掌握劳动技能并丧失劳动意志。因此，在各种因素的影响下，最近两年牧区中小学生辍学率有所上升。我们在调查中听到了许多来自基层干部、教师和牧民的反映，但是出于"两基"验收的考虑，地方政府并没有给我们提供具体的辍学率。

青海牧区教育面临的主要问题已经引起了多方面的关注，也采取了一些措施。2010年青海省中长期教育发展规划纲要出台后，青海省将着力解决五个方面的难题，即解决教育需求日益旺盛与供给能力相对不足的难题；解决教育资源配置不合理、农牧区中小学布局结构分散、办学规模偏小、办学效益不高等突出问题；解决各级各类教育发展之间协调性不强，学前教育、民办教育和高中阶段教育发展相对滞后的问题；解决"双语"教学的难题；解决实施素质教育的难题。我们认为，要使青海牧区教育得到进一步发展，应当从以下几个方面去采取措施。

首先，根据牧区的实际情况，结合游牧民定居化工程的实施，合理推进学校布局调整工作，解决教育资源配套问题。按照规划，到2012年青海省基本完成中小学布局调整，基本实现县域内义务教育初步均衡。牧区主要按照"州办好高中、县办好初中、乡办好小学和村办好学前教育"的思路，分学段、分地区稳步推进。称多县计划到2018年实现全县中小学调整到10所，届时学校数量进一步减少，寄宿学生数量继续上升，学校布局调整带来的一系列矛盾和问题将更为突出。因此，应当针对这些矛盾和问题开展深入的调查和研究，制定出有效的办法和措施予以解决。如合理撤并，避免学校布局调整"一刀切"；对学生家庭实施困难补助或"探视补助"；设立校车，使方圆5公里左右的学生能够回家住宿，距离较远的学生能够在周末安全便捷地回家与父母团聚，增强家庭成员间的亲情交流，等等。此外，如果在实施农牧民定居化工程中能够更加科学地处理教育资源配套问题，满足定居牧民在教育方面的需求，不仅关涉到农牧民定居化工程的实效，也关涉到"两基"攻坚成果的巩固。例如，在学校布局调整工作中，应该考虑到游牧民定居点适龄儿童的入学问题，特别要保证得到足够的定居点附近学校的入学名额，使牧民孩子共享当地较为优质的教育资源。

其次，加大投入，逐步改善牧区中小学基础设施建设和教学条件。青海省在实施中小学布局结构调整工程的同时，还实行中小学校舍安全工程。据报道，2010～2012年青海省中小学校舍安全和布局调整规模化办学总投资将达到76亿元，是省内历史上投入最大的一个综合性教育项目[1]，这将有利于改善各地中小学、特别是牧区中小学的基础设施条件。在实施这个工程中，应当特别重视对牧区寄宿制学校的校舍安全建设，以及对寄宿制学校教师、学生生活条件的改善。例如，增加冬季取暖经费、添置质量合格的取暖设施，修建食堂和厕所，提高校园环境卫生等。与此同时，还要加大力度改善教学条件。在实施学校标准化、规范化建设过程中，将重心

---

[1] 《青海省中小学布局调整和校舍安全总投资76亿元》，网站http：//www.gov.cn/gzdt/2010-08/02/content_ 1669436. htm。

向牧区等薄弱学校倾斜。

再次，提高双语教学的质量及效果。主要从两个方面着手，一是加强双语教师队伍建设，通过增加招聘、培训等措施，解决其数量不足、质量不高的问题；二是编订出适合当地实际的双语教材，以提高双语教学的质量；三是实行政策倾斜，尽力扩大民族语言专业的社会需求。

最后，增加师资编制，建立师资培训的长效机制。应重新制定国家教师编制标准，根据不同地区的实际情况进行定编，提高农牧区特别是以寄宿制学校为主的地区中小学教师的编制配置标准，适当向这些地区倾斜。在特岗教师计划中，中央政府应根据不同地区的财政收入情况给予不同程度的扶持。对贫困地区特别是国定贫困县申请招聘特岗教师，中央及地方各级政府应从财政上全力支持。同时，提高这些地区教师的工资、补贴和社会保险等待遇，以吸引更多的优秀人才来到这些地区、扎根这些地区。如果有可能，建议取消民族贫困地区教育财政配套制度，由中央政府全额负担其教育财政支出。

参考文献

玉树藏族自治州地方志编纂委员会：《玉树藏族自治州志》，三秦出版社，2005。

王洛林、朱玲主编《如何突破陷阱——滇青甘农牧藏区案例研究》，经济管理出版社，2010。

苏发祥主编《安多藏区地区社会文化变迁研究》，中央民族大学出版社，2009。

杨俐俐：《教育社会学视角下的生态移民子女教育研究》，中央民族大学硕士学位论文，2010。

（执笔人：方素梅）

第十七章
青藏高原上的生态移民：
牧民和草场的分离

三江源和相关政策基本原理

　　三江源的生态移民（EM）是"生态工程项目"和"退牧还草"（RG）的结合，它是中央政府第二大投资项目，其中有 70 亿元投资于青藏高原，投资规模为青藏铁路的 1/4（中国西藏信息，2004）。青藏铁路基本上是一项基础设施工程，而三江源计划性干预政策将会影响成千上万的牧民。此政策的宣传目的是进行生态恢复和促进当地社会经济发展。生态移民不同于 20 世纪 80 年代开始的以放牧土地私有化为标志的牧场定居工程，因为后者不一定要求牧民停止放牧。在定居工程中，流动牧民从牦牛毛制帐篷搬到了现代房屋，而他们仍然可以在夏季牧场放牧。但是生态移民是为了"拯救"草场并且使牧民生活更加"先进"和"现代化"，从而使当地牧民系统性地离开"原始的"草场而成为城镇居民。因此这种计划性干预政策是建立在"双赢"的基础上。与西藏自治区不同的是，青海的退牧还草政策特别强调生态移民。通常情况下，当恶劣的生态环境威胁到人类居住时，都会实施生态移民。虽然生态移民源于退牧还草，但是两者却不尽相同。事实上，大约 2/3 的牧民都是以草定畜，到 2007 年为止，只有 1/3 的牧民进行了生态移民。通过增加"生态"这一维度，三江源干预政策对传统意义上只包含国家安全、稳定和社会经济改善的发展观念进行了重新定义。但是，不同于早期干预政策中只是根据时空或上下关系对干预主体、目标群体或接受者进行理论构建,计划性干预政策在近代理论看来还涉及了影响干预本身的结果的行动者之间的各种关系。因此,根据 Long（2001）的观点,计划性干预就是一种正在进行的具有社会建构性、协商性、经验性和意义创造性的互动过程,这种干预是上下均衡的,其宗旨是适应群众和政府的需求。同样,退牧还草政策也是在国家机构的种种规定和条款之内构建的,不过当地行动者也是该政策实际形貌的平等组成部分。

2003 年,国务院开始在全国范围内实施退牧还草政策,旨在防止包括沙漠化和水土流失在内的草场退化。因此,为了防止草场退化和保护草场生态环境,牧场被分为三个保护区：禁牧区（在一定时期内完全禁止放牧）、休牧区（只允许季节性放牧）和轮牧区（无时间和季节限制,放牧完全根据草场质量而定）。国务院在出台这一政策以后,向各省份传达了"五到省"原则,即将实施政策的目的、任务、资金、粮食和责任落实到相关省份（Wang, 2006）。青海省政府于 2003 年年底和 2004 年年初实施了退牧还草政策。实施该政策之前,青海省政府在探讨三江源（藏语为 gtsang-gsum chu-mgo）的生态多样性保护问题以后,于 2000 年在青海南部选定了一块面积为 15.23 万平方公里的地区,将其命名为"三江源自然保护区"。三江源即长江、黄河和澜沧江的源头。2003 年实施退牧还草政策之际,该自然保护区被定为国家级自然保护区。

三江源地区有 66.2 万居民,其中 57.3 万是藏族牧民。该地区面积为 36.31 万平方公里,占青海省总面积的 43%。官方消息称 90% 的居民都是藏族,而其余主要是汉族和回族。但是官方数据并未纳入大量的城镇流动人口。三江源平均海拔为 4300 米,包括 16 个县、一个镇和一个市,分别分布在青海省的玉树、果洛藏族自治州、黄南藏族自治州、海南藏族自治州以及四川藏区等。据统计,该地区草场退化面积已达到 90%,而干旱、沙漠化和水土流失问题在过去几年中日益加剧。生态重建工程（2005～2011）计划对 64 万平方公里的草场进行退牧还草工作,此工程将涉及三江源 223090 名牧民。三江源自然保护区分为核心区、缓冲区和实验区,分别占三江源总面积的 20.49%、25.76% 和 53.7%。这三个区又进一步细分为 18 个保护区。除了特定的"生态"

目标以外，官方文件还概述了以下有关社会经济和政治基本原理的各种目标（《三江源》，2007：33）：

> 过去，由于三江源地理位置偏僻，生活在中国内陆的人很难进入三江源，而三江源的人也很少出去。这种自我孤立性是导致该地区"不发达"的根源，因此影响了民族团结和社会稳定。在这种情况下，想要发展的话就必须打破孤立状态、提高牧民收入和加快社会经济发展。由于三江源地处西藏自治区、四川、甘肃和青海省的交界处，所以这一地区在促进民族团结、社会稳定和国家安全方面有着重要的作用。

玉树藏族自治州的牧民和牲畜数量减少了1/3，超过1/3的牧场实现了退牧还草。玉树藏族自治州面积为16.7万平方公里，占三江源面积的46%和青海省面积的37%（玉树报道，2007）。该地区是长江、黄河和澜沧江的发源地，也是青海省第一个实施退牧还草政策的地区。截止到2009年年末，玉树共有31084名定居牧民，占定居总人口的50%以上。该地区共有20多个定居点，投入资金达到2.7亿元。以下为玉树实施计划的概要（新华社，2009；《玉树报道》，2007）。

表17-1 2003~2009年玉树的退牧还草面积、牧民数量和牲畜数量

	总　　数	减少数量
牧民数量	263800	31084
牲畜数量（百万羊单位）	2.8	1.66
草场面积（百万亩）	250	69.87

资料来源：《玉树州统计年鉴》（2005）和《玉树州政府报告》（2007）。

根据生态移民省级补偿标准，政府要给牧民发放生活补助。无草场使用证的牧民家庭每年可领取3000元生活补助，而持有草场使用证的牧民家

庭是每年6000元。① 无论家庭成员的多少，都是以住户为基本单位进行救济。这就使一些多成员的大家庭在新社区面临经济困难，因为他们的经济情况并没有像官方所说的那样得到好转。

理论上，发展社会学领域已经从现代化和政治经济的结构主义范式转变为后现代发展理论范式（Pieterse，2001）。大多数后现代理论已经开始特别关注人类自主性，也就是说行动者在社会变迁中扮演着重要的角色（Philips and Jørgensen，2002：40；Long，2001）。所谓的参与者既不是和西方经典个人概念相联系的自主性主体，也不是马克思主义理论经常提到的，在结构上是由经济因素决定的集体身份。诺曼·郎（Norman Long，2001）将社会行动者定义为在和其他行为者联系的过程中处理信息和策略的积极参与者，而不是某种干预的被动接受者。

干预和影响：一种累积性的视角

在三江源地区，国家发展计划的主要目的是加快城市化、市场化、现代化和恢复草地生态环境（三江源，2007）。西藏地区是中国城市化水平最低的地区，城市化率仅为18%～20%，而中国、日本和北美的城市化率分别为35%、72%和70%。因此城市化的目的是在乡镇及其周围建造由现代房屋构成的布局紧凑的居民点（格勒、旺旭卓玛和卢梅，2003）。藏区城市化的显著特征是"行政城市化"（Yeh and Henderson，2008）。玉树自治州定居报告（2007：1~7）中指出："中央政府建立生态补偿机制的目的是使牧民的生活更加富裕，更加科学。但是，过低的城市化水平仍然是导致牧区贫穷落后的原因。"自20世纪80年代以来，政府已经开始着手制定一套系统化的政策来使牧民重新定居。自2003年以来，新的定居安置工作进一步促进了官方所谓的"小城镇化"。但是，如何理解目前总体的发展政策和特殊的生态移民政策依然存有疑点。

---

① 2001年左右，以往的集体土地实现个体化以后，政府向牧民发放草场使用证，在法律上认定个体户草场。但实际上，没有草场使用证并不影响草地的实际使用。土地使用证只有在领取补偿金的时候才显得重要。自2001年草场使用证发放以来，其有效期被认定为50年。可是两年以后实施了退牧还草政策，土地使用证到此就失效了。

中国学者（李明森，1994；Chen, S., 1996；王秀红、郑度，1999；侯向阳、时建忠，2002；邓培华、梁洪娟，2003；张海峰等，2004）的研究主要集中在生态方面，重点是治理草场退化、退牧还草、生物多样性和政策实施问题。相比之下，西方学者（Miller, 2000；Costello, 2003；Fischer, 2008；Gruschke, 2008；Goldstein et al., 2008）主要是研究社会经济变化，其中也包括牧民生活水平。海外中国学者（Yeung and Shen, 2004；Ding and Neilson, 2004）也对包括西藏在内的西部地区的宏观发展政策作了大量研究。关于西藏牧民的西方学术著作主要研究中国西部大开发战略是否惠及西藏人民，形成了两个阵营，第一个学术阵营——Fischer（2005），Yeh（2006）and Hu（2003）认为，自从中央政府增加对西部投资以来，藏族人的边缘化趋势日益明显。费舍尔（Fischer）主要研究投资和收入的宏观数据。以其对拉萨温室工程的各项研究为基础，Yeh（2006）主要研究了当地风俗和决策者们的观念。另一个学派的代表是 Barry Saltman（2002），Goldstein, Childs and Wangdui（2010）。Wangdui 根据对日喀则农村藏民收入的调查，认为西藏人确实受惠于西部大开发的涓流效应。另外，在把西藏目前的"落后状况"归咎于西藏社会的历史文化因素和传统体制时，中国学者惯用的字眼是"贫穷"而非"边缘化"。虽然上述的各项研究有着不可否认的重要性，但是它们并没有使我们对问题有一个全面的了解，因为它们都把发展利益仅仅看成绝对的物质利益。

官员们认为是落后的牧民导致了草场退化。随着牧民人口的增长，他们拥有的牲畜数量也在快速增长。再加上牧民一心只为了最大限度地增加他们的牲畜"财富"，他们的牲畜数量超过了草场承载力，因此造成了"公地悲剧"（摆万奇等，2002；Yeh, 2006）。中国的学术著作（邓培华、梁红娟，2003；张海峰等，2004）也支持这种观点。因此，政府干预的目的是要减少1/4的牧民数量和1/3的牲畜数量，而该地区有1/6的草场（核心区）都会禁止放牧（陈洁，2008：110）。然而，评论家（Wang, 2006）却指责青海省政府误读了相关的政策。有一位省级官员在和笔者闲谈的时候反驳了这种批判，他说："假使我们误读了政策，我们也是在中央政策的正确指导下误读的。"即便如此，一些西方学者指出官方对于过度放牧引起的草场退化的说法是建立在错误的假设和不合逻辑的结论上（Goldstein,

1996；Miller，2002；Harris，2010）。

尽管如此，在这里我们不想谈论有多少关于草场退化的言论是建立在公正、一致和科学的方法之上的，笔者将在另一篇文章中讨论这个问题。笔者不会去分析政策的各种前提条件，只会将政策看成一种用来实现某种直述或隐含的目标的干预手段。本章探讨的主要问题是：致力于玉树发展的行动者们是怎样实施、规划、商讨以及部署发展政策的呢？这种情况在更广的层面上意味着什么呢？文章首先对政策的地方和体制背景进行了简要介绍，进而分析了吉瓦的案例；其次探讨了政府和牧民在处理干预影响时相互间的接触面；然后调查了这些行动者采取的各种策略和措施；最后讨论了政策和实践之间的矛盾。

中介代理处的制度根基

玉树州政府在县农业局成立了"退牧办"。作为一个业务单位，"退牧办"后来又形成了设置在每个牧委会（中国行政架构的最低实体）的工作站，负责执行生态移民政策。2005年，在三江源恢复计划实施之后，青海省又成立了一个省级机关，即三江源办公室，负责监督当地的生态保护工作。中央政府为了保护号称"中华水塔"的三江源，投入了大批资金。青海省是中国数一数二的贫困省，这样的资助对于它来说可谓是非比寻常。因此，省内官方人士在接到这项计划时都欢呼雀跃。七年之后，在笔者出席的一次会议中，一位省高级官员向笔者描述了那项计划：

> 当时，我们认为那项如此巨额的投资可以达成我们想要的一切。然而，在2010年的现在，与这个地区富饶的资源相比，那项投资确实是小巫见大巫。如果我们不对这个地区进行保护，别人就可能大肆开发这里的资源。现在我们不能再肆无忌惮地为了谋求经济发展而进一步"开发"这个地区了。

从2003年首次实施该政策算起（China.org.cn，2005），据说各地方政府和中央政府截至2010年共投资了12.3亿元，投入的资金用于植树造林、草原围栏修建和草地恢复工作。然而，实际被用于牧民安置工作的资金只占总预算的一小部分，虽然到 2009 年末期大约有 5 万名牧民已经得到定居（新华社，2009）。

行动者和话语领域

从结构上来说（虽然不是经典意义上的结构），行动者们在种种社会文化的、政治的和经济的关系中散乱地分布着。Laclau 和 Mouffe 认为，行动者们的定位是由话语决定的。这里暗含的意思是，各种话语本身就是由社会构建的。在发展干预政策的背景下，话语的福柯式观点确认了一些恰当的、合法的实践、讨论和思考发展的方式（Grillo，1997）。Hobart（1993）概括了三种话语类型，即专业开发者、当地民众以及政府和地方官员。后来 Escobar（1995）又补充了权力关系，并展示了西方的各种开发体制是如何产生和复制"第三世界"的。既然如此，那么行动者们（拥有不同的利益和生活世界）又是如何相互联系的呢？Long（2001）运用了"界面"的概念，描述不同的社会行动者们之间的各种相遇过程。界面这一概念为描绘复杂的相遇竞技场（众多定位不同而分散的利益相关者是发展干预政策涉及和针对的对象）提供了有用的概念工具。尽管如此，Long（2001）既没有证实这种行动者和话语之间的关系，也没有证明这些不同的话语类型。Chouliaraki 和 Fairclough（1999），以及 Laclau 和 Mouffe（1990）指出，行动者们的话语权并非是平等的，这是社会文化以及政治对于身份的种种约束的必然结果，即种族、阶级或性别，它们可以再次强化各种主体的位置。基于计划型干预政策、行动者界面和话语分析三个方面的累积方法，我们可以把生态移民政策当做干预机构的官方话语进行研究，这个干预机构针对的是被干预的行动者，这个行动者又反过来交涉干预行为的结果。

方法和数据

2007 年，笔者在玉树州和甘孜州进行了三个半月的田野调查工作，本章的数据主要是以那次田野调查为基础的。这些数据连同后来的进展，通过种

第十七章　青藏高原上的生态移民：牧民和草场的分离

种通信方式均告知了当地的被调查者。在玉树州，笔者选择吉瓦（Gyewa，化名，州政府所在地结古镇外的一个牧民社区）作为这项研究的主要地点。出于伦理的考虑，被调查者被匿名。那些被定居的牧民是从拉瓦（Rawa，化名，结古镇西南方大约75公里处的一个小镇）迁过来的。玉树县是汇聚政府职工和生意人的六个县城中的一个，它管辖着拉瓦镇和另外七个小镇。拉瓦"纯粹"是一个畜牧小镇（"卓克帕"），它与西藏的其他半游牧地区是有区别的。研究中的采访既有正式的，也有非正式的。鉴于该主题的敏感性，在采访这些牧民时，笔者不得不特别地小心谨慎。笔者自己就是一个土生土长的康巴藏人，笔者能说当地的方言，笔者和被调查者交往不成问题。笔者生长于昌都的周边地区；20世纪80年代，也就是1990年笔者离开家乡之前，在昌都上学读书。笔者也能说一口流利的汉语，这使笔者在采访当地的那些汉族官员时受益匪浅。另外，在采访当地牧民的过程中，笔者可以说藏语，与讲方言的被调查者进行正常的交流，尽管他们的方言有一些变化。作为一个土生土长的藏族人的劣势在于，笔者必须尽量忘记自己是生活在西方的藏族人。每次做自笔者介绍，说自己就读于奥斯陆大学时，别人就把笔者当成一个留学海外的藏族人。这种"误会"并非仅仅是有害无利的，当笔者与当地官员见面时，它可以帮笔者逃避自己"敏感的"背景。对于那些牧民来说，笔者是在外国居住这一事实，常常引发他们对于生活在外国的藏族人的好奇心。

除了超过50次的非正式采访之外，笔者对吉瓦的25户牧民人家进行了深入和系统的采访。此外，笔者对8个当地知识分子，5个非政府组织的工作人员和10个地方官员（包括基层地方官员）进行了采访。关于定量数据时，笔者尤其注意查阅了政府报告、发言稿、州的编年史、年鉴和文件，这些书面资料提供了牧场、牲畜总数和资金投入三方面的当地数据。尽管这些官方资料因为不可靠和曲解事实而受到人们的质疑，但是州级和县级报告数据对于了解本案例的整体情况似乎仍大有帮助。如果不依靠这些数据，独立搜集这类数据将超出此项研究的能力范围。因此，在本章中笔者广泛地使用了官方数据，特别是内部资料。但这绝不是说官方资料是十全十美的。在处理官方数据时应该具有怀疑精神，这是毋庸置疑的。总的来说，这项研究以三江源（尤其是玉树）的数据为重点；所以，它也许不符合藏区其他地区的畜牧状况。

生存能量和牧民生计

在后来由 Fischer（2008）主持的一项工作中，"生存能力"被用来评估西藏农村经济的实际情况。由于西藏具有以土地和牲畜为基础的高生存能力，Fischer 认为，在迅猛的经济转型期间，农村藏民们趋向于摆脱低薪工作。Fischer（2008）把"生存能力"定义为西藏农村家庭靠他们自己的生产（即每个牧民 30 只绵羊的生存要求）来维持生计的能力。Fischer（2008）对绝对生存能力（即在经济上一户人家收入有盈余以维持自身生计的能力）和相对生存能力（即与其他社会群体相比较而言的绝对生存能力）进行了区分。笔者认为，这次的干预行为也可以理解为在现代化和发展过程中，用国家救济取代传统生存能力的一次尝试。基于她自己对于人均收入和生计策略的研究，Susan Costello（2008）提出，果洛的藏族牧民们已经成功地利用了"现代性"给他们创造的种种挑战和机会，而没有失去他们的"传统生计"。然而，Costello 的研究没有涉及果洛的生态移民政策，因为她的研究是在那项政策生效之前进行的。Gruschke（2008）在援引 Fischer 的理论时认为，尽管玉树的牧民们更喜欢保持他们传统的生计，他们也倾向于通过采集、贩卖冬虫夏草，通过教育来拓展、增强他们自己的生计机会。Gruschke（2008）认为，这些年来，该地区的生存能力由于人口增长而下降了；Grusche 的研究也没有涉及生态移民政策。因此，很少有学术文献直接涉及生态移民政策。然而，中国的学者与西方的学者在有一点上意见一致，那就是农村的藏族人（与其他地方的村民相比）拥有丰富的自然资源（虽然正在减少）。在下面的段落中，笔者将探讨生态移民与生存能力之间的关系，分析计划型干预计划的建立过程，以及干预计划在官员们和牧民们之间的协商情况。

用救济代替生计：吉瓦的案例

吉瓦安置点有 229 户人家、848 个牧民，位于结古镇之外（"安置报告"，2007）。他们是第一批从拉瓦镇迁到此地的移民。2002 年，该地总共有 95.6%

的可用草地，牲畜数量远低于承载能力。根据当地政府自己的报告（2005），拉瓦草地的承载能力在 2002 年为 195500 绵羊当量单位，而实际的牲畜数量仅为 107000 绵羊当量单位，显示出下降的迹象。综合看来，表 17-1 中的数据与一般假设（即人口和牲畜数日正相关）相矛盾。在玉树，人口增长是导致牧民生存能力下降的主要原因（Gruschke, 2008）。尽管放牧依然是维持基本生活的主要来源，但是单单数据本身不一定表明牧民们变得比以前更贫穷了。牧民人均纯收入在 1996 年是 659 元，而在 2002 年是 1520 元，差不多增长了一倍（《玉树州志》，2006；《玉树政府报告》，2007）。在玉树，农村人均纯收入为 1335 元（《青海年鉴》，2002），而城镇人均纯收入为 6950 元（《青海年鉴》，2003）。

2002 年，拉瓦总共有 1740 户人家，其中 1085 户具有草原使用凭证，655 户则没有。当地政府计划根据以草定畜的原则限制 1080 户人家的牲畜数量。此外，有 662 户人家计划移民，其中的 505 户已经移民完毕。搬迁分为两种类型：自助搬迁和整体搬迁，其中包括了吉瓦搬迁。与整体搬迁不同，自助搬迁是以个人身份自由地搬迁到城镇地区，搬迁者不属于任何集体变迁社区。

表 17-1　拉瓦镇 1996 年、2002 年和 2005 年的畜牧状况

年份	草原总面积（平方公里）	牲畜数量（绵羊当量单位）	家庭总数	户均牲畜	人口数量	人均牲畜数量（绵羊当量单位）	人均土地面积（亩）	人均纯收入（元）
1996	3612500 亩（2303）	140000	1267	111	6223	22	580	659
2002	3612500 亩（2303）	102708	1740	59	8533	12	423	1520
2005	2790200 亩（1755）	72708	1085	67	6533	11	427	1624

注：SU＝绵羊当量单位（1 头牦牛＝5 只绵羊；1 匹马＝4 只绵羊）。1 亩＝0.000666 平方公里。
数据来源：《玉树州志》（2005：89）与《退牧办工作报告》（2005：1）。

"从牧场到草原"

表 17-2 列出了玉树实施计划的基本数据。吉瓦曾经是一座空旷的山

谷，州政府将其变成了州内最大的"模范"安置点。在229户家庭中，仅有91户具有草原使用凭证，而其余的138户没有。

表17-2 拉瓦"从牧场到草原"实施计划

牧场总面积（亩）	退休百分比（%）	人口总数（人）	安置百分比（%）	牲畜总数（绵羊当量单位）	缩减百分比（%）
3455000	23.8	8533	25.5	102708	29.4

资料来源：当地官方《"退休牧场"工作小组报告》(2003, 2005)。

至此，笔者已简略陈述了一些关于拉瓦牧民们的事实和数据。后面笔者将按年代顺序对计划型干预的实施和政策实践的落实做更细致的观察。

干预风暴：行动者们迎面相遇

从2003年开始实施退牧还草政策之后，上至国务院下至当地政府，各级官员都在贯彻执行此项政策（赵蓓蓓，2005），媒体也对此争相报道。通过采访我们知道，在同年，由玉树县退牧办领导为首，当地县乡级政府官员组成的一个代表团对拉瓦乡进行了考察以推动此项政策的开展。当地政府在工作报告中说，政策的开展严格遵守"以人为本"和"科学发展观"这两项原则。采访中有官员称此项政策的开展符合中央政府、省政府和县政府制定的标准，并且是科学而全面的。"尽管最初我们担心草原的生态环境，但是定居后，我们会有一个固定的集市，使牧民能享受更现代化的生活"。一位县农业局的工作人员在采访中如是说。参加考察的官员因此向广大的牧民灌输城镇化的一系列好处。当地官员认为，所谓的发展，就是向那些未曾受过教育、思想落后守旧的牧民介绍市场化和现代化理念。所以各大媒体都对牧民的定居情况进行了频繁的报道，说那是期待已久的发展形势的到来，是彻底的"现代化"工程（陈国洲，2009）。2005年的当地政府报告称吉瓦是以牧民进城为目的的城乡协调发展的标志。但是，在考察团与牧民的第一次会议中，当问及有多少人愿意搬迁时，除了一部分牧民举棋不定之外，大部分牧民的答案是否定的。当时仅有10户"模范户"

愿意搬至吉瓦。一位"尚未准备好的"牧民如此看待考察团官员和拉瓦牧民的反应：

> 在实施退牧还草政策之前，我们从未想过要离开世世代代生活的家园。是别人"命令"（藏语为 bka'rgya dtong song）我们离开自己的家园去享受更美好的生活的。我们能说什么，能做什么呢？没有人敢违抗政府的命令。我们不懂汉语，所以并不了解这项政策的真正目的。有人向我们诉说了新生活的种种好处，比如有新房子住、有更多的钱赚、孩子有学上、镇上会有集市和医院等。我把那些情况和自己当时的生活在脑子里比较了一会儿，未作太多犹豫，就决定搬离牧区，尽管绝大多数的牧民家庭当时不同意这么做。

该政策的突然实施最初引起了整个牧民群体的强烈怀疑和不信任。从总体上说，牧民们认为他们除了顺从地贯彻自上而下的命令以外，并没有多少可做的，不管那会给他们的生活带来什么影响。有的牧民甚至认为，此项政策就像"圣旨"一样不可违抗。这种观点用句古话可以这么说：皇命不可违。他们认为自己在政府政策面前很难有反驳的余地。但是这并未影响牧民们发挥自身的杠杆作用和策略。

对美好未来的承诺和"要挟"策略

为了保护他们传统的生活方式，大部分牧民刚开始并不赞成此政策。但是当地官员不断强化灌输新的政策思想，不断地向牧民说明搬迁计划，并承诺会尊重牧民的意愿。而且，政府还承诺，如果牧民同意搬迁，10年后会将草原还给牧民。据说，那10户"模范户"获得了巨额补偿。与此同时，坊间流传说，政府部门采取了"要挟"策略，诱导牧民接受他们的条件，并说此次"优厚待遇"并不会一直都有，到最后会强制其搬迁而不会向其提供任何补偿。此项策略非常有效地督促了那些犹豫不决的牧民尽快地做出决定。在吉瓦兴建房屋的同时，政府也在游说使牧民尽快同意搬迁。关于政府如何兑现承诺，他们并不了解。但是在政府官员一直认为牧民进城后会找到合适的工作并过上好生活。最后，在政府的说服下，219户牧民同意搬迁，搬迁过程中未出现重大冲突和对抗事件。剩下的一部分牧民留了下来，并和政府签订合同以更好地看护草场。当地官员在采访中称，此次会议更像是双方谈判，更多地尊重了牧民的意愿。但是，据牧民说，此次会议更加"强势"和"无商量余地"。当问及开始拒绝搬迁而后来却同意搬迁的原因时，一位50多岁的牧民说：

> 政府为我们住进新社区这件事情做过各种各样的承诺。我们认为，政府为我们的孩子提供教育，以及我们理应获得的工作机会和经济补偿听起来都是很不错的。我也是因为这些条件才同意搬迁的。不过，我只有很少的牲畜和土地这一事实也使得我除了同意搬迁外别无选择。尽管如此，我对于这些承诺将会以何种方式实现知之甚少。

除了政府政策的极力说服，当地牧民们也相当有意识地采取了相应的策略来适应这一政策。在接受搬迁计划后，牧民们开始采取多样化的策略来保证此次政策的执行结果。

保证生存的策略

影响牧民们生活策略的因素包括牲畜所有权、年龄和文化意识。那些拥有更多牲畜的牧民对这一工程有抵触情绪。由于肉类和黄油等动物制品的价格较高，牧民们在维持他们传统的生活方式中有各自的既得利益。因此一些较富裕的牧民成功避免了搬到城镇去生活。根据拉瓦地区的牲畜数据，较贫穷的牧户有10~100只绵羊的产量，中等收入牧户拥有100~300只绵羊的产量，而比较富裕的牧户则有300只以上绵羊的产量。亲属连带关系也是发展集体家庭策略的一个重要因素。一般来说，父母和关系比较近的亲戚仍留在草场为他们自己饲养一些牲畜，而年青一代为了能享受更好的生活则搬迁到了新的社区，他们食用的肉和黄油则由在牧区生活的亲属提供。由于这些策略，减少牲畜数量的工作效果大打折扣。到2005年，也就是执行牲畜数量削减政策两年后，当地官方工作小组做出了报告，说他们已经使牲畜数量减少了 30200 只, 约占总数的 1/3。

接受定居的牧民中, 绝大部分是 20 岁到 45 岁的年轻人, 而且这些牧户的孩子年龄偏小。他们大部分并未持有草场使用证书或者没有很多的草地或牲畜。他们不仅把该政策看作是一次致富的机会, 而且认为该政策使他们可以将孩子送到更好的学校接受更好的教育。后者是他们选择搬迁移居的一个最重要的原因。根据政府的统计资料, 在社区内有 130 名入学适龄儿童, 入学率为 95%。在政策实施的最初阶段, 年长的牧民夫妇们对搬迁政策一直心存不满, 而年轻的牧民夫妇们则对现代化社区内的生活表现出更强烈的欲求。换言之, 政府和牧民之间没有信任或者缺乏信任, 尤其是对于老一辈的牧民, 他们更愿意生活在原来的地方, 而不像年青一代那样愿意接受新的观念和现代化的生活。

生计和出台政策

2004 年, 对广大牧民来说, 搬进新家是生活方式的重要转变。但是出乎牧民们意料的是, 政府当时的承诺大部分都没有兑现。当地政府称每个牧户家庭需要支付 1.5 万元的"安家费"才能住进新家。这意味着在之前的几年牧民们并不会获得任何经济补偿。与传统的帐篷相比, 新房只是政府部门促进现代化的一项"面子工程"。这些新房密集地建在一起, 设计简单, 面积狭小。除了派出所, 所有房子的高度、颜色和设计都一模一样。其中, 有 210 户牧民人家的房子是 60 平方米的, 9 户牧民人家的房子是 80 平方米的。牧民分得的新房并没有真正地按功能规划使用面积, 比如, 没有独立的空间作为厨房、浴室或者厕所等。在安置区中心区域的篮球场旁边只有一个公共厕所。当问及对新房子的感觉如何时, 牧民说房子很漂亮, 但我们生来是游牧民族, 房子间的距离以前从来没有这么近, 对我们来说, 帐篷是更好的。不过, 当地政府却在报告中极力宣扬他们在吉瓦发展中作出的贡献, 称这些房子设计合理, 价格低廉、环保, 并且融入了当地的文化。他们还说在玉树县新建的房屋可抵抗一般地震(退牧办, 2003)。但是, 在 2010 年 4 月发生的一场 7.1 级地震中, 有报道说 90% 的房屋被摧毁, 98 名牧户丧生, 受伤人数达到 130 人。在实施基础设施建设时, 并没有计划建设一所小学，据当地官员说，吉瓦没有达到省级标准，情况更糟的是，长期生活在草原的牧民无法找到合适的工作，严重影响了收入。一年后，当花完积蓄时，由于没有获得经济补偿，他们只能卖掉他们赖以生存的牲畜，最后过着朝不保夕的生活。一些牧民的生活过得十分拮据，因此牧民中有不少怨言。有人认为这些都是为将来在这里开矿铺平道路。笔者不仅要详述这种未明确说明的政策"意图"，而且要分析这些阐明了的目标、实践和其影响。在之后的案例中，笔者会更详细地说明定居对牧民的一般生计和特殊生存容量的影响。

生存能力：定居之前和之后的家庭收入

大家知道，偏远地区牧民的生存能力在20世纪90年代开始下降，主要原因有两个：进口廉价羊毛和从美国、澳大利亚进口粮食（Miller, 2000; Fischer, 2008; Grusche, 2008）。羊毛并不是拉瓦地区的主要商品，所以相对来说羊毛价格的下降对当地的影响并不如对其他藏区的影响严重。但是，冬虫夏草、肉类、黄油、奶酪和酸奶仍然是主要的经济来源，这些商品价格在数十年之后仍呈现出增长的趋势。吉瓦地区的牧民的传统生活方式是畜牧业，然而失去赖以生存的牲畜之后，这种传统似乎是走到了尽头。当地有六成牧民为文盲，更不用说能在学校接受教育了，这更导致后来找工作非常困难。据牧民们说他们非常渴望能回到原来的生活。有位40多岁的牧民这样描述在定居之前的生活：我们（牧民）住在帐篷，养有近60头牦牛，我们从不愁吃喝。除了必需的劳作，生活过得非常殷实（藏语为 skyi-po yag-po）。我们当时的生活都是自给自足，不仅如此，还可以出售肉、黄油、奶酪、酸奶、羊毛和毛皮，在夏季的时候我们还可以采冬虫夏草，每年大概会有8000元的收入，其中3000元左右来源于牲畜，其余则都是出售冬虫夏草的收入。但是，现在定居后，我们的生活彻底改变了。

这位牧民的妻子在去世前一直疾病缠身，为了给妻子治病他借了28000元。接受我们访问的牧民之前基本都拥有200绵羊当量左右的牲畜，稍高于100~200绵羊当量/户这一平均水平。根据搜集到的数据，我们估算出了吉瓦地区牧民在定居前后的收入。如果只是看收入的数字，前后并没有明显的差别。安置前，牧民基本收入都来源于牲畜，包括奶制品，另外一部分来自冬虫夏草，净收入大概每年为7500元。在定居之后，大部分的开销是日常生活。相比之下，总收入并未出现多大的变化，但是由于当前的经济环境的影响，日常花销在激增。如果算上国家的补偿，加上出售冬虫夏草的收入，每户的收入大概在6500元到9500元之间（见表17-3），这种差距取决于该户是否持有草场使用证书。牧民原来的生活方式在安置后正在慢慢地消失，由于未接受过教育导致的低就业率让他们的生活质量大不如前。迫于生活的压力，牧民更加希望能回到原来的生活方式。吉瓦地区普通家庭大概有4个人，基本上是小两口以及两个小孩。根据Gruschke对乡村人口基数的估算，在玉树县，平均每位牧民拥有25.17绵羊当量的牲畜。

表17-3 定居前后家庭平均现金收入

单位：元

收入来源	定居前	定居后
畜产品销售	4000	0
冬虫夏草	3500	3500
国家补偿	0	3000~6000
总　　计	7500	6500~9500

注：定居后家庭平均现金收入的统计假定牧民们会及时得到国家补偿，不必扣除新房的建设费用。

资料来源：2007年采访数据。

2004年玛多县新定居牧民生活费用调查显示（玛多县是果洛自治州的相邻县），每个牧民每年食品、燃料和衣物的总费用为4959元，其中，燃料占12%、食品占67%、衣物占21%（陈洁，2008）。每户每年总费用至少为8000元。以上数字还不包括住房、医疗服务、孩子教育以及文化和宗教生活的费用。孩子每年的教育费用大约为400元，包括校服和文具费。在吉瓦，从前被当作理所当然的东西现在成为生活开销的重要来源。牛粪在这一点上就是一个典型的例子，以前，牛粪曾是充足的免费燃料。定居后，牧民必须在镇上花钱购买牛粪，每月花费200~300元。这些费用都增加了牧民的生活负担。

冲突和对抗：微观—宏观层面

牧民们认为他们的经济困难与政府的政策相关。一名 38 岁的居家男子这样说：

> 我们在 2003 年 10 月同其他 9 户人家一起搬到这里，其他牧民家庭在我们之后也搬了过来。使我们震惊的是，之前很多的承诺都没能兑现。新房子花了我们 15000 元，城镇就业的希望也泡汤了，孩子们需要走很远的路去上学。我们没有工作，可我们还要养活 5 个孩子。我四处找工作，却一无所获，只能靠亲戚的救济。生活比以前更艰难了，冬虫夏草成了我们唯一的收入来源。以前我们在牧区时，大部分的消费品都是我们自己生产的。而搬来之后，所有东西甚至于牛粪和青菜都要花钱买。我们甚至买不起黄油和肉用于日常消费。

以上被调查者的经历在很多方面都代表了移居的被调查者们的情况。对于他以及其他人来说，政府的承诺是他们选择移居的首要原因。可是后来他们却发现这些承诺都未兑现。这让他们倍感失望，因为生活的压力实在太大了。牧民们请求乡镇政府取消额外新加的住房费用，提高他们的收入和就业机会。当地官员却说这不是住房费用而是建设费用。于是这些牧民在 2005 年中期组织了 200 多名户主奔赴辖区政府进行抗议。镇领导闻讯急忙赶到现场，指责抗议的牧民，要求他们停止抗议。可这并没有使牧民们停止向镇上进发。那个镇领导丝毫没有表现出对牧民处境的同情，而村级领导们却十分同情牧民的不满。抗议牧民到达镇政府时已经是午饭时间了。一名被调查的牧民称，当抗议群众在大门口抗议时，那个镇领导又来了，这回他改变了策略，表现得十分温和。他对牧民们作出了承诺，只要他们回去，他就会马上召开会议。牧民们经过讨论，且在镇领导的强求下，最终决定回去，希望这件事之后可以得到解决。可后来镇领导并没有兑现承诺，也没有在当天以及第二天的会议上出现。让牧民吃惊的是，武装警察于第二天夜里 11 点，逮捕了 10 名组织抗议活动的领导者，随后警察审讯

第十七章 青藏高原上的生态移民：牧民和草场的分离

了这些领导者，要他们说出抗议幕后操纵者的名字和其他相关信息。几天后，被捕的人得到释放，条件是他们不得再次参加类似的活动。从那以后，该社区就处于警察的严密监视之下，没有人再敢站出来说话。

这次镇压将抗议非法化了。而实际上，抗议是牧民们向政府官员表达不满的正式渠道，而镇压却强化了牧民对镇政府的不信任。沉默、沮丧和绝望取代了公开抗议，虽然这些都仅仅是发生在社区内部。牧民们普遍而强烈地希望能回到过去的生活；当地政府为了防止进一步的社会动荡，使用了胡萝卜加大棒策略。政府官员也日益认识到了牧民们生活的艰难，于是向牧民们发放了太阳能电池板和电视机，以此获得牧民的支持。一名镇领导在采访中说道，移居的主要挑战是移居牧民的经济困难。但这名被采访者隐瞒了失业、补偿和抗议的问题。退牧办的主要目的是减少草原人口和牲畜数量，以及将牧场还原为草地，它忽略了社会经济问题，而这样的问题却在日后逐渐凸显。退牧办的领导人在采访中告诉笔者，现在照顾牧民的生活状况的机制还不够完善，而他们的主要任务就是保证退牧还草工作的顺利进行。

新社区的失业和生计

在吉瓦，生存能力的突然消失并没有被就业和收入机会所填补。与中国其他地方的移居农民一样，调查中的大部分牧民在接受采访时都没有工作。虽然他们不认得汉文，但他们都知道像"小工"这样常见的工作，这类工作是指收入低、临时的、琐碎的工作；在夏天，采集冬虫夏草是他们唯一的收入来源。在其他月份中，他们四处找工作，保留着采集草药的权利。尽管如此，镇上符合牧民的知识和技能的工作机会还是很少，牧民仅能找到一些临时的工作。失业妇女的人数远远高于男人。前者显然受到劳动力市场的双重歧视，即作为牧民和作为一个妇女。2004年至2006年，当地政府机构在非政府资金的支持下，组织了几次就业技能培训（涉及汽车修理、手工艺和建筑工人）。一些受训者在培训之后很快找到了工作，却又很快失业了。当地的官方报告总是喜欢提及这些培训项目，用来证明政府正在竭尽所能帮助牧民就业。当被问及为什么他们两年之后还是没有工作时，一名退牧办领导说，原因是牧民们"落后的思想"。他进一步说："牧民们懒惰，没有兴趣工作。政府热心地将他们带到城镇劳动力市场，但他们与老板处不来。"在2005年和2007年的内部报告中，退牧办提到政府相继组织的就业项目，却没有提到项目的失败。在吉瓦的地毯工厂投资就是其中一个失败的项目。

在与玉树辖区政府的合作中，青海省藏毯厂早就计划在吉瓦建立一个地毯工厂，为大约200名牧民提供就业机会。牧民们热切期盼着工厂开业，因为这是社区唯一的一个就业项目。工厂开业成了媒体的头条新闻，而且牧民对工厂运营提供的就业机会寄予了厚望（徐君，2010）。一名工厂工人说："这是我们能在镇上找到的最好的就业机会。我热切期望这个工厂投资项目能获得圆满成功。遗憾的是，这个项目还是失败了。"工厂于2006年开业，虽然它雇用了一位当地著名的藏族经理经营工厂，但是工厂几个月之后就倒闭了。与工厂开张得到大量新闻报道形成反差的是，媒体几乎没有对工厂的关闭进行报道。在采访中，该经理总结说，在如此短的时间内，将传统的牧民转变为城镇工人几乎是不可能的事。他指责政府官员天真地认为他们能在一夜之间转变牧民，同时他还指责牧民不具备必需的技能和态度。另外，牧民则指责政府的腐败。在该报告中，当地政府指责自治州和省政府推迟资金的发放或擅自扣除资金（工作报告，2005），而这种互相指责还在继续。政府官员不把牧民看作是社会文化框架内活跃的参与者，在他们眼里，牧民是落后而传统的、需要进行现代化教育。一名当地的政府官员说道："他们的头脑非常传统，文化素质很低。我们需要一些时间来改造他们。我们在当地的饭店和宾馆为他们找到工作，可他们没过几天就跑掉了。我们需要改造的是他们的观念。"政府官员将自己看成牧民的改造者。

在与城镇人口竞争中，特别是与汉人的竞争中，牧民在语言技巧、教育和社会网络方面面临着结构劣势；大部分牧民缺乏工作经验和社会网络；他们既不会说汉语，又不会写藏语。被调查的牧民承认，这些劣势让他们对发生在周围的一切不明所以。对于牧民来说，他们在新社区的家是另一个让他们挣扎（经济上和社会上）的、陌生的空间。找工作，特别是工资较高的工作，是移居牧民主要关心的问题之一，虽然这样的工作很难找到。

除了当地政府和公共企业对就业培训的支持外,一个国外的 NGO 也在吉瓦和其他小镇支持了一些短期的培训项目,包括汉语课程和其他的技能培训。一系列旨在将牧民转变为乡镇劳动者的项目都于 2006 年结束了,没有给牧民就业带来多大的起色。2007 年笔者在当地的时候,当地已经没有就业培训了。老老少少的牧民游荡在社区周围,无所事事。笔者被告知,想要通过就业培训找到工作的可能性十分渺茫,笔者问他们问题究竟出在哪里,得到的回答是,培训时间太短了,学不到多少本领,而且通过培训渠道找到工作的可能性很小。另外,由于自身的牧民背景,一些被调查者对镇上工作的类型很是挑剔。

生计并不像人们一贯认为的那样仅仅意味着物质资源、劳动力和资本。生计还意味着价值选择、地位、认同或是远离某些生活方式,以及某些类型的社会人(Long,2000:197)。劳动力是在特定的社会文化框架内嵌入的,它既是由个人也是由集体构成的,体现着移动化—相互依赖的模式。在玉树,牲畜与牧民的工作观念息息相关。这里所说的牲畜主要是牦牛,牦牛本身就能作为劳动力,除此之外,它们的毛和尾巴也可以用来制成帐篷、绳子,编制衣物或毯子。包、船、储物盒和包装材料由牦牛皮制成,牦牛头骨可以用于装饰。藏语中有数十个词称呼不同种类的牦牛,就像萨米语中雪有不同的名字,法语中奶酪有不同的名字一样。移居工作实施得很草率,很少注意牧民的文化背景。由于移居,畜牧业知识不复存在,这不仅是经济意义上的生计转变,而且是整个生活方式的转变。

被调查的牧民说移居对于牧民来说是劳动力层面上的认同危机。在采访中,牧场的不可分割性、牧民劳动力和牲畜常常被强调。可见,这种移居不仅带来了生计危机,也带来了牧民的自我认同危机。一名 60 多岁的牧民说:"牲畜是我们自我认同感的重要部分。如果我们与我们的牲畜分离,我们就如同禽兽一般(该比喻指一种疏离感)。"对移居的评价通常伴随着移居与牧民从前生活之间的比较,在那种生活中,牲畜、劳动力和牧场是密不可分的。政府官员常常认为移居只是一个技术问题,就是将农村牧民转变为城镇劳动者。这也是组织一系列职业培训的原因。他们以为这种转变可以在短时间内完成。与此形成鲜明对照的是,牧民们对于移居给他们带来的一切毫无准备。相关部门搞清了失业问题,然后再根据他们自己对社会文化的认知和价值观,提出了一系列政策。政府官员指责牧民懒惰、非理性是将问题简单化的一种认识。同样,牧民们指责政府官员仅仅是为自己的利益而利用他们,这使他们错过了谈判和斗争的重要话语空间。尽管政府称移居是为了促进社会经济的发展,移居牧民们的家庭经济却未见起色,同时他们的生存空间也大不如前。在新社区,除了水之外,其他东西都要花钱,即便他们得到了政府承诺给予的救济,他们的家庭净收入却不见提高。因此,大部分家庭都面临着某些方面的日常生活困境。一个牧民说道:"如果我能够选择,我会马上回到草地。我不想待在这儿。我在这里没有家的感觉,也找不到工作,因为我不会说汉语。我为什么还要留在这儿呢?我怀念草地的一切,甚至是那里的空气和水。"

自我创业:另一种策略?

到目前为止,如果笔者把自己对于吉瓦的印象描写为所有人都贫穷,找不到工作,这也不正确。在野外考察中,笔者也遇到了一些成功变为企业家的牧民。这些牧民谨慎地称赞了城镇便利的学校、市场和医院等设施,这种便利减少了教育和医疗服务的费用。退牧办报告(2005)显示,社区中有130个孩子,入学率为95%,家长每年为每个孩子需负担400~500元的教育费用。其中有一个43岁的藏獒饲养主,他是社区中最富有的居民,饲养了几只藏獒用于出售。玉树以藏獒闻名。与冬虫夏草一样,当藏獒达到一定年龄而可以在市场上出售时,卖价是不菲的。以前,他通过互联网或手机联络,出售了几只藏獒,卖价在8万元到30万元之间。这使得他比其他的牧民富有,其他牧民没有现金,也没有投资藏獒的资本。他这样描述在移居社区中的新生活:"在现代通信方面,这里的新生活比我之前的生活好。"他利用现代科技,找到了深圳、上海等千里之外的客户。

第二个案例是一对30多岁的夫妇,他们以缝制衣服为生。丈夫过去在草场上是一名传统的裁缝,在移居后,继续从事这样的职业。虽然在财富上,这对夫妇无法与藏獒主相比,但是他们对自己的收入还算满意,称收入"可以维持生计"。这对夫妇相当满意自己的职业,作为裁缝可以让他们享受在家工作的自由,而且他们可以选择在他们愿意工作的时候工作。丈夫称，他们已经比吉瓦的一般家庭强了，在他看来，这些家庭甚至不能维持生存，而他们每月可以挣 2000 元左右。另一个案例是一名 40 多岁的牦牛生意个体户，他从牧区购买牦牛，然后将它们作为肉类食品在镇上的市场卖掉。在采访中他告诉笔者，他不喜欢自己的工作，因为他最后要将牦牛杀掉。他说这样的生意与他的佛教信仰相违背，因为佛教告诉他不要以不义的手段谋生计。与此同时，他不得不安慰自己，说这样做是为了养家糊口，他还有孩子需要抚养。以上所有案例的共同之处就是它们都是牧民自我创业的成功经验，我们没有发现通过政府组织的工作培训走向成功的故事。创业的关键是要有好的商业理念和一笔合理的社会经济资本。虽然效果不错，但这些就业策略在吉瓦的牧民中并不普遍。

当牧民们被问及发展对于他们的意义时，一个牧民说："总的来说，我并不懂经济，但是我知道经济并不代表发展。我不能理解其背后的逻辑。我们的生活没有变得更好。承诺得不到兑现，我们两手空空。我们被禁止向来访的官员吐露我们的困难。当地的政府官员仅仅将富裕的家庭展现给上级领导，而这样的家庭也就有 15 户左右。"当地部门尤其提防社区中的外国记者和研究人员。笔者来之前就被告知，香港的一组研究人员想要在社区内搞调查，结果被赶出了自治县。最令笔者感到震惊的是采访一个中年男子。他有三个孩子，他的妻子已经住院三个月。这个家庭为妻子的手术花掉了大部分贩卖牲畜所得的收入，但妻子并没有康复，还被转到另一家医院治疗。后来妻子还是去世了，留下他和三个孩子。最终，这个家庭负债累累。笔者采访他们的时候，家里几乎一件家具也不剩了，三个孩子看上去饥肠辘辘。当爹的说，他甚至没钱给孩子们买吃的。这样极端窘迫的经济状况并非只是他一个人的遭遇。在后来的几次随访中，笔者又遇到过几个情况与此类似的人。

牧民去北京：宏观层面

牧民搬到吉瓦之后，一些企业进入拉瓦开采金矿。掘金活动如雨后春笋般迅速增多，地点扩展到了当地的一座"圣"山。2006 年，发生了一系列金矿爆炸事故，同时，在金矿周围还发生了几起小规模的地震。牧民们觉得这两者之间是有因果联系的（白玛久美，2010）。据牧民称，采矿造成儿童死亡率上升，损害儿童健康，带来生态和文化的破坏。相继组织了几次公众抗议活动，试图阻止采矿活动。但是当地政府为了支持采矿企业，镇压了抗议者。在一次激烈冲突中，警方开了火，打伤了几名抗议者。牧民将采矿与地震联系起来进行解释，政府官员对此事给予了驳斥，说这简直是"迷信"。在官方有关发展的话语中，采矿依然是关键目标。

牧民们几次试图在当地表达他们的不满，但都失败了。拉瓦的牧民最终放弃向当地政府讨回公道，他们与其他牧民一起组成了一个代表团，于2010年3月自费来到北京，请求国务院干预（白玛久美，2010）。这次请愿刚好发生在2010年玉树地震的前一个月。在请愿书中，牧民们请求中央政府对外来采矿者在利益驱使下犯下的"重罪"进行干预。请愿书声明，在与当地官员的合作中，采矿企业完全不顾当地人民的利益，以及他们的生活方式。请愿书认为，藏族一直高度尊重自然，是家园的守护者，保护家园不受外界威胁。其中一名来自山东的汉族个体投资者被指责为破坏环境的罪犯之一。牧民们援引《环境法》，要求将这些"罪犯"绳之以法。

请愿书引起了从中央政府到省级，再到自治县政府短暂的注意。接到足足3页纸的请愿书之后，中央政府对省级政府进行了正式的"询问"。青海省政府迅速于2010年4月9日在结古召开的由12个采矿企业参加的会议上，提出了4条纲要。纲要指出，企业必须遵守相关条例和法规，加强环境意识，尊重当地文化习俗，加强建立与当地政府和人民的信任关系。与会企业同时被告知了玉树牧民的北京之行。三家企业在达郭里和塔曼达的采矿活动被禁止，并因对草场的严重破坏遭到了指责，而自治县内的采矿活动依然如故。最具讽刺的是，会议结束五天后，毁灭性的地震爆发了。以上这个例子说明，当地牧民有能力利用干预机构的制度复杂性来调整自身对干预的协商能力。村领导和精英阶层有知识，也能够进入国家制度的权力中心，在制定这样的策略时发挥了重要作用。利用官方有关环境退化的话语，牧民们拓展了属于自己的空间，表达自己对发展的看法。虽然北京之行并没有改变以采矿为中心的发展模式，至少它使3家小型"无关系的"采矿企业倒闭了。请愿确实让省级政府行动起来了，因为请愿让人们看到

第十七章 青藏高原上的生态移民：牧民和草场的分离

并不是牧民造成了环境退化，而是采矿企业。牧民们对于计划性干预选择了"先提交后协商"的策略，这似乎并没有带来实质的效果。对官方话语采取批判的姿态仍旧是被边缘化的。在与当地政府合作的过程中，一些NGO和学者提议甚至实验了基于激励机制的协议，让当事人分担权利和责任。

一些玉树的村干部也参加了2011年在北京举办的、名为"三江源的希望"的研讨会（章轲，2011）。来自学术机构、NGO和中央政府的参与者交换了生态保护工作的意见和经验。卡马是措池村的党支部书记，在研讨会上强调牧民最关心的生态问题就是采矿活动带来的负面影响，以及冬虫夏草的采集。一名嘎达村的与会者说："在过去，牧民分散在草场上，当草场受到威胁，可以及时保护。人人都严格遵守习惯规则，没有人破坏草场。但是现在，草场政策的影响尚不明确，而外来采矿者的数量却在急剧增加。现在没有人去保护草场不受破坏，野生动物的偷猎者又回来了。"不管该研讨会可能的结果如何，也不管研讨会是否还是被排斥在主流话语之外，这样的研讨会代表了一个新的话语平台，在这里当地NGO、基层官员和部分中央政府机构的参与者进行着互动。在这种重建的新式语言中，当地的西藏牧民在村级领导和精英阶层的带领下，对三江源生态保护的公共话语的成型起着日益重要的作用。

结　　论

在不同的背景下，发展的概念被牧民和官员以不同的方式定义和体验着。在三江源，包括玉树地区，中国政府的计划型发展干预的主要目标是消灭或限制由牧民的过度放牧导致的对草场生态的破坏。从方法论上说，这种干预政策用国家的救济替代了传统生计，降低了牧民的生存质量，虽然牧民得到了一些救济金，但那是得不偿失的，此外，他们在新社区也缺乏就业机会。官员们认为发展与生态恢复、国家安全、社会稳定、市场化和现代化相关，而牧民们却将发展与生计、就业、收入以及对土地和价值的控制力联系在一起。在实行计划型干预的过程中，话语与诠释间的巨大差异在牧民和官员之间产生了三种不同层次的界面。第一个界面是牧民—

官员的交会，即牧民或是接受或是拒绝政策的条件。牧民们在当地的村级以及县机构内运作，试图表达自己在移居后面临的种种问题。在中国政府的权利秩序中，牧民们处在一种不平衡的关系中。另外，牧民被看成是发展的被动接受者。通过第一阶段后，就来到了第二个层次上的界面。在该界面上，牧民们利用一些基于姻亲、阶层和年龄的策略，再次阐明和利用干预政策的影响。最后一个界面是通过反抗、抗议、与当地官员冲撞、向最高当局（国务院）请愿的方式。牧民们突出自己在移居后的贫困、失业问题和生活费用高的问题。关系也由此逐渐从单纯的互动增强为冲撞，产生冲突。以这样的方式，牧民利用自身具备的杠杆作用与国家机器对抗，对发展问题进行协商。

牧民与官员之间的关系是建立在发展者和被发展者的二元对立中的。牧民在官方陈述中被描述为"落后的、没有文化的、思想守旧的"。换句话说，牧民被理解为中国政府发展干预政策的被动接受者。但是，发展实践却被积极行动的牧民塑造和再塑造着。这些牧民不断地斗争，希望能改善自身的现状，虽然这意味着可能与传统的话语决裂。尽管如此，在土地的宪法所有权问题上，我们还无法过早推断在生态政治中，发展和权力分配是怎样重组的。三江源的生态保护作为一种发展，它的未来取决于国家制度如何为积极行动的牧民，以及他们的知识创造一个自由、平等和灵活的空间。牧民的知识有其自身的价值。

参考文献

摆万奇、张镱锂、谢高地、沈振西：《黄河源头玛多县草场退化成因分析》，《应用生态学报》2002 年第 7 期。

中国西藏信息中心：《青藏铁路：一个工程奇迹》，http://www.tibetinfor.com/english/zt/040719_ qztl/..%5C040719_ qztl/200402004726160011.htm，2011.3.8。

陈国洲：《三江源生态移民："我能像城里人一样享受生活了"》，新华网，2009 年 8 月 15 日，http://tibet.news.cn/gdbb/2009-08/15/content_ 17406608.htm，2010.5.9。

陈洁：《青海三江源地区牧场变草地和生态移民分析》，《青海民族研究》2008 年第

1期。

邓培华、梁洪娟：《四川阿坝地区天然草场退化原因及控制》，《四川牲畜与兽医科学》2003年第7期。

格勒、旺旭卓玛、卢梅：《关于加快藏区现代化建设步伐的调查与思考》，《中国藏学》2006年第4期。

侯向阳、时建忠：《中国西部牧草》，化学工业出版社，2002。

清华大学社会发展研究小组：《"维稳"新思路：利益表达制度化，实现长治久安》，《南方周末》，http://www.infzm.com/content/43853，2010.12.8。

白玛久美：《三江源的疾呼声》，2010，http://blog.sina.com.cn/s/blog_5e1913060100i789.html，2010.11.12。

李登全：《论四川藏区经济社会发展问题》，《四川藏学研究》，四川人民出版社，2002。

李明森：《西藏土地资源的特点及合理开发》，《自然资源学报》1994年第9期。

国务院新闻办公室：《西藏的生态建设与环境保护》，http://english.peopledaily.com.cn/whitepaper/tbpaper/tb.html，accessed July 10, 2010。

青海地区历史编辑委员会：《2002年青海年鉴》，2002。

国务院新闻办公室：《西藏民主改革50年》，2009。

王秀红、郑度：《青藏高原高山草地资源的可持续利用》，《资源科学》1999年第21期。

王颖春：《三江源实现保护和发展的双赢》，2009，http://news.h2ochina.com/waterresource/traditional/788241237341881_1.shtml，2010.5.15。

吴经纬："四川将在下一个十年更上一层楼"，2010，http://www.scjjrb.com/htmls/20101027222200.html，2011.1.20。

章轲：《"三江源"的新希望》，http://www.yicai.com/news/2011/04/749635.html，2011.6.20。

张海峰、刘峰贵、周强、朵海瑞：《青海南部高原高寒草场退化机理及生态重建》，《自然灾害学报》2004年第4期。

赵蓓蓓：《如何解决失地农民的问题？》，人民网，2005年12月9日，http://theory.people.com.cn/GB/40553/3929253.html，2007.8.20。

徐君：《挑战：青海省的牧民移居》，第12届国际藏学研究会大会论文，不列颠哥伦比亚大学，2010年8月15~21日。

《西藏农牧民安居工程成效显著：87万人迁入新居》，新华网，2009年7月10日，http://tibet.news.cn/gdbb/2009-07/10/content_17062388.htm，2010.12.12。

任晓刚:《青海三江源重新安置 5 万生态移民》,新华网,2009 年 4 月 17 日, http://tibet.news.cn/gdbb/2009-04/17/content_ 16279040.htm, 2009.10。

Baudrillard, J., And M. Poster, 1998, *Selected writings*. Cambridge: Polity Chen, S., 1996. "Inner Asian grassland degradation and plant transformation," in Humphrey, C., Sneath, D. (eds.), Cultural and Environment in Inner Asia, vol. 1: The Pastoral Economy and the Environment, pp. 111-123. Cambridge: The White Horse Press.

Chen, Zhilong, 2004. "The significance of West China development to Asian economic integration," In Lu, Ding, William Neilson, eds. *China's West Region Development: Domestic Strategies and Global Implications*, 439-469. Singapore: National University of Singapore.

Costello, S., 2008. "The flow of wealth in Golok pastoralist society: Towards an assessment of local financial resources for economic development." IN R. Barnett and R. D. Schwartz, (eds.) Tibetan Modernities: Notes from the field on cultural and social change. Leiden: Brill Academic Publishers.

Croll, E., 1994. *From Heaven to Earth: images and experience of development in China*. London: Routledge.

China.org.cn. 2005. Nature Reserve Protects Sanjiang Region. http://www.china.org.cn/english/2005/Aug/136985.htm (accessed July, 15 2010).

Demurger, S., J. D. Sachs, Wing Thye Woo, Shuming Bao, G. Chang, A. Mellinger, 2002. Geography, economic policy, and regional development in China (working paper series) Cambridge: National Bureau of Economic Research, INC.

Escobar, A., 1997. "The making and unmaking of the third world through development." In M. Rahnema and V. Bawtree, eds., 1997. *The Post-development Reader*. London: Zed Books.

Fairhead, J., and Leach, M. 2000. "Desiccation and domination: science and struggles over environment and development in colonial West Africa." *Journal of African History*.

Ferguson, J., 1994. *The Anti-politics Machine:* "Development", Depoliticization, and Bureaucratic Power in Lesotho. New York: Cambridge University Press.

Fischer, A. M., 2005. *State growth and social exclusion in Tibet: Challenges of recent economic growth*. Copenhagen: Nordic Institute of Asian Studies

Foggin, M. J., (2008) Depopulating the Tibetan grasslands: The role of national policies and perspectives for the future of Tibetan herders, Qinghai Province, China. Mountain Research and Development 28 (1): 26 -31.

Grillo, R. D., 1997. "Discourses of development: The view from anthropology," in

R. D. Grillo and R. L. Stirrat eds., discourses of development: anthropological perspectives. New York: Berg.

Gruschke, A., 2008. Nomads without Pastures? Globalization, Regionalization, and Livelihood Security of Nomads and Former Nomads in Northern Khams. Journal of International Association of Tibetan Studies Issue (4)

Goldstein, M. C, G. Childs, And P. Wangdui, 2010. "Beijing's 'people first' development initiative for the Tibet Autonomous Region's rural sector—A case study from the Shigatse area," *The China Journal*, No. 63: 58-75.

Hobart, M., 1993. *An anthropological critique of development: The growth of ignorance.* London: Routledge.

Ho, P., 2001. "Who owns China's land? Policies, property rights and deliberate institutional ambiguity," *The China Quarterly*, no. 166: 394-422.

Hu, Xiaojiang, 2003. *The Little shops in Lhasa, Tibet: Migrant businesses and the formation of markets in a transitional economy.* Ph. D. Dissertation, Harvard University.

Laclau, E, Mouffe, C., 1990. Post-Marxism without apologies, In E. Laclau, New Reflections on the Revolution of Our Time. London: Verso.

Long, N., 2001. *Development sociology: actor perspectives.* New York: Routledge.

Miller, D., 2000. "Tough times for Tibetan nomads in Western China" *Nomadic Peoples*, vol. 4, 80-109.

Nyiri, P., 2006. *Scenic Spots: Chinese Tourism, the State, and Cultural Authority* Seattle: University of Washington Press.

Rist, G., 1997. *The history of development: From Western origins to Global faith* London: Zed books.

Winkler, D., 2008. "Yartsa Gunbu (Cordyceps sinensis) and the Fungal Commodification of Tibet's Rural Economy," *Economic Botany*, 62 (3), 2008: 291-305.

Yeh, E., 2006. "Critical approaches to Tibet's socioeconomic transformation: the case of peri-urban vegetable farming in Lhasa." Paper presented at the conference on the contemporary socio-economic and environmental situation in Tibet, Fairbanks Centre, Harvard University, February 3-6, 2006.

Yeh, E. T. and M. Henderson, "Interpreting Urbanization in Tibet: Administrative Scales and Discourses of Modernization," *Journal of the International Association of Tibetan Studies*, no. 4 (*December* 2008): 1-44,

http://www.thlib.org? tid = T55631550 - 6363/2008/4/T5563 (accessed May 30,

2010).

  Yeung, Y. M., Jin Fengjun and Zeng Guang, 2004. "Infrastructure and the New Economy", in *Developing China's West: A critical path to balanced national development*, eds. Yeung, Y. M., and Shen Jianfa, 108-131. Hongkong: The Chinese University Press

（执笔人：扎西尼玛）

附 录
中国人类学者对藏族牧民的研究综述

(20世纪初期至1949年)

前 言

众所周知，在19世纪中叶，人类学逐步形成为一门独立的学科。世界一般性游牧社会的人类学或民族学研究，除中国以外，主要有两个学术传统。一是欧美人类学界的游牧社会研究，另一则是苏联民族学者的游牧社会研究。东非、西北非、阿拉伯世界、西亚、中亚等地是欧美人类学游牧研究的主要田野。苏联学者的田野，则主要是其境内与边缘的游牧人群（王明珂，2008）。现在世界上存在着五个主要游牧地带：（1）横贯非洲大陆的撒哈拉沙漠以南至非洲大裂谷一线的东非热带草原。（2）撒哈拉沙漠和阿拉伯沙漠。（3）地中海沿岸经安纳托利亚高原、伊朗高原至中亚山区一线。（4）从黑海延伸至蒙古的欧亚大陆草原。（5）西藏高原及其邻近山区高原（Barfield，1993）。[①]藏族分布在约占中国总面积四分之一的青藏高原上，在藏族的传统历史地理概念中，把整个藏区分成三大部分，上阿里三围，中卫藏四如，下多康六岗。现在，藏族主要聚居在中国的西藏自治区和青海、四川、云南、甘肃的10个藏族自治州、2个藏族自治县。[②]此外，在印度拉达克、尼泊尔、锡金、不丹、美国、瑞士、英国、德国等20

[①] 彭兆荣、李春霞、葛荣玲：《游牧文化的人类学研究述评》，《民族学刊》2010年第1期。
[②] 藏族简史编写组编《藏族简史》，西藏人民出版社，1985年。

多个国家和地区分布着十多万藏族同胞（格勒，1983）。19~20世纪，青藏高原成为西方地理学家、游历者、探险家、军人和政客们关注的重点区域，藏族也成为人类学关注和研究的对象。浏览20世纪人类学的文献，我们可以发现，国内外人类学者对藏族牧民进行过专项调查，以民族志或文章的方式发表过研究成果，内容涉及社会组织、婚姻家庭、风俗习惯、宗教生活、体质人类学等方面的研究。如罗伯特·埃克瓦尔（Robert B. Ekvall）《蹄上生涯》（Fields on the hoof: Nexus of Tibetan nomadic pastoralism）[1]，俞湘文《西北游牧藏区之社会调查》[2]，梅·戈尔斯坦和辛西娅·比尔（MelvynC. Goldstein and Cynthia M. Beall）《西藏西部牧民——一种幸存的生活方式》[3]，格勒、刘一民、张建世、安才旦《藏北牧民——西藏那曲地区社会历史调查》[4]，南希·列维尼（Nancy E. Levine）《传统的重构：果洛社会结构的变迁与保留》[5]，克拉克（Clarke, G.）《藏族游牧社会的社会组织结构》[6]，肯尼斯·鲍尔（Bauer, Kenneth）《公共财产与权力——从空间视角分析卫藏牧民的历史与当代牧场边界》[7]，丹尼尔·米勒（Daniel J. Miller）《西藏牧民的世界》[8] 等。

---

[1] Robert. B. Ekvall：《蹄上生涯》（Fields on The Hoof: Nexusof Tibetan Nomadic Pastoralism），New York, Holt, Rinehart and Winston, 1968, Waveland Press。

[2] 俞湘文：《西北游牧藏区之社会调查》，商务印书馆，1947，序言第2页。

[3] Melvyn C. Goldstei and Cynthia M. Beall: Nomads of Westrn Tibet: The Survival of a Way of Live University of California Press, 1990.

[4] 格勒、刘一民、张建世、安才旦：《藏北牧民——西藏那曲地区社会历史调查》，中国藏学出版社，1993。

[5] 南希·列维尼（Nancy E. Levine）: Reconstructing Tradition: Persistence and Change in Golog Social Structure. http://www.cwru.edu/affil/tibet/tibetanNomads/books.htm。

[6] 克拉克（Clarke, G.）1992. Aspects of the social organization of Tibetan pastoral communities. pp. 393-411, in: Proceedings of the 5th Seminar of the International Association for Tibetan Studies. Narita, Japan。

[7] Bauer, Kenneth: Common Property and Power: Insights from a Spatial Analysis of Historical and Contemporary Pasture Boundaries among Pastoralists in Central Tibet. Journal of Political Ecology, 13, 2006.

[8] Daniel J. Miller: The World of Tibetan Nomads. see, DROKPA: Nomads of the Tibetan Plateau and Himalaya, being published by Vajra Publications, Kathmandu, Nepal. 2007.

研究方法、目的和问题

文献综述，是指就某一时间内，对选题所涉及的研究领域的文献进行广泛阅读和理解的基础上，对该研究领域的研究现状（包括主要学术观点、前人研究成果和研究水平、争论焦点、存在的问题及可能的原因等）、新水平、新动态、新技术和新发现、发展前景等内容进行综合分析、归纳整理和评论，并提出自己的见解和研究思路的过程。文献综述和参考目录对于作者，是一种思想形成过程的记录；对于读者，则是一种特定专题研究线路的标志（朱玲，2006）。纵观国内外人类学者对藏族牧民的研究成果，我们发现，在这个领域开展调查撰写民族志或专项调查报告的多，对藏族牧民研究状况的综述成果很少。任何一个领域的研究都必须建立在充分吸收和继承前人的基础上，才可能有所创新和进步。文献资料的搜集、整理和研究水平在一定程度上代表了一门学科当时的发展进程和水平。对国内外人类学者对藏族牧民研究进行综述，可以了解这个领域研究的总体状况，是深入研究必不可少的基础性工作。充分了解前人的研究成果，我们对藏族牧民的调查与研究才能找到前沿的关注点。开展藏族牧民的人类学调查研究需要科学的研究方法，综述研究是一个学习和借鉴的过程，可以提高我们的科学研究水平。另外，综述也能为后来的研究者提供一些基础性的学习和借鉴的资料。20世纪初至1949年，中国人类学界发表了丰硕的人类学调查报告、专著和论文，培养了一批人类学家，取得了令人注目的研究成果。中国人类学者对藏族牧民的研究始于何时？从哪些领域开展了研究？这是本文所要探讨和综述的问题。

研究依据的资料

人类学在20世纪初被翻译介绍到中国，在中国人类学创立和发展的初期，人类学和民族学没有严格的区分，本文综述包括20世纪早期人类学、民族学、社会学对藏族牧民的研究。中国人类学、民族学、社会学对藏族社会的研究始于20世纪30~40年代对西南、西北边疆民族的研究，本文参照有关近代人类学、民族学、社会学、藏学对藏族社会研究的索引、综述类论著，拟对20世纪初至1949年，中国人类学者对藏族牧民的研究做了介绍和评论。在此列举主要的相关资料，可查阅参考书目。

著作类：刘洪记等编《中国藏学论文资料索引》，王尧、王启龙、邓小咏等著《中国藏学史（1949年前）》，赵心愚、秦和平《清季民国康区藏族文献辑要》（上、下），赵心愚、秦和平《康区藏族社会历史调查辑要》，赵心愚、秦和平、王川编《康区藏族社会珍稀资料辑要》（上、下），四川省档案馆编《近代康区档案资料选编》，胡鸿保主编《中国人类学史》，宋蜀华、满都尔图主编《中国民族学五十年》，杨圣敏、良警宇主编《中国人类学民族学学科建设百年文选》，《羌戎考察记——摄影大师庄学本20世纪30年代的西部人文探访》（马鼎辉、王昭武、庄文骏主编），庄学本著、摄影《庄学本全集》（李媚、王璜生、庄文骏主编），任乃强《西康图经》（《境域篇》《地文篇》《民俗篇》），《李安宅藏学文论选》，《于式玉藏区考察论文集》，俞湘文《西北游牧藏区之社会调查》，王明珂《游牧者的抉择》等。

相关的综述性文章：格勒《中国西藏文化的人类学研究》，旦增伦珠《社会学、人类学对西藏社会的研究》，刘志扬《中国藏学人类学研究简要评述》，卢秀敏《中国藏学人类学领域及其相关研究述评》，严梦春、看本加《人类学藏族研究综述》，王启龙、邓小咏的《二十世纪上半叶藏区地理研究述评》《20世纪上半叶藏区政治研究评述》《20世纪上半叶藏区经济研究论著评述》等藏学研究的综述文章。还参阅了彭兆荣、李春霞、葛荣玲《游牧文化的人类学研究述评》，王建民《中国人类学西南田野工作与著述的早期实践》，马玉华《20世纪中国人类学研究述评》，胡鸿保、张丽梅《民族学学科史研究概述》，王铭铭主编《民族、文明与新世界——20世纪前期的中国学术》，王铭铭《民国民族志：重读20世纪前期的中国论著之按语》，周大鸣、刘朝晖《中国人类学世纪回眸》，侯豫新《人类学的边疆关怀——读俞湘文〈西北游牧藏区之社会历史调查〉》等相关的人类学、民族学的综述评论研究。

笔者还查阅了中国国家图书馆、中国藏学研究中心图书馆和中国社会科学院民族学与人类学研究所的相关期刊资料，搜集有关藏族牧民研究的文章。20世纪初至1949年，刊载民族学、人类学和社会学文章的刊物主要有《人类学集刊》《人类学志》《人类学年报》[①]，《民族学研究集刊》《人类学集刊》《历史语言研究所集刊》等。同时，有蒙藏委员会编辑出版的《边政公论》《边疆通讯》《蒙藏月报》。中国边疆学会出版的《中国边疆》《边疆月刊》《边疆周刊》。中国民族学会（成都）编辑的《西南边疆》《边疆研究周刊》，《边疆人文》《边事研究》《边疆》《边疆研究通讯》《西南边疆》等也登载人类学民族学的调查报告。藏区社会、宗教、文化的调查研究成果除了在《东方杂志》《申报》《国闻周报》等刊物上发表外，还有《新亚细亚》《边政》《新中华》《开发西北》《蒙藏旬刊》《西陲宣化》《边政公论》《康藏前锋》《康导月刊》《宏康月刊》《边事研究》《边疆通讯》等众多报刊。[②] 根据《中国藏学论文资料索引》统计，1912~1949年，涉及西藏和藏族社会调查的论文就有近百篇。[③] 在藏区社会调查方面，涉及地域和范围很广，研究成果几乎覆盖了所有的藏族地区，对川、康、藏、甘、青、滇等藏区都有较为扎实的社会调查报告和论文问世，多达五六十篇。[④] 其中西藏社会及其制度、西康各县概况、青海玉树25族和环海8族、拉卜楞地区等是社会调查的重点。

代表性人物和成果简介

20世纪初至1949年，对藏族牧民的调查和研究成果分为综合性调查涉及藏族牧民的内容和对藏族牧民的专题性调查两类。

（一）综合性调查涉及藏族牧民的研究

综合性藏区调查成果有著作20多部，文章近100篇。这些调查研

[①] 胡鸿保主编《中国人类学史》，中国人民大学出版社，2006，第89页。
[②] 刘洪记、孙雨志：《从报刊论文资料统计看中国藏学发展》，《中国藏学》2002年第2期。
[③] 刘洪记、孙雨志合编《中国藏学论文资料索引（1872~1999年）》，中国藏学出版社，1999，第3~4页。
[④] 王尧、王启龙、邓小咏：《中国藏学史（1949年以前）》，民族出版社、清华大学出版社，2003，第113页。

究的成果，成为这一时期人类学、民族学和社会学藏族社会研究的经典作品。

著作和调查报告：

庄学本的《羌戎考察记》①、李安宅《藏族宗教史之实地研究》②，任乃强《西康札记》《西康诡异录》《西康十一县考察报告》《西康图经》（《境域篇》《地文篇》《民俗篇》）。③ 马长寿《钵教源流》《嘉戎民族社会史》④，俞湘文《西北游牧藏区之社会调查》⑤，林耀华《四土嘉戎》，民族志著作《康北藏民》，国民政府教育部蒙藏教育司《川西调查记》等⑥。20世纪初期对藏区的调查成果还有沈与白的《西藏社会调查记》（1932）⑦，马云仙《西康各县志实际调查》⑧，蔡元本《青海蒙藏旗族暨各寺院喇嘛调查》⑨、马鹤天《西北考察记：拉卜楞一览》⑩、方范九《青海玉树二十五族分区调查》⑪、黎小苏《青海民族志概况》⑫，王洁卿《云南藏掸两族之分布及其风化》⑬ 等著作，可以算是本时期藏学研究，乃至整个边疆民族研究社会调查成果的传世精品，它们代表了中国最早的田野调查的最高水平。⑭ 蒙藏委员会是民国时期管理少数民族事务的最高机构，抗战时期蒙藏委员会对云南、四川、西康等西南地区开展调查，出版了《昌都调查

---

① 庄学本：《羌戎考察记》，上海良友图书出版公司，1937。
② 李安宅：《藏族宗教史之实地研究》，中国藏学出版社，1989，第1页。
③ 任乃强：《西康图经》（《境域篇》《地文篇》《民俗篇》），西藏古籍出版社，2000。
④ 王建民：《中国民族学史》上卷，云南教育出版社，1997，第229页。
⑤ 俞湘文：《西北游牧藏区之社会调查》，商务印书馆，1947。
⑥ 国民政府教育部蒙藏教育司：《边疆教育概况》，教育部蒙藏教育司1943年编印；边政公论社、边疆考察团出版，《边政公论》第1卷第2期，1941。
⑦ 沈与白：《西藏社会调查记》（附图），《东方杂志》第11卷第2期。
⑧ 马云仙：《西康各县志实际调查》，《新亚细亚》第2卷第5期，1931。
⑨ 蔡元本：《青海蒙藏旗族暨各寺院喇嘛调查》，《西北研究》第8期，1932年6月，第75~88页。
⑩ 马鹤天：《西北考察记——拉卜楞一览》，《开发西北》第2卷第5、6期，1934年11、12月。
⑪ 方范九：《青海玉树二十五族分区调查》，《新青海》第1卷第3期，1933年1月。
⑫ 黎小苏：《青海民族志概况》，《新亚细亚》第6卷第2、3、6、7期和第7卷第1、2期，1933年8月至1934年3月。
⑬ 王洁卿：《云南藏掸两族之分布及其风化》，《文化建设》第3卷第9期，1937年6月。
⑭ 王尧、王启龙、邓小咏：《中国藏学史（1949以前）》，民族出版社、清华大学出版社，2003，第113~114页。

报告》（1942）、《中甸调查报告》（1945）等。同时，蒙藏委员会对甘肃、青海和内蒙古等地组织调查，刊印了《青海玉树、囊谦、称多三县调查报告》（1941）、《果洛调查报告》（1942）①，《玉树二十五族调查报告》② 等。

主要学术论文有：李安宅《西康德格之历史与人口》《藏族家庭与宗教的关系》等17篇。③ 于式玉在甘肃藏区拉卜楞、四川藏区对妇女和教育问题进行了调查，著有《拉卜楞寺红教喇嘛的现状、起源与各种象征》《拉卜楞藏民妇女之梳发》④《藏民妇女》等20篇。⑤ 任乃强《德格土司世谱》《喇嘛教与西康政治》，林耀华《康北藏民的社会状况》⑥《川康北界的嘉戎土司》⑦，陈永龄《理县嘉戎土司制度下的社会》，柯象峰《西康纪行》⑧、徐益棠《西康行记》⑨《康藏一妻多夫制之又一解释》，马长寿《康藏民族之分类体质种属及社会组织》⑩《人类学在我国边政上的应用》⑪，李有义《西藏婚姻制度研究》⑫ 等。

综合性调查中涉及藏族牧民研究的代表性人物和成果：

任乃强（1894~1989），1929年首次赴西康考察时，历时一年，走遍康定、丹巴、甘孜、瞻对等11县，把所见所闻写成了《西康札记》，回四川后又依据笔记材料撰写了《西康诡异录》《西康十一县考察报告》等，详述

---

① 王建民：《中国民族学史》上卷，云南教育出版社，1997，第238~239页。
② 赵心愚、秦和平编《清季民国康区藏族文献辑要》，四川民族出版社，2003，第731~741页。蒙藏委员会调查室印行《边情调查报告》之11，1944年12月。
③ 李安宅：《李安宅藏学文论选》，中国藏学出版社，1992。
④ 于式玉：《拉卜楞藏民妇女之梳发》，《新西北月刊》第5卷1、2期，1941年10月。
⑤ 于式玉：《于式玉藏区考察论文集》，中国藏学出版社，1990。
⑥ 林耀华：《康北藏民的社会状况》，《流星月刊》第1卷1~4期，1945年1~4月。
⑦ 林耀华：《川康北界的嘉绒土司》，《边政公论》第8卷第2期，第33~41页。
⑧ 柯象峰：《西康纪行》（民国二十七年），《边政公论》第1卷第3~4期合刊（1941年11月10日，第179~198页）、第1卷第7~8期合刊（1942年3月10日，第109~114页）、第1卷第9~10期合刊（1942年5月10日，第84~104页）。
⑨ 徐益棠：《西康行记》，《西南边疆》第8期（1939年），第55~63页；第9期，第72~83页。
⑩ 马长寿：《康藏民族之分类体质种属及社会组织》，《民族学研究集刊》第5集，1946年4月。赵心愚、秦和平编《清季民国康区藏族文献辑要》，四川民族出版社，2003，第655~730页。
⑪ 马长寿：《人类学在我国边政上的应用》，《边政公论》第6卷，1947年第3期。
⑫ 李有义：《西藏之婚姻制度研究》，清华大学（社），第5卷第1期，1948年10月，《社会科学》第6期，1948年8月。

了西康地区的风土人情与社会生活。自 1932 年起又在《西康札记》基础上陆续编写了《西康图经》(《境域篇》《地文篇》《民俗篇》)。《西康图经》发表后在国内外引起广泛重视，推动了全国藏学研究，被誉为"边地最良之新志""开康藏研究之先河"。[①] 在《西康图经·民俗篇》的"西藏民族之由来"一章，描述西康俄洛娃、绒擦娃等牧民的语言和习俗特点。"牛厂娃"一篇是对游牧部落社会的记载，对游牧组织、家庭财产和人力资源等状况进行了描述。[②]

马长寿 (1907~1971)，是中国著名的民族学家、社会学家和历史学家。早年他引进西方近现代社会学、人类学、语言学、考古学的先进科学方法，深入西南少数民族地区进行民族调查，发表一批关于民族学、人类学的奠基之作。1936 年至 1937 年初，在中央博物院筹备处任职的马长寿等人对四川雷波、美姑、竹核、昭觉等地彝族和茂县、汶县、理县、松潘等地实地考察彝、藏、嘉戎、羌等族的社会历史，除了解文化等方面情况外，还设法收集了许多实物资料。代表作有《康藏民族之分类体质种属及社会组织》[③]《钵教源流》《嘉戎民族社会史》等。《康藏民族之分类体质种属及社会组织》一文对藏族牧民的历史、地理分布、语言、文化习俗、社会组织、婚姻和亲属制度的研究，还进行了体质人类学的研究。

李安宅 (1900~1985)，是我国人类学界最早运用现代西方科学知识和方法实地考察和研究藏区的学者之一，他的研究成果至今在西方人类学、社会学、藏学界有很大影响。1938~1940 年，李安宅和夫人于式玉对拉卜楞进行了长达三年的田野调查，创下了中国人类学田野调查的时间之最，为李安宅最具代表性的著作《藏族宗教史之实地研究》[④] 奠定了基础。作者用社会学、人类学的科学方法，对藏传佛教及寺院制度进行研

---

① 任乃强：《西康图经——境域篇 (1、2、3)》，《新亚细亚》第 5 卷第 3~6 期，1933 年 3、4、6 月。
② 任乃强：《西康图经·民俗篇》，西藏古籍出版社，2000，第 239 页。
③ 马长寿：《康藏民族之分类体质种属及社会组织》，《民族学研究集刊》第 5 集，1946 年 4 月。赵心愚、秦和平编《清季民国康区藏族文献辑要》，四川民族出版社，2003，第 655~730 页。
④ 李安宅：《藏族宗教史之实地研究》，上海世纪出版集团、上海人民出版社，2005。

究，是经典的人类学作品。"这是国内、外公认为通过实地考察和社会调研而撰写的有关藏族宗教史的第一部杰作。"① 1944 年李安宅与华西大学边疆文化研究所对四川藏区"康"南北两路进行了半年调查，此后发表了《川、甘边民分布概况》②《西康德格之历史与人口》《藏族家庭与宗教的关系》等论文，至今仍然具有重要的学术价值，是社会学、人类学者藏族研究必读的经典论文。他们的调查成果收入《李安宅藏学文论选》和《于式玉藏区考察文集》。于式玉教授长期与李安宅教授共同合作进行调查研究，并且直接参与藏区学校教育的建设，她对甘、青、川民族，特别是藏族妇女、民俗等方面的考察记录，仍然是非常珍贵和具有价值的社会学、人类学记录。在他们的研究中对甘南藏区藏族牧民的历史、分布区域、人口、宗教和生活习俗等有所涉及，但未开展藏族牧民的专项调查和研究。

（二）对藏族牧民的专题性调查研究

20 世纪初至 1949 年，对藏族牧民的人类学的专题性调查和研究成果有著作 1 部，文章近 20 篇。这一时期的专项调查已经对藏族牧民的历史、社会组织、婚姻家庭、风俗习惯等开展了系统的研究。代表作品有：俞湘文《西北游牧藏区之社会调查》③，这是当时研究藏族牧民的少有的民族志作品。论文有：庄学本《俄洛初步介绍》④，谢国安《西康的游牧社会》⑤，俞湘文《西北游牧藏区之社会调查》⑥《河曲藏族游牧藏民之家庭组织》⑦《河曲藏区人口问题之研究》⑧，李式金《河曲——中国一极有希望之牧区》，陈

---

① 李安宅：《藏族宗教史之实地研究》雷洁琼序言，上海世纪出版集团、上海人民出版社，2005。
② 李安宅：《川、甘数县边民分布概况》，《新西北月刊》第 4 卷，1940 年（第 2~3 期），第 97~98 页。
③ 俞湘文：《西北游牧藏区之社会调查》，商务印书馆，1947。
④ 庄学本：《俄洛初步介绍》，《西南边疆》第 13 期，1941 年 9 月。
⑤ 谢国安：《西康的游牧社会》，《华西乡建》第 7~8 期，1947 年 11 月。
⑥ 俞湘文：《西北游牧藏区之社会调查》，商务印书馆，1947。
⑦ 俞湘文：《河曲藏族游牧藏民之家庭组织》，《东方杂志》第 39 卷第 1 期，1943 年 3 月。
⑧ 俞湘文：《河曲藏区人口问题之研究》，《西北民族宗教史料文摘（甘肃分册）》，甘肃省图书馆，1984。

洪述《康藏部落社会的土地制度》[①]，王瑊《榆科见闻记》[②]，蒙永锡《石渠现状素描》[③]，汪席丰《西藏牛场娃的生活状况》[④]，文玉华《隆哇——一个藏民部落》[⑤]，唐克《西藏游牧的人民生活状况》[⑥]，郝明国《神秘之松潘草地》[⑦]，邓俊康《改进俄洛游牧区教育之我见》[⑧]《甘肃松盘畜民生活》[⑨]，张帆《天葬——西藏游牧民族风俗之一》[⑩]，陈文鉴《读"天葬——西藏游牧民族风俗之一"的释正》，李鉴铭《西康牧区之游记》[⑪]，耕邑《牧人舞》[⑫]等。

对藏族牧区开展专题性调查的代表性人物和成果：

庄学本（1909~1984），1934年春，庄学本对四川西北、青海南部和西康北部地区的藏族和羌族进行调查，前后历时6个月，出版了《羌戎考察记》，用摄影的方式积累了丰富的藏族研究的宝贵资料。1934年8月庄学本进入青海果洛地区，这次果洛之行，不仅是庄学本第一次在实地进行的边疆民族考察拍摄，也是中国摄影师第一次对果洛藏区进行的实地拍摄，这是庄学本一生事业的开端。这些作品中，保存了当时藏族牧民的珍贵影像资料和人类学的详细记述。当代摄影评论界从庄学本的作品中辨识出"影视人类学"的旨趣，认为他早在20世纪30~40年代便做了堪与约瑟夫·洛克等人相比肩的影像民族志工作（庄文骏、王乐、庄学本《1934年的边疆面孔——庄学本的果洛之行》，2005）。庄学本留下的珍贵影集，凸显了人类学、民族学的价值，有些甚至因其稀罕，成为影像民族志中的孤本（马

---

① 陈洪述：《康藏部落社会的土地制度》，《中国农村》第7卷第11期，1942年11月。
② 王瑊：《榆科见闻记》，《康导月刊》第4卷第1期，1938。赵心愚、秦和平编《清季民国康衢藏族文献辑要》，四川民族出版社，2003。
③ 蒙永锡：《石渠现状素描》，《康导月刊》第2卷第8期，1940。
④ 汪席丰：《西藏牛场娃的生活状况》，《新亚细亚》第1卷第2期，1930年11月。
⑤ 文玉华：《隆哇——一个藏民部落》，《华文月刊》第1卷第6期，1942年11月。
⑥ 唐克：《西藏游牧的人民生活状况》，《平阳杂志》第3卷第5~6期合刊。
⑦ 郝明国：《神秘之松潘草地》，《边政公论》第4卷第1期，1945年1月。
⑧ 邓俊康：《改进俄洛游牧区教育之我见》，《康导月刊》第5卷第6期，第26~28页。
⑨ 邓俊康：《甘肃松盘畜民生活》，《开发西北》（月刊）第2卷第6期，1934年12月。
⑩ 张帆：《天葬——西藏游牧民族风俗之一》，《中国边疆建设集刊》第1期，1948年3月。
⑪ 李鉴铭：《西康牧区之游记》，《责善半月刊》第1卷第15期，1940年10月。
⑫ 赵心愚、秦和平编《清季民国康区藏族文献辑要》，四川民族出版社，2003，第990页。耕邑：《牧人舞》，《戎声周报》第63期，1938年1月17日。

萧辉、王昭武、庄文骏《尘封的历史瞬间——摄影大师庄学本20世纪30年代的西部人文探访》，2005）。他还发表了《俄洛初步介绍》《大积石山与俄洛人民生活》[①]等文章，记录了藏族牧民的生活。

俞湘文（1917～1990），1940年毕业于重庆复旦大学社会学系。1941年4月参与教育部所办拉卜楞巡回施教队，在拉卜楞机关及甘青川康交界游牧藏区调查了50户牧民，于1947年出版《西北游牧藏区之社会调查》。全书共10章，分别对游牧藏区的历史沿革、地理概况、政治情形、家庭组织、人口问题、经济状况、教育情形、卫生情形、宗教信仰、生活习俗等诸方面进行了综合调查。附录一：拉卜楞城区机关调查报告；附录二：游牧藏区社会调查之经过与心得，附拟定的调查表格22份。俞湘文运用美国历史学派及进化论的论说解释游牧藏区的社会和文化现象。俞湘文虽然表述了对游牧文化的尊重和赞赏，但她认为保留文化相对性和科学的普及原本就不是水火不容的（王铭铭主编《民族、文明与新世界——20世纪前期的中国学术》，2010）。作者带着应用人类学的使命感从事对藏族牧民的研究，呼吁对边疆的教育支持，并为当地的经济建设方向提出建议，甚至还提出了边疆政府机构改革的问题。

谢国安（1887～1966），现代藏学家。四川省甘孜县人。藏名多吉卓巴，英文名（教名）保罗·夏热甫，以汉名谢国安见称于世。1926年，与英国驻打箭炉领事孔贝（C. A. Combe）合作（谢国安口述，孔贝笔录），在伦敦出版英文专著《藏人论藏》（*A Tibetan on Tibet*）一书，全书共计十五章，除了第一章"佛教简述"和最后一章"打箭炉的驱瘟神'查玛'舞"为孔贝亲著外，其余的部分是对谢国安讲述的真实故事的忠实记录，记述了20世纪初期藏区的民俗、教育、宗教、文化以及历史故事和神话传说等，被西方学术界誉为"最详实可信之作"。该书第九章"游牧民——卓巴"对藏族游牧部落和地区、游牧生活、风俗习惯等进行了记述。谢国安的《西康的游牧社会》从藏族牧民的分类、分布的区域和牧民的生活三个方面进行分析和描述。

李式金（生卒年不详），国立西北大学地理系副教授，人文地理学家。

---

① 庄学本：《大积石山与俄洛人民生活》，《康藏研究》（月刊）第18、19期，1948。

1940年，穿越甘青康滇四省，历时长达半年。李式金的著述有《拉卜楞之地文志略》①《拉卜楞在西北地位的重要性》②《拉卜楞之民族》③《拉卜楞之人口》《青海湖区之初步探讨》④《澜怒之间》⑤《云南阿墩子——一个汉藏贸易要地》⑥ 等。《河曲——中国一极有希望之牧区》一文则专门从畜牧角度描述了河曲地区的地理环境、牧民分布、放牧情况、草原状况等对甘肃藏族牧区进行了研究。⑦

研究成果评述

20 世纪初至1949 年，中国人类学者对藏族牧民的调查和研究成果分为综合性调查中涉及藏族牧民的内容和对藏族牧民的专题性调查两类。由研究的内容我们可以看出，对藏族牧民进行了广泛而深入的研究，涉及藏族牧民的社会历史、居住区域、人口状况、社会组织、生活习惯、宗教信仰、婚姻家庭等诸方面。从现代人类学的角度来看，体现了社会文化人类学、历史人类学、宗教人类学、经济人类学、体质人类学等各个方面的内容，现摘要进行评述。

（一）藏族牧民的社会历史和区域分布研究

从历史人类学的意义上说，任乃强的《西康图经》是经典名著。李安宅的《川甘数县边民分布概况》《西康德格之历史与人口》，马长寿的《康

---

① 李式金：《拉卜楞之地文志略》，《边政公论》第3卷第4期，1944年4月，第33~38页。
② 李式金：《拉卜楞在西北地位的重要性》，《东方杂志》第42卷第8期，1946年4月，第46~51页。
③ 李式金：《拉卜楞之民族》，《边政公论》第6卷第1期，1947年3月，第36~43页。
④ 李式金：《青海湖区之初步探讨》，《边政公论》第1卷第11~12期合刊，1942年7月10日，第41~54页。
⑤ 李式金：《澜怒之间》，《边政公论》第3卷第7期（1944年7月，第36页）、第4卷2~3期合刊（1945年3月，第58~60页）、第4卷第4~6期合刊（1945年6月，第38~39页）。
⑥ 李式金：《云南阿墩子——一个汉藏贸易要地》，《东方杂志》第40卷第16期，1944年8月，第42~46页。
⑦ 李式金：《河曲——中国一极有希望之牧区》，《边政公论》第4卷第1期（茶研究专号），1945年1月，第48页。

藏民族之分类体质种属及社会组织》，庄学本的《羌戎考察记》，李式金的《拉卜楞之民族》，俞湘文的《西北游牧藏区之社会调查》，林耀华的《康北藏民的社会状况》《川康北界的嘉绒土司》，马鹤天的《西北考察记：拉卜楞一览》，朱祖明的《西康三十九族之由来》①，方范九的《青海玉树二十五族之过去与现在》②，倪锴的《青海玉树二十五族》③、吴均的《玉树区藏族部落之变迁》④ 是这一时期对西康、青海玉树藏区部落历史沿革与现状阐述得较为深入全面的文章。另外（佚名）《松潘社会调查》⑤，谢国安的《西康的游牧社会》，王瑕的《榆科见闻记》等对藏族牧民的历史、居住区域等均有涉及。《西康图经》根据史籍与档卷，将康藏问题历史的、自然的、拟议的、现实的，种种界限之成立的原因、变革的状况，与其相关之一切质素，分条剖析，绘图说明。

（二）藏族牧民人口方面的研究

涉及藏族牧民的人口分布、区域统计数据等研究的作品有：俞湘文《西北游牧藏区之社会调查》《河曲藏区人口问题之研究》、李安宅《西康德格之历史与人口》《川甘数县边民分布概况》、李式金《拉卜楞之人口》等几篇学术影响较大文章。俞湘文《河曲藏区人口问题之研究》根据在河曲地区的实地调查资料，从"每家平均人口数及若干部落人口总数的估计""年龄统计""性别比例"三个方面的统计材料分析了喇嘛教对于藏族人口问题的影响，考察了藏族人口递减的原因，进而提出了解决人口递减问题的途径：广设卫生机关，普及现代教育，提倡生产事业，便利交通运输。李安宅《西康德格之历史与人口》以丰富的调查材料及有关史料为基础，全面地阐述了各个历史时期人口状况及历史与人口的关系等，也是研究德格历史地理的经典作品之一。李式金《拉卜楞之民族》《拉卜楞之人口》中

---

① 朱祖明：《西康三十九族之由来》，《边疆通讯》第3卷第11、12期合刊，第7~16页。
② 方范九：《青海玉树二十五族之过去与现在》，《新亚细亚》（月刊）第9卷第1期，1935年1月。
③ 倪锴：《青海玉树二十五族》，《边疆通讯》第1卷第3期，1943年1月。
④ 吴均：《玉树区藏族部落之变迁》，载《西北世纪》第4卷第6、7期，1949。
⑤ （佚名）《松潘社会调查》，《川边季刊》第1卷第4期，1935年12月。

所列各种表格详细记录了各个时期各部族的户数、人口、头人、牧地、距藏里数、地理位置等，具有极高的史料价值。

（三）藏族牧民社会组织的研究

马长寿《康藏民族之分类体质种属及社会组织》《西藏之社会组织》[①]、俞湘文《西北游牧藏区之社会调查》《河曲藏区游牧藏民之家庭组织》、郝明国《神秘之松潘草地》等是这方面的代表之作。马长寿在《康藏民族之分类体质种属及社会组织》一文中，分章叙述了康藏民族之社会阶级、妇女地位、婚姻与亲属制度、政治制度、宗教制度、法律与军政等，论述了康藏社会组织的状况和特点。俞湘文《河曲藏区游牧藏民之家庭组织》探讨了当地的人口问题和川边没有氏族只有家庭的社会。

（四）藏族牧民经济生活的研究

涉及藏族牧民经济生活的描述主要著作和文章有任乃强《西康图经》、俞湘文《西北游牧藏区之社会调查》、蒙永锡《石渠现状素描》、庄学本《俄洛初步介绍》《丹巴调查报告》《大积石山与俄洛人民生活》、马长寿《康藏民族之分类体质种属及社会组织》、谢国安《西康的游牧社会》、李式金《河曲——中国一极有希望之牧区》等。俞湘文《西北游牧藏区之社会调查》第六章为经济状况，分别对游牧藏区的主要财产——牲畜、每人与每家的平均牲畜数、家庭消费、贫富差异与调剂、财产的所有权与承继、如何改善藏民的物质情形等进行论述。任乃强《西康图经》"牛厂娃"一篇描述了牧民的经济生活，称："牛厂娃生活大高原中，依牛为命"。其部落组织为："数十户为一家，数十家为一村，各有世袭首领以统制之。"各部游牧地域受草场所有权限制："其地无主权者，任意游牧，水草无禁。"至于有主权的地域，则是不能随便放牧的："各村有一定地域，不能互犯，犯则相仇；通常劫其牛马以示罚，他村又必报复之。或有杀人者，则仇至数世不能解。"牧民的财产以牲畜为主，"无储蓄，无仓箱，有所需，则负乳

[①] 作者署名为"言"。《西藏之社会组织》连载于《康藏前锋》第1卷第4期，1933年12月，第38~41页；第5期，1934年1月，第26~32页。

酪或驱牛马向都市易之。"《西康通志稿·农牧篇》① 的畜牧业概况一章,分述了牧场和牧民的情况,列出了西康省属各县牧场分布概览表。描述了游牧方式和牲畜的饲养,牧民一天的工作状况等。

(五) 藏族牧民婚姻家庭和妇女的研究

婚姻家庭和妇女方面的研究,是这一时期的一个重点,有许多著名的文章。徐益棠《康藏一妻多夫制之又一解释》②,俞湘文《河曲藏区游牧藏民之家庭组织》《西北游牧藏区之社会调查》,任乃强《西康图经·民俗篇》,李安宅《藏族家庭与宗教的关系》③,于式玉《拉卜楞藏民妇女之梳发》《藏民妇女》④,马长寿《康藏民族之分类体质种属及社会组织》,李有义《西藏婚姻制度研究》⑤ 等,这些作品都涉及藏族牧民婚姻家庭方面的研究。俞湘文《河曲藏区游牧藏民之家庭组织》分析了当地的婚姻问题与观念,认为普遍存在的是一夫一妻制,认为虽然尚有母系制的痕迹,但父系制是婚姻家庭变化的趋势。徐益棠《康藏一妻多夫制之又一解释》,根据实地调查材料对国内外关于康藏一妻多夫制的产生原因提出不同的看法。认为"不在于耕地之狭小,不在于人口上性别比例的不平衡,亦不在于聘金之繁重,而在于宗教势力之伟大","经济不良,绝非一妻多夫制的原因,而(是)多夫一妻(一妻多夫)之结果"。根据库学真德隆之计算:西藏东部,行一妻多夫制者占15%,西藏北部行一妻多夫制者占50%,"其情形所以悬殊若此者,因藏北多为牧民所居也"。认为自己在康北所观察之结果,与库学真德隆所言颇有同感。⑥

(六) 藏族牧民宗教生活的研究

对藏族牧民的宗教生活的研究体现在当时的各类调查中,李安宅《藏

---

① 四川省档案馆、四川民族研究所合编《近代康区档案资料选编》,四川大学出版社,1990,第131~134页。
② 徐益棠:《康藏一妻多夫制之又一解释》,《边政公论》第1卷第2期,1941年9月10日,第18~23页。
③ 李安宅:《李安宅藏学文论选》,中国藏学出版社,1992。
④ 于式玉:《于式玉藏区考察论文集》,中国藏学出版社,1990。
⑤ 李有义:《西藏之婚姻制度》,《社会科学》第6期,1948年8月。
⑥ 赵心愚、秦和平编《清季民国康区藏族文献辑要》(上),四川民族出版社,2003,第577页。

族宗教史之实地研究》，俞湘文《西北游牧藏区之社会调查》是最具代表性的著作。其中李安宅《藏族宗教史之实地研究》介绍了文化背景和历史概况，关于苯教、宁玛派（红教）、萨迦派（花教）、噶举派（白教）、格鲁派（黄教）和拉卜楞寺的调查报告，也反映了当时拉卜楞地区藏族牧民的宗教信仰状况。俞湘文《西北游牧藏区之社会调查》第九章为宗教信仰，从喇嘛教的来源、拉卜楞大寺概况、拉卜楞寺中的大会、汉藏僧人的异点、人民信仰情形等方面进行了论述。

（七）藏族牧民生活习俗的研究

20世纪初至1949年，无论是综合性的调查，还是专题性调查的著作和文章中都描述了藏族牧民的生活习俗。任乃强《西康图经·民俗篇》是经典著作之一，分上、下两编，上编"番族"，述其人种、职业、居住、饮食、衣服、性格、礼俗、岁时、娱乐、语文、同化问题等项。还有李安宅《拉卜楞藏民年节》，马鹤天《藏民的种族生活礼俗和风俗》[①]，谢国安《再谈羌塘风俗》[②]，汪席丰《西藏牛场娃的生活状况》，谢国安、孔贝《藏人论藏》，林耀华《康北藏民生活素描》[③]，李式金《拉卜楞之民风》[④]《玉树（西藏结古多）民风》，张帆《天葬——西藏游牧民族风俗之一》，陈文鉴《读"天葬——西藏游牧民族风俗之一"的释正》，耕耘《牧人舞》，庄学本《大积石山与俄洛人民生活》《牛场娃》[⑤]《打野》[⑥]，于式玉《拉卜楞藏民妇女之梳发》[⑦]等文章。王瑕《榆科见闻记》记述：榆科是游牧民族，其语言文字、风俗习惯等均与西康关外的游牧民族无异。"西康关外民众，多半是以抢劫为最光荣的英雄事业，不抢劫或怕抢劫的，他们认为是没有本领的弱者。"作者提及，政府的政治力量只能及于本地（榆科附近）农民，因他们有固定住地、财产。然而，"榆科是牧民，牧民的财产是牛马，牧民的房屋是

---

① 马鹤天：《藏民的种族生活礼俗和风俗》，《新政治月刊》第1卷第5期，1939年3月。
② 谢国安：《再谈羌塘风俗》，《康藏研究月刊》1947年2月。
③ 林耀华：《康北藏民生活素描》，《流星》1；1~4，1945年1~4月。
④ 李式金：《拉卜楞之民风》，《民族学研究集刊》第6期，1948年8月。
⑤ 庄学本：《牛场娃》，《康导月刊》1943年4月。
⑥ 庄学本：《打野》，《康导月刊》1943年7月。
⑦ 于式玉：《拉卜楞藏民妇女之梳发》，载《新西北月刊》第5卷第1、2期，1941年10月。

帐篷,均系搬迁容易,无固定性质的,以此他们抢劫的风气特别盛行"。

(八) 藏族牧民体质人类学的研究

20 世纪初期至 1949 年,人类学者在西南的民族调查中,开始对当地少数民族进行体质人类学调查。当时许多学者在田野工作时,把体质与文化两个方面的调查结合起来,以求搞清中国各民族的体质特点,发现体质差异和相同之处。中央研究院的历次调查中体质测量都占有重要地位,马长寿等人对川康民族调查时也包括体质测量内容。马长寿《康藏民族之分类体质种属及社会组织》一文认为康藏民族之体质属于蒙古类族。文章依据语言、政教、文化、地理分布及体质资料将康藏民族分为六个部族。(1) 卫藏或乌斯藏部族;(2) 阿里或宏德斯部落或藏西部族;(3) 牧番或"卓克"部族或藏北高原部族分布于西藏北部之羌塘高原;(4) 霍尔部族;(5) 康番部族或东康部族;(6) 洛圈部族或藏南部族。详细分析了康藏牧番的四种人,羌巴、康巴、道克巴和楚克巴。将其部族分为三:西部牧番 (Drok-pa or Dru-pa or Drogba) 分布于卫藏之北,昆仑山之南。中部牧番分布于萨尔温江上游与雅砻江上游间北部高原地带。东部牧番或果洛克、甲楚洛克、甲楚喀牧番 (Go-lok-Dsachuka-pa)。文章还引用了洛克希尔(柔克义)的说法:"西藏种族之最纯粹的代表是可在游牧部族(Diupa or Hpron-pa)内找到。"① 沈沙戟《西藏族的人种问题》也讨论了藏族牧民的人种问题。②

(九) 调查方法的研究

20 世纪初至 1949 年,人类学者不仅有对藏族牧民全面的民族志描述,还对调查方法进行研究。《西北游牧藏区之社会调查》说明调查时运用综合调查方法,调查时采用了两种调查方法,一是机遇选样调查法,二是间谈方式访问法。当时刚刚 24 岁的俞湘文原打算调查藏族游牧家庭 100 户、藏

---

① 马长寿:《康藏民族之分类体质种属及社会组织》,《民族学研究集刊》第 5 集,1946 年 4 月。赵心愚、秦和平编《清季民国康区藏族文献辑要》,四川民族出版社,2003,第 696~730 页。
② 沈沙戟:《西藏族的人种问题》,《前途》第 3 卷第 9 期,1935 年 9 月。

族农村家庭 100 户、拉卜楞回、汉家庭各 50 户、拉卜楞寺喇嘛 100 名，结果由于时间和人力，只做了 50 户藏族游牧家庭的调查。俞湘文指出"我们对于边疆社会的各方面情形素来隔膜，如做专题调查仅凭某一方面的调查来做片面的论断，结果必与事实不符……故对素来隔膜的边疆社会，最好举行综合调查，以做综合的观察。调查时采用了两种调查方法，一是机遇选样调查法，二是闲谈方式的访问法。在每个部落待两三天"。《西北游牧藏区之社会调查》拟定了 22 份详细的藏族牧民调查表，对于我们今天的人类学田野调查，仍有指导和借鉴的意义。

俞湘文在附录二《游牧藏区社会调查之经过与心得》中对调查的过程和参与调查的人员都有明确的注明。"本书的资料是 1941 年下半年在西北甘青川康四省边界的游牧藏区里实地搜集来的，得到了施教队同行的葛赤峯、刘伦洁的协助，李平西陪同翻译藏语，工友傅永华（藏族，会汉语）、叶呈祥（汉族，略懂藏语）、康萨小学教师郭辉祖给予调查上的便利。拉卜楞保安司令黄正清派员沿途保护并给各部落头目（首领）致函介绍"。俞湘文《河曲藏区游牧藏民之家庭组织》一文的结论部分指出："调查和统计的目的在于明了一般的情况，与普遍的情况。换言之，就是要明了最多数的现象，并不是最少数的现象。特殊的情形果然也需要指出，但是不能把特殊的情形来概括一般的情形。"强调了调查地点或情况的代表性或典型性，不能以偏赅全。

结　　语

20 世纪上半期，中国人类学者对藏族社会开展了广泛的调查研究，调查地域和范围很广，几乎覆盖了所有的藏族地区，研究成果丰硕。庄学本、任乃强、李安宅、于式玉、林耀华、陈永龄、柯象峰、徐益棠、马长寿、俞湘文、谢国安、李式金、李有义等学者为当时人类学藏族社会研究的代表。这一时期的调查者大多受过西方人类学知识的系统训练，在调查中能运用人类学、民族学和社会学的调查方法，同时注重历史资料的运用。中国人类学者对藏族社会的田野调查与研究，不仅是中国人类学发展的重要组成部分，而且在中国人类学史和藏学史上填补了空白，在人类学和藏学研究领域都具有重要的意义。

20世纪初至1949年，中国人类学者对藏族牧民的调查和研究成果分为综合性调查中涉及藏族牧民的内容和对藏族牧民的专题性调查两类。研究的内容涉及藏族牧民的社会历史、人口状况、社会组织、风俗习惯、宗教信仰、婚姻家庭等诸方面。从现代人类学的角度来看，体现了社会文化人类学、历史人类学、宗教人类学、经济人类学、体质人类学等各个方面的内容。当时，最典型的民族志作品是俞湘文《西北游牧藏区之社会调查》。关于《西北游牧藏区之社会调查》的学术价值，言心哲说："本书成为研究边疆社会不可多得的资料，凡研究边疆社会者，允宜人手一编……"[①] 当代学者王铭铭在评价俞湘文等人的"描述民族学"作品时，认为他们的著述描绘了不同地方的物产、历史、人民、风土人情、社会生活，他们早已都在"写文化"。[②] 20世纪初期至1949年，是中国人类学早期发展的"黄金时期"。中国人类学者对藏族牧民的研究成果，无论从调查的深度和广度、研究成果的质量和数量等方面均取得了令世人瞩目的成就。

20世纪上半叶，中国的人类学者带着应用人类学的使命感从事对藏族牧民的研究，呼吁加强边疆建设，并为当地的社会经济发展提出建议。当时人类学家不仅考察民族文化变迁，对中国民族和社会经济发展的现实问题也给予了更多关注，根据当时形势提出了各自的边疆开发规划。从研究的视角、研究内容和研究方法及制定政策的应用性等方面看，20世纪初至1949年对藏族牧民的调查和研究成果对于我们今天有关藏族牧民的人类学研究仍有指导和借鉴的意义。

参考文献

王明珂：《游牧者的抉择》，广西师范大学出版社，2008。

[①] 俞湘文：《西北游牧藏区之社会调查》，商务印书馆，1947，序言第2页。
[②] 王铭铭：《民国民族志：重读20世纪前期的中国论著之按语》，《中国人类学评论》第13辑。

彭兆荣、李春霞、葛荣玲：《游牧文化的人类学研究述评》，《民族学刊》2010年第1期。

藏族简史编写组编《藏族简史》，西藏人民出版社，1985。

格勒：《中国西藏文化的人类学研究》，《西藏研究》1983年第1期。

俞湘文：《西北游牧藏区之社会调查》，商务印书馆，1947。

格勒、刘一民、张建世、安才旦：《藏北牧民——西藏那曲地区社会历史调查》，中国藏学出版社，1993。

朱玲：《文献研究的途径》，《经济研究》2006年第2期。

胡鸿保主编《中国人类学史》，中国人民大学出版社，2006。

刘洪记、孙雨志：《从报刊论文资料统计看中国藏学发展》，《中国藏学》2002年第2期。

王尧、王启龙、邓小咏：《中国藏学史（1949年以前）》，民族出版社、清华大学出版社，2003。

王启龙、邓小咏：《20世纪上半叶藏区政治研究评述》，《西藏研究》2002年第2期。

邓小咏、王启龙：《20世纪上半叶藏区经济研究论著评述》，《西藏民族学院学报》（哲学社会科学版）2002年第1期。

王启龙、邓小咏：《二十世纪上半叶藏区地理研究述评》，《西藏研究》2001年第2期。

李安宅：《藏族宗教史之实地研究》，中国藏学出版社，1989。

李安宅：《李安宅藏学文论选》，中国藏学出版社，1992。

于式玉：《于式玉藏区考察论文集》，中国藏学出版社，1990。

任乃强：《西康图经》，西藏古籍出版社，2000。

王建民：《中国民族学史》，云南教育出版社，1997。

赵心愚、秦和平编《清季民国康区藏族文献辑要》，四川民族出版社，2003。

赵心愚、秦和平编《康区藏族社会历史调查辑要》，四川民族出版社，2004。

赵心愚、秦和平、王川编《康区藏族社会珍稀资料辑要》（上、下），巴蜀书社、四川出版集团，2006。

四川省档案馆编《近代康区档案资料选编》，四川大学出版社，1990。

杨圣敏、良警宇主编《中国人类学民族学学科建设百年文选》，知识产权出版社，2009。

宋蜀华、满都尔图主编《中国民族学五十年》，人民出版社，2004。

俞湘文：《西北游牧藏区之社会调查》，商务印书馆，1947。

俞湘文：《河曲藏区人口问题之研究》，《西北民族宗教史料文摘（甘肃分册）》，甘肃省图书馆，1984。

俞湘文：《河曲藏区游牧藏民之家庭组织》，《西北民族宗教史料文摘（甘肃分册）》，甘肃省图书馆刊印，1984。

李文海、夏明方、黄兴涛：《民国时期社会调查丛刊——少数民族卷》，福建教育出版社，2005。

赵心愚、秦和平编《康区藏族社会调查资料辑要》，四川民族出版社，2004。

四川省档案馆编《近代康区档案资料选编》，四川大学出版社，1990。

格勒、张江华编《李有义与藏学研究——李有义教授90诞辰出版纪念文集》，中国藏学出版社，2003。

马鼎辉、王昭武、庄文骏：《尘封的历史瞬间——摄影大师庄学本20世纪30年代的西部人文探访》，四川民族出版社，2005。

《〈羌戎考察记〉——摄影大师庄学本20世纪30年代的西部人文探访》（马鼎辉、王昭武、庄文骏主编），四川出版集团、四川民族出版社，2007。

庄文骏、王乐、庄学本：《1934年的边疆面孔——庄学本的果洛之行》，《西藏人文地理》2005年第3期。

方方：《珍贵的影像——电影纪录片中的中国少数民族》，《中国民族》2005年第12期。

庄学本著、摄影，李媚、王璜生、庄文骏主编《庄学本全集》，中华书局，2009。

王建民：《中国人类学西南田野工作与著述的早期实践》，《西南民族大学学报》2007年第12期。

马玉华：《20世纪中国人类学研究述评》，《江苏大学学报》（社会科学版）2007年第6期。

罗润苍：《抗战时期四川藏学研究概述》，《中国藏学》1996年第3期。

周大鸣、刘朝晖：《中国人类学世纪回眸》，王铭铭主编《中国人类学评论》第1辑，世界图书出版公司，2007。

旦增伦珠：《社会学、人类学对西藏社会的研究》，王尧主编《贤者新宴》，河北教育出版社，2003。

刘志扬：《中国藏学人类学研究简要评述》，刘志扬《乡土西藏文化传统的选择与重构》，民族出版社，2006。

严梦春、看本加：《人类学藏族研究综述》，《西藏大学学报》2010年第12期。

卢秀敏：《中国藏学人类学领域及其相关研究述评》，《康定民族师范高等专科学校学报》2008年第17卷第2期。

李式金：《河曲——中国一极有希望之牧区》，《边政公论》第4卷第1期（茶研究专号），1945。

李式金：《拉卜楞之民族》，《边政公论》第6卷第1期，1947。

言（马长寿）：《西藏之社会组织》，《康藏前锋》第1卷第4、5期。

王铭铭主编《民族、文明与新世界——20世纪前期的中国学术》，世界图书出版公司，2010。

王铭铭：《民国民族志：重读20世纪前期的中国论著之按语》，《中国人类学评论》第13辑。

胡鸿保、张丽梅：《民族学学科史研究概述》，社会学视野网，2009年12月20日。

侯豫新：《人类学的边疆关怀——读俞湘文〈西北游牧藏区之社会历史调查〉》（1947），《中国人类学评论》第13辑。

Robert. B. Ekvall: *Fields on The Hoof: Nexusof Tibetan Nomadic Pastoralism*, New York, Holt, Rinehart and Winston, 1968, Waveland Press.

Melvyn C. Goldstei and Cynthia M. Beall: *Nomads of Westrn Tibet: The Survival of a Way of Live* University of California Press, 1990.

Nancy E. Levine: *Reconstructing Tradition: Persistence and Change in Golog Social Structure*, http://www.cwru.edu/affil/tibet/tibetanNomads/books.htm.

Clarke, G. *Aspects of the social organization of Tibetan pastoral communities*. the 5th Seminar of the International Association for Tibetan Studies. Narita, Japan.

Bauer, Kenneth: *Common Property and Power: Insights from a Spatial Analysis of Historical and Contemporary Pasture Boundaries among Pastoralists in Central Tibet*. Journal of Political Ecology, 13, 2006.

Daniel J. Miller: The World of Tibetan Nomads. Drokpa: Nomads of the Tibetan Plateau and Himalaya, published by Vajra Publications, Kathmandu, Nepal. 2007.

（执笔人：旺旭卓玛）

图书在版编目(CIP)数据

当代中国游牧业：政策与实践/郝时远，(挪)科拉斯，扎洛主编．—北京：社会科学文献出版社，2013.12
ISBN 978-7-5097-5063-6

Ⅰ.①当⋯ Ⅱ.①郝⋯ ②科⋯ ③扎⋯ Ⅲ.①畜牧业－研究－中国 Ⅳ.①F326.3

中国版本图书馆 CIP 数据核字（2013）第 214420 号

当代中国游牧业
——政策与实践

主　　编 / 郝时远　奥塞·科拉斯　扎　洛

出 版 人 / 谢寿光
出 版 者 / 社会科学文献出版社
地　　址 / 北京市西城区北三环中路甲 29 号院 3 号楼华龙大厦
邮政编码 / 100029

责任部门 / 人文分社　(010) 59367215　　　　责任编辑 / 孙以年　周志静
电子信箱 / renwen@ssap.cn　　　　　　　　　责任校对 / 卫　晓　高忠磊
项目统筹 / 宋月华　周志静　　　　　　　　　责任印制 / 岳　阳
经　　销 / 社会科学文献出版社市场营销中心　(010) 59367081　59367089
读者服务 / 读者服务中心　(010) 59367028

印　　装 / 三河市尚艺印装有限公司
开　　本 / 787mm×1092mm　1/16　　　　印　张 / 26.5
版　　次 / 2013 年 12 月第 1 版　　　　　　字　数 / 415 千字
印　　次 / 2013 年 12 月第 1 次印刷
书　　号 / ISBN 978-7-5097-5063-6
定　　价 / 128.00 元

本书如有破损、缺页、装订错误，请与本社读者服务中心联系更换

△ 版权所有　翻印必究